经济学名著译丛

Methods of Social Reform and Other Papers

社会改革方法

〔英〕威廉·斯坦利·杰文斯 著

佟宪国 译

Methods of Social Reform and Other Papers

商务印书馆
创于1897 The Commercial Press

William Stanley Jevons

METHODS OF SOCIAL REFORM AND OTHER PAPERS

本书根据麦克米伦公司 1883 年版译出

序　言

　　寥寥数语就可以说明，本书乃是一部以《社会改革方法》为题目，发表在《当代评论》（*The Contemporary Review*）杂志上的论文集，以及有关相同主题的其他论文和演讲的合辑。这些论文和演讲的发表时间跨越了前后 15 个年头。而我仅是在每一篇论文的开头标明了该篇论文的写作时间，因为我认为，论文集的编排顺序最好是尽我之能力所及，按照论文的主题而不是论文的写作日期来进行排序。我丈夫的本意，是想亲手将这些论文重新整理发表出来。他为此已经对其中的两篇论文——《实验性立法与酒的交易》及《人民的文娱活动》，进行了修改。在后一篇文章中，他又增加了若干新的段落。我敢肯定，倘若可能，他一定会以同样的态度，去仔细地编辑和修改其余的各篇论文。但是，其余的各篇论文现在却是以当初写作时的面目再次发表的。论文《博物馆的利用与滥用问题》一文此前并未发表过。该文的主体部分写于 1881 年，是为《当代评论》杂志而撰写的，但由于作者其他工作的压力，这篇论文被搁置在了一旁，而我则无法确切地说清楚该论文究竟是在何时完成的。倘若有可能，作者认为在书稿付梓之前仍有必要对之进行一次最后的修订。杰文斯先生在其著作《从与劳工的关系看国家》（*The*

State in Relaton to Labor)[1] 一书中，提及了关于《产业合作伙伴关系》的讲座。他在这次讲座中说，尽管亨利·布里格斯公司、福克斯和黑德公司的先生们以及其他人对这一体制所进行的实验性尝试失败了，但他并不认为有任何理由要去改变他在该次讲座中所表达的赞成产业合作伙伴关系的意见。

哈丽耶特·A. 杰文斯

1883 年 4 月

---

① 　威廉·斯坦利·杰文斯著：《从与劳工的关系看国家》，见麦克米伦公司 1882 年出版的《英国公民系列阅读丛书》。——译者注

目　　录

人民的文娱活动 ························· 1

设立免费公共图书馆的理由 ··············· 40

博物馆的利用和滥用问题 ················· 75

"死记硬背" ························· 114

行业协会及其目标和政策 ················ 138

论工业合伙人关系 ···················· 165

在工厂务工的已婚妇女 ················· 209

与当今问题相关的统计学会工作 ··········· 240

科学进步联合会经济学和统计学分部第 40 次会议的开幕辞 ··· 259

残忍对待动物 ······················ 289

论联合王国联盟及其获得成功的前景 ········ 314

实验性立法与酒的交易 ················· 334

关于联合王国的邮政局、电报公司以及其他传递系统的

　　相似性 ························· 362

邮政局的电报业务及其财务结果 ··········· 380

邮政汇票、汇款单及银行支票 ············· 397

国有包裹邮递公司 ···················· 417

铁路与国家 ························· 454

人民的文娱活动 [*]

    人们所能期待的、用以完成社会改革的可行办法，无论从数量上讲还是从种类上说，都几乎是无穷无尽的。随着社会变得日益复杂，人类的活动形式在不断地花样翻新，精心设计的立法条款也必须成倍地增加，并且需要社会作出不间断的努力，以防止各种资源的滥用，并确保这些资源物尽其用。而且，这些社会改革方法也不可以被看作是一些备选的替代办法，以为从中选用这一种方法或者那一种方法，或者其中的某一些方法就足矣。这些方法须环环相扣地联系起来去推行和被采纳，而不能支离破碎地零敲碎打。倘若我们要让自己所作出的任何一项相当大的努力取得成果，就必须使各个单一的改革方法全都在同一时刻发挥作用。人们常常会听到一些社会改革家这样来表示他们的失望，说自己付出的心血似乎只收到了微乎其微的成效。学校建立起来了，廉价读物开始发行了，低门槛便士银行、图书馆以及各种各样对社会有帮助的机构建立起来了。然而，犯罪率、愚昧以及酗酒的问题却并未见有明显减少，非但没有好转，有时这些指标还有增长的势头。

---

[*] 本篇论文载于《当代评论》杂志1878年10月号，第33卷，第498—513页。——原作者注

但是，以为仅凭改革家异想天开的想法而几乎是漫不经心地采用的少数几种社会改革方法，就能够坐享其成，期待这些改革方法可以给一国居民的不良习性打上深刻的烙印，那是彻头彻尾错误的。须懂得，这些不良习性已经在数百年的愚昧和错误立法环境中被固化了下来。在社会改革当中，时间一定是一个重大的构成元素。人们几乎不可以指望任何一场重大的变迁能够在不满30年，即新的一代人取代了老的一代人的时间跨度内明显显现出来。但是除了这样一种考虑之外，我们还必须铭记，在关闭了某些泄洪闸门的同时如若任由其他一些闸门敞开，那么我们所能取得的收效将微乎其微。倘若是出于无知或者疏忽，抑或也有可能是出于某些罪恶的动机，我们任由许许多多将会导致社会破坏的比较重大的因素不受制约地发生作用，那我们在其他方面所付出的心血，无论这些心血本身多么地值得赞许，就极有可能被抵消而化为乌有。社会改革家们中间所需要的，是一种持之以恒的拉力，一种坚不可摧的拉力，并且尤为重要的是一种万众一心的拉力。每个人可能都会根据自己的兴趣和偏好，去选择自己中意的那股绳索，并且倘若他有意愿，会把自己的全部气力都使在这一股绳索上面，然而，每个人一定不要以为自己独自一人便可以完成这项工作中任意一份可为人察觉出来的部分。因此，每个人一定要能够求同存异，宽容其他人所作出的不同努力，虽然这种不同的努力有时甚至会看上去像是一种不协调的动作。而且，每个人最好都应保持一种开放的态度，确信自己的心血如若用在其他方面或许会更加有利得多。倘若要将贫困、愚昧以及恶习的大本营彻底拔除，那就必须全方位、从上到下、由内至外地将这个大本营包围起来。任何一种武器都一定不要被我们忽略不用，因为这些武器往往能够确保我们在道义和文化上取得最后的胜利。

当然，在任何孤零零的一篇文章中我们都不可能将一个以上的社会改革方法问题妥善地处置好，这是显而易见的。在为本篇文章选择了"公众的文娱活动"这样一个主题时，读者们一定不要以为我想把什么独有的或者不成比例的重要性赋予这一主题。尽管如此，从被单独采用的其他社会改革方法中，我们还几乎找不出任何一个应当被赋予比提供良好道德水准的公众文娱活动，尤其是音乐娱乐活动，具有更高重要性的社会改革方法。直至不久前的这些年里，英国人民与在欧洲大陆上的其他文化程度更高的国家相比，在这方面一直是落后得可怜。联合王国的制造业以及居民人口比较稠密的地区中，依然还有很大比例的地方，那里几乎谈不上能够找到供比较贫穷阶级使用的纯粹的消遣设施和合理的消遣设施。当地缺乏文娱活动的这种情况，并未使比较富有的阶级吃到多少苦头。他们定期地去伦敦造访，到国外旅游，或者在有水的地方买幢住宅度假，那些地方都有文娱活动可供享用。他们会自行安排自己的享乐活动。比较富有的阶级在自己庄园里所进行的文娱活动主要有射击以及其他形式的体育运动。他们在从事这样一些体育运动时，会被引导到甚至把广大的人民群众与他们享受空气和阳光的天然权利隔离开来的境地。正义和平等的英国法律，所要确保广大英国居民得到的全部权利都只不过是这样一条：自由自在地在一条脏兮兮的街道上居住，在邻近这样一条街道的酒吧里自由自在地饮酒，以及在高墙环抱着的公园与英国地主老财们那修剪养护得很漂亮、令人艳羡的庄园之间自由自在行走的权利，这样讲几乎是一点都不为过的。

从传统上讲，英格兰被称之为"快乐的英格兰"。但在我看来，这个名字里面现在似乎总是含有某种荒谬和名不副实的意味。倘若这还不能说是一种讽刺的话，那也可以算是一个不合时宜的例证了。当英格兰还处于这样一个年代的时候，即当它的乡村草坪以及邻近的公共用地尚未被人用栅栏圈起来的时候，当五朔柱①被人们竖立起来，乡村的拉琴人以及古老的英国体育运动都还是真实的现存机制的时候，英格兰可以说是快乐的。然而，所有诸如此类的事物都已然变成了历史。受人欢迎的节日、赶集日、守灵日以及类似的活动都已经没落，被抛诸一边，或者变得声名狼藉了，而且，它们在很大程度还要受到治安官们的压制，其理由是：为了防范这样一些活动所引起的骚乱和恶性聚众闹事。*人们不难看出，至少是在英国，存在着这样一种趋势，民众喜闻乐见的文娱活动正逐步走向退化。由于导致五月集、巴塞洛缪集市，以及前几年在曼彻斯特发生的诺特磨坊集市消亡的同样缘故，许许多多的消遣娱乐机会都消

---

①　五朔柱（Maypole）是一根木制的长杆，通常会在五朔节时被竖立起来，作为节日的象征和人们欢庆节日的集合地。欢庆五朔节的人们，会围着五朔柱跳舞唱歌。欢庆五朔节的习俗主要发生在欧洲日耳曼民族聚居以及受其影响较大的邻近地区。至18和19世纪时，五朔节的影响力日趋淡化。目前，欢庆五朔节的习俗仍可在欧洲的某些国家以及北美的一些欧洲移民社区内看到。——译者注

*　伦敦的集市尽管有这样那样的瑕疵，但在数百年时间里都曾是令民众欢欣鼓舞的地方，然而，长期以来却一直受到压制，理由是这些集市引发过骚乱和放荡的事件。五月集在其存在期间曾经是一个时尚的地点。而现在，人们所知道的只有这个名字。1708年，五月集被镇压。巴塞洛缪集市，尽管偶尔会被大陪审团作为一种危害程度"仅次于戏园子的"非法妨害事件提起公诉，但却拖拖拉拉持续地存在了下去，直到大约50年前该集市消亡为止。巴塞洛缪集市逐步受到合股公司的压制，后者将那块地产买了下来。——原作者注

失了。的确，赛马运动作为一项全国性体育运动依然还能够存活。但是这项运动如若不能更多地注重品味和道德，那也是不会为人长期容忍的。在大都市周边地区举办的所谓"收费运动会"就已经遭到了谴责，被诟病为"一种不可忍受的骚扰"，这些收费运动会把伦敦的人渣、流氓以及犯罪行为都集合在了一起。[*]

但是，倘若古老的文娱活动慢慢地被压制下去，而新型的文娱活动却丝毫未见涌现，则英格兰的确一定会变成一个呆滞无生气的英格兰。事实上，这种现象已经存在多时了。就平均情况来讲，作为一个拥有如此巨大财富的国家，英国的文娱活动真是贫乏得可怜。实际上，人们仿佛忘记了该如何使自己得到娱乐，以至于当他们乘上观光列车，要从自己倍感压抑的小巷逃离开来的时候，车上不提供音乐，不提供有益无害的游戏，也不提供其他打发空闲时间的营生。在打闹玩笑和毫无意义的粗俗对话中，新鲜空气所带来的非同寻常的精神提振作用得到了释放。而且，在缺乏任何转移注意力的活动的情况下，车厢内的提神吧台以及距离最近的酒吧间便不足为奇地变成了人们的主要关注对象。

我非常理解为什么我们英国的广大民众在试图自娱自乐的时候，要用这么一种笨拙和粗俗的方式来表示对某种恰恰拥有这一文娱活动名称的娱乐形式的厌恶。在汉普斯特德荒地[①]见证银行停业日里人们的活动时，我们看到青年男女们所做的最有趣的事情，就

---

[*] 自这篇文章完稿以来，文中所述的那些比赛要么已经受到压制，要么给定立了规矩。——原作者注

① 汉普斯特德荒地（Hampstead Heath），曾是伦敦北部的一块荒地，并因之而得名。——译者注

是用一根由某个低贱天才发明出来的、令人讨厌的金属细管相互喷水。于是，我们又要说了，还有什么活动能比伦敦的普通歌舞杂耍戏园子更糟糕呢？在那些地方，我们每个夜晚都能看到各种品味低俗不堪的表演。这样的戏园子难道真的能够算作是音乐厅！然而，就在人们把这些地方叫做戏园子音乐厅的时候，音乐的神圣名节已经遭到了玷污。语言的艺术已经不足以形容出把愚蠢无比的歌曲与毫无意义的滑稽模仿秀以及令人惊悚的杂技戏法混合在一起而生成的东西是什么。而这样的表演已经成为歌舞杂耍戏园子的主要娱乐活动。在目前的形势和状况下，那些最粗俗和最恶毒的东西在引领着人们的品味，而此类机构的管理者们则是在被动地跟进。

　　我们在对自身价值进行评估的时候，所依据的主要是我们想象中的英国与其他国家相比较所具有的优越性，而且从某些方面看，我们确实是优越的。然而令我沾沾自喜的民族自豪感，却总是在走出国门之后，当我能够对英国人的言谈举止以及欧洲大陆人的言谈举止进行直接的比较之时受到抑制。我曾连续若干年到挪威或者瑞典去旅行，从那里回国。碰巧有一次，我乘坐了一趟由英国赫尔港开往曼彻斯特的、星期一傍晚的火车回家。或许，对于要进入英国制造业地区的人来说，星期一的傍晚是一个极其糟糕的时间段。然而，我在火车上看到的、来自斯堪的纳维亚的贫穷但却很有绅士风度的农民与富有但却闹哄哄、醉醺醺的英国工匠相比所形成的鲜明对照，不言而喻是令人极为痛心疾首的。当然，不管怎么说，真正闹哄哄、醉醺醺的英国工匠只占一个很小的百分比。但是，这些占比很小的英国工匠，对于英国公众文娱活动的主调却有着远远大得多的管控能力。倘若一如通常的情况那样，我们发现外国人的言谈举止要比英国人更为优雅文明，那我们理所当然地就会发问这是为什么。让我们的脑袋躲藏在我们与世隔绝的家里，假装我们无论如何也看不到英国居民中的部分人身上存在着落后和没有文化的毛病，尽管这样的毛病正迫使我们不得不注意到它们，这样的做法绝非什么明智之举。有人说，"绅士"一词是个专属于英国人的词汇，欧洲大陆各国是从英国的贵族阶级那里得到这一特性的名称和理念的。英国的贵族阶级到国外旅行的次数很多，而且必须得承认，他们常常能够表现出杰出的绅士样板。值得庆幸的是，我们欧洲大陆的邻居们来英国旅行的次数并不像我们英国人出国的次数那么多。这也能说明为什么他们还没有把"满口脏话的人"这个名号从我们这里拿走。因为我必须得坦白，在走过了世界上的若干地方之后，我还从来没有遇到过任何一个与英国的满口脏话的人十分类似的人。从美国人拥有左轮手枪和猎刀这个角度说，在美国，闹哄哄的性格对于一个人来说有可能是比较危险的。不过比较而言，美国人还算是优雅的人。改革必须得从真正意识到改革的必要性开始，而且我认为，那些不怕麻烦，想要亲自拿英国的民众文娱活动和群体性娱乐活动，譬如赛马大会、廉价团游、去歌舞杂耍戏园子看演出，以及诸如此类的活动，与法国的或者是意大利的，或者是丹麦的，或者是瑞典的，抑或是德国的最近似的对应活动作一比较的人，并不会认为我在描述两者的差异时采用了不恰当的文字标准。

现在，我认为这种文化上的缺失，在很大程度上是由于下面这样一个现实情况而造成的：群众的文娱活动没有得到培育，没有被引向繁荣，也没有得到提炼和升华，而是被居主导地位的上流阶层嗤之以鼻，受到他们的责难，最终被他们压制下去。文娱活动本身被看作几乎是罪孽深重的，顶多不过是一种必要的邪恶。因而，在联合王国人口比较稠密地区发展起来的村庄和城镇内，任何形式的消遣都找不到，绝对的匮乏。人们似乎认为，只要有面包和牛肉吃，有啤酒喝，有床睡觉，星期日有教堂可去祈祷，则生活的目的就算实现了。人民大众可能会拥有自己提炼升华了的但仍属民众的文娱活动。这种观念还只是刚刚露出端倪。* 毫无疑问，英国人民属于重体力工人。然而因此，这里更为需要的便是，他们应当明智地消费自己的剩余收入。在目前情况下，英国人的收入是颇丰硕的，然而他们在开销方面却很糟糕。英国人的确具有**内刚**的性格，然而**外柔**的性格又在哪里呢？[①] 趋向文化的微小进步常常会受到人们的谴责。倘若一个工厂女工，抑或家里的一个女仆，头戴一顶整齐的无边帽，身着一件剪裁精致的裙子露面，英国上流阶层的道德家们就会马上表示反对，认为她这是在东施效颦。可如若不东施效颦，丰

---

　　* 下面这段摘要，来自上个世纪的一个优秀法律当局。该当局以最率真的方式阐释了对某一问题的看法，因此无须我再赘评。"于是，根据不成文法，情况看起来是这样，在那些由于运动速度快，或者性情凶猛，而天然地非人力所能控制的生物身上，具有这样一种属性，对于这些生物的所有权，只有在将它捕获或者抓住这些生物时才能得到，而且，所有的人都拥有狩猎和击杀这些生物的同等权利。不过，因为施行这样的宽容做法，那些高素质的杰出人士会被剥夺自己的消遣活动和文娱活动，而那些在追逐这样的生物时要丧失时间和体力的懒惰及贫穷的人们会蒙受巨大的伤害，所以人们认为有必要制定法律，禁止后者进行狩猎，并且对鱼施行保护。"《培根的简读本》（格威利姆版），狩猎条款。——原作者注

　　① 作者在这里将一句拉丁语成语"Suaviter in modo, fortiter in re"（外柔内刚）分开使用，用以批评英国社会虽然会挣钱，但却不会花钱，没有把钱用在提高大多数人的文化素质方面。——译者注

厚的收入又如何才能明智地花出去呢？倘若让大多数人都满足于
仅仅得到生活的必需品，那么真正的文明社会又如何去实现呢？

在塑造更高文明的诸多手段中，我会毫不犹豫地指出，有意识
地对民众文娱活动进行培育，乃是其中最为重要的一项。可以肯
定，我们都会把这样一种说法当作不言自明的格言接受下来，即无
论男女，平均来讲，都要求享受到平均数量的消遣活动。这个说法
至少不会让英国较富有的阶级表示反对。身处上流社会圈子里的
青年男女们，他们的生活就是一个由五花八门的文娱活动所构成的
连续不断的循环。可否允许我们说，在那些上流社会青年男女们看
来完美的存在方式，就是要在田间和工厂里做苦工的可怜人当中找
到任何相类似的活动呢？在一周之内仅有寥寥数个小时的时间可
用于消遣活动的情况下，这寥寥的数个小时难道不应当以最有益于
健康和最惬意的方式甜蜜地度过吗？而且，随着这些空闲时间因科
学和技术发明的进步而逐步地延长，社会越来越有必要通过提供消
遣活动，去无害地填充那些空闲时间。让人用埋头苦干的精神去保
持斗志的旧观念必须得摒弃。随着事情的发展，人们将会，而且他
们理所应当拥有一切健康消遣的可能手段。问题在于，我们是要免
费图书馆和阅报室，还是要酒吧，以及对于我来说更为直接的主题，
是要管理完善的音乐会会堂，还是要愚蠢无比、粗俗不堪的歌舞杂
耍戏园子。

的确，关于这个问题，还有一个比我迄今所谈到过的情况更为
光明的一面。我在前面所说的一切，都更符合英国居民 20 年或者
30 年以前的情况，而与现在的情况不大相符。我所要倡导的东西，
主要是受了那些在英国的这一地区或者那一地区已经取得成功的

事例的启发。我要说，我并不是我在讲话中所提出的那些建议的始作俑者，我或许只是在处理这一主题时态度要比通常情况下更为认真一些罢了，而且我坚持认为民众文娱活动绝非什么平常琐事，而是会对国民的举止和品格产生重大影响的问题。

水晶宫[①]的拔地而起，乃是这里所论及的主题的一个具有划时代意义的事件。恕我不揣冒昧地讲，水晶宫乃是英国最值得赞美的机构。它在表现一个富强的国家为了人民的娱乐和文明可以怎样地将科学、艺术以及大自然结成一体方面具有无可限量的作用。它一劳永逸地证实，在高贵的氛围中，在那些美丽诱人的物品面前，在绵绵不绝的优雅乐曲声中，数以万计的民众都可以使自己得到消遣，哪怕他们是住在伦敦附近的人们，因为这里的人们行为举止规范得体，不存在有伤风化和斯文的东西。富勒先生执着地要求，前来参观水晶宫的到访者中，每一百万个人里面也不要出现一个因醉酒和胡作非为而受到指控的人。富勒先生的这个要求很恰当。这个事实本身就值得用一卷书的篇幅来书写。如所周知，水晶宫已经成为亚历山大宫[②]，以及在一个较小的规模上，成为水族馆、冬季花园，还有那些虽然名字五花八门但多少有些类似的机构去仿效的样板。这些名目不同但多少类似的机构都是近来在主要的海滨浴场上兴建起来的。事实上，这些海滨浴场正在展开竞赛，看看究竟哪

---

① 水晶宫（The Crystal Palace）是 19 世纪 50 年代矗立在伦敦海德公园内的一个建筑物。它最初是为了英国举办 1851 年的世界博览会而修建的。——译者注

② 亚历山大宫（Alexandra Palace）位于伦敦北部的制高点上。绝佳的视野成为鸟瞰伦敦风景的好去处之一。这里曾是英国女王的行宫，但早已被改建成娱乐会展中心。——译者注

家机构能够让依然犹豫不决的客人们看到他们那里才是开展文娱活动的最好地方。温泉池和大会堂都已经过时了，不过布赖顿①现在有自己的水族馆。巴克斯顿②现在有自己的公共花园及音乐厅。绍斯波特③、切尔滕纳姆④、布莱克浦⑤以及泰恩茅斯⑥都开辟了本市的冬景花园。绍森德⑦正在建设一个海洋宫。伊斯特本⑧已经有了自己的德文郡公园，人们在公园里玩板球、打网球、玩槌球、滑轮滑、听音乐，这些活动快活地交汇在一起。而斯卡布罗⑨则既建有温泉水疗花园，又建有水族馆。的确，这些设施主要是为了比较富裕的阶级设计的，而且它们的造价昂贵，成本很高，因此不能不靠收取高昂的门票费来运营。到目前为止，只有公开宣称自己是游乐城镇的地方才能经营这样的设施。工人阶级大众顶多能偶尔乘坐观光

---

① 布赖顿（Brighton）是位于英国南部海岸的一个避暑胜地。——译者注

② 巴克斯顿（Buxton）是英国英格兰北部的一个小镇。因为这里富有温暖的地下泉水而被称之为"小树林里的女神水疗地"。巴克斯顿后来逐步发展成为著名的温泉小镇。——译者注

③ 绍斯波特（Southport）是英国西北部的一座海滨城市，距离利物浦约27公里。——译者注

④ 切尔滕纳姆（Cheltenham）是英国西部的一个小镇。——译者注

⑤ 布莱克浦（Blackpool）是英国英格兰西北部的一个滨海小镇，也是世界国际标准舞和体育舞蹈的圣地，至今已有90多年的历史。——译者注

⑥ 泰恩茅斯（Tynemouth）是英国英格兰东北部的一个滨海小镇，距离纽卡斯尔只有半小时的地铁车程。——译者注

⑦ 绍森德（Southend）位于英国东南角，是英国一个小有名气的滨海旅游小镇。——译者注

⑧ 伊斯特本（Eastbourne）位于英国英格兰东南部，是英国一个挺有名气的维多利亚风格的度假小镇，号称是英国阳光最为充足的海滨城市。——译者注

⑨ 斯卡布罗（Scarborough）是英国东北部的一个滨海小镇。有人称这里是英国最美海边小镇。——译者注

火车去那些地方游玩一次。不过，随着兴建这类机构的实用性开始
得到各城市的更好理解，人们可以期待，这样的机构有可能会逐步
地被引入所有的城镇，无论它们是大是小，是欢快的还是沉闷的。
人们已经领悟，一座没有公园的城市是不完整的，而且少数富有的
人已经把公园作为高尚的礼物捐赠给了与他们有关系的区镇。曼
彻斯特以地方税纳税人的利益作代价，在提供一系列的公园方面一
马当先走在了前面。但是我坚持认为，一座公园内如若没有冬季花
园和音乐厅就不应当被看作是完整的，而且很自然，音乐厅内如若
没有音乐那也是不完整的。人们有地方呼吸空气，这固然是好事。
但若在每个夏日的夜晚都能用音乐的旋律将人们吸引到有益于健
康、空气新鲜的公园来，那就会更加美妙。

　　把消遣活动和文化活动送到人民大众伸手可及的地方，其方式
方法有很多。然而，我当前的目的就是要指出，最切实可行和最能
立竿见影的方式，是进行纯粹音乐的培育。我丝毫没有贬低剧院、
艺术长廊、博物馆、公共图书馆、科学讲座以及各式各样其他社会
机构的意思。关于那些机构的价值和真正用途，我或许会试图在另
外某些场合进行评估。不过我确信，音乐是大众消遣的最佳手段。
音乐能够满足所有的要求。首先，音乐不会让人身体疲劳，因为人
们可以坐下来去尽情地欣赏音乐。观赏画廊抑或参观博物馆，永远
都是一项令人疲惫不堪的工作，它既不同于运动锻炼，也不同于休
息睡眠。站立或者躬腰，脖子扭曲着，眼睛直勾勾地紧盯着画面，
保持这样的姿势，往往几个小时过后就会使人的神经和肌肉都达到
精疲力竭的地步。这并不是让疲惫不堪的机修工，或者工作时间过
长的职员和生意人得到消遣的方式。对于那些正在度假，早晨起来

精力旺盛、有劲儿无处使的人们来说，这种方式有可能是一种很不错的填充空闲时间的办法。

而用音乐作娱乐活动方式，情况就截然不同了。舒适的座椅、清新的空气、安静的听众，这些都是欣赏音乐所必备的物质条件。当这些条件都得到满足之后，一场美妙的音乐演奏至少对那些哪怕对和声和音律仅有些许欣赏能力的人来说也会是一次完美的休息。人们不会有丝毫的神经紧张或者肌肉紧张，不需要作任何形式的努力，而只需被动地抛开杂念，去想象乐曲所抒发的一系列音乐主题和情感。而且，音律里面具有这样一种独特的优势，这种独特的优势本身就是绝对的纯净，远远地摆脱了琐碎的杂念。歌曲和舞蹈也可以引发与之相关的联想，无论那些联想是善还是恶。纯粹的音律本身的的确确是纯净的。音律可以是欢快的，也可以是凄凉的，可以是富丽堂皇的，也可以是庄严的，但无论在哪种情况下，所拨动琴弦的震颤之中，以及一段完美音律的演奏过程里面，都会有某种东西存在，这东西似乎能把听众抬升到凌驾于生活中无聊小事之上的高度。有时，音律"能把整个天堂展现在我们的眼前"。而且，真正的音乐带给人们的愉悦心情和思想升华，所具有的正是音律更进一步的优势，这种优势胜过任何其他形式的激动，不产生反作用力，不会带来任何类型的伤害性效应。那些有人以牺牲健康、生命以及名誉为代价，试图从酒精、鸦片中寻觅的东西，可以从音乐中无毒无害地得到，只要他们能够在自己身上培养出真正的音乐品味。当然，即使是在欣赏音乐的过程中也会有一些精力上的浪费，注意力愈是激动，精力浪费就会愈大。通常情况下，进行了两三个小时娱乐活动之后，人们就会产生单调乏味的厌恶感。不过，单调乏味的厌恶感一旦临近，大脑中的注意力就会被摧毁，相对应的精力浪费也将停止。简而言之，音乐能够将大脑锁定的时间长度刚好与可用于思想的精力能够持续多久相等，与此同时，人的身体还依然保持着完美的休息状态。

毫无疑问，剧院几乎与音乐厅完全一样，也可以成为纯粹的经常性的放松活动的手段，而且对那些音乐感受能力不强的人来说，剧院还具有显而易见的优越性。不过，或许正如我将在未来有机会的时候要试图更充分地予以说明的那样，戏剧的改革和纯净化处理，是一项比促进音乐娱乐活动展开更困难得多的任务。首先，戏剧演出的费用要比一场简单音乐会的费用高出很多。所需要的不仅仅是带有种类齐全的道具和机械的、专门建造的、造价很高的剧场，而且还必须长期保有一支庞大的、费用很高的演职员队伍，里面包括各个层级的演员、经理、布景画师、木工、布景师，等等。不仅如此，剧场还不能不提供一个由音乐家组成的、水平不错的管弦乐队，因为有这样一个虽说稀奇但也算根基很牢的事实，即剧场内的观众们一定要在音乐魅力的影响下才能完全地欣赏戏剧。戏剧的生硬和表演的做作，需要用音律造成的虚幻面纱掩饰一下。所以说，剧场实际上是音乐加戏剧，而任何戏剧改革的实验，都一定会涉及巨大钱财的冒险开销。

第二个困难在于，音乐比之于戏剧，自然而然会更加纯粹，更少一些日常生活里具体的和感官上的观念，而通常情况下，戏剧里面会更多一些。毫无疑问，音乐在许多的低俗歌曲中被滥用了。然而，人们有理由可以发问，难道污秽不纯的东西不是全都表现在歌词中，而并非在音乐里吗？不管怎样，净化一个已不纯洁的剧场，其难度一定要比促进管弦乐队的演奏水平高许多倍，在促进演奏水平时，只要制订出最简单的纪律规定，那就完全不会出现纯粹还是不纯粹的问题。

由于上述原因，以及有人极力想要说出的各式各样的次要原因，所以我坚持认为，进行音乐培育乃是开展民众文化的最安全、最有把握的办法，而且，我把众多英国居民在寻求消遣时所表现出来的无助状态，极大程度地归因于他们当中存在的音乐教育水平低下的状况。在绝大多数欧洲大陆上的城镇里，一支不错的管弦乐队在公共广场或者公园里每天都要举行露天音乐会，这是十分常见的惯例。在美好的傍晚，商人、店主以及技工会自然而然地漫步走来，与自己的家人及邻居们一道度过一两小时的静谧时光。丈夫们或许会带上一杯淡淡的啤酒，而妻子和家人们或许会一道分享一两瓶柠檬水。世上再也没有比这更无害的、更有益健康的、更让人惬意的安度夜晚的方式了。但是在英国，除了少数精挑细选出来的矿泉疗养地之外，又有哪些地方能够进行类似的活动呢？

目前我们还不用走得太远，就说在伦敦，我想知道一个年轻男子或者一个家庭，他能在夏日的夜晚享受到短短几个小时的廉价户外流行音乐演出吗？伦敦的公园是开放的，在里面可以散步，而且有时也可以坐下来休息，但音乐又在哪里呢？我猜想，在圣詹姆斯宫①前，每天上午仪仗队换岗的时候，一支军乐队依然还会像我

---

① 圣詹姆斯宫（St. James's Palace）是英国皇家最尊贵的王宫，坐落在伦敦威斯敏斯特城内。尽管该王宫已不再是英国君主的主要住宅，但它仍是英国君主举行登基大典的礼仪场所。外国派驻英国的大使或者高级专员在这里向英国君主呈递国书。——译者注

许多年前所记得的那样进行演奏。在圣詹姆斯公园①的林荫大道尽头，一支警察乐队曾经率先作过午后的演奏。而在摄政公园②，星期天的下午会举行竞争激烈的乐队表演。在骑士桥③兵营附近，我听到过一两次仪仗队乐队的演奏。除了这些微不足道的例外之外，我不记得整个伦敦有过我所倡导的那种类型的露天音乐演出。英国在军队身上倾注了巨大的开支，难道他们不能为我们省出一个乐队？*大英帝国拥有巨大的财富，难道英国的大都市竟连法国或者德国抑或是瑞典的三流城镇所能做到的事情都做不到？当然，这不可能真的是因为缺少基金，而是因为那些仅需举手之劳就能筹措到基金的人们会以这样或者那样的方式不赞成这样做，或者认为那是不切实际的。若要提议在圣詹姆斯公园，或在泰晤士河堤防上，甚或在特拉法加广场搞一场晚间军乐会，那就马上会让一些人联想起一大群令人恐怖的流氓和小偷。所有粗俗下流和令人讨厌的人都会沉渣泛起。那位在圣詹姆斯公园看到脏兮兮的小孩子们也感到十分震惊的英国议会议员，将会被有可能受到音乐的吸引蜂拥而至的粗俗下流人完全惊呆。然而，我们真的是处在一种无可奈何的缺少

---

① 圣詹姆斯公园（St. James's Park）是伦敦中心威斯敏斯特城内的一个占地面积23公顷的公园。公园的西面坐落着白金汉宫，北边是林荫大道。圣詹姆斯公园是伦敦的一个著名历史景点。——译者注

② 摄政公园（Regent's Park）是伦敦的皇家公园之一。它的一部分坐落在威斯敏斯特城内，另一部分地处伦敦的卡姆登自治市。摄政公园内建有伦敦摄政大学和伦敦动物园，是伦敦的著名历史景点之一。——译者注

③ 骑士桥（Knightsbridge）是伦敦西区的一个高级住宅区域和零售业区域，位于海德公园南部，被确认为伦敦的两个国际零售业中心之一。——译者注

* 我当然清楚，维持英国陆军各团乐队的费用，是由各团的军官们出的。英国人民每年缴纳，1500万英镑来维持自己的军队，然而他们却被告知，正是在这样一支军队庇下的军乐队却不属于自己。——原作者注

教养和野蛮的条件下，以至于我们连斗胆尝试一下改进的方法都不能吗？除了极端缺少可以让人民变得文雅起来的手段以外，还有什么东西能让他们变得粗俗下流呢？

像在伦敦举办一场大众户外音乐会这样的新鲜事，一开始有可能会把惊讶不已而且多少有些令人讨厌的乌合之众召集到一起。但是，当这件事的新鲜劲儿渐渐地消退之后，当那些流氓、小偷以及无法无天的孩子发现警察也在这里时，当店铺的老板发现他可以平平安安地把自己的妻子和家人带到户外，花上几个便士就能找到座位，并且可以度过欢快凉爽的一两个小时的时候，人们就会发现，这件事也如同在绝大多数欧洲大陆国家的皇宫、首都甚至在小城镇一样，是可行的和令人愉快的。不久之前，在伦敦城中心开辟一个公共花园还被认为是件无法办到的事情，人们为如何清理那里的残渣和剩余物而忧心忡忡。然而，就我所看到的，或者听到的，或者报纸上读到的来说，无论是泰晤士河堤防上的花园，还是莱斯特广场①上那令人赏心悦目的绿洲，都绝对没有引起过任何危害。荒芜的教堂墓地，现在被利用起来，作了娱乐场。而经过一段漫长的时期之后，或许林肯客栈广场②以及其他一些可用的空间也将得到适合其用途的利用。在我看来，在夏日工作日的夜晚招来乐队进行演

---

① 莱斯特广场（Leicester Square）坐落在伦敦西端，是一个步行广场。——译者注

② 林肯客栈广场（Lincoln's Inn Fields）是伦敦最大的公共广场。该广场是根据英国投机性建筑商和承包商威廉·牛顿的倡议，于1630年代设计出来的。很长一段时间里，这块地方一直是私人财产。1895年，伦敦郡议会得到了这块地产。林肯客栈广场是因附近的林肯客栈而得名。广场中央是草坪，草坪上设置了网球场、无网篮球场以及室外乐队演奏台。——译者注

奏，这似乎是一个顺理成章的必然结果。我在这里要说明一点，星
期日的下午进行音乐演奏是否合适这个问题，是个全然不同的问
题，两者不应当被搅和在一起，使这件事复杂化。

　　我倡导伦敦要做的事情也应当在英国的每个城市和乡村按比
例地实行。正如我所说过的那样，最终，每一座具有相当规模的城
市都应当拥有自己的公园和音乐厅，在那里可以举办露天音乐会。
不过在目前，倘若有一个步枪军团乐队，或者什么业余乐队，能够
获准利用任何可用的开放空间进行演奏，收一点必要的补偿费用，
那就足够了。乐队收取少量必要的费用，或是为了补偿保留座椅
所需付出的微不足道的开销，或是来自从店铺老板和居民中募集到
的认捐。这样的事情在汉普斯特德已经有人做过了。汉普斯特德
罗斯林山的铜管乐队在当地认捐者们的帮助下，在几个月的夏季时
间里，每个星期六的夜晚都在汉普斯特德荒地的上层坡地上进行演
出。*他们的成功演出，鼓舞了当地志愿者军团乐队的热情。该乐队
最近在每个星期四的夜晚增加了一场演出。前去参加这些户外音
乐会的听众，还不能说是非常踊跃或是选择性非常强，但无论何种
危害或者麻烦事都不曾发生过。随着这种毫无危害的娱乐活动的
价值被人理解，我应当期待伦敦的大都市公共工程局① 能够批准在

---

　　*　这支乐队迄今已经为汉普斯特德地区以及伦敦西北部地区的人民提供了 14 年
或 15 年的免费娱乐演出。演奏者们提供的服务都是荣誉性的，名誉秘书亚历山大·H.
B. 埃利斯先生的热情奉献也是荣誉性的。聘请乐队指挥和乐队指导，印制乐谱，聘请
服务人员，购买文具用品，邮寄，租用排练场地等等的必要费用，每年共计约 75 或 80
英镑。这些费用绝大部分是用大约 100 个认捐者的捐款支付的。——原作者注

　　①　大都市公共工程局（Metropolitan Board of Works）自 1855 年 12 月设立，就一
直是管辖整个伦敦范围的伦敦市政府的重要工具。大都市公共工程局的主要职责，是
为伦敦提供基础设施，以应对伦敦的快速发展。工程局是一个实行任命制而非选任制

汉普斯特德荒地上的某个方便的地方建起一个合适的音乐厅,让这些乐队以及其他乐队有可能在更良好的音响条件下演奏。

对于要在英国的每一个具有相当规模的村庄兴办同样事情的行为,社会除了冷漠地予以阻止外,完全没有采取任何行动。这里所需要的一切,只不过是用于购买乐器,组建一支小型管弦乐队和支付一些零星开销所需的一点点认捐款,以及一个负责把邻里中的业余乐师召集起来,对他们进行一点培训的乐队指挥,即一个热心的志愿人员。在许多地方,当地的志愿者军团已经建立起一支有组织的乐队,不需要施加太大的压力就可以诱使他们来晾晒自己的制服并展示自己的演奏技巧。毫无疑问,许多地方已经在这样做了。几个星期之前,我碰巧听到一个已经开始作演出的乐队在塞文奥克斯①的"葡萄藤板球场"或者公共绿地上进行演奏。到了冬天,同样是这些乐队,它们可能会每周在训练棚里、滑冰场上、议事堂内、乡村小学的教室里,或者在任何能够找到的房间内,举办一次收费低廉的音乐会。无论何时,只要做得到,在举办音乐会的同时再提供一些物美价廉、不含酒精的小吃都是大受欢迎的。只有通过这样的某种方式,具有毒害作用的歌舞杂耍戏园子的日益扩大的影响才有可能受到遏制。人民将会得到这种形式或者那种形式的文娱活动并受到鼓舞,而唯一的问题仅在于,消遣行业的生意是否会全部落入收税人之手,或者不存在任何严重困难的当地流动条件是否能够产生合适的转移注意力的作用?

的机构,因而做事缺乏责任心,在伦敦居民中间不甚得民心。在工程局存在的后几年里,该机构也沦为腐败的滋生地。——译者注

① 塞文奥克斯(Sevenoaks)是一个坐落在伦敦东南方向的小镇,距离伦敦市中心34公里。那里有英国最古老的板球比赛场地——"葡萄藤板球场"。——译者注

　　英国的教会是否可以在提供占据思想的东西，让人们附着在神圣音乐演奏上的情感得到升华，而不是在提供文娱活动方面发挥重大的作用呢？这又是一个重大的问题。每逢圣诞节或者复活节抑或是四旬斋①，偶尔演奏一些适当的音乐已经变得司空见惯了。在一个复活节期间，我恰巧去了伊利②。有一夜晚，大教堂内演奏了一段从《弥塞亚》（*Messiah*）③中选出的乐曲。一位当地的业余音乐人学会组建了一个小型的管弦乐队并练习演奏这个曲目。在民兵乐队部分人（尤其是鼓手们）的协助下，有大教堂神职人员中的普通歌手伴唱（他们当中的一些人担任独唱），而且还有一个由青年男女组成的志愿者合唱团演唱，这幕极其伟大的清唱剧的演出令人非常满意，给人留下了深刻的印象。歌手们在演唱技巧方面的欠缺，或者管弦乐队和合唱团在演奏力度和技术准确度方面的不足，都有过之而无不及地被清唱剧演出场地上空的那个八边形拱顶的壮美景象给弥补了。清唱剧演出之前，先进行了一个简短的礼拜仪式，大教堂内的会众们齐声加入赞美诗和答唱咏的演唱，然后是一个简明扼要的演讲。参加这次活动的人数有数百之众，其中包括身上明显落满灰尘的劳工、铁路上的搬运工、火车司机、国民军士兵以及来自

---

　　①　四旬斋（Lent）也叫大斋节，封斋期一般是从圣灰星期三（大斋节的第一天）到复活节的40天。基督徒视四旬斋为禁食和为复活节作预备。——译者注

　　②　伊利（Ely）是一个坐落在英国剑桥郡东部的小镇，距离剑桥只有10分钟的火车车程。整个伊利小镇都是依托伊利大教堂建立的，大部分镇上居民在为伊利大教堂工作。好莱坞大片《国王的演讲》就是在伊利大教堂拍摄的。——译者注

　　③　弥塞亚（Messiah）是古犹太语，希伯来文"救世主"的意思，譬如基督教里的弥塞亚就是耶稣。另有著名的英籍德国作曲家乔治·弗里德里希·亨德尔于1741年8至9月，完成了他最著名的清唱剧《弥塞亚》。本书作者杰文斯在伊利大教堂听到的乐曲，就是清唱剧《弥塞亚》中的选段。——译者注

各个阶层的人。在这本书中，我的目的既不是要着手探讨神学方面的题目，也不是要着手探讨宗教方面的题目，所以我只能以一个门外汉的眼光来谈一谈这样的演出。然而，我无论如何都难以想象，纯粹和神圣的音乐——人们脑海中最深邃的情感产物怎么就可能让上帝的房舍遭受亵渎？英国的大教堂长期以来一直是某种意义上的国民音乐学校，不过我相信，未来，这些大教堂还会在这方面做得越来越多。而且，我也搞不懂为什么联合王国内的每个具有相当规模的教区不应当拥有自己的音乐人学会，以便培育高档次的、主体上神圣的音乐。

没有任何一个地方会比伦敦东区 ① 更需要纯粹的消遣手段，而我则想斗胆建议，在哥伦比亚市场 ② 就有信手拈来的绝佳机会，我们可以在那里进行首个实验。走过这个准备用作市场的、带有连续拱廊的漂亮但却门可罗雀的街道，然后可以发现一个壮丽的哥特式大厅，大厅内只摆了一些陈旧的桌椅，它们看上去好像都已经被经销商和购货人给遗忘了，这样的情景让人感到有些悲哀。伯德特·库茨男爵夫人倘若能够听人劝说，将这幢高贵的大楼打造成伦敦东区的模范消遣场所，她就可以充分地挽回自己的一个巨大失

----

① 伦敦东区（East End of London）并没有一个定义清晰的地理概念，虽然利河上的各式各样渠道时常被看作是伦敦东区的东部边界。伦敦东区的地域包括伦敦中心区、东伦敦以及伦敦港区。伦敦东区因极端的贫困、过度的拥挤以及与之相联系的社会问题而臭名远播。这也导致了伦敦东区政治运动此起彼伏、风起云涌的历史。——译者注

② 哥伦比亚市场（Columbia Market）坐落在伦敦东区，由安吉拉·伯德特·库茨创建于1869年。起初，这是一个带屋顶的经营食品的市场，有400个摊位，但生意人更愿意在户外进行交易。后来，市场被用作仓库和小型作坊，于是市场在1886年被关闭。现在，哥伦比亚市场已经变成了街边花市，仅在星期日开市。——译者注

败。这个市场的大厅只要稍作一些改造，就可以转变成为一个出色的音乐走廊，在那里，英国的一些改革家们应当被允许在冬季提供优秀但却简朴的音乐会。*演奏者并不需要是一流的，业余演奏人员的帮助虽然不可能完成一切，但也可以干许多事情。我听说过一个关于伦敦西区合唱学会的故事，该学会特别重视赴伦敦东区，在那儿举办免费音乐会的事情。如若哥伦比亚大厅可以用作这一目的，生机勃勃的学会委员会无疑就得到了一种非常大的援助，然而完全依赖志愿参加活动的演奏者那就错了。人民大众去听音乐会，应当向他们收一到两个便士的门票费，一定数量的座位也可以每个座位6便士或1先令的价格预留。倘若有地方，应当在音乐会大厅内的后面部分提供上好的茶水、咖啡、可可饮料、一些小吃以及各种各样不会醉人的饮料。倘若音乐厅内没地方，饮料和小吃可以摆放在毗邻的其他建筑物内。音乐会的曲目中应当包括上流阶级的舞曲、英国的古老乐曲、流行的古典歌曲。但是，较高层次的音乐应当精心地混合在一起。从我个人的观察中可以得出这样一个结论，几乎找不任何一个不被真正美妙的譬如说像由古诺改编的巴赫《前奏曲》①那样的乐曲所打动的听众。只有像交响乐那样带有精心打

---

*　自上述情况写进本书稿中以来，先前已经出让给教区当局用作干草市场的哥伦比亚市场，转变用途，成为一家烟叶和雪茄工厂。1881 年 1 月 5 日的《时报》第 10 版上刊登通知，宣布了这一变化。《时报》以道歉的口吻评论说，该生意中较小的一部分就将为这一地区多余的女性居民提供就业。——原作者注

①　巴赫的《前奏曲》(*Bach's Prelude*) 通常指的是巴赫 C 大调第一前奏曲 BWV846。浪漫的法国作曲家夏尔·古诺在 1853 年将巴赫的前奏曲略加改编，创作了《冥想曲》。1859 年，古诺又将该曲改编为脍炙人口的《圣母颂》。巴赫 / 古诺的《圣母颂》与舒伯特的《圣母颂》一道，成为西方婚礼、葬礼以及女孩子成人礼上固定要演奏的乐曲。——译者注

造的引子部分和错综复杂的发展部分的伟大音乐结构，才需要通过长时期的培训方能欣赏。

既然谈到了哥伦比亚市场，我还想再深入一步，提出这样一项建议，即没有比把哥伦比亚市场的绝佳中心区域也同样地转变成一个娱乐场更妙的利用方式了。铺上软地板，安放足够的秋千，旋转木马，以及类似的玩具，就会马上使这个地方变成联合王国内最令人快乐的场所。我将另找一个时间来证明，在一种合理的情形下，每一组房屋都理所当然地应当拥有供孩子们使用的游戏场地，譬如通过立法，强制性地将全部建筑用地的 5% 拿出来用于娱乐。不过，由于这样一种想法还从来没有在我们祖先的脑海里浮现过，所以危险的街道和散发着浓烈难闻气味的小巷便成了英国众多孩子们的游戏场所。为整治这种事态英国可以开出什么样的药方，哥伦比亚市场便是作出说明的最好时机。在伦敦的普林姆罗斯山①、维多利亚公园②和巴特西公园③，在曼彻斯特的亚历山大公园，以及在许多的其他地方，免费的体育馆和健身房早就存在了。但是这些免费体育馆对于使用它们的那些阶级的人来说距离都太远了，而要在

---

① 普林姆罗斯山（Primrose Hill）是伦敦市内的一个山顶绿地公园，南面与伦敦动物园和摄政公园相接。周边是伦敦的富人区。——译者注

② 维多利亚公园（Victoria Park）是英国第一个公共公园，旁边就是伊丽莎白女王奥林匹克公园。维多利亚公园除了有小池塘、溪流和庭院外，还有网球场和大片的绿色草坪，可供人们野餐、踢足球、放风筝。——译者注

③ 巴特西公园（Battersea Park）是伦敦文艺风情最浓的公园。它不仅有优美的自然环境，而且还有各种由现代艺术家制作的雕塑作品。公园里还有一个画廊，专门为当地艺术家举行画展。公园的一角还矗立着一座中国风格的宝塔。这些自然的和人文的景观，当然都是在杰文斯身后才修建的。——译者注

像贝思纳尔格林^①这样一个贫困居民密集的中心建设一个拥有完善管理的娱乐场所，那的确会是一件新鲜事。在夏季的夜晚，哥伦比亚市场周围的区域可以被铜管乐队用来举办露天音乐会。给穷人们提供物美价廉的食物，是这些壮丽建筑物的奠基人的美妙想法。然而，在肖迪奇^②以及周边的主要街道两侧，优秀的商店不计其数。类似哥伦比亚游乐场以及哥伦比亚音乐厅这样的可以提供纯粹、健康以及民众喜闻乐见的消遣活动的机构却一个都没有。

人们会提出这样的问题，难道不可以建议采取某些措施，去提升为数众多的现有歌舞杂耍戏园子的格调吗？这些戏园子长期以来一定吸引了很大一部分居民。目前，我想说有一条既是必不可少的也是行得通的法律和警务措施。然而，除了这一条措施之外，人们很难再看到还有什么能够对相互竞争的私人戏园子所有者施加影响的直接手段。地方法官几乎无法硬性规定，要把演出中加进一定比例的贝多芬或者舒曼乐曲作为核发营业执照的一个条件。倘若要求一般的歌舞杂耍戏园子演奏贝多芬和舒曼的乐曲，那一定得是观众要求得到更好的娱乐。但是，人们会热切地期待像水晶宫、亚历山大宫以及威斯敏斯特水族馆这样一些伟大的公共消遣场所，将会永远小心翼翼地保持其很高的格调和完美的名望，仅凭这一点它们就能实现自己存在的意义。的确，我们已经遗憾地注意到，色

---

① 贝思纳尔格林（Bethnal Green）是伦敦一个贫民聚居、人口密集的区域，哥伦比亚市场也属于该区域。——译者注

② 肖迪奇（Shoreditch）是伦敦东区的一个区域，距离哥伦比亚市场和贝思纳尔格林均不远。——译者注

情的东西要比田园交响曲吸引力更大，而要保持吸引力不减，就必须招募黑人歌手。倘若粗俗的东西入侵我们娱乐活动的最高贵场所，那我们试图使公众的欣赏品味得以升华的希望就会令人沮丧地落空。而且我也不相信最终会得到什么好处。时间可能会很漫长，然而倘若这样的地方一旦被中等和上流阶级人士所遗弃并沦落为粗野庸俗的场所，则其衰落的轨迹就将是可以预见得到的了。无论我们伟大的文娱活动承办者做些什么，他们都必须特别重视将所有阶级的人都混合在一起，并保持住他们所经营的地方为时尚胜地的名声。

可以在伦敦做不少事情的项目也不只是露天的和纯粹大众的音乐娱乐活动。在伦敦偌大的社交世界里，竟没有一个真正宏伟的音乐厅，没有举办过任何像哈雷先生[①]在曼彻斯特自由贸易大厅极其成功地指挥过的那样的系列音乐会，这是一件时常会让我感到惊讶的事情。或许除了埃克塞特大厅[②]，我还不曾得知伦敦有哪家音乐厅试图成功地进行那样一类的演出。当然，伦敦有阿尔伯特音乐厅[③]，不过，阿尔伯特音乐厅太大了，而且几乎完全不属于伦敦。

---

① 哈雷先生（Charles Hallé），查尔斯·哈雷爵士是19世纪中期英国著名的钢琴家和指挥家。他在曼彻斯特创立了以他的名字命名的"哈雷乐园"。该乐园于1858年1月30日在曼彻斯特的自由贸易大厅举行了首场音乐会。现在，哈雷乐园每年在曼彻斯特的布里奇沃特音乐大厅举办70多场音乐会，在英国其他地区举办40余场音乐会，并且定期进行国际巡演，是英国的顶级交响乐团。——译者注

② 埃克塞特大厅（Exeter Hall）坐落在伦敦斯特兰德地区北部，建于1829年至1831年。大厅的大礼堂可以容纳4,000多人，小礼堂可以容纳约1,000人。埃克塞特大厅曾被用来举行宗教会议和慈善会议，也被用作举办音乐会的场地。埃克托·柏辽兹1852年在埃克塞特大厅首次指挥了几场音乐会。——译者注

③ 阿尔伯特音乐厅（Albert Hall）也叫皇家阿尔伯特音乐厅，坐落在伦敦肯辛顿公园和自然史博物馆之间，能够容纳5,272人。阿尔伯特音乐厅是一家注册的慈善机构，代整个国家经营该音乐厅，不接受公共的或者政府的资助。——译者注

我猜想，甚至连阿尔伯特音乐厅的创建者们现在也会承认，尽管这个音乐厅乍看上去宏伟壮丽，其管风琴也尽显高贵，但却是一个无可挽回的失策之举。音乐厅的选址本质上就很糟糕，所以音乐厅绝不可能好到哪里去。多么奇怪的事情，那些目的是要使公众的欣赏品位（当然指的是大众的欣赏品位）得以升华的人们，怎么能把他们用以提升大众品位的工具放在他们想要提升的人民大众遥不可及的地方呢？肯辛顿①、贝尔格莱维亚②、泰伯恩③的时髦住户恰恰正是那些人们想象不出还需要文化的阶级。*而且，即使说到这样的一些区域，人们似乎也已经忘记海德公园把阿尔伯特音乐厅的地平线占去了 $\frac{1}{2}$，于是，一道毫无必要的、纵深达 1.6 公里甚至更远的有形障碍，便永久地横在了那些想去享受娱乐的人们的道路上。即使观众们走到了阿尔伯特音乐厅，他们也会吃惊地发现这座音乐厅完全不适合于演奏音乐，而且的确也不适合用于所有其他的目的。极其开阔的空间会把最大的管弦乐队所演奏出来的声音吞没并消声。听众与听众之间，听众与管弦乐队之间距离太远，以至于每个听众

---

① 肯辛顿（Kensington）是伦敦的一个富人区，紧挨着海德公园，距离皇家阿尔伯特音乐厅咫尺之遥。——译者注

② 贝尔格莱维亚（Belgravia）是伦敦西区的一个富人区，以住房价格极其昂贵而著称，紧挨着海德公园和白金汉宫，距离皇家阿尔伯特音乐厅咫尺之遥。——译者注

③ 泰伯恩（Tyburnia）是 1824 年根据塞缪尔·科克雷尔的总体规划而创建的一个伦敦区，按照规划，这个地方要建成贝尔格莱维亚那样的住宅区。这个地方也是伦敦的富人区。——译者注

* 然而，带着某种下意识的讽刺，人们看到一位记者的这样一篇报道。他在 1879 年 5 月 14 日的《时报》上报道皇家阿尔伯特音乐厅业余管弦乐队学会时说："学会总裁及创办人爱丁堡公爵，恢复了其在管弦乐队中的席位之后，这些音乐会又重新吸引了公众的注意力。"（《时报》第 12 版）——原作者注

不可能形成一个相互联系的观众整体作出反应。温暖的同情感在任何一次公众娱乐活动中都具有绝非微不足道的作用，可是这种同情感却因观众要通过望远镜才能发现大厅内其他地方发生的情况而转化成冷淡了。我们从这件事上所能吸取的教训是，不要等待行动诡异的皇家高官机构去完成社会改革。

南肯辛顿动用一切权力都绝不可能做到的事情，在很大程度上已经被在圣詹姆斯音乐厅指挥民众音乐会的指挥们实现了。他们已经把那座音乐厅变成了最真实的音乐文化的中心，他们为此应得到持久的荣誉。然而，我们还几乎不能将圣詹姆斯音乐厅演奏的音乐会称之为真正的民众音乐会。这些音乐会只是在与这个季节里继续在伦敦西区演奏的为数众多的小规模、排外型、时髦的音乐会以及与那些无论如何都不具有任何民众影响力的音乐会相比时，才是民众的。即使是对那些痴迷于音乐的热衷者来说，无休无止地连续演奏弦乐四重奏、三重奏以及诸如此类的乐曲，也是会让人感到乏味的。一个人有时渴望听到长号那令人振奋的声响，有时渴望听到咚咚的鼓声，有时渴望听到音叉那庄严的嗡嗡声，还有时渴望听到一支庞大的管弦乐队所奏出的激动人心的渐强音。* 伦敦如此之不幸所缺乏的东西，却是曼彻斯特之大幸而享有的东西。曼彻斯特居住着一大批有良好教养的德国中产阶级居民。这些人的存在以及自由贸易大厅的建立，为查尔斯·哈雷先生提供了教育兰开夏中产

---

* 自上述文字落笔以来，圣詹姆斯音乐厅似乎经历了一个伟大的变化。在过去的几年里，许多极好的管弦乐系列音乐会在那里举办，包括由里希特、哈雷、拉穆勒以及其他指挥家指挥的音乐会。——原作者注

阶级懂得音乐品位的手段。兰开夏[①]的中产阶级得到了在联合王国的所有其他省份都得不到的教育。哈雷先生在一篇 1879 年向社会科学协会宣读的论文中，阐释了他本人关于英国在过去的 30 年间音乐品位进步的看法。但是，按照我所希望看到的音乐娱乐应达到的民众化程度衡量，即使是哈雷先生的为人称道的音乐会也不是民众化的。在这一年里，在曼彻斯特举办的此类音乐会只有大约 20 场，[*]而且听音乐会的开销也达到如此高的程度，仅门票的平均收费毫无疑问就太高了。然而，倘若在伦敦的中心区域建一座至少在规模上与自由贸易大厅一样大、在音响效果上同样出色的音乐厅，那么以伦敦那样多的居住人口以及不断增长的旅游客流和来自外省的访客客流，这座音乐厅很有可能做到一年到头保持音乐娱乐活动花样翻新且不断流。看到加蒂家族的先生们[②]能够在生意最冷清的季节里夜夜笙歌，在科文特花园[③]举办美不胜收的舞会音乐会，我就无法理解为什么在伦敦中心区域建与自由贸易大厅一样规模

---

①　兰开夏（Lancashire）是英格兰西北部的一个郡，西临爱尔兰海，有常住人口 1,165,800 人，是英国工业革命的发源地。它的南部与大曼彻斯特郡相邻。——译者注

*　应当在此提及的除了哈雷先生举办的比较古典的系列音乐会外，还有每年在同一音乐厅内由德荣先生举办的 10 场系列音乐会。我并没有参加过那些系列音乐会，不过我相信，它们在一定程度上满足了民众音乐消遣的需要。——原作者注

②　加蒂家族的先生们（Messrs. Gatti）是指卡罗·加蒂及其家人。卡罗·加蒂生于 1817 年，1878 年去世，是英国维多利亚时代的一个瑞士企业家。他 1847 年来到英国开办餐馆，从事进口冰块的生意。他制作冰激凌并最先使冰激凌成为一般公众消费得起的食品。后来，他转入经营音乐厅的生意。1871 年，他返回瑞士，将在英国的生意交由他的家族成员打理。去世时他已经成为一个百万富翁。——译者注

③　科文特花园（Covent Garden）是大伦敦中威斯敏斯特城内的一个区域，位于伦敦西区的最东部，现在是人们最喜欢去的购物和旅游景点，那里有皇家歌剧院（通常也被称作科文特花园）。——译者注

的音乐厅是不可能做到的。加蒂家族的音乐会因为有像沙利文先生① 以及艾尔弗雷德·塞利尔先生② 这样睿智的指挥,因此能够从一切角度(仅有一两点除外)满足我关于每座大城市每夜都应当有音乐消遣活动的想法。人们会注意到那些确定无疑属于民众的和偶尔参加音乐会的听众在聆听贝多芬的交响曲时所流露出来的行为举止,以及被安托万内特·斯特林女士③ 那真正荡气回肠的演唱所打动而产生的非凡效果。注意到这些情况的人将不会为英国的音乐品位而感到失望。

我希望能够把那些经管英国游乐场所的人们诱导到哥本哈根去作一次旅行,了解一下那里的人们对游乐场所的经管比英国好多少。那里的蒂沃利乐园④ 为我们竖立了民众消遣活动的最佳样板。英国人认为,丹麦只是一个非常小的民族,一个他们居高临下地对待,提供建议,进行说教,并在必要时刻可以冷漠地抛弃的小民族。然而,丹麦虽然人口数量很少,但却在质量上让我们汗颜。法国人

---

① 阿瑟·沙利文(Arthur Sullivan)生于 1842 年 5 月,卒于 1900 年 11 月,是一位著名的英国作曲家,擅长写作歌剧、管弦乐曲、合唱歌曲以及清唱剧。——译者注

② 艾尔弗雷德·塞利尔(Alfred Cellier)生于 1844 年 12 月,卒于 1891 年 12 月,是一位英国作曲家、管弦乐配器师和指挥。除了指挥演奏阿瑟·沙利文的一些著名曲目外,塞利尔还为其中的一些曲目写过序曲,在伦敦的许多剧院做过指挥。——译者注

③ 安托万内特·斯特林(Antoinette Sterling)生于 1850 年 1 月,卒于 1904 年 1 月,是一位出生在美国纽约州的英美混血歌唱家。斯特林拥有一副音域宽广、声音洪亮的美丽歌喉。1868 年,她赴欧洲接受进一步的歌唱培训。1871 年她回到美国,成为一位著名的音乐会演唱家。她的嗓音稳定在一种具有特殊力量的女低音状态。1873 年初她回到英国,在科文特花园舞会音乐会上开始她的首场演出,并因演唱民歌和英格兰歌曲而走红。——译者注

④ 蒂沃利乐园(the Tivoli pleasure-gardens)创建于 1843 年,是一座世界闻名的游乐园。游乐园内建有音乐厅。——译者注

比我们更懂文明礼貌，德国人比我们更知识渊博，美国人比我们更具创新想象力和更和蔼可亲，这些并不会让我们感到吃惊。但是当一个在斯堪的纳维亚旅行的英国人发现那些血肉之躯几乎与我们并无二致的人，已经在人民大众的良好教养和一般文化水平方面远远超过我们时，他会真正地感到无地自容。在挪威，这种情况可能要归因于农民所有权所带来的影响，或者说归因于农民们与世隔绝的乡村生活。不过，当我们来到像哥本哈根那样的大码头，与那些并无什么优越条件的大城市比较，而且仍旧发现较贫穷的阶级，比较而言，他们女的像淑女，男的像绅士时，英国人就应当开始意识到这样一个事实：这里一定存在着某种英国的立法委员还不知道的社会改革方法。

　　社会优越性当然在很大程度是因为长期以来在丹麦存在着的良好民众教育制度。然而当我就这个主题向我的丹麦朋友们提出疑问时，他们却把高度文明的影响力归因于哥本哈根的索沃德森博物馆①和蒂沃利乐园。这里提及的博物馆收藏了这位伟大丹麦雕塑家几乎全部的作品，丹麦社会的各个阶级，包括丹麦农民和瑞典农民，都不间断地前来参观。丹麦和瑞典农民是乘坐火车和汽轮，走了相当远的路前来参观的，然而无论如何也想象不到，他们在言谈举止方面一点都不像英国的廉价票旅游者。但是，蒂沃利乐园是我更想直接讨论的话题。蒂沃利乐园简直就是一个游乐场，距离哥

---

　　① 索沃德森博物馆（Thorwaldsen Museum）是丹麦哥本哈根的一座单人艺术家博物馆。整个博物馆仅展出丹麦新古典主义雕塑家贝特尔·索沃德森的艺术作品。索沃德森1770年出生，1844年逝世。他一生中的绝大部分时间都是在罗马度过的（1796—1838年）。——译者注

本哈根城区很近，地方也不大。毫无疑问，蒂沃利乐园是从伦敦贝尔塞斯公园①、拉内勒夫花园②以及沃克斯豪尔花园③那里一脉相承下来的。我认为英国人在最先开发出娱乐场所方面一点都不落后。从19世纪初起，这类游乐场接连不断地在伦敦建立起来。不过，由于英国立法委员们致命的愚蠢，那些游乐场在封杀公众舆论的禁令下都接二连三地倒闭了。而蒂沃利乐园的情况则迥然不同。丹麦的皇室家族和上流阶级从一开始就资助并经常惠顾蒂沃利乐园，而且由于有良好的管理，丹麦居民中的各个阶级都有同样比例的人数光顾蒂沃利乐园，那里依然还是人潮涌动。蒂沃利乐园的主要诱人之点在于，它拥有一支优秀的弦乐队，整个夏季的每个夜晚，该乐队都要在一个很大的、部分露天的亭子里举办半古典音乐会。音乐会的演奏节目选自所有优秀音乐家的作品，包括巴赫、贝多芬、瓦格纳、罗西尼、门德尔松、韦伯、加迪、施特劳斯、梅尔贝尔、赖内克以及其他名家的作品。在主要音乐会的间歇期间，铜管乐队会在游乐场的其他地方吹奏起更为流行的曲子。只消再花一点钱，就可以在一个四面封闭的厅里继续观看魔术表演以及各种各样的小型娱乐演出。在节日的夜晚，游乐场不仅要张灯结彩，还会进行一场小型的烟火表演。然而，更为非凡的是在一种表演芭蕾舞和哑剧时

---

① 贝尔塞斯公园（Belsize Park）是伦敦西北部的一块地方，距离普利姆罗斯山和汉普斯特德荒地均不远，地处伦敦中心地带，是伦敦最高档、最昂贵的住宅区域之一。——译者注

② 拉内勒夫花园（Ranelaph Gardens）坐落在切尔西，在18世纪时还属于伦敦城外，是一些公共游乐场。——译者注

③ 沃克斯豪尔花园（Vauxhall Gardens）曾是伦敦肯宁顿地区的一个游乐场。17世纪中叶至19世纪中叶，那里一直是公众娱乐活动的首选之地。——译者注

要用到的露天舞台上进行的演奏，这种演奏多少带有一点香榭丽舍露天剧场的风格。当然，英国的地方法官是不会允许像露天表演芭蕾舞这样让人意志消沉的演出存在的。不过，我希望那些地方法官们能去看一看弗罗艾肯·列昂亭和范妮·凯里两人跳的芭蕾双人舞（*pas de deux*）。然后，他们就会了解，在一个真正有教养的、管理完善的民族中，舞蹈也可以像一场美妙的演奏一样纯真。舞蹈本身就是以优雅的动作和姿态展示优雅的身材。舞蹈可以像一尊雕像一样纯真，也的确可以比许多雕像都纯真得多。但是，人们司空见惯的却是这样一些跳芭蕾的姑娘，她们穿着若隐若现的裙子，弄出暧昧的舞姿，或是穿得像只黄蜂，显出细细的腰身，或是打扮成爱神丘比特的模样，或是表现出某种奢靡和低下的品位，以至于他们已经在观念上将舞蹈和淫荡不可分割地联系在了一起。我对弗罗艾肯和凯里还保留着一份感激的回忆，他们的舞蹈比任何其他东西都更能让我睁开双眼，看到英国公众品位的堕落。我后来得知，哥本哈根被认为是优雅和纯真舞蹈的伟大学校。

有时候，同一舞台也被用来表演哑剧，真正的哑剧，全部都是手势和小插曲，没有任何对话和旁白。不像英国的荒诞哑剧那样，里面全部都是荒诞不经、奢靡无度、充满金银丝织品、依靠数量和规模来取得演出效果的东西。英国的哑剧还把真驴、真的双座马车以及诸如此类的东西都弄上了舞台，就好像英国连一点真正的幽默和谐趣都没有剩下一样。我不需要试图去描绘有关在小丑身上降临的那些滑稽奇遇的出色系列故事，也不需要形容永恒不变的成功怎样最终陪伴着滑稽小丑的阴谋诡计。我想说，这是一种既能娱乐观众又无害处的演出，而且完全没有粗劣和庸俗的东西。因为看到了这样的事实，所以当我后来碰巧在瑞典外省一座城市的公共花园里看到一场由英国的小丑们表演的晚会时，我感到无比地震惊。这是一场令人痛苦的表演，对于一个英国的观众来说尤其如此。演出以小丑大口大口地向其妻子吐痰而进入高潮。与英国的水晶宫或者亚历山大宫作比较，蒂沃利乐园乃是一个微不足道的小地方。但是，文明并非一个规模大小的问题，而且尽管从规模上讲蒂沃利乐园比较小，但它是优秀品味和体面行为的样板，也是如何才能在良好的规章制度规范下诱使所有的阶级都混合在一起的样板。

音乐消遣活动的培育绝非只是在斯堪的纳维亚较大的城市里才有，也可以在其他规模较小的城市里找到，而在英国同等规模的城市里，人们甚至连支持任何此类活动的观念也从来没有考虑过。下面的事实让我十分震惊。一个星期日的夜晚，我抵达了挪威一个很小的海港——斯塔万格，发现很大一部分城市居民显然刚刚参加完教堂的晚礼拜，正在教堂墓地旁边的一个小公共花园里漫步，一支很不错的乐队正在一个永久性乐池内进行演奏。

我在下面附了一份类似演出的节目单。那次类似的演出是一个星期日下午在挪威卑尔根市的一个小公共花园内举行的。演出场所是一个用围栏围起来的地方，收取的门票价格微不足道。

公园音乐会
节目单
第一部分

1	歌剧《卡门》进行曲	…………	比才
2	巴赫的冥想曲和序曲	…………	古诺
3	《美丽的蓝色多瑙河畔》	…………	施特劳斯
4	《圣母悼歌》	…………	罗西尼

5	《歌唱爱情》	……………	艾尔伯特
6	歌剧《塞维利亚理发师》选曲 Bas-Arie	……………	罗西尼

第二部分

7	歌剧《白衣夫人》序曲	……………	布瓦尔迪厄
8	米凯利斯作品莎尔瓦希进行曲	……………	米凯利斯
9	歌剧《汤豪舍》合唱曲 Pilegrines	……………	瓦格纳
10	歌剧《玛莎》选曲二重奏	……………	弗里德里克·冯·弗洛托
11	歌剧《诅咒》选曲序曲、合唱曲 及抒情短曲	……………	萨维里奥·梅尔卡特丹

　　导致英国文娱活动堕落的一个重大原因是中产阶级和上流社会的排外情绪和伪贵族情感，这种情感使他们远离世俗大众。店铺老板要装扮成商人，商人希望别人把他当成地主，地主只有与王公贵族为伍时才感到高兴，最后，王公贵族喜欢在皇室的阳光下晒太阳。于是，这样的事情便发生了，要让一场娱乐活动变得真正时髦和流行，就一定得把一位皇室公爵或者公主请出来亮个相。我们希望找到这样一种社会改革方法，借用这种方法，我们能够在可以支配的时间空档内创造出一种更为合理的状态。但是这样的社会改革方法并不存在。因此，让人头痛的问题就在于，如何使现存的社会事物得到最好的利用。在我看来，在这样的条件下，让中产阶级和上流阶级经常去光顾那些品行端正的民众消遣场所，帮助那些地方提升自己的格调乃是他们的一项正面职责。倘若他们一定要让皇室人士或者头顶封号的领袖人物出面，而由他们簇拥在其后才能

履行这一职责，为了诱导他们这样去做，那么我希望那些享受着联合王国的财富和特权的人们能够牢牢记住，他们也是身负责任的。他们如果将自己封闭在自家的城堡里、自家的歌剧院包厢里以及专有的私人娱乐活动中，他们就不能完成肩负的那些责任。

不过，还有另外一个强有力的原因，使露天消遣活动中的排他性目前还几乎有存在的必要。这个原因往往比其他任何因素都更会使民众的品位堕落。出于显而易见的理由，我在这里只能蜻蜓点水式地触及一下这个问题。我所暗指的就是那种被人委婉并广泛地称之为"风流社会"的东西对英国民众聚会的侵蚀。这种邪恶在全体参加者都有座位坐的音乐会和会议中几乎感觉不到。在来自若干不同社会阶层的人被室内的隔断和不同的票价给相互分离开来的剧院，人们对这种邪恶只会感觉到一点。但是，只要参加任何一种形式的英国露天消遣活动的人们混合到了一处，就会有某位淑女可能发现自己处于一些她所无法忍受的人们中间的危险。所以，长话短说，从贝尔塞斯公园时代一直到克雷蒙花园 ① 时代，英国的公共花园接二连三地倒闭。* 不消说，在哥本哈根及欧洲大陆绝大多

---

① 克雷蒙花园（Cremorne Gardens）曾是伦敦流行的游乐场，坐落在泰晤士河畔，伦敦切尔西地区。1845 年至 1877 年是克雷蒙花园的繁荣期。但今天，那里的游乐场都已荡然无存，仅剩下一些遗迹。——译者注

* 有关伦敦民众文娱活动场所的历史，可以成为一本书的很好主题。然而，这一主题在奈茨所著的《伦敦史画报》，或者莫利教授所著的《巴塞洛缪交易会》中都只是部分地得到了说明。所有露天消遣场所的终结，倘若不是名声扫地的，那通常也是很不光彩的。马里列本花园于 1735 年开放。著名的音乐家阿恩博士是管弦乐队的首席，演奏过许多亨德尔的乐曲。马里列本花园在 1778 年遭到压制。沃克斯豪尔花园最初以"新春花园"的名字为人所知，开业历史悠久，1661 年约翰·伊夫林到访过那里。沃克斯豪尔花园作为一个文娱活动场所一直开办到 1859 年 7 月 25 日。沃克斯豪尔花园在上个世纪时的景致可在斯托所著的《伦敦概览》中找到。——原作者注

数城市里，公共花园的经营管理方式与英国是大不相同的。为什么我们应当继续允许英国的绝大多数公共场所被转化为交易不道德行为的市场，让那些堕落的、从立法上看属于疯狂的做法存在下去呢？我们为什么会容忍这样一种状况的存在呢？在这种状况下，一个年轻男子事事处处都受到邪恶东西的吸引，否则便得不到片刻的娱乐。以一种永不松懈的独创精神，风流社会能够发现每一个新的机遇，而那些天真无邪的消遣场所会一次又一次地丧失它们的名声，走上一条逐渐堕落的道路，最终受到压制。不过本文并非探讨这一主题的地方，我只想坚持说明，要评估因此而引起的对人民的品行和教养所造成的潜在伤害有多大那是不可能的。

世上没有比不愿看见的人更瞎的了，而让我们对下列情况闭目塞听的正是这样一种盲目。这种盲目使我们看不见廉价旅游中的粗鄙庸俗、歌舞杂耍戏园子内的疯狂以及民众言谈举止中普遍存在的低下格调，并不一定是粗糙双手和干瘪钱包的特征，而是由于长期以来民众教育和民众娱乐活动所遭受白眼的方式。当然，消遣活动的问题是从属于教育问题的。现在，因为教育的问题在一个有可能得到解决的关键时刻找到了一种很好的解决方式（这尤其是多亏了福斯特先生的意识、正直、坚韧不拔和高超的政治家才干），于是我可以说，已经没有多少比公共文娱活动更需要细致研究和精心管控的从属性社会改革方法了。*

---

　　*　自从写完上述情况以来，我又了解到先前便存在的、大量有关民众娱乐活动的情况，以及自那时以来所进行的许多尝试。——原作者注

附　录

　　有这样一个让人感到好奇的事实：亚里士多德的第八本书《政治学》（*Politics*），包括了对民众消遣活动这一主题的细心和明确探讨，从而得出前面这篇文章所坚持的结论，即音乐乃是提供这种消遣的最佳手段。这个论点，同亚里士多德以往的风格一样，很单调乏味，令人困惑不解，而且该书的七章之间存在着大量的重复内容。但是考虑到这本书写的是二千年前的社会情形，人们就不能不为该书处理问题的深刻程度及其持久的真理性而感到震惊。我来提供一些有关该书某些部分的非常扼要的摘要（该书由爱德华·沃尔福德先生[①]翻译，见博恩出版社 1853 年版的《政治学与经济学》（*Politics and Economics*），第 270—286 页）。

　　通常要教授儿童的东西，概括来说大致有四种：阅读、体操、音乐，一些人还增加了绘画（将其列在第四位）。说到音乐，一些人可能会怀有某种疑问，因为绝大多数人现在都把音乐用于娱乐的目的。不过，虽然劳动和休息都是必要的，然而后者却是人们更想要的，而且我们务必要知道在休息的时候去做些什么。玩耍对于那些从事劳动的人来说要比对于那些无所事事的人更为必要，因为从事劳动的人要得到放松，这种玩耍可以让人放松下来。出于这种原因，古人将音乐变成了教育的一部分。他们认为音乐行业，对于自

---

　　① 爱德华·沃尔福德（Edward Walford）生于 1823 年，卒于 1897 年，是位英国杂志编辑，教育、人物传记、族谱以及旅游等方面作品的编撰者。他最知名的著作是 6 卷本《新旧伦敦》。——译者注

由人来说，是个适当的职业，并且将这个职业分配给了自由人。正如荷马①唱的那样，"把塔利亚②叫来参加盛会是多么地正确呀！"然后，荷马转向其他人说，"已经把乐队叫来了，要让每只耳朵都听得如醉如痴。"在另一处地方，荷马让尤里西斯说，人的生活里最快乐的部分就是：

当人们在有序摆放好的节日餐桌旁坐下，倾听歌声的时候。

　　要清楚地指出音乐具有什么样的力量，这绝非什么轻而易举之事。依据什么理由人们应当要求听音乐，这也并不容易回答，音乐是否像睡觉或者喝酒一样，是种娱乐和提神的东西？或者我们是否更应假定音乐具有一种产生美德的趋势？因为它具有一种力量，能像体操一样，在某种程度上塑造人的身体，影响人的行为举止，以至于使它的教授者们习惯于正确地表示高兴？而且，我们所有人都一致认为，音乐是一种最讨人喜欢的东西，正如缪斯所说，无论是独自一个声音，还是有另一种声音的陪伴：

音乐，即人类最甜蜜的欢乐。

　　由于这个缘故，音乐有充分的理由被人们所接纳，进入每一次

---

　　①　荷马（Homer）是古希腊人称呼两部史诗《伊利亚特》和《奥德赛》的传说中的作者的名字。今天，能够与荷马的名字挂上钩的作品只有《伊利亚特》和《奥德赛》。但古人有时习惯于把一大堆其他著作也归于荷马名下，如《荷马史诗》。——译者注

　　②　塔利亚（Thalia）是希腊神话故事中主管喜剧和田园诗的女神。——译者注

聚会和每一个幸福的生命。由此，任何人都可以假定，用音乐去指导年轻人的做法是合适的。因为所有那些无害的喜悦，都不仅有助于实现生活的最终目的，而且也能让人放松。

设立免费公共图书馆的理由 [*]

　　设立免费公共图书馆，可以归纳到比较容易取得成功和肯定会有行动的那类社会改革方法当中。的确，这项社会改革工作已经在相当多的城镇里开始实施，而且已经远远超越了实验阶段。在此类图书馆已经存在了许多年的大城市中，譬如曼彻斯特、伯明翰、利物浦以及其他一些大城市，人们关于这些免费公共图书馆的舆论只有一种。或许这样说可能才更准确，那就是免费公共图书馆已经完全不再是舆论关注的问题了，它们已经被划到与市政厅、警务法院、监狱以及贫民收容所同属一类的范围，成为我们所处的文明阶段的必要附属机构了。若干大型城市，包括所有城市中最大的一个——大伦敦本身，都还几乎没有（倘若不是完全没有）享受税费支持的图书馆。至于那些中小规模的城镇，倘若有人能够发现其中的某些城市也为市民提供了这样一种显而易见的必需设施，那一定是种例外的情况。有鉴于此，我们所要做的下面两件事就不会是多余的：即对实行威廉·尤尔特的《免费图书馆法》（*Free Libraries Act*）以来已经取得的成果作一番审评，并对那些赞成或者反对用公款为公

---

　　* 本篇论文载于《当代评论》杂志 1881 年 3 月号，第 39 卷，第 385—402 页。——原作者注

众提供阅读文献这种制度的人可能提出的理由进行某种预测。

　　免费公共图书馆的主要 *raison d'être*①（存在理由），的确也如同公共博物馆、画廊、公园、音乐厅、公共时钟以及许许多多其他种类的公共工程的主要存在理由一样，就在于社会共同体因此以微不足道的代价获取了使用价值的巨大增长。倘若一幅美丽的图画被悬挂在一所私人宅邸的餐厅墙壁上，能够有机会端详此画的客人或许只有寥寥几位，一年当中不过 20—30 次而已。这幅图画的实际使用价值，往往就是帮助图画的主人满足一下他自私自利的自豪感。倘若这幅图画悬挂在英国国家画廊里面，那将会使成千上万的人能够欣赏到此画，几乎毋庸赘言，那么多赏画人的目光也不大可能使画布磨损。同样的原理也适用于属于共同所有权的书籍。倘若一个人拥有一座藏书几千部的图书馆，那么迄今为止，图书馆中的很大一部分书籍多年来一定是静静地躺在书架上无人问津的。在任意一年的时间跨度内，这个图书馆的所有者都不大可能用到其全部藏书中的哪怕很小一部分。但是一座藏书 5,000 至 1 万册、免费向某城市居民开放的图书馆，就可以使自己的利用率上千倍地得到提高。这就是我建议将之称作**"使用价值的乘数原理"**的一个引人注目的案例，政治经济学（包括劳动分工）的某些极其重要的进程，就建筑于该原理的基础之上。

　　以免费借阅图书的图书馆为例，这种使用价值乘数原理的适用范围十分广泛。在伯明翰免费图书馆投入使用的第一年里，图书馆内的每一本书平均借阅次数都达到了 17 次，而期刊文献的实际周

───────────────

　　①　raison d' être 是法文词，意思为存在的目的或者理由。——译者注

转次数约为 50 次。*在《图书馆联合会第一次年会议事录》中，利兹①公共图书馆的耶茨先生对自己所属图书馆的图书数量和借阅次数作了介绍。在中心图书馆内，平均周转次数，也就是说，每一本书的平均利用次数，1873 年内约为 18 次，后来逐步减少至约 12 次。在分支图书馆内，每一本书的平均周转次数，1873 年为 8 次，后来减少至 4.5 次。然而，周转次数的这种减少，完全是因为图书馆藏书数量的增多，图书借阅的总数已经大大地增加。一份英国议会文件，即《关于免费图书馆法的进一步报表》（见该报告 1877 年第 277 号），对所有免费图书馆的情况作了一个总体的介绍。该议会文件显示，在自治城市的图书出借图书馆②内，每一本书当年的平均利用次数为 6.55 次，而在工具书图书馆内，每本书的平均利用次数为 2.65 次。在自治城市以外其他地方的图书馆内，每本书的利用次数分别为 5.92 次和 3.81 次。在苏格兰，有一种让人感到好奇的反转现象，图书出借图书馆的书籍，平均利用次数为 5.58 次，而工具书图书馆的书籍，平均利用次数则多达 9.22 次。在英格兰和威尔士，每位图书借阅者在当年借阅的图书数目为 16 至 18 本，而在苏格兰则超过 44 本。

---

　　*　参见爱德华·C. 奥斯本著《伯明翰的免费图书馆》，载《社会科学联合会议事录——1862 年伦敦会议》，第 786 页。——原作者注

　　①　利兹（Leeds），英国英格兰北部城市。——译者注

　　②　图书出借图书馆（lending library）是指那些可以将本馆的图书及其他文字和图像资料外借的图书馆。在图书出借图书馆内，一位有资格借书的读者可以将任何他想借阅的书带离图书馆。1850 年之前，当英国尚未通过《公共图书馆法》时，英国的图书馆一般都是私人的，图书馆的书籍也不对外开放，更不外借。于是便有了图书出借图书馆的概念。此外，开展馆际互借活动之后，图书馆之间相互分享对方没有的馆藏。于是便有了图书出借图书馆和图书借入图书馆的区分。——译者注

当然，图书在持续不断的借阅过程中会或多或少地发生破损，而且免费图书馆内为数不少的图书实际上会因稳定的利用率而迟早被磨损。然而，这样的书籍几乎总是可以轻而易举被更换。不管怎样，这些书籍应在彻底完成自己的使命过程中毁灭，而不是落入黄油人、收破烂的人、昆虫中的蛀书虫、打扫房间的女仆或者布莱兹先生惟妙惟肖地描绘和诅咒的书籍的其他敌人的魔爪，这些书籍若能有这样的归宿，那真是善莫大焉。

公共图书广泛流转的一个自然结果就是，人们因此能够以非常低廉的代价获得文献。把一些主要免费图书馆的支出总额用这些图书馆的出借书籍总数去除，我们可以发现每出借一本书的平均费用：在伯明翰是 1.8 便士；在罗奇代尔①是 1.92 便士；在曼彻斯特是 2.7 便士；在伍尔弗汉普顿②同样费用；在利物浦费用甚至更低，只有 1.55 便士；而在泰恩茅斯③，费用不超过 1.33 便士。的确，在较小的图书馆里，正如我们可能合理地预期到的那样，平均费用多少会比较高。不过，根据查尔斯·W.萨顿先生在其最有价值的那本书《关于联合王国免费图书馆的统计报告》*中所提供的出借卷数和

---

① 罗奇代尔（Rochdale）是位于英国英格兰大曼彻斯特郡的一座城市，历史上属兰开夏郡，19 世纪时曾是一座工业城市，但现在则是一座住宅城市。——译者注

② 伍尔弗汉普顿（Wolverhampton）是英国英格兰中部的一座城市，在伯明翰西北 19 公里处。该城市早期曾是一个农产品集散地，至今还保留有定期集市贸易的传统。现在，这里是一座典型的大学城。——译者注

③ 泰恩茅斯（Tynemouth）是英国英格兰泰恩威尔的一座历史悠久的城市，现有人口 17,056 人。现在泰恩茅斯因其历史建筑和海岸景观吸引了众多旅游者。——译者注

* 参见《图书馆联合会第二次年会议事录》曼彻斯特 1879 年版，附录 II。另请参见《会议文件》第 92 和 93 页。——原作者注

支出的总统计表，我们发现每出借一卷书的平均费用为 2.31 便士。这绝非我们估算公众花费公款买到的东西是否物有所值的公正方式。我们一定要记住这样一点，除了借阅和查阅图书外，在绝大多数情况下读者还会拥有一间让人精神愉快的、暖暖和和的、灯光照明很好的阅览室，里面配有浏览报纸和杂志的桌子。对于许许多多没有钱又疲惫不堪的人来说，免费图书馆就是一个文学俱乐部，一个远离生活中的争斗和危险的完美避风港。通常情况下，免费图书馆不会保存任何抱着借书以外的目的前来造访的客人的人数记录。不过，曼彻斯特图书馆在 1868 年至 1869 年间作了一项尝试，统计以各种方式利用过这一机构的人数。* 这项尝试发现，接待的读者总数是 2,172,046 人，其中 398,840 人是借书回家阅读的读者，74,367 人，包括 228 位女士，是工具书图书馆的读者，91,201 人是分支阅览室以他们的签名为依据出借书籍的读者，1,607,638 人是在新闻阅览室利用当前期刊、书籍、小册子以及其他出版物的读者，使用这个阅览室不需要履行任何手续。考虑到曼彻斯特人口有 338,722 人，我们可以说当年一年内每个人（无论成人还是儿童）平均去图书馆 6.5 次。或者用一种更合乎情理的方式解读，我们可以说或许每个年龄适当的人一年内平均去图书馆约 13 次。

已经列出的数字似乎表明，下面的情况可能并不存在，即所花费的公款能够在使用价值和天真无邪的享受方面取得一种更为特殊和更为直接的回报。尽管如此，仅仅依据经济的理由便断言免费

---

* 参见《关于公共免费图书馆运行情况向曼彻斯特市理事会所作的第 17 次年度报告》，1869 年版，第 5 页。——原作者注

图书馆的好坏也是错误的。即使免费图书馆的费用很高，它们的开销也不会比监狱、法院、贫困人口收容所以及用公款维持的其他机构，或者豪华酒店、歌舞杂耍戏园子以及剧院等由私人开支维持的机构更昂贵。没有人能怀疑，不论是福是祸我们这个联合王国都有大把的钱可花。免费图书馆整个一年的费用也不超过 10 万英镑，也就是说，相当于单个一艘一流铁甲战舰费用的五分之一。现在，这么少的一点费用不仅会因为这些图书、报纸及杂志的使用价值乘数原理而使花在它们上面的钱数倍地得到偿还，而且很有可能在数年之后会以贫困人口比率下降，政府用于打击犯罪方面开支的减少而完全收回来。我们有充分的理由可以把免费图书馆看作是对人口中较贫困的那部分人实行减贫行动的机器。在其他许多情况下，我们也同样这样认为。福西特先生通过邮票来为邮政储蓄银行吸引小额存款的新举措，从直接的金融观点考虑，是不大可能获得批准的。每一先令的存款都会给经办邮政储蓄的部门造成费用上的极大损失，而且只有下面这样的希望和事实才有可能给新举措以合理的解释，即那些最初仅存几个先令① 小钱的人，最终能够拿到几英镑甚至几十、几百英镑。邮政储蓄银行显然是一台教育人们懂得如何节俭的机器，而事实上那是一台费用昂贵的机器。所以说，免费图书馆是帮助人们养成欣赏高水平文献的习惯和能力的机器，因此它也在将从小学开始的文明工作推向前进。

一些显然根本无力否认免费图书馆做出了卓有成效工作的人，

---

① 先令（Shilling）是 1971 年以前的英国货币单位，单位价值大于便士而小于英镑。1 英镑等于 20 先令。——译者注

多少好像是在用那种"先决问题"① 的口吻来反对我们的论点。譬如，他们会这样说，倘若人们对大众书籍有如此大的需求，出版商们为什么不发行廉价版的图书，这样任何人都买得起并可以在家里阅读。毫无疑问，有人以这种方式干了一些令人瞠目结舌的事情，就像以每本书 6 个便士的价格出版发行"韦弗利小说"② 那样。人们都会注意到，即使是这样低的价格，那也要比较大的免费图书馆的所有种类文献的平均出借费用高出两三倍，甚或更高。此外，任何一个对出版业一无所知的人也一定会懂得，价格如此低的出版物肯定是难以为继的，除非那些著作属于最流行的一类。的确，就在前不久，一种《新约圣经画报》(*Pictorial New Testament*) 以每册一个便士的价格出版发行了。班扬的《天路历程》(*Pilgrim's Progress*)③ 也是以类似方式出版的。不过，我所见过的那些个版本都没有任何可以称之为装订的工序，而且我猜想，人们都能理解，这类出版物是不可能出于赚钱的动机才出版发行的。当然，圣经学会也能以同样的方式，按照他们制定的任意价格发行《圣经》，只要认购名单足够长。

---

① "先决问题"(previous questions) 是一项英美的议会程序，一般来说，用作停止就某个待定提案进行辩论的动议，之后，会要求对那项待定提案进行投票表决。这项专门动议与其字面意思全无关系，并不涉及议会先前考虑过的任何问题。——译者注

② 韦弗利小说 (Waverley Novels) 是英国著名作家沃尔特·司各脱爵士写的一个长系列的小说。在近一个世纪的时间里，这些小说一直是整个欧洲最流行、读者范围最广的书籍之一。因为司各脱在 1827 年之前一直没有公开承认过他是这些小说的作者，所以该套系列小说便从 1814 年系列小说的第一部发表时所用的书名作为整个系列的名字。后续出版的小说，均在扉页上印有"《韦弗利》的作者著"几个字。——译者注

③ 约翰·班扬是英国 17 世纪中叶的一位作家和清教牧师。他因写作《天路历程》而为世人所知。作为一个不信奉英国国教的清教徒，班扬被投入监狱，在铁窗里面度过了 12 年。在狱中，他开始写作《天路历程》，但直到他出狱的若干年后该书才发表。——译者注

每当报纸上缺少填充空白的废话时，一大群记者便会时不时地跳将出来，鼓吹出版发行廉价文献。一本新小说售价不是 31 先令 6 便士，而要求不超过 5 先令，甚或 1 先令。有人让我们放心，说低廉的价格乃是利润的秘密，而且正如邮政局通过发行 1 个便士一枚的邮票募集了巨大的收入一样，我们也只能以很低的价格出版书籍，以便确保巨大的流通量和丰厚的利润。无须详尽的剖析，此类论据的肤浅就会昭然若揭。情况应当很明白，出版发行廉价出版物的可行性完全取决于该出版物的特性。某些书籍销售数量达到几十万册，甚或上百万册。另有一些书籍只要出版发行五百册，甚至一百册，就足以保障市场的供给。现在，有一类出版物的有利可图的印刷数量可以成倍地增长，几乎能够达到印刷机印力的极限。这一类出版物中就包括那些总是枯燥无味并且时常很恶毒的中篇小说、报纸以及冠有各种各样书名的廉价惊险小说，免费图书馆的工作就是要抵消这类出版物的邪恶影响。

实际上，设立免费图书馆所取得的一个结果便是，让最贫穷的人们能够伸手接触到最优秀的书籍，而同时看着较富有的阶级为这类书籍的出版缴费。任何一个能够要到 6 个便士的男孩或者乞丐，都可以从那个"有利地位"出发，去享受画廊、某些出色的戏剧或者歌剧。那些地方真的是由坐在隔离栏或包厢内的人们，以每人 10 先令 6 便士或者一个畿尼 ① 的价钱供养的。任何人只需稍作观察就会相信，把财富所带来的好处分给那些没有财富的人的社会手

----

① 畿尼（guinea）是 1663 年至 1814 年在英国铸造并流通的旧金币，重约四分之一盎司，币值为一英镑一先令。从 1717 年至 1816 年，畿尼的币值被官方固定在 21 先令，即 1 个畿尼 =21 先令。——译者注

段有很多。公共所有制就是让娱乐实现这种通俗化的最有效措施。公共公园是向每一个人开放的。现在，倘若一个英国市镇的议员们足够明智，愿意开设一座免费图书馆，那就是一个免费的文学公园，最贫穷的人可以在那里享受到一种他们应当享受的，既对他们自己好也对其他人都好的权利。各式各样图书馆的年度报告，或者被印成《蓝皮书》*的此类报告的概要，为我们提供了有关图书借阅者职业的大量说明。根据这些说明判断，情况十分清楚，绝大多数图书借阅者是没有财富的，拥有年收入超过 100 英镑的人寥寥无几。有太多意在为真正的工人举办的科学讲座、廉价娱乐活动以及免费的展览馆开馆活动，被那些大多属于完全能够支付得起的人占了便宜。不过，在免费图书馆内，工人及其家庭成员的露面机会是毫无问题的。于是我们发现，在伯明翰图书馆，工具书图书馆内的 7,688 位读者中，56 人为会计，17 人为演员，115 人为代理，27 人为学徒工，80 人为建筑师，153 人为艺术家，31 人为面包烘焙师，7 人为床架制造工，25 人为书籍装订工，48 人为书商，44 人为鞋匠，141 人为铜器工人，3 人为瓦工，17 人为经纪人，15 人为制刷工人，26 人为建筑工人，18 人为研磨工人，7 人为屠夫，14 人为纽扣制造工，43 人为细木工，90 人为木匠，14 人为雕刻工，18 人为链条制造工，85 人为药剂师，167 人为教士，1,562 人为职员，19 人为马车车厢制造商，8 人为煤炭经销商，140 人为商务旅行者，30 人为皮匠，等等，各行各业，应有尽有。所有对图书借阅者或者工具书图书馆读者的职业情况作记录的图书馆，都能出示类似的统计。

---

　　* 参见统计表，载于《免费图书馆法》1877 年第 439 号。——原作者注

还有，一定不要忘记，一本书的费用并非是与书相关的唯一不便之处。倘若一本书也像报纸或者廉价惊险小说那样，只准备让人读过一次后就销毁，则该书的费用一定要比实行图书循环阅览的图书馆提供的书高若干倍。倘若一个家庭准备把书籍保存在家里，以便不同的家庭成员可以在适当的年龄段依次使用，那么购买书架的费用和小房子里被占去的空间的费用就会很难避免。毫无疑问，有大量的廉价文献是通过二手书经销商在不同人的手上传来传去的，于是，这些书的使用价值也被乘数原理作用增大了。不过，采用这种办法会有许多的不便，而且二手书经销商喜欢拿较大比例的抽头。

萨顿先生提供的宝贵统计表格，使我们对免费图书馆运动的进一步发展空间会有多么广阔能够形成一个清晰的概念。享受税款支持的图书馆数目，不算其分支机构，目前至少有86座。其中只有5座图书馆所在的城市1871年时的人口数目不足1万人，有39例是图书馆所在城市的人口数目在1万至5万人，有16例是人口数目在5万至10万人，有15例是人口数目超过10万人。余下的少数几个案例，无法给出图书馆所在城市的人口数目。还有，在几乎所有前述提及的城市里，新一轮的人口普查将会毫无疑问地表明，那里的居民人数出现了巨大的增长。关于在目前时期一个城市需要有多少人口才能构成对开设图书馆的有效支撑这个问题，人们的意见可能会各不相同，但是看一看那些居民人口在2万人左右，已经成功地开办起本市图书馆的城市数目，我们就不会怀疑，每一座居民人数超过2万的城市都应当拥有本市享受税款支持的图书馆。如果那样的话，我们就能够从人口普查的表格中整理出下列可怕的清单。这是一份显然存在着图书馆缺失问题的英格兰和威尔士城市清单：

阿伯德尔	哈德斯菲尔德
阿克林顿	赫尔
阿什顿安德莱恩	林肯
巴恩斯利	伦敦
巴思	下塞奇利
巴特利	梅瑟蒂德菲尔
伯恩利	奥尔德姆
特伦特河畔伯顿	朴茨茅斯
贝里	罗瑟勒姆
卡莱尔	罗利里吉斯
查塔姆	斯卡伯勒
切尔滕纳姆	什鲁斯伯里
科尔切斯特	南安普敦
克罗伊登	斯泰利布里奇
达灵顿	斯托克顿
迪斯伯里	蒂普顿
德文波特	托基
多佛	托特纳姆
达德利	韦克菲尔德
盖茨黑德	西德比
戈顿	西汉姆
格雷夫森德	西哈特普尔
大格里姆斯比	雅茅斯
哈利法克斯	约克
黑斯廷斯	

这些明目张胆拒不开设免费图书馆的案例，虽然都是邪恶的，但却相互有很大的不同。有些城市，譬如戈顿和奥尔德姆，距离由其他较大城市开设的图书馆很近，因此，虽然那样做多少有些卑

贱，但它们还是更喜欢以牺牲他人的利益为代价去借书。有两三座类似南安普敦和黑斯廷斯那样的城市，它们或许已经设立了部分提供免费图书馆那样的服务的机构。其余的案例，就我所知的情况而言，也几乎找不到什么可以减轻罪孽的借口。有些案例情节非常恶劣。巴思看起来是所有案例中最恶劣的一个。1871年时，巴思有人口52,557人。拥有这么多人口，巴思应至少装装样子，表示向往知识和文明。然而，巴思的纳税人已经四次否决了《图书馆法》（the library Act）。1869年11月8日，该城市举行了一次公众会议，考虑人们是否渴望通过《图书馆法》，然而赞成该法的决议案未获通过。1872年11月5日，该城举行了第二次会议，类似的结果再次出现。1877年5月，议员们搞了一次不成文法民意调查，结果是否定的。最后，就在前不久，即1880年10月，该市通过投票的方式，对纳税人进行了一次民意调查，但是无知的大多数再一次（即第四次）否决了智慧的、热心公益的少数人。在最后两次表决时，一个规模相当大的图书馆的受托人和所有者提出，倘若授权该联合公司用公款维持图书馆的运行，他们就把整个图书馆以及图书馆所在的大楼作为礼物送给公众。我认为，这座图书馆完全适合这个目的。我们一定很遗憾地得知，纳税人现在已经丧失了时机，那幢大楼已经被卖掉，图书也都散失了。除了大都市以外，赫尔看起来好像是依然没有税款支持的图书馆的最大英国城市。该城市1871年拥有人口121,892人，此后，其人口增长速度大概与联合王国的任何其他城市一样高。人们几乎找不到任何一个能够像免费图书馆一样有那么多好处的地方，或者能够那么轻而易举地供得起那些好处的地方。还有，我们吃惊地发现，特伦特河畔伯顿也被列入"存在图书馆缺失问题的城市清单"。特伦特河畔伯顿有许多很棒的啤酒厂，人们或许会期待在那里看到一座中等规模的图书馆。

居民人口达 1 万人的城市是否应当拥有免费图书馆，这是一个存在很大争议的问题。这类城市的数目，即使在 1871 年就已达到了 221 个，此后又有巨大的增长。以这样的观点看待此问题，存在图书馆缺失问题的城市清单上就会有 135 座城市，而当新一轮人口普查的结果公布时清单上的城市数目还要增加到至少 150 座。还有，这样的问题一定会马上出现：文献是否要仅限于城市？乡村地区是否也可以分享坐落在距离最近的市场城镇内的图书馆所带来的好处？由于单纯的距离阻隔，乡下人从来就不能拥有城市居民所拥有的设施，但是在集市开市的日子，几乎每个农民的家人都可以去交换书籍。

十几年以前，乔治·哈里斯先生提议在很小的城镇和乡村地区为做工的人们设立**教区图书馆**。*他为实施自己的计划所鼓吹的理由可以非常贴切地普遍适用于**免费图书馆**，也就是说，乡村地区已经为促进教育花费了很多钱，然而却遗漏了这样一件事，即再增加少许开支，设立一个普遍的图书馆系统，以便青年男女能够保持他们的三"R"①水平并继续接受教育。正如哈里斯先生所说的那样，100 个英镑中我们花掉了 97 英镑，却吝啬地舍不得再花掉真正需要

---

　　* 参见《社会科学联合会议事录》，1866 年曼彻斯特会议，第 416 页。——原作者注

　　① 三"R"（three Rs）指的是英美学校基本技能教育大纲的基础：阅读能力、写作能力以及计算能力。这三种能力的英文词汇中均带有字母"R"，即 reading, writing 和 arithmetic，所以西方学者将之简称作三"R"。据考证，最先使用三"R"说法的人是英国议会议员威廉·柯蒂斯爵士。他在 1795 年的一次演讲中使用了这一说法。后来这一说法被广为引用。——译者注

的、能够使 100 英镑中的其余部分起作用的 3 个英镑。然而，他构想的方案若要用于乡村地区，事实上还存在一些薄弱环节，要使图书馆有效率、有吸引力并节省费用，使用人数和居民集中程度的问题就需要考虑进来。一个活跃的读者很快就能将几百本少量的藏书全部读完，之后，那些图书对于这位读者来说便不再有新鲜感，而新鲜感对于阅读来说却有着巨大的激励作用。事实上，设立教区图书馆并不存在法律方面的障碍，因为 1866 年的《公共图书馆修正法》（*the Public Libraies Amendment Act*）第六部分规定*，1855 年的《公共图书馆法》（*the Public Libraries Act*）以及相对应的《苏格兰法》（*the Scotch Act*），"应适用于任何自治市、地区或者教区，或者苏格兰的自治市巴勒①，无论其居民人数的多少"。此外，同一修正法的第四部分，允许任何教区，无论其居民人数多少，与相邻自治市的市政委员会，或者地方委员会，或者其他主管当局联合，共同出资提供一座**免费图书馆**。据我所知，这些权力还几乎完全没有行使过。

根据萨顿先生的表格，已经成功地与"城外地区"融合为一体的，只有一个**免费图书馆**地区，即伯肯黑德的免费图书馆。利明顿、纽波特、北安普敦、绍斯波特、瑟索以及威根等城市已经做过尝试，要把相邻的地区联合在一起，但未能取得成功。在若干重要的自治市，譬如利物浦、索尔福德、曼彻斯特，甚至连图书出借图书馆都会

　　＊　参见 1866 年的《公共图书馆修正法》第六部分，第 114 章，第 29 和第 30 款。——原作者注

　　①　巴勒（burgh）曾是苏格兰和英格兰北部的一种自治城市联合体，通常相当于城镇。这种类型的行政区划，自 12 世纪时起开始存在，大致类似于英格兰的自治市地位。1975 年英国地方政府重组之后，"皇家巴勒"的名号虽然还在许多城市继续使用，但只具有礼仪上的意义。——译者注

面向周围的乡村居民开放，而在其他地方，图书馆管理员在解释本馆规定时会表示出极大的宽容态度。不用说，图书馆的工具书部门会免费向所有前来查阅的人开放，向访客们提出的任何问题都只带有纯粹统计的目的。曼彻斯特的图书馆管理员于 1865 年印制了一份显示读者居住地点的表格。居住地点属于曼彻斯特和索尔福德的读者有 62,597 人，5,666 位读者来自兰开夏郡的其他地区，3 人来自贝德福德，849 人来自柴郡，124 人来自德比郡，2 人来自德文郡，2 人来自达勒姆，3 人来自莱斯特郡，83 人来自伦敦，139 人来自约克郡，5 人来自爱尔兰，8 人来自苏格兰，4 人来自威尔士，还有 6 人来自美国。尽管以曼彻斯特和利物浦这样一些如此富有的城市的情况来说，上面显示出来的慷慨大方是明智的和值得称赞的，但让小城镇为半个郡提供书籍显然是不公平的。而且，这种困难虽然已经在少数地方，譬如邓多克和罗奇代尔，以允许非本地居民缴一点阅读费的方式得到了克服，但真正令人满意的解决办法还应该是，由教区来接受《免费图书馆法》(the Free Libraries Acts)并向距离最近的**免费图书馆**地区基金会缴纳一点会费。

倘若这种办法能够频繁地使用，那就几乎不用怀疑，人们一定可以像 J. D. 马林斯先生所提议的那样，发明出某种安排，让图书出借部门的书籍流通到周边的教区去。在殖民地维多利亚 ①，人

---

① 殖民地维多利亚(Colony of Victoria)是大英帝国在澳洲的一块殖民地。1851年之前，这块殖民地一直是大英帝国在澳洲的另一块殖民地新南威尔士的一部分。从1851年起直至1901年，这块地方变成了殖民地维多利亚，在大英帝国内有自己独立的政府。1901年殖民地维多利亚成为澳大利亚联邦的一个州。1850年代的淘金热就发生在殖民地维多利亚，并催生出墨尔本这样的澳大利亚和新西兰金融中心。1901年至1927年当澳大利亚联邦首都堪培拉还在建设的时期，墨尔本曾是澳大利亚议会所在地。——译者注

们长期以来一直在成功地运行着一种图书出借办法。如果我们不建议在英国采用这种办法，那我们就太不切实际了。于是，在雷德蒙·巴里爵士（他于前不久去世，他的死一定是该殖民地的一个重大损失）远见卓识的管理下，墨尔本公共图书馆的馆藏复制件被装入橡木箱内，夹上黄铜夹子，衬上绿色台面呢，并用书架将它们分隔开来。每一个橡木箱内装了约50册图书，然后通过铁路或者汽轮免费运送到任何一个公共图书馆、技术机构、阅览室或者申请借书的法人团体。在这个殖民地的某些偏远地区将要举办某个主题的系列讲座时，与该主题相关的书就会根据申请在墨尔本准备出来。这些借出的书籍可以由借阅者保留三个月或者更久。在1876至1877年，以这样的方式流通的图书卷数为8,000册，而且按照使用价值乘数原理计算，这些图书发挥的作用相当于在总人口为44万人的72座城市流通的32,000册书。在1877年的伦敦图书馆馆员大会上，雷德蒙·巴里爵士对这种图书流通办法作了充分的说明。这些说明*已收录在《会议报告》中，并及时印出。有关纽约县一个有魄力的村庄图书馆俱乐部的介绍，可以在美国《图书馆杂志》（*Library Journal*），第3卷，第2期，第67页上找到。

然而，这种让图书馆流转起来的办法对于一般的英国人来说却并不像它看上去那么新颖。更不要说由米迪、史密斯、伦敦图书馆以及其他一些机构维持的、范围广泛的乡村图书流通体系。在东洛锡安，一种最初由哈丁顿的塞缪尔·布朗先生建立起来的巡回图书馆体系已经存在很长时间了。这些图书馆的运行情况已在一本关于《苏格兰的免费图书馆》（*The Free Libraries of Scotland*）的十分

---

* 参见《会议报告》第134—135页以及第194—199页。——原作者注

有趣的小册子里得到了充分的说明。这本小册子由一位助理图书馆管理员撰写，由格拉斯哥西乔治大街 129 号的约翰·史密斯父子公司出版。塞缪尔·布朗的计划是，收集 50 本书，将这些书籍配置在某个村庄，时间为两年，并且免费将书籍出借给所有年龄在 12 岁以上爱惜书籍的人。在两年期末，这些书籍要被收回，并被送往另一座城镇或者村庄，同时，一批新鲜的、不同内容的 50 本书会被送来取代那些被收回的书。这样，对新鲜感的不可避免的需求就得到了充分的满足，而且书籍的使用价值也以一种非常有效的方式成倍地增大。这个方案曾在许多年里非常成功，虽然很难说能够达到更近一些时候的**免费图书馆**那样大的成功。这些书籍看起来每年的平均出借次数大约达到了七八次。一段时间内，这些当地图书馆的图书出借次数达到过 50 次之多，全部都局限于东洛锡安的范围以内。这一体系据说大约是在 1816 年启动的，约在 1832 年达到它的顶峰。在达到顶峰的那一年，每本书在出借的第一年要收取 1 个便士的费用，塞缪尔·布朗的想法是，截至那时，他已经教育居民懂得他们是可以承受得了这很少的费用的。他的想法错了，读者的数目开始下降。这位发起人于 1839 年逝世。他的死加速了他那美妙方案的衰落，目前，他的令人叹为观止的图书馆网络只剩下一点点遗迹。

有趣的是，人们发现，这种巡回图书馆体系引起了布鲁厄姆勋爵的特别关注，并在他的那本《关于人民教育问题的实际观察》（*Practical Observations upon the Education of the People*）[*] 的小册子

---

[*] 参见布鲁厄姆勋爵著《关于人民教育问题的实际观察》，1825 年伦敦版。——原作者注

中对之作了描绘。布鲁厄姆勋爵的这本小册子标志着社会改革中的一个时代，包含了自那时以来所实现的许多事物的萌芽。布鲁厄姆勋爵在论及塞缪尔·布朗的计划时这样说道：

> "计划以寥寥几本书开始，但他现在却拥有 19 个**巡回图书馆**，每个**巡回图书馆**拥有图书 50 卷，这些书被分送到不同的站点，由每个站点保管一定的时间。这些巡回图书馆有 19 个分支部门，15 个站点。有四个分支部门总是在主要城镇供人们使用，另有两个分支部门被布置在另外一座小有名气的城镇。每个站点会有一个人作图书管理员。读者的数目有 700 或者 800 人，每年的花费在 60 英镑以内，这些花费是用布道的收入、出售某些小册子的收入以及捐款收入来支付的，这些收入的数额都不高，平均为 5 个先令。凯洛村①的巴肯先生现在在贝里克郡②采用了这项计划，由于他使这项计划得到了极大的完善，目前的图书借阅花费已改由读者支付，他们每月缴两个便士，而且我希望他们还可以选择书籍。"

这让我情不自禁地想到，这项关于巡回图书馆的计划，或者一种介乎于该计划与在墨尔本实行的我们可以称之为雷德蒙·巴里计划之间的混合事物，正是我们为将免费图书馆所带来的好处推广

---

①　凯洛村（Kelloe）是英格兰达勒姆市附近的一个村庄。根据英国 2011 年的人口普查，这个村庄有人口 1,502 人。——译者注

②　贝里克郡（Berwickshire）是英国一个具有历史意义的郡，曾是苏格兰的一部分，但在 1482 年又成为英格兰的一部分。该郡位于苏格兰与英格兰交界的地方，东部濒临北海。——译者注

到英格兰和威尔士的乡村地区需要做的事情。举例来说，坐落在市场城镇的中心图书馆，可以每三个月向每个邻近的主要村庄发送一个包裹，包裹内是一个装有 50 册书的盒子，就像在墨尔本使用过的那种。这一包裹的书在剩余的 12 个月里被当地利用过之后，应当被送回主要图书馆进行检查和修补，然后再出借给其他一些村庄。收取一个法辛[①]或者顶多半个便士的资费，就应当足以补偿从乡下教区至市场城镇所需的运费。这些书籍可以免费或在略缴一点费用之后，存放在公立学校或者教区学校的教室里、工人俱乐部内或者其他公共房舍内，并从那里向外出借。即使是把书籍存放在教区教堂的小礼拜堂内，这样一盒子给人带来光明和生命的图书也不会令教堂感到蒙受亵渎的。若是这个图书流通计划能够最终付诸实施，我们就可以预期每个拥有居民 5,000 人的小镇都会变成一个地区的中心。粗略估算了一下，我们应当有 500 座左右免费的中心图书馆和报刊阅览室，并附带着更多的，或许是 3,000 个，乡村巡回图书馆。

还应当作个补充，那就是即使免费图书馆体系最后达到了我们在这里所设想的范围，也完全不用担心任何一个品行端正的出版商、巡回图书馆的所有者、报纸的业主，或者其他什么人的利益会遭受侵害。那些研究**免费图书馆**作用的人们一致认为，**免费图书馆**能够激发而不是消除人们对于文献的渴望。正如马林斯先生所说："那些担心**免费图书馆**将侵害自己生意的图书经销商会发现，**免费图书馆**激发了人们对阅读的爱好，并使自己的客户成倍地增长。收

---

　　① 法辛（farthing）是英国旧币中的一个很小的货币单位，价值为一个便士的四分之一。——译者注

费图书馆会发现，**免费图书馆**远不是在侵害自己，而是充当了自己的开路先锋。"与此同时，这项计划还会给城镇图书馆增添相当多的基金，而且，乡下人在进城的时候也会公平地获得使用阅览室和工具书图书馆的权利。毋庸置疑，谈论乡下的土包子去频繁地光顾工具书图书馆之事，似乎是一种相当荒诞不经的想法，然而这却是我们正在逐步实现的事情。无论如何，我们都可以信心十足地说，我们一定会实现那个目标，除非我们希望在智慧、材料以及道德进步的竞赛中被别人远远地抛在后面。我们如果不去做大英帝国殖民地和美国正在做的事情，那我们就太愚蠢和过时了。在过去的几年里，英国地主和英国农民的眼睛略微睁开了一点，而且，极端抱残守缺的人们或许也将改变他们先前表现出来的态度，变得能够领会下面这句警世箴言的意义了："谨防自己受过教育的后代所发动的竞争。"

然而，要挑剔较小城镇的毛病是很困难的，因为即使是广阔的大都市伦敦（从这个名字的广义角度理解），实际上也依然没有享受税款支持的图书馆。事实本身都在谴责自己，那就任何开脱罪孽的借口都不能奏效。在税收问题上表现出来的纯粹愚蠢的焦躁就是这样一种情况。要说伦敦没有**免费图书馆**可能并不准确。在威斯敏斯特，有一座属于圣玛格丽特和圣约翰联合教区的真正享受税款支持的图书馆，该图书馆早在很久以前的 1857 年就开始创办了，当年就此问题进行表决时，只有 3 张不赞成票。这是一个拥有图书11,700 册的图书出借图书馆，每年出借的图书数量接近 85,000 册，图书馆所得到的税款支持为每册书半便士。要显示伦敦的图书馆缺失程度有多么严重，只要提及一下拥有免费图书馆的 86 座省级城市其 1871 年时的总人口还不满 600 万人就足够了，而拥有一座享受税款支持的小型图书馆的伦敦却有人口 362 万人。

截至目前，虽然伦敦根据《公共图书馆法》创立的图书馆只有一座，但重要程度和特性不同的**免费图书馆**却有若干个。有一个极其出色的市政厅图书馆，它得到了奥弗拉尔先生的妥善管理，并获得伦敦城市联合公司的支持。在诺丁山有一个小型的**免费图书馆**，完全靠詹姆斯·海伍德先生慷慨大方地给予在维持。若干家机构最近也将一些小型图书馆向公众开放，它们的情况与拥有馆藏 1,000 册以及大量期刊的免费图书馆一样，完全依靠坐落在上肯宁顿巷 143 号的南伦敦工人学院的自愿捐款来维持。贝思纳尔格林实际上拥有一个很不错的、有藏书 5,000 册的图书馆，该图书馆由伦敦街的"霍尔"信托公司决定向公众开放。在圣潘克拉斯，一位匿名的女性慈善家在卡姆登街 29 号开办了一座小型的**免费图书馆**，在图书馆成功运行三年之后，它被转交到该教区的定期捐款人和住户委员会的手中，这些人正在逐步提高图书馆的用处。

诚然，还有若干其他的重要图书馆，它们实际上也在免费对公众开放。朗伯斯宫图书馆每周一、三、四、五全天以及星期二的上午对公众开放。不过那里的藏书虽然对学者们来说具有很高的价值，但全然不适合民众使用。在芬斯伯里环形广场的伦敦学院拥有非常好的图书馆，该图书馆实际上对任何合适的读者开放，供他们使用，该学院管理人员的宽容态度以及该图书馆首席图书管理员 E.B. 尼科尔森先生所具有的公益心，决定了图书馆对公众开放的尺度。由弗朗西斯·罗纳尔兹爵士收藏并馈赠给电讯工程师学会的非凡的科学图书馆，也是公众可以利用的。然而，这样一些特殊图书馆却丝毫不能替代公共图书馆在曼彻斯特、伯明翰以及其他一些城市中所具有的位置，公共图书馆拥有数量庞大的分支机构、报纸期刊阅览室以及其他设施。

有人曾经一本正经地争辩说，伦敦并不需要用税款支撑图书馆，因为大英博物馆内就有一个由国家出资维持的藏书众多的图书馆。对任何一个至少熟悉一点大英博物馆的人来说，就这样一种荒谬的论据作出回应都是没有必要的。把大英博物馆内的图书馆向公众开放，供公众使用，那将是一种无以复加的浪费和极端的奢侈。帕尼兹的巨大阅览室①乃是国家的文学实验室，英国相当大一部分的文献都直接或间接地从那里汲取过资料和灵感。所付出的费用或许会相当可观，但是完成的工作也都是必不可少的。这间阅览室所拥有的特权，已经在某种程度上被一些闲逛博物馆的人、阅读通俗课本的学生或者喜欢坐柔软坐席和享受比较温暖的气氛的其他人给滥用了，然而，要划出一条十分精确的分界线却又是不可能的事情。倘若真的要对这种情况进行任何变革的话，那人们所渴望的也不是更加自由地出入大英博物馆图书馆，而是施加更多的限制。无论如何，国家图书馆或许都应是最令人景仰、管理最完善、属于整个大英国家的机构，而这个机构不要与免费图书馆运动有任何瓜葛。

---

① 帕尼兹（Panizzi）的全名叫做安东尼奥·热内西奥·玛利亚·帕尼兹，是一位出生在意大利的归化英国人。1856 年至 1866 年，帕尼兹担任了大英博物馆首席图书馆管理员，即馆长。大英博物馆图书馆是完全意义上的英国国家图书馆，只是在名称上没有叫这个名字罢了。在帕尼兹担任首席图书馆管理员期间，大英博物馆图书馆的藏书由 235,000 册增加到 540,000，成为当时世界上最大的图书馆。图书馆内有一个著名的环形阅览室。这个巨大的环形阅览室是根据帕尼兹亲自绘制的草图，由建筑师西德尼·斯默克设计的。环形阅览室于 1857 年投入使用，一直用到 1997 年图书馆迁入目前的新址——伦敦圣潘克拉斯。——译者注

距离大英博物馆不远处是另外一座图书馆，这座图书馆倒是可以被转变成一个免费的公共图书馆。该图书馆被称之为威廉博士图书馆，坐落在格拉夫顿大街一幢非常合适的大楼里，紧挨着大学。该图书馆是由一个不信奉英国国教的牧师建立的，里面收藏有大量的神学文献。然而，近年来，董事们已经为图书馆添置了最好的一般性文献和科学书籍，并且允许任何经过适当介绍而来的人在此阅读，甚至借走这里的书籍。可是，让这座图书馆提供它轻而易举就可以做到的公共服务，它就很难再维持下去了。该图书馆距离大学和大英博物馆都很近，因此作为一座学者型的图书馆它没有存在的必要性，所以我认为应当将这座图书馆转变为一个人民的图书馆。

尽管在伦敦人们也能找到上面所提到的以及可能还会有的若干其他实际上的免费图书馆，但实际情况却是：没有一家图书馆机构已经得到了尽善尽美的改造，从而使伦敦的纳税人能够从它们的身上直观地看到，一旦他们克服了反对派的阻力，使《图书馆法》得以在伦敦实施，他们能够因此拿到什么样的真正好处。怀有自私自利动机的小房地产所有者以及其他利益相关方，对哪怕是最微小的缴税额上涨都会予以反对。倘若伦敦的平民百姓能够亲身体验到免费图书馆是怎么一回事，亲眼看见免费图书馆建筑得很精美，大门敞开着，温暖的灯光照射出来，壁炉里闪耀着明亮的火光，室内摆放着引人注目的报纸架，宽大的桌面上凌乱地摊放着精致且诱人的杂志，到处都有用于下棋和进行其他安静的消遣活动的小桌子，我敢肯定，他们一定会要求在那个布满了房子的、被叫做伦敦的乡下，而且是在伦敦的每一个区划范围内建一座类似的机构。在过去的一些年里，图书馆管理员大会的一个分支组织——大都市免费图书馆联合会，在爱德华·B.尼科尔森先生卓越成效的管理之下，已经在作出努力，要让大都市也能接受图书馆法，希望我们很快就能听到一些获得成功的消息。

公共图书馆除了具有使英国最优秀的文献作品得到普及这项主要功能外，还具有另一个重要性绝不可小觑的职能。随着时代的进步，图书馆的参考书部门将自然而然地会成为收藏地方志和各种记录的存放处，否则，这类文献就很有可能失散，不知所终。公共图书管理员会把收集地方出版社出版的短期出版物当作自身职责的一部分。地方性的小册子、都市的报告书、公司的报告书、五花八门的传单、当地的报纸、非主流杂志、竞选短文，事实上，一切记录城镇和乡村生活的文件，都应收集到一处，归入档案，并在适当地编排之后装订成册。有时候人们会猜想，大英博物馆会收藏出版社发行的每一份东西，然而，这样的猜想顶多只适用于那些拥有版权的出版物。W.E.A.阿克森先生曾经敦促大英博物馆不要仅仅收藏所有的文献资料，还应定期出版发行一切印刷品的目录索引。我很难弄懂大英博物馆如何有可能应对与日俱增的、大量的印刷文献。报纸的收藏已经在体量上增大了许多，以至于给收藏的报纸找地方都很困难。我知道，这是一种带有积极意义的事实，即我们国家拥有汗牛充栋般的统计报告、警务报告、国家财务报告以及各式各样的公共或者半私人的文件，这些文件很少会被送往大英博物馆收藏，而且也很难被那里或者任何大都市的图书馆收藏。不过，大英博物馆一定做不到的事情，地方图书馆却可以轻而易举地成功完成，因此最终会成为地方历史材料和统计调查材料这些无价之宝的存放处。

正如普利茅斯免费图书馆的 W.H.K. 赖特先生在图书馆联合会第一次年会报告中所解读的那样,人们朝着这一方向已经做了大量的工作 *。在利物浦,考埃尔先生正在收集和整理大量的当地人感兴趣的书籍、计划书、地图以及绘画,并为这类出版物制作目录。在罗奇代尔和布里斯托尔①,人们也作出了类似的努力。在莱斯特②图书馆内有一个独特的"莱斯特郡部"。伯明翰令人遗憾地丧失了它的莎士比亚图书馆和塞万提斯图书馆,而且几乎更糟糕的是,该市无可替代的斯汤顿③收藏的沃里克郡④郡志被一场大火烧成了灰烬。不过,马林斯先生竭尽全力重新创建了一座珍贵的地方图书馆。在普利茅斯,赖特先生本人成为德文郡⑤和康沃尔郡⑥未来图书馆的筹建核心。

免费图书馆还将最终成为许多特殊藏书的存放处,那些特殊藏

---

* 参见该报告第 44—50 页。——原作者注

① 罗奇代尔(Rochdale)和布里斯托尔(Bristol)是英国的两座城市。罗奇代尔市位于大曼彻斯特地区,距离曼彻斯特市 15.8 公里。布里斯托尔位于英国的西南部,是个海港城市,英国早期开发美洲新大陆的出发地。——译者注

② 莱斯特(Leicester)是英国中部的一座城市,人口总数在英国各城市中间排名第 13 位,为其所在的莱斯特郡人口最众多的城市。——译者注

③ 斯汤顿(George Staunton)爵士是英国 18 世纪的著名外交家和东方学专家,学过汉语,到中国履行过外交使命,曾经收到过乾隆皇帝赐予的私人礼物。1805 年,他将乔治·皮尔逊博士的一本著作译成了汉语,从而将接种牛痘的理念引入中国。5 年后,他出版了他的译著,把大清法典的相当大部分翻译成了英文。——译者注

④ 沃里克郡(Warwickshire)是英国中部的一个郡。郡的首府城市是沃里克。尽管沃里克并不是沃里克郡的最大城市,但它以英国著名作家威廉·莎士比亚的出生地而闻名世界。——译者注

⑤ 德文郡(Devonshire)是英国西南端的一个郡,北濒布里斯托尔海峡,南临英吉利海峡,西面与康沃尔郡接壤。——译者注

⑥ 康沃尔郡(Cornwall)是英国西南角上的一个郡,东面与德文郡接壤,其余三面濒海。——译者注

书首先是由热心的书籍收藏者收集起来的。在伦敦图书馆管理员大会上，科尼利厄斯·沃尔福德先生展示了在这方面免费图书馆可以提供什么样的重要服务*。在《图书馆联合会第二次年会报告》中**，约翰·H.诺达尔先生提供了一份有关在曼彻斯特邻近地区存在着特殊书籍收藏情况的真正出色的描述。关于免费图书馆究竟可以做些什么事情的最佳范例，是由威根①免费公共图书馆提供的。作为威根市的图书馆管理员，亨利·坦尼森·福卡德先生出色地收藏了与采矿、冶金以及制造业相关的著作，并且在后来还发行了一份第一批藏书索引目录。这份索引目录形成了一个完整的相关文献指南，或者至少是在首次尝试着提供一个有关这一主题的完整文献指南。可以期待，其他的图书馆管理员迟早也将开始从事其他特殊分支文献的收藏工作，并且着手准备类似的图书目录指南。

关于**免费图书馆**，我们的看法中多少带有一些玫瑰色，即认为它是美好、光明的，但也可能存在着阴暗或者至少是忧郁和疑虑的另一面，无视这样一个事实是不妥的。有少数人坚持认为，阅读有可能使人走火入魔，让一些读者陷入邪恶和肤浅的境地。在图书馆联合会的曼彻斯特会议上，欧文学院的图书馆管理员 J.泰勒·凯先生宣读了一份关于《在用税款支持的图书馆内提供小说》的论文，这篇论文在当时遭到了很多人的批评。在之前的几年里，凯先生曾是曼彻斯特**免费图书馆**的一位职员，下面这段话就是他对读者们作

---

*　参见大会报告第 45—49 页。——原作者注

**　参见年会报告第 54—60 页，附录第 139—148 页。——原作者注

①　威根（Wigan）是英国大曼彻斯特地区的一座城市，距离曼彻斯特市 25.7 公里。——译者注

了观察之后得出的结果:"许多年来,我注意到这样一个异常的事实,而且我在曼彻斯特**免费图书馆**的长期经验也在不断地向我证实这一异常事实,即那些带着喜好去阅读小说的中小学生或者大学生们,在余生里都没有取得过很大的进步。他们忽略了现实的实际生活,而沉湎于想象中的声色犬马,并因此遭受到脑残的影响。"在这个问题上争议实在是太大了,因此不可能在这个地方来展开辩论。我只想回复凯先生这样一点,即在政治的日历中现在去考虑约束人们对耸人听闻的文学的阅读已经为时太晚。在这方面,我们渡河用的船只早已被焚毁在身后,没有退路了。某些人的时钟还停留在课收纸张税以及巧立名目设计出来的各式各样印花税的时代,他们以为那些课税可以挽救平民百姓免受文学所带来的颓废影响。但是,道德先生现在只要留意一下那些塞满了 1 便士一本和半便士一本的廉价文献的脏兮兮的店铺,就能够感知对人们阅读文学施加约束,就像是教区曾用过的木枷或者浸水刑凳一样①,已是一种过时的做法。低级和毫无价值的期刊文学如同泛滥的洪水一样已经遍及全国,而这种情况只能通过免费提供不管是虚构的还是非虚构的但无论如何应是纯洁的和无害的文学作品来抵挡。免费提供的读物中应常常包括具有崇高道德和卓越知识的文学作品。在蒸汽印刷机的高效印刷能力与草木制作的廉价纸张之间,"廉价恐怖小说"级别的虚构作品可以做到无限度地发行。所要回答的问题仅仅在于,

---

① 教区木枷(parish stocks)和浸水刑凳(ducking-stool)是英国 17 和 18 世纪常见的两种惩罚工具。教区木枷把犯有过错或者罪行的人的手脚锁在木枷孔里,限制他们的行动,让他们在教区内受到羞辱,以示惩戒。浸水刑凳是一种在长杆上绑着凳子的刑具,有过错或者犯罪的人被绑在凳子上,当众压动长杆,将罪人和椅子时而浸在水里,时而悬于水上,以达到羞辱和惩戒的目的。——译者注

人民大众是否只有那些毫无价值而且时常是道德沦丧的垃圾读物可读，抑或他们还有最佳等级的虚构作品，如狄更斯、乔治·艾略特、特罗洛普以及其他作家的作品摆放在他们触手可及的地方。

许多学会或者开明的出版商已经作过多种尝试，想把纯洁然而又诱人的文学作品源源不断地摆放到人民大众触手可及的地方。不过，我斗胆提出我的想法：把**免费图书馆**体系扩大，乃是对这样一些努力的必要补充。在我看来，以能够与愚蠢无比的 1 便士一本或者半便士一本的中短篇小说相竞争的低价出版最优秀的轻松文学作品是不可能的，然而，**免费图书馆**却可以免费向借书人提供最优秀的虚构作品或者一般性文学作品，而要公众为之付出的费用整卷书不会超过 2 便士。

关于免费图书馆有这样一个值得注意的观点，即认为这些图书馆很有可能是寿命极其长久并不断进步的机构。我在先前发表的一篇文章中曾指出[*]，有多种社会运动都已被证明如昙花一现，生命短暂。然而，一些重要的书籍收藏一旦形成并被储存起来，那就是一个实实在在的核心，它会把礼品和馈赠品吸引过来，而且这个核心常常会成长壮大到完全超乎其首位创建人所能想象的规模。我们可以举出许多初创时规模很小而现在已经变得十分宏伟的公共图书馆的例子。随着教育水平和普遍智力的提高，半个世纪之后图书馆将远远比其现在更受人们的尊重。到那时，人们将很难想象，还会有比一个富有的男人或者女人把自己所能支配的财富用于在某座城市建立一座免费图书馆更明智、更好的花钱途径，而要建免

---

[*] 参见《当代评论》杂志 1880 年 2 月号，第 37 卷，第 181 页。——原作者注

费图书馆的那座城市直至目前都还担心建图书馆所需的首笔费用问题。或多或少由个人出资兴建的免费图书馆已经建起了若干座。利物浦图书馆是由已故的威廉·布朗爵士出资，在一块由股份公司提供的馆址上建立起来的。佩斯利[①]图书馆的大楼是由 P. 科茨爵士赠送的。戴维·查德威克先生向麦克莱斯菲尔德[②]捐赠了一幢大楼和书籍，全部都是完整的。巴斯先生修建了德比图书馆。威根图书馆的大楼是由托马斯·泰勒先生建起来的，而温纳德先生则捐赠了 12,000 英镑用来购买图书。特伦特河畔斯托克[③]图书馆的馆址，连同一笔数目不小的钱款，是由 C.M. 坎贝尔先生提供的，当地的一个学会向该馆赠送了一图书馆的书籍和一个博物馆。在雷丁[④]，七年以前一项要求接受《图书馆法》的建议曾遭否决，然而，一个大型饼干公司的威廉·帕尔默先生我行我素，自掏腰包，开办了一座图书馆，聘请一位女图书馆管理员来进行管理。这座图书馆很快就成了民众的宠儿，以至于当纳税人再次就接受《图书馆法》问题进行投票表决时，投反对票的仅有一个人。赫里福德、考文垂[⑤]以及若干其他地方，要把它们那里的图书馆部分地归功于捐助人的捐

---

①　佩斯利（Paisley）是苏格兰中西部低地的历史名郡伦弗鲁郡的最大城市，也是该郡的行政中心，曾经竞争过 2021 年的"英国文化城市"的称号，但负于考文垂。——译者注

②　麦克莱斯菲尔德（Macclesfield）是英国柴郡的一座市场城市，其北面是大曼彻斯特，其东面是德比郡。——译者注

③　特伦特河畔斯托克（Stoke-upon-Trent）是英国斯塔福德郡内的一个城市，也是英国陶器工业的家乡。——译者注

④　雷丁（Reading）是英国伯克郡的一座重要历史城市，位于伦敦西面 60 公里处，在它北面 39 公里处是牛津。——译者注

⑤　赫里福德（Hereford）和考文垂（Coventry）分别是英国赫里福德郡的首府城市和西米德兰兹地区的第二大城市，仅次于位于同一地区的伯明翰。——译者注

赠，而在许多情况下，宝贵的藏书是由个人或者学会捐赠给公众的。人们可以期待，在未来的几年里，图书馆和图书捐赠人的名单将会越来越长。

免费图书馆的经济运营能力因图书馆指示器的发明而得到很大的提升。图书馆指示器就如同十字路口立着的指路标志一样，使图书馆能够以尽可能低的成本去应对大量的信息。目前应用得最为广泛的一种图书馆指示器，是由伍尔弗汉普顿公共图书馆的图书管理员约翰·埃利奥特先生发明的。的确，在他之前有人发明过一种很粗糙的图书馆指示器，指示器的告示板上漆着图书的编号，还有可以插到告示板上的一个个小孔里的小木桩。这样，这些小木桩就可以向图书馆服务人员显示那些作了编号的图书是否已经还回，或是已经借出。利物浦的戴尔先生利用标记编号的小木块对这种告示板进行了改进，他把标记编号的小木块放在一个滑板上滑动，这样，小木块就可以向公众显示所有尚待出借书籍的号码。

埃利奥特先生的图书馆指示器是一种极其有价值的工具，因为它不仅可以让人扫上一眼便能得知一本书是否还回或者借出，而且它还为机械地记录借书人的名字提供了一种手段，从而它几乎可以完全取代借书登记簿或其他手写记录的使用。南希尔兹图书馆的 W.J.哈格斯顿先生在技工机构北部联盟的一次大会上对这种图书馆指示器作过很清楚的说明。有关这一工具的一些描述还可以在图书馆联合会第一次会议的会议记录中找到，詹姆斯·耶茨先生的论文[*]中也提及过那些描述。图书馆指示器由若干直立的方框所构

---

[*]　参见詹姆斯·耶茨论文的第 76—78 页。——原作者注

成，每个方框内包含有 1,000 个小格子，方框的纵向分成 10 个区，每个区里有 100 个小格子。方框的两面一模一样，区别只在于朝向公众的那一面罩着平板玻璃，以避免外人乱动指示器，而图书馆管理员则可以接触到内侧的一面。每个格子的两面都按照一本书的编号被标上了编号。当一位借阅者把一本书借出时，他要把自己的图书馆借书单交给图书馆管理员，而后者会把借出图书的编号及借出日期填写在借书单上，然后将借书单放进与这本书相对应的格子里，借书单会始终放在那个格子里直至该书被还回来。倘若任何其他人来到图书馆，想要借阅同一本书，他会看一看图书馆指示器。当他看到那本书借阅人的借书单还躺在相对应的格子里时，他会立刻知道那本书已经被借出。通过在那些格子里摆放适当的标记，图书馆指示器还有可能告诉人们哪些书被送去装订了，哪些书已经下架退出了流通，抑或哪些书丢失了。这一简单的工具省去了人们搜寻图书和询问情况的无尽烦恼。如此建造的图书馆指示器已经在佩斯利、埃克塞特、考文垂、赫里福德、比尔斯顿、蒂斯河畔斯托克顿、利兹、南希尔兹、伍尔弗汉普顿、加的夫、莱斯特、德比、谢菲尔德、达勒斯顿以及绍斯波特的公共图书馆内投入使用，除此之外，一些私人的收费图书馆也在使用。

埃利奥特的图书馆指示器看起来已经很高效了，然而温斯伯里的原图书馆管理员，现在在（美国萨里）里士满负责一个接近竣工的小图书馆的科特格里夫先生又成功地对之进行了一些改进。在这个新型图书馆指示器中，方框和小格子与埃利奥特的指示器相似，但每个小格子里都放了一本很小的借书登记簿或者分类账，其大小约有三英寸长，一英寸宽。这个小本被夹在一个锡做的滑片上，滑片的两端都标有图书馆书籍的编号，但编号的颜色不同。当一位借阅者要求借阅某本书时，譬如说编号 117D 的书，图书馆管理员会一边将那本书拿给借书人，一边从图书馆指示器中取出相对应的滑板和借书登记簿，在登记簿的空白处记上借书人图书证的编号以及出借此书的日期，然后把滑板的两端调个方向放回原处，换言之，就是将滑板原来朝向里面的一端转向公众一面。于是，随后而来的借书人都会根据图书编号的颜色变化看出这本书是否已经借出。科特格里夫先生还发明了一种简单的日期标记体系，该体系可以标出一本书在哪个星期，倘若有需要，还可以标出在每个星期的星期几被借出。这种图书馆指示器的主要优点就在于这样一个事实，即它把每本书使用情况的永久记录保存在了那本小小的借书登记簿上面。还有五花八门、不大容易意识到的、附带的一些优点，对这样一些优点，只有那些经常使用这些工具的人才会领悟得到。譬如说，采用了科特格里夫的图书馆指示器，那就几乎不可能出现将借书证放错地方的失误，因为除了那个正在处理的小格子，其余所有的小格子里都塞满了东西。还有，倘若有需要，已经完成的图书编号也可以抹掉重新编排，而不必将图书馆指示器的框架拆成碎片。

通过使用这些图书馆指示器给一座大型公共图书馆的运营所带来的节约效应是非常显著的。因此，利兹公共图书馆宣称，使用了埃利奥特图书馆指示器之后，该馆可以轻而易举地以每小时 76 册书的速度将馆内图书借出，每 1,000 册书的管理花费为 1 英镑 3 先令 3 便士。在还没有使用图书馆指示器的利兹技工机构，图书的出借速度为每小时 11 本，每 1,000 本书的管理费为 5 英镑 6 先令。

在南希尔兹，一小时内出借的图书数量多达 169 册，其速度几乎达到每个员工每分钟借出一册书！在伍尔弗汉普顿，一位图书馆管理员在两名男孩的协助下，实现了在一年之内出借图书总量达 97,800本的成绩。这一类的技术细节可能看起来微不足道，然而它们对于显示独创性和系统化能够在将最优秀的文学作品放到人民大众触手可及的地方所发挥的作用方面却真的是非常重要的。

　　回首展望过去的 10 年、15 年或者 20 年，人们会惊奇地注意到，我们关于图书馆高效节约式的运营以及扩展图书馆体系的观念已经发生了多么大的进步。我相信，这种进步在很大程度上要归因于美国活动的反射效应。瞥一眼 1876 年在华盛顿发表的《关于美国公共图书馆及其历史、条件和管理状况的特别报告》，我们就能看出美国关于图书馆管理的理念有多么豁达。《图书馆杂志》(*The Library Journal*)是一份由梅尔维尔·杜威先生 [①] 编辑的专业杂志，也是美国和英国图书馆联合会的正式机关杂志。该杂志提供了有关图书馆事业的同样令人惊叹的证据。联合王国的图书馆联合会可能受到过美国协作劳动精神的启发，不过，该联合会很快就变成了一个彻头彻尾的不列颠机构。我怀疑是否还能找出第二个这样的联合会，它可以在短短两年时间内，或者把图书馆管理员大会的预备会议也算在内在三年时间里，完成比英国联合会更多的真正有用的工作。两份年度报告连同大会报告都要在很大程度上归功于

---

　　① 梅尔维尔·杜威先生(Melvil Dewey)是美国 19 世纪时的著名图书馆学家。他于 1873 年为阿默斯特(Amherst)学院图书馆编制了一套 10 进分类法，将各种知识划分为 10 大类，以便对图书作归类管理。——译者注

亨利·R.特德先生和欧内斯特·托马斯先生所做的编辑工作。特德先生所做的文件索引，堪称索引编辑艺术的典范，几乎一定会满足索引学会的诸项要求。还有，这些报告大概将会受到藏书爱好者的追捧，因为在奇西克出版社旗下的惠廷厄姆公司的努力下，这些报告的排版印刷制作得非常精美。一位法国批评家近日在法国的图书目录杂志《书籍》（*Le Livre*）上撰文，对这些出色报告的豪华用纸和印刷进行了评论。不过，这位批评家评论说报告中充满了与公共图书馆的优点、宗旨以及管理相关的各种各样的信息，倒是与我们的直接目的更为相关。英国的图书馆联合会通过特吕布纳公司，也于最近开始发行一种登载会议文件的月刊杂志，该杂志含有更多的补充信息。那些无法查阅这样一些卷数多、部头很大的出版物，却又渴望了解免费图书馆是如何发端的人们，应当买一本 W.E.A.阿克森先生 [①] 所著的非常有名的小册子《提示：意在供公众利用的小型图书馆是如何形成的》（*Hints on the Formation of Small Libraries Intended for Public Use*）来看。这本专著是为 1869 年的合作社大会准备的，已经以单行本的形式在国内外印刷过若干次，而且还可以在阿克森先生所著的《关于曼彻斯特和索尔福德公共图书馆的手册》里面找到这篇重印的专著。[*] 包括《免费图书馆法》文本在内的更为详尽的信息，可以在 J.D. 马林斯先生关于《免费图

　　[①]　W.E.A.阿克森（William Edward Armytage Axon）是一位英国图书馆管理员、文物研究和收藏家。他编撰了《国家档案辞典》，为《大不列颠百科全书》撰写了若干条目，他为建立曼彻斯特图书馆发挥了重要作用。——译者注

　　[*]　参见 W.E.A.阿克森著《关于曼彻斯特和索尔福德公共图书馆的手册》第 183—189 页。——原作者注

书馆及报刊阅览室：它们的形成及管理》的专著中找到。这本书的第三版已于近日在伦敦皮卡迪利大街 36 号的亨利·萨瑟兰公司出售。当然，1859 年以两卷本出版的爱德华·爱德华兹先生[①]所著的《图书馆回忆录》(*Memories of Libraries*)，乃是有关这一主题的标准著作，它对促进《图书馆法》事业提供了极大的帮助。

[①]　爱德华·爱德华兹(Edward Edwards)是一位英国的图书馆管理员、图书馆史学家和传记作家。他是推动在英国设立免费图书馆运动的一位重要人物。——译者注

博物馆的利用和滥用问题 *

有这样一件咄咄怪事：尽管公共博物馆已经在我们这个国家里存在了125年还久，而且现在还有名目繁多、为数很大的这一类型或者那一类型的博物馆，但却几乎找不到有关这些博物馆的管理和经济运营一般原理的任何文字。至少在英语文献的范围内，显然连一篇分析博物馆的开办宗旨和种类，或者系统地说明博物馆的安排模式的专著都没有。在本文展开评述的过程中，我将有机会参考一定数量的讲座、讲话或者论文，这些作品已经或明确或暗指地触及了这一主题，不过，它们的特点都是太轻描淡写、太简略了。我所知道的自称具有系统化形式的唯一一份著作，就是大英博物馆的爱德华·爱德华兹先生所著的《论英国美术的行政经济》(*The Administrative Economy of the Fine Arts in England*)。但是，这本书早在1840年就印制出来了，如果确曾有人说过此书乃是一本名篇的话，那它也在很早以前就被人遗忘了。不仅如此，该书的绝大部分篇幅涉及的都是画廊、美术学校以及诸如此类机构的管理原理问题。由爱德华兹提出来的想法中，许多已经自它们被提出之日起就成功地变成了一些有名人士的孩子，而他的一些建议，譬如把最优

---

* 本文写于1881—1882年。——原作者注

秀的美术作品制成多个副本的建议，则直到现在才接近于现实。

　　不错，的确时常能够看到大量有关大英博物馆的质询冒出来，这些质询倘若不是对这一主题进行分析的尾声，那也构成了对它进行分析的开始。关于博物馆无论人们都写过些什么，其核心思想都集中在坐落于布鲁姆斯伯里[①]的那个宏大的全国性机构上面。蓝皮书[②]文献汗牛充栋，不过很自然，公众对它们一无所知。在最近举行的皇家科学指导和科学进步委员会会议上，提交给委员会的证词中，含有与博物馆经济相关的大量信息，包括大英博物馆主要官员的意见，不过，委员会的报告中几乎没有或者说完全没有体现出与本主题相关的内容。

　　我并没有要在本书里把蓝皮书中浩繁的内容加以提炼的意思，不过，主要依据本人对我间或参观过的许多博物馆和展览会的记忆，我想尽可能就博物馆的宗旨，或者不如说是就博物馆的许多宗旨形成一些构想，并抛砖引玉，将这些构想拿出来，以便把公众的同类想法汇集起来，从中找出能够最便捷地实现那些宗旨的手段。虽然迄今为止这一主题几乎依然没有得到任何关注，然而我相信，我们能够以心理学或者其他科学为基础来表明，在建立博物馆过程中所做过的不少事情根本就是错误的。在另一些情况下，已经取得的有利结果与其说是由于管理有方，不如说是因为交了好运。无论

---

　　①　布鲁姆斯伯里（Bloomsbury）是伦敦市中心的一个街区，大英博物馆1759年首次对公众开放时，就坐落在布鲁姆斯伯里中心地带的一个叫做蒙塔古的楼房里。所以，布鲁姆斯伯里在那个时代就成了大英博物馆的代名词。——译者注

　　②　蓝皮书（Blue Book）在英国常常指的是年鉴、带有统计数字和其他信息的历书。自15世纪起，英国议会的会议记录和其他活动记录在装订成册之后都有一个蓝色的丝绒书皮，所以蓝皮书在本书作者年代指的是英国议会文件。——译者注

如何，将博物馆的宗旨与所取得的成就作一对比，都一定会具有指导意义。

根据词源学，"博物馆"这个称谓的意思是一座寺庙或者缪斯女神①经常光顾的地方，而且，任何适合于培养学习习惯，演奏音乐，从事绘画艺术，或者进行科学活动的地方，都可以称之为"博物馆"。在欧洲大陆，人们依然还在使用法文 Musée 一词来称呼博物馆，而不是像我们在英国使用英文 Museum 一词来称呼博物馆。法文 Musée 的含义要比英文 Museum 宽泛得多。然而非同寻常的是，虽然通过声音让人感到欢快的艺术长期以来一直被人毫不含糊地称之为 Music（音乐），可是我们却从来不曾把"博物馆"这个称谓用在"音乐厅"上面。在英国，人们让"博物馆"一词有了如此专门的含义，以至于人们通常要把博物馆与图书馆、画廊以及音乐厅区别开来，而且还为收藏和展示科学标本或者具体的艺术品，以及各种各样的好奇行为，保留了不同的称谓。正如图书馆收藏着用印有文字的一页页纸来说话的书籍，或者镌刻着古文字的羊皮古书一样，博物馆收藏的是大自然的书籍，以及以石头形式示人的布道文稿。关于怎样才算是利用，怎样才算是滥用印成文字的书籍，这里面并不会有太大的问题。一般来讲，人们可以这样假定，当一个人阅读一本书的时候，他理解了书的内容，并从中汲取了某些好的东西。读书所付出的辛劳，是一种辛劳测试，并会给出这样的统计数据，使人们能够看到，某些种类的书籍平均来看一年内被利用过多

---

① 缪斯女神（Muse）是希腊神话中主管文艺、美术、音乐等的女神。英文 Muse 与法文 musée（博物馆）以及英文 museum（博物馆）来源于同一词根。因此，本文作者在这里从词源学的角度对缪斯女神与博物馆之间的联系进行了探讨。——译者注

少次，人们几乎没有必要再去探讨这些事实背后的东西。然而，公共博物馆则多少是另外一种情况，因为一个人从参观博物馆中所受到的教益可以有悬殊的变化，有时毫无收获，有时受益甚多。受益情况的指示程度完全不能用统计数字来确定。不仅在受益程度上存在着巨大的不同，而且在受益的种类上也有很大的区别。许多人去公共博物馆参观就好像是在散步，不考虑也不在乎他们去那里要看些什么。另一些人带着这样一种模糊的想法来到博物馆，即认为自己通过参观大量的新鲜和漂亮的陈列品，将会受到教育并变得文明起来。还有很少的一部分公众去博物馆参观，是因为他们真正懂得那里陈列的展品，并且带有要将自己对那些展品的了解去博物馆作个核实、校正或者拓展的想法。不幸的是，要把这几种利用博物馆的情形从相对值上清晰地区别开来是很困难的。似乎有这样一种盛行的看法，认为倘若让平民百姓在一幢布满了高高的玻璃柜子，柜子里面装满漂亮展品的宏伟建筑里，尤其是当这座大楼被电灯照亮的时候走上几圈，他们就会变得文明起来。在南肯辛顿①的美术馆里，人们非常重视在入口处设立旋转栅栏门，因为这种门能够精确地记录参观者的人数，而且这种门能够告诉你任何一天、一个星期、一个月或者一年内所产生的文明效应的准确数值，精确度可达到一个数量单位。但是这些旋转栅栏门几乎没有把这样一个事实考虑在内，即附近的殷实人家有这样一个习惯，那就是在下雨

---

① 南肯辛顿（South Kensington）是伦敦西区的一个富人区。该地区在19世纪中叶之前还是个未开发的农业区，担负着给伦敦供应水果和蔬菜的任务。1851年在伦敦海德公园举办的"大博览会"刺激了南肯辛顿地区的开发。这里聚集了维多利亚和艾伯特博物馆、自然历史博物馆、科学博物馆、皇家美术学院、皇家音乐学院等许多艺术机构。——译者注

天时他们会匆匆忙忙地把自己的孩子塞进出租车内，打发出租车将孩子送到所谓的"布朗普顿锅炉房"[1]，以便孩子们能够干净地穿过画廊。对于相当大一部分人来说，一座高大宽敞、灯光耀眼的博物馆并不比一条漫步通道、一间明亮的休息大厅有什么不同，或者全然不同，远不如摄政街或者霍尔本地区的店铺更有教育意义。有这样一个众所周知的情况，即下雨天时，博物馆的参观人数就会急剧增多，这件事很能说明问题。

不仅有相当多的各式各样收藏品并不适合于教育的目的，而且它们还很容易使人们对正确的教育方法形成完全错误的概念。的确，任何一个明智的人，不需要对他多作什么解释就会相信，要理解单一一件新奇物品或者机器的制作目的、建设过程、使用方式及其历史，通常情况下都需要半个小时到若干小时，甚至儿天的时间细心研究。一位优秀的讲师，总是能够就属于自己研究范围内的任何问题讲上一个小时的课。那么，那些在大英博物馆或者南肯辛顿的一个博物馆的庭院内匆匆瞥过几千个并不熟悉的陈列品的人们，怎么可能从花费在每件展品上的转瞬时间里理解他们所看到的东西究竟是什么呢？尤其是对于孩子们，让他们匆匆瞥过数目众多、形态各异的物件，不仅毫无用处，而且实际上是极其有害的，因为这样做往往会毁掉集中注意力的习惯。这种习惯乃是智力获得的第一个条件。看着一队孩子鱼贯而入，穿过博物馆那长长的展厅，这并非什么稀罕事。无法想象还会有比让孩子们这样做更无意义的做法了。让孩子们把鼻子压在杂货店的玻璃窗上，待上一两个

---

① 布朗普顿锅炉房（Brompton Boilers）是指坐落于伦敦南肯辛顿地区的维多利亚和艾伯特博物馆，那里有一大块带篷顶的空地，篷顶距离地面 21 米。——译者注

小时，看一看蒸汽磨盘如何磨咖啡，或者瞧一瞧好动的靴鞋匠如何在等待的时间内把破靴子缝好，这些都远比让孩子们去博物馆好得多。

关于戏剧的统一性，人们已经讲过许许多多的话，写过大量的文章，而且据说已经就这一主题拟定出了"原则"。就教育所要达到的目的而言，一定的效果统一性是必要的，然而这一点在博物馆的缔造者和经理的身上似乎还没有体现出来。要展出的标本可能会有很多，不过，这些标本之间的相互关联程度应当达到这样一点，即它们都可以使人在脑海里产生相同的一般印象。从这个意义上讲，我认为，哥本哈根的索瓦尔德森博物馆①给参观过该馆的不同阶层的丹麦和瑞典大众留下了独特的印象。这座博物馆在单一一幢大楼内收藏了这位伟大雕塑家的几乎全部作品，以及与这些作品相关的全部雕刻和图画。虽然雕像和浅浮雕作品的数量极其庞大，但这些作品之间自然而然地存在着一种风格上的统一性。参观者在一步步地参观过程中，逐渐被教会了如何去欣赏那些作品。在这座大楼内，唯一显得在理念上不够协调的一些展品，乃是索瓦尔德森自己收藏的古董和艺术作品。不过，即使是这样一些藏品，它们也是被分开来放的，而且倘若去那里参观，这些藏品往往会向参观者阐释这位艺术家具有什么样的品位和天赋。

我们可以用大致相同的方式来形容其他某些外国艺术长廊，尤

---

① 索瓦尔德森博物馆（Thorwaldsen Museum）是一座坐落在丹麦哥本哈根的单一艺术家博物馆。该馆集中展出丹麦新古典主义雕塑家伯特尔·索瓦尔德森的艺术作品。索瓦尔德森一生中的绝大部分时间都是在罗马工作和生活。以他名字命名的博物馆，是由丹麦公众集资修建的，于 1848 年落成。——译者注

其是梵蒂冈[①]的那些艺术长廊,对游客们所产生的不可磨灭的影响。这并非简单地因为任何一件具体艺术作品所具有的杰出性质,因为我们可以在卢浮宫或者大英博物馆内看到同等杰出的古董雕塑。不过,在梵蒂冈的主要艺术长廊里,人们不会被那些任何地方和任何时代都能看得到的展品分散注意力。古典时代的天才耸立在我们的四周,我们从这种天才的这一化身处刚刚挪开,旁边的另一个化身处又给我们更为深刻的印象。

我几乎不知道我们的联合王国内有任何能够产生类似的统一性及效果深度的事物。毫无疑问,大英博物馆内为埃尔金[②]以及其他希腊雕塑作品开辟的艺术长廊,展示出了为给参观者留下深刻印象而精心安排的令人惊叹的天才统一性,不过,参观者得能够避开近在咫尺的亚述公牛,以及大量各式各样的、遍布在参观者通道旁的古埃及文物和其他文物。然而,在水晶宫内,我们找到了要把参观者带回到艺术的从前阶段的最成功尝试。庞培厅[③]是展示古罗马

---

① 梵蒂冈(Vatican)是坐落在意大利首都罗马市中心的一个天主教教皇国。其国土面积虽然很小,但却有世界上最著名的大教堂和博物馆,收藏了许多世界上最著名的文物和绘画作品,每天吸引的游客络绎不绝。旅游收入成为梵蒂冈的一个重要资金来源。——译者注

② 埃尔金(Elgin)指的是英国第七代埃尔金伯爵托马斯·布鲁斯。1801 年,布鲁斯得到当时统治希腊的奥斯曼帝国君主的一道正式敕令,允许他从希腊雅典的比雷埃夫斯港将他从雅典卫城弄到的巴台农神庙里的大理石雕塑以船运运回英国。1801 至 1812 年,埃尔金伯爵运走了巴台农神庙里几乎一半的残存雕塑。因此,英国人也习惯于称这些古希腊雕像为埃尔金大理石雕像。——译者注

③ 庞培厅(Pompeian House)是伦敦水晶宫内为展示古罗马庞培城遗迹而开设的一个展厅。庞培是古罗马时期的一座城市,在当今意大利那不勒斯市附近。庞培城于公元 79 年因维苏威火山爆发而被埋于地下 4 至 6 米附处,整个城市被毁,但古罗马当时的生活和建筑特点被完整地保存了下来。——译者注

生活和特色的最好博物馆。参观者至少在几分钟时间内就可以离开当代，他可以把铁器时代、蒸汽机时代、消遣活动的承包商以及诸如此类的事物全部抛在一边，去学会怎样认识过去。至于说阿尔汗布拉庭院①，那就是一堂无与伦比的艺术和建筑课。

每个人都一定会在汉普顿宫②的花园和恰当的历史绘画收藏中再次感受到愉悦和耳目一新。我想以同样的方式来形容附着在克卢尼修道院博物馆③上的独特魅力，这里的古代楼宇及地域传统完全与其当前所展出的内容及宗旨和谐地交融在了一起。

一般说来，我们在博物馆里所看到的东西，是从其天然的周围环境中撕下来的，它们与一些不和谐的展品搅和到了一起。在一个巨大的天主教堂里，人们的确可以发现许多建于不同年代的建筑片段，它们是风格迥异的纪念碑。但尽管如此，它们都有自己的位置，都标志并记录着一段时间。相反，在一个现代艺术博物馆内，物件的收藏是随机的，而且，一位参观者要理解某件展品的真实意义和美之所在，他就一定要事先了解那件展品的历史关系，并具备

---

① 阿尔汗布拉（Alhambra）是坐落在西班牙安大路西亚格兰纳达地区的一座古代宫殿和军事要塞。公元889年最初建设这座城堡时，建设者是想在原古罗马军事要塞的废墟上建一个小型的军事要塞。之后，这个要塞在很大程度上被人遗忘，直至13世纪中叶摩尔人在其废墟上进行了翻修和重建，建成了目前完全阿拉伯风格的宫殿和城墙。伦敦水晶宫内的阿尔汗布拉庭院，应该是西班牙真迹的复制品或图画。——译者注

② 汉普顿宫（Hampton Court Palace）坐落在泰晤士河畔，距离伦敦市中心18.8公里，曾是英国皇家的一座宫殿。但英王乔治二世是最后一个住在里面的英国君王。这座宫殿后来对公众开放，成为伦敦的一个主要旅游景点，里面展示着数目众多的皇家收藏的艺术作品。——译者注

③ 克卢尼修道院博物馆（Museum of Hôtel de Cluny）原是法国巴黎的一座修道院，自1843年起，被辟作公共博物馆。——译者注

一种罕见的想象力，使其能够凭借想象将展品恢复到它原来所在的位置。譬如说，什么人看到高高挂在南肯辛顿博物馆墙上的一些腊万纳马赛克复制品，就能够从中隐约地感悟到圣阿帕林那利斯[①]教堂里那一长串人物身上所具有的神秘力量呢？毋庸置疑，虽然最好能够弄到这样一些复制品，但迷恋幻觉是不妥的。南肯辛顿博物馆的经理们所久久维护的、坚持不懈的自吹自擂体制，实际上似乎已经成功地说服人们相信，仅仅拥有了南肯辛顿庭院和长廊里的陈列品并偶尔检查一下，就已经在先前不懂得如何审美的人群当中培养出了美学和艺术的品位。如此荒谬的说法，经受不起片刻的严肃审查。譬如，美术在意大利处于一种绝对低落的状况，虽然意大利人自梅第奇时代起就能够接触到最好的艺术作品，单单这一个事实就可以将上述荒谬说法驳得体无完肤。我们还可以轻而易举地指出，在英国，尤其是在建筑方面，真正审美品位的复兴，早在人们听说过南肯辛顿之前很久就开始了。我们要把真正审美品位在英国的恢复归功于像皮金[②]、巴里[③]以及吉尔伯特·斯科特[④]这样的天才人物，而不能归功于任何政府官员。我希望，目前英国对荒诞不经的

---

① 圣阿帕林那利斯（St. Apollinaris）是一位叙利亚圣人。根据传说，他在各国间传播耶稣神秘的财富时，作为一个好的牧师，带领自己的一群人来到腊万纳附近的长老监督会教堂，在那里光荣地殉道了。——译者注

② 皮金（Augustus Pugin）是一位英国建筑师、设计师和艺术家。他因 19 世纪在英国恢复哥特式建筑风格的过程中发挥了突出的先锋作用而被人们纪念。——译者注

③ 巴里（Sir Charles Barry）是 19 世纪的一位著名英国建筑师，因在重建英国议会大厦过程中所起的作用而闻名。他的另一个重要贡献是在英国采用意大利风格的建筑设计。——译者注

④ 吉尔伯特·斯科特（Gilbert Scott）是一位作品颇丰的、主张复兴哥特式建筑风格的建筑师。他设计或者改建的大楼有 800 多幢。——译者注

安妮女王风格 ① 的追捧只是短暂地妨碍了真正审美品位在英国的恢复。

　　南肯辛顿博物馆，尤其是已故福克船长在园艺学会那倒霉的花园周围竖立起来的那些一眼望不到头的展览馆长廊，为什么是最糟糕不过的博物馆布局方式提供了例证。譬如，当我去卡克斯顿 ② 借展展览会参观，想要看看令人赞叹的早期印刷书籍的收藏品时，我不得不从东南入口进入展馆。在成功地通过了旋转门之后，我发现自己处在一个令人困惑的环境当中，周围是一大堆的黑板、图表、算盘、桌椅、各种各样东西的模型。我相信，那些东西是博物馆科学和艺术部门收藏的用于教育目的的展品。这时，我的思绪已经被分散到十几条线索上面去了。在克服了一心多用的倾向之后，我继续前行，却发现自己的周围是一些古老的机器和复杂的模型，在这样一些展品面前人们不由得不停下脚步。然而，我还是强迫自己离开了那里。这时，我遇到了一长串的海军模型，并且标有与之相关的各种各样的图表和情况。在这里，所有的参观者似乎都忘记了参观卡克斯顿展览会的事情，足足盘桓了一刻钟，而且是最好的时间段，因为这时的参观者头脑最清醒。不过，当人们最终意识到，去看一看他们来这里原本要看的东西的时刻到了的时候，他们所面临

---

　　①　安妮女王风格（Queen Anne Style），安妮女王在英国的统治时期从 1702 年开始至 1714 年结束。这一时期形成的英国建筑风格被称之为安妮女王风格。这一风格的建筑是英国巴洛克式的，两边对称，当中突出，正面一般有一个三角形屋顶。——译者注

　　②　卡克斯顿（William Caxton）（1422—1491）是一个英国商人、外交家、作家以及印刷出版商。人们认为他是 1476 年向英国引入印刷机的第一人，也是在英国零售印刷书籍的第一人。——译者注

的结果却是,只能在斯库拉[①]和卡律布迪斯[②]之间挣扎,因为已故弗兰克·巴克兰先生[③]的令人赞叹的渔业收藏又引起了他们的兴趣。现在,在诺里奇[④]渔业展览会上,以及所遇到的各种各样其他情况,没有再比收藏的鱼类养殖器械、大鲑鱼模型以及诸如此类的展品更诱人、更适合和更有趣的了。不过,如果存在任何一点与参观悠久的卡克斯顿展览不那么协调的地方都是不可想象的。事实上,据我的观察,几乎所有的参观者都被这些鱼给征服了,他们至少在一段时间内完全忘记了自己来这里是做什么的。当参观者最终来到借展展览馆时,这些已经变得精力不足的人们已不再适合应对他们很想认真审视的、内容如此丰富的展品了。不仅如此,在返程路上,参观者们还要再次经历那些大鱼、复杂的海军机器以及教育器材的严酷考验。如此这般度过的一个下午,没有在参观者的头脑里留下任何深刻的印象。对于那些前来参观只是想打发一下时间的人来说,这一目的得到了实现。不过,留在头脑中的印象却是梦魇一般的无法理解的机器、一眼望不到头的台阶、带着怀疑目光的警察、旋转门以及瞪大双眼的鱼。

---

　　① 斯库拉(Scylla)是希腊神话故事中吞吃水手的女海妖,她有6个头,12只手,腰间缠绕着一条由许多恶狗围成的腰环,守护着墨西拿海峡。——译者注
　　② 卡律布迪斯(Charybdis)是希腊神话故事中吞食船只的女海妖。她吞下海水,制造旋涡,弄沉船只。她与斯库拉各居墨西拿海峡的一侧,不让船只通过。——译者注
　　③ 弗兰克·巴克兰(Frank Buckland)是一位英国外科医生、动物学家和自然史学家。他在一段短暂的从医生涯后,对鱼类和其他一些事物发生了兴趣。1865年他在南肯辛顿创建了经济鱼类养殖博物馆。——译者注
　　④ 诺里奇(Norwich)是英国东部的一座城市,在伦敦东北161公里处,为诺福克郡的首府。中世纪至英国工业革命时期,诺里奇一直是仅次于伦敦的英格兰第二大城市。——译者注

不过，我必须再进一步，对那些为了民众教育的目的而广泛收藏了大量展品的人们的判断力提出全面质疑。毋庸置疑，仅巴黎以及其他国际展览馆收藏品的广博性本身就令人印象深刻，颇有教益。不过，从参观巴黎展览馆以及伦敦展览馆的全面体验上讲，我要质疑，是否会有任何一个大脑能够把对如此众多的、实际上是无穷无尽的收藏品的有用印象带回家去？少数几个较大或者独特的展品可以被人清晰地记住，或者少量与参观者先前的研究和追求相关的标本可能会在参观者审视之后给其带来真正的信息。但我可以肯定，参观过如此广博的展览之后，人们的一般精神状况应该是混乱复杂、含糊不清的，外带某种脚酸头痛的印象。

对于儿童来说，无论怎样讲，少数几件醒目的展品都要远胜过任何数量的比较单调的展品，这是不会有任何疑问的。譬如，在动物园里，狮子、大象、北极熊，尤其是海狮，要比其余所有壮观的收藏品加在一起还有价值。一位普通的参观者，无论其年少还是年长，都会在参观之后对这些动物产生浓厚的兴趣，而在继续走过一长串的羚羊活动区之后，参观者会产生明显沮丧和迷惘的印象。

在这个案例中，也同在许许多多其他的案例中一样，以少胜多，半数好于全部。像汉堡动物园那样的公园，它们在动物的收集种类上可能远不及摄政公园，但是从主要动物被展示的醒目程度上看，我更喜欢汉堡动物园。

收藏了主要的动物陈列品的大英博物馆，有一条极其漫长的廊道。这条廊道曾经鲜明地表现出了展品多样化所带来的有害效应。普通的参观者在之前所经过的展厅内已经被大大地分散了精力，待走到这条廊道时，他们几乎总是快要瘫倒了，无精打采地沿着密密麻麻摆放着一排排鸟类、猴类以及各种形态和来自各种气候条件下的动物的廊道闲逛。倘若有什么东西能够刺激他们将注意力重新集中起来，那就是少数几个展柜内摆放着的栩栩如生地聚集在鸟巢周围的美丽小鸟。我猜测，这些橱窗就是 J.E. 格雷博士在其关于博物馆的讲话里所指的实验性展柜。[*]而且，我能够确定地说，从教育民众的目的看，这少数几个展柜实际上胜过了展厅内广泛收藏的其他展品的总和。当然，事实确实如此，大英博物馆的馆藏是为了实现最高的科学目的而集中到一起来的，将这些收藏品展示给那些除了在商店里闲逛外并无其他事情好做的年轻人或者老年人，只是一种偶然目的。给游手好闲的人和青少年送去欢乐，不应是一座宏伟的全国性博物馆的宗旨，就像指导皇家造币厂的参观者了解该厂的机械加工流程不应是皇家造币厂的存在理由，或者让占据长廊的旁听者产生兴趣不应是英国议会下院的最终目标一样。我应当作下面一些补充：虽然前述关于广博的博物馆收藏会带来有害的教育效果的说法完全是根据我自己的观察和体验，但格雷博士、冈瑟博士以及那些在科学指导委员会上作证的证人们的意见，都完全证明了我的说法。

我斗胆提出如下看法：依据心理学和教育学的基本原理，我认为，沿着一条长长的、连接在一起的展览馆廊道布置多种多样的展品是完全错误的，南肯辛顿是这方面的最糟糕例子，但在大英博物馆比较老旧的展览馆廊道上不幸也能发现这方面的糟糕例子。每

---

[*]　参见不列颠联合会 1864 年巴思会议；参见《对生物学和动物学分部的讲话》，载于《分部会议记录》第 75—80 页。——原作者注

一种收藏品都应形成一定的、协调的整体，这样，人们在参观、研究以及记忆这种收藏品时就会产生一定的统一印象。倘若像大英博物馆那样伟大的博物馆内包含有许多个部门，那就应当拥有同样数目、风格有明显区别的大楼，每幢大楼都应当改造得适合于它的专门用途，以便展示出鲜明的特点和恰当的内涵。譬如，倘若一个技法娴熟的当代艺术家准备为博物馆的希腊雕像藏品建一座有专门用途的大楼，那么这幢大楼对于展示那些展品的美会有多大帮助呢？

整体上讲，我倾向于认为，坐落在杰明街[①]上的经济地质学博物馆是最佳的榜样之一，它把科学的宗旨和布展安排与取得良好的公众效应严格地结合在了一起。较大型的展品和比较有趣味的展品组及展柜都摆放在显眼的位置上，不必经过一连串一眼望不到头、让人分散注意力而又不够有趣的标本就可以到达它们的近旁。对于地质学收藏品的一般处理办法，是让参观者对陈列品的天然顺序和演替能有一些了解。与此同时，该博物馆的内涵也具有独特的美感，打在比较精华部分的灯光非常出色，而且对同质收藏品的尺寸要求和一般态度完全是，既要抓住参观者的注意力，又不使之被消耗殆尽。

归根结底，最优秀的博物馆就是一个人为自己打造的那种博物馆。如同一座图书馆里的图书那样，在公共博物馆内，每件标本的使用价值会因审视该标本人数的增多而大大提高。不过，每一次审

---

① 杰明街（Jermyn Street）是伦敦中心城区内的一条街，紧邻皮卡迪利广场。——译者注

视标本所产生的使用价值，则要比私人拥有的适当标本所产生的使用价值低很多，因为私人拥有的适当标本可以保存在伸手可及的地方，适合于随时拿来进行研究、打理、搞实验，以及对之进行思索。人们从少数几个经过彻底探查的这类标本上面学到的东西，比他们从透过玻璃展柜所看到的几千个标本上面学到的东西更多。所以说，整个大英博物馆所能够传授给一个年轻人的知识，并不会比这个年轻人通过自己（如果有可能）在原发现地搜集几件化石或者矿石，并把这些标本带回家去作认真的观察、读书、思考问题所学到的东西更多。在任何有一点学科学天资的地方，这样一种收藏的开始，即是一次科学教育活动的开始。人们对于收藏的热情，曾多次发展到挥霍无度和荒诞无稽的程度。不过，在收藏的过程中没有或多或少地学到有价值的知识，这是很难想象的事情，尤其是对于年轻人来说，收藏任何一种标本几乎都比不收藏任何东西更有益。即使是对那些集邮的狂热分子也不要嗤之以鼻，全盘谴责。无论如何，一个将自己的邮票标本整理得井井有条并在地图中查找邮票发行地的集邮爱好者，会学到比所有干巴巴的教科书所能教给他的更多的地理知识。但是，就学习自然科学而言，养成收藏的习惯几乎是必需的，而且私人博物馆乃是打开伟大的公共博物馆的钥匙。一个在自家的抽屉里塞了几十块矿石并孜孜以求地试图记住这些矿石的青年，会在他首次参观大英博物馆那极其丰富的馆藏时感受到喜悦和兴趣。他会自然而然地去寻找那些他先前已经知道的矿石，并会为展出标本的种类之多、之美以及规模之大而惊喜。他对矿石的了解已经有了一点深度，广阔的公共收藏会使他关于矿石的知识成倍地增长。同样的考虑当然也适用于古生物学、动物学、岩石学以及分类科学的所有其他分支。

的确，从教育的角度看，植物学十有八九是所有自然科学中最好的学科，因为最好的公共植物学博物馆就在田间、树丛和大山里。从这个意义上讲，每次夏日的散步都是采集标本的时机，而且在获取标本时不会出现像动物学和昆虫学那样的与标本采集相伴随的屠杀。虽然平均来看，当前这一代的英国人往往把屠杀他们所遇到的任何有生命的东西当作自己生活中的娱乐和乐趣，但可以肯定，我们应当以不同的方式将我们的年轻一代养育成人。现在，植物学以一种简便易行、全然不会招致人们反对的方式，为我们提供了种类多得数不尽的、美丽的大自然标本，对这些标本作出判断和进行分类，是一种最有价值的脑力锻炼。已故的亨斯洛教授[①]提倡，甚至在小学里就开始对孩子们进行一般的植物学教育。他的倡议完全正确，对此不应有丝毫的怀疑。他的努力乃是针对言语教学方式所进行的普遍拓展实物教学的第一步，我们希望能够看到实物教学方法最终取得胜利。然而，植物学同其他自然科学相比，与公共博物馆的主题却不那么相关，因为，十分清楚，每一位植物学学生都应当建立自己的植物标本室，而克佑区[②]和布鲁姆斯伯里地区的大型公共植物标本室除了为植物学家搞科学研究提供便利外几乎

[①] 亨斯洛教授（John Stevens Henslow）生于1796年，卒于1861年，是一位英国牧师、植物学家和地质学家。他在剑桥的圣约翰学院接受教育，从1821年起开始组建收藏英国植物群的植物标本室。他最著名的经历是作过达尔文的指导老师，并最先发现了达尔文的天赋。1831年，亨斯洛写信推荐达尔文参加南美洲科考航行，为达尔文后来写出《物种起源》奠定了基础。——译者注

[②] 克佑区（Kew）是伦敦市郊的一个地区，英国皇家植物园就设在那里。——译者注

没有什么用处。克佑区的玻璃温室、利物浦、曼彻斯特、爱丁堡以及其他城市植物园内的玻璃温室，自然一定会让学植物学的学生比其他人更高兴去那里。但是，维持一座复杂的植物园需要很大的开支，这使许多地方并不希望在它们那里搞这样的工程。然而，人们又非常渴望每一座地方博物馆都应当拥有一个展示当地作物的植物标本室，虽然这些标本是上了锁后被保存起来的，但应当让任何为了真正植物学的目的想要查看标本的人能够接触到它们。这样一种公共植物标本室，能够通过为判断植物名称和查清植物缺陷提供便利，使私人收藏者受到极大的鼓舞。

　　不过，无论人们可以找什么样的理由去反对某些种类的博物馆和收藏品，这一类或者那一类博物馆数目的增多一定是与大众实物教育的进步几乎是共同扩展的，对这一点不应存有丝毫的疑问。博物馆代表着有关事物本来面目的实物教育，代表着有关事物本来面目的知识，这种实物教育和知识是通过眼睛看和手指触摸得到的。先前或许现在依然还在学校里居主导地位的、无法感知的言语教学方法应当被抛弃的时刻理应已经到来。一个儿童，除非在他的面前摆放了标本，或者模型，或者无论如何也应有一张画了某物件的图画，否则几乎是不应当允许他阅读任何东西的。因此，词汇就像它们理应做到的那样，成了掌握概念的把手，而不是空洞的声音。幼儿园体制是一场向着完全正确的方向进行的改革，虽然这种体制由于改革者们天然的过分热心和独创性，似乎搞得有些太铺张、太荒诞。不过我希望，把每所学校都拥有一个小型博物馆，或者说得更简单一些，拥有一个大一点的、装标本用的橱柜当作必要条件的时刻已经不再遥远。那个装标本用的橱柜里，可以放上几件几何图形模型、简单机械、连同一些廉价的常见岩石和矿石标本，以及令孩子们感兴趣的几乎任何类型的东西。蒂托·帕利亚蒂尼先生近来倡导给每一所乡村寄宿学校附加一座农村教育用的博物馆。*不过，他搞得太过分了，他建议每所学校都应当在学校大楼里单辟出一侧，并在里面装满在周边地区射杀的所有鸟类，或者附近地区的任何人可能赠送的任何种类的东西。还有，当他坚持认为"学校每一间教室的墙壁上都应挂满地图、美丽的一览对照图表、地质学、自然史、植物学等等学科的图表，……以及在那个提供教育的天堂——南肯辛顿博物馆里所能够找到的精选艺术作品的复制品"时，他恰恰形象地告诉了人们什么是不应当做的事情。在教室的墙壁上挂满各种各样分散注意力和不协调的东西，被认为只会把年轻的头脑给搅糊涂，从而在墙上的图表及其他东西成为孩子们所上课程的内容时，他们会对那些东西漠然视之。一间教室的墙壁可以因几幅优秀的图画或者其他一些令人愉悦的物件而变得活泼起来，不过，若是把图表和其他源自"那个提供教育的天堂"的东西收起来，直至需要它们的时候再拿出来，那就会更好。一张在这样的时候单独取出的新鲜图表，会远比这张图表早已为孩子们所熟悉，并且被一大堆难以理解的其他图表包围着不被人注意，更有可能引起孩子们的兴趣。依据同一理由，我更主张将一个小型博物馆放在一个不透明的橱柜里，而不主张让孩子们总能看到里面的标本。

人们可能会有这样的疑问，对于在近期成立的或者近期拟议成立的博物馆内展出展品的种类，博物馆是否总是会遵守进行充分区

---

　　* 参见切尔滕纳姆社会科学联合会 1878 年的《议事录》第 721—728 页。——原作者注

分的要求呢？最初于1859年在南肯辛顿形成的所谓"全国食品收藏"，就是这样一个例子。全国食品收藏起因于这样一种意图，即通过把食品的构成成分物质堆成一个个小堆的办法，来标明不同种类食品的化学成分。这是一个在"形象化教学"方面的实验，并且是一个非常恰当的实验，实验者的想法是，对化学一无所知的较贫困阶级可以通过直接观察了解哪一种食品能够产生最丰富的营养。不过，一般说来，新颖的实验可能会以失败告终。我猜想，这一实验的结果就是表明这样的"形象教学"乃是一个错误。稍加思索就会明白，在这样一些收藏之中，标本所要发挥的作用全然不同于真正标本的作用。这些标本乃是数量关系和比例关系的指示器，对于这样一些关系，人们从图表上、印刷书籍中或者口头指点里可以得到更清楚的了解。然而一件真正标本的作用，是使学生能够看到实物并从感官上了解课堂或者讲座中所描述的实物品质。简言之，就是学到从词汇中无法学到的知识。至于说实际食物本身及其成分，它们对于我们来说要么太熟悉了，用不着展示，要么完全没有必要在这样的教学收藏中不厌其烦地反复出现。在这里我们没有篇幅对这一问题进行充分的讨论。不过，在我看来，关于这些现已转交给贝思纳尔格林①博物馆管理的食品收藏，口头教学或者书面教学与形象教学之间的界限似乎是划错了。倘若这些东西可以被称之为收藏品的话，那么这类收藏若再有任何扩展，都会使博物馆陷入无法承受的枯燥乏味之中，这将进一步加强反对这类收藏的严正呼

---

① 贝思纳尔格林（Bethnal Green）是大伦敦的一个区，历史上是伦敦东区的一部分，距离伦敦市中心5.3公里。——译者注

声。一个精心设计的大众博物馆，应当总是具有吸引力的，使人能够得到消遣的，并能激起参观者兴趣的，它的寓意应当隐而不露，而参观者则应在丝毫没有意识到自己受到了教育的感觉之中来往于博物馆。

这里所犯的，或者很可能犯的另一个错误，是收藏众多的技术性物件。这类收藏品的价值和人们对它们的兴趣一定会迅速消逝。譬如，我们听到有人常常敦促说，像英国这样一个伟大的工业国家理应拥有一个自己的宏伟工业博物馆，商业活动和加工制造过程的每个阶段都应形象地展现在眼前。所有品质和种类的新材料都理应有收藏的标本；加工制造业的若干阶段应当通过相对应的样品得到展示；体积太大无法搬进博物馆的机器应当以模型或者图表的形式进行展示；最后，制成品也应当进行展示，并对其用途作出说明。对这类范围广泛的收藏品作个概括的介绍，是件易如反掌的事情。但是，真正去收藏和展示却只能是一种梦幻，但愿永远也不要试图将这种梦幻变成现实。米德兰研究院的 C.J. 伍德沃德先生在其论文——《关于一种适合于加工制造业地区（特指伯明翰及周边地区）需要的博物馆的概括介绍》中，对这一类型的某种事物作了简要的介绍。*

人们忘记了，倘若这样一种技术性的展览要搞得如此全面，如此细致入微，试图把所有的信息都提供给在每一具体行业内工作的那些人，这个展览会的内容总量就会比迄今举办过的任何一场大型

---

　　* 参见《社会科学联合会议事录——1868 年伯明翰会议》第 449 页。——原作者注

国际展览会都大得多。倘若把这样的展览变成一个永久性的博物馆，由于发明创造的进步，要不了 10 年时间博物馆的内容就会变得陈旧过时。因此，要么不得不对博物馆进行不断的扩建，以便在旧内容的旁边加入新的内容，要么不得不让新内容将旧内容挤出博物馆。在后一种情况下，博物馆就会近似于一个商店，或者顶多近似于我们举办过多次的定期展览会，而这种定期展览会的特点和宗旨是不同于我们称之为博物馆的永久性典型化收藏的。然而，实际情况却是，英国的真正技术性展览要到商店和工厂的橱窗里去寻找。而且，当最新阶段的生产性聪明才智可以轻而易举地在现实生活中接受检验时，花大笔的钱去盖高楼大厦，雇用众多的官员和职工去继续进行那种比较而言如同小孩子游戏一样的事情，那就是一种浪费。倘若任何什么人想要看看当今最新款的机械、家用器具、工具、玩具以及不胜枚举的具有普通用途的物品，他只需在霍尔本地区^①漫步前行，从布鲁姆斯伯里走到霍尔本高架桥^②就可以了。他会在那里发现一连串几乎没有断过线的卓越商店橱窗展览，没有任何一种展览，即使是由最尊贵的赞助商支持的展览，也不可能竞争得过商店的橱窗展览。

从这种观点出发，我认为"科学工具借展展览"被解散，而没有如某些科学人士所愿转变成一个永久性的博物馆，是一件可喜的事情。该展览的收藏品的确是令人赞叹的，而且每过十年或者十五

---

① 霍尔本地区（Holborn District）位于伦敦市中心，周边有大英博物馆、伦敦大剧院、国家美术馆等重要文化艺术场所。——译者注

② 霍尔本高架桥（Holborn Viaduct）是伦敦市内的一座路桥，也是穿过高架桥的那条道路的名字。——译者注

年我们可能就会希望再看一个类似的展览。不过，该展览的大部分内容都不会要求展览不断地办下去的结局和永恒趣味。每一项化学研究或者物理学研究，都需要有自己独特的器械，实验的科学记录中理应对这些器械作出充分的说明，倘若做得到的话。假如所有使用过的器械都珍藏在南肯辛顿，那就只会在那些已经被南肯辛顿的用于教育和其他方面的无数收藏品分散了注意力的人们的心里造成更多的迷惘。至于说一些主要的器械，譬如显微镜、望远镜、刻度机、高差计、温度计、湿度计、风速计以及诸如此类的器械，它们所经历的改进和完善是那么的频繁，因此永远不要去博物馆寻找最佳形式的器械，而要到主要生产商的车间里去寻找。然而，毫无疑问，对极其重要的研究中所采用的少量标准仪器进行永久保留是妥当的。

同样的想法几乎不能适用于帕克斯卫生学博物馆[①]，该博物馆现在设在伦敦大学学院内，已经对公众开放，允许大众在某一时间进行参观。这个情况可以被看作是一种极其重要的卫生研究所收藏的样品。允许这样的博物馆任意扩大规模，并保留所有已经过时了的水封管、洗涤槽之类的东西，那就肯定会违反自己的宗旨。

近年来，举办工业博览会本身已经成为一个有利可图的工业分支，这是一个有趣的时代迹象。几年前，曼彻斯特的一个大众娱乐

---

① 帕克斯卫生学博物馆（Parkes Museum of Hygiene）是一座以英国内科医生、卫生学家埃德蒙·亚历山大·帕克斯的名字命名的专业博物馆。1876年帕克斯去世后，为纪念他，人们建立起若干个纪念碑。在伦敦大学学院，人们建起了帕克斯卫生学博物馆，该博物馆于1877年对外开放。1882年该博物馆从伦敦大学学院内迁往新址。——译者注

场所波蒙娜花园的业主们，建了一座大型展馆并开办了一个机械博览会。机械博览会使这个此前不久刚刚由一个知名度较高的团体聚集起来的大众娱乐场所黯然失色。在过去的几年里，伊斯灵顿①的农业馆一直是一个有着非常有趣特点的工业博览会的举办场所。的确，从规模上讲，每一种展览会都多少是有限的，不过，对于一个利用一下午的时间前来参观的访客来说，这样的展览会已经十分宏大，展品种类已经十分众多了。而且，人们常常可以在那里看到最新鲜的发明创造。

　　于是，问题又来了。倘若任何人想要了解产品是如何制造出来的，那他们就只能亲自去工厂参观，看一看正在进行中的实际工作。一家热火朝天的工厂是最出类拔萃的教育性博物馆之一。我们要竭力使那些地理位置优越，坐落在大城市里面或者附近的大工厂的业主们明白，他们让公众参观他们的工厂会给公众带来什么样的好处，这样做无论如何也不会过分。我知道在曼彻斯特和其他一些地方的若干家重要工厂，在这方面持明智和开放态度的人早已占了上风。事先未接受过什么适当介绍的参观者，会马上被转交给一位聪明伶俐的导游，并由导游引领按加工制造的例行路线参观。在离开工厂时，参观者会把大约每人 6 便士的硬币投入一个盒子，捐给工人福利协会。以这种方式有规律地进行的参观活动，其费用和对工作所产生的干扰一定会非常微小，而且通常一定会因为给商品打了

---

① 伊斯灵顿（Islington）是大伦敦市的一个区，位于内伦敦，主要为居民区。因为从这里去伦敦城和威斯敏斯特城很方便，所以这里也是富人和新贵们乐于选择的住宅区。1862 年在利物浦路旁建起的皇家农业馆，高 22.86 米，拱形玻璃屋顶跨度为 38.1 米，可以容纳 50,000 人，是 20 世纪前伦敦最大的展览馆。二战期间农业馆被征用，之后再未开放。——译者注

广告而使收益大于支出（虽说如此，但我可以肯定，让收益大于支出并不是这样做的动机）。工厂的业主们一般会以他们有各种各样不能允许陌生人和外国人知道的秘密流程和安排为借口，不向公众开放他们的工厂。但绝大多数情况下，这种说法是荒谬的。倘若有任何怕人知晓的真正秘密，一家繁忙的工厂里有数百名工人，外人可以通过他们得知秘密。当然，对于私人工厂适用的说法，可以说对于一切种类的政府工厂都具有更大的说服力。进入皇家造币厂、造船厂、伍尔威奇兵工厂等等地方已经很容易了。允许人们进入这样一些机构的教育意义和消遣意义如此重大，所以政府理应坚持让与里面所进行的工作不矛盾的参观者最大可能地免费进去参观。譬如，直至近日才允许（或者更不如说是不允许）公众进入伦敦塔博物馆参观的态度，就是极其荒谬和令人反感的。伦敦塔只是那些从内容和周围环境的统一性和合适程度角度看，被认为是最能打动参观者的自然历史博物馆中的一个。它是一个在其他地方几乎见不到的独特并无价的历史财产。不过令人想象不到的是，不知为什么一周之内的绝大多数日子，入门都要缴 6 个便士的入门费，否则不得入内，而伦敦城内其他地方耗资颇大的博物馆却可以免费参观。必须予以考虑的不仅有学生，而且一周之内的每一天都免费开放之事也要被看作是一种令人满意的解决办法。

　　关于大英博物馆的地下室，人们已经谈论过很多，据猜测，那里有大量的重复藏品或者其他宝贵的收藏品被放在一边没有利用起来。根据我的了解，我无法宣称那些地下室内可能有什么东西，或者可能没有什么东西。不过，我可以毫不犹豫地断言，像那个坐落在布鲁姆斯伯里的博物馆一样宏伟的、用于研究目的的全国性博物馆，理应拥有很大的地下室或者贮藏室，里面应装满虽不适合于向公众展出，但却具有无可估量的价值的收藏品，这些藏品可能是研究人员把无论是社会方面的还是物质方面的世界历史连在一起的无价证据。倘若上面倡导的看法是正确的，从民众教育的目的看，让这样一些收藏品与无数低劣或者令人不大感兴趣的物品挤在一起，那就明显损害了优秀艺术和科学标本的作用。因此，数量巨大的有缺陷的遗存、塑像和纪念碑残片、劣质的复制品或者近似的仿制品，都应下架收起来。这样做既可以节省开支，防止磨损，避免给公众造成观念上的混淆，也可以为学者的研究提供便利。我们用与冈瑟医生①同样的方法表明，迄今为止，绝大部分的生物学收藏都应塞到抽屉里去，只将那些不同寻常和比较典型的标本拿出来供人参观。但是，一些热情很高的人们于是又站了出来，他们热切地主张，那些装满了昂贵收藏品的抽屉和地下室理应交由各大行政区去处理，从而让50座博物馆都可以装满在一座博物馆内看不到的展品。然而，这样的建议是在完全误解了伟大收藏的目的以及利用收藏破解以往奥秘的方式的情况下提出来的，我们知道，以往的奥秘，是开启当今奥秘之门的钥匙，而以往的奥秘又要通过耐心地把一个一个的环节连起来方能解开。

当然，如果两件藏品真的是重复的，就像是出自同一模具的两

---

① 冈瑟医生（Dr. Gunther）应为艾伯特·冈瑟，一位在德国出生的著名英国科学家。1857年冈瑟博士得到一份大英博物馆的工作，对2,000份蛇类标本进行分类。1858年，他在德国图宾根获得医学博士学位。从1875年起，冈瑟医生担任了英国自然历史博物馆的动物部主任。他一生中的主要工作是撰写了8卷本的《鱼类目录》。1867年，冈瑟医生当选为英国皇家学会成员，并在1875—1876年担任皇家学会副会长。——译者注

枚硬币，通常情况下博物馆不会有任何动机要把二者全都保留在一座博物馆内。当然，博物馆馆长会安排用自己重复的藏品去交换另一座博物馆的其他重复藏品。不过，可能会有许多东西第一眼看上去似乎是重复的藏品，但实际不是。在许多情况下，两者的差异越是细微，越是具有指导意义。譬如，宏大的全国性植物标本室理应收纳世界各地的植物群，而一定数量的植物看上去会是一模一样的，虽然它们分别来自地球不同的两边。然而，这些外观巧合的标本却正是人们发现植物群落之间先前关系的线索，或者是找出造成这种无法解释的相似性的原因的线索，譬如洋流、大灾难或者其他原因对造成这种相似性所产生的影响。在其他条件相同的情况下，显然所有其他生物收藏品都应该是这样。

历史文物的情况也是这样，虽然方式会多少有些不同。正如近期哲学的整个动向证明的那样，倘若社会学世界中的事物也像物质世界中的东西一样生长，那么造成事物发展的原因就只有通过取得事物发展过程中许多阶段的样本才能稳妥地找出来，那些阶段性样本之间毫无疑问存在着连续性的关系。譬如，英国的某些古代铸币上带有一些从各个方面看都全然无法解释和没有意义的图案。然而，细心的研究，包括对多个系列的铸币样本进行的细致入微的比较，向人们显示这些无法解释的图案乃是拜占庭或者其他早期铸币的低劣复制品。然而，此事的症结在于，没有人能够认出第一枚原版铸币与最后一批低劣复制品之间存在的相似之处。我们必须得找到中间发行的一系列铸币，将之作为归纳法中的必要环节。现在很明显，倘若这些不可缺少的中间环节仅仅因为是相互的重复藏品就被分散到曼彻斯特、利物浦、布里斯托尔、纽卡斯尔以及其他大行政区的博物馆去，那么关于它们的真正意义的研究就一定会无限期地迟滞。将样本集中在一起并进行近似的再仿制，实际上是生物学研究和历史学研究的重要方法。还有，铸币的例子，仅仅是那个普遍适用规律的一个很好样本，那个普遍规律掌控着我们所涉及的一切科学。建筑的形式、习俗的来源、发明创造的进展、语言的形成、机构的建立，人类学中的所有这些分支都只能在对一连串的事例作过对比之后建立起来。一个世纪之前，学习词源学是要受到谴责的，因为这门学问仅仅是根据词与词的相似情况所作的猜测。现在，一个词的词源学是建立在引证了一系列近似性复制品的基础上的，这些近似性复制品不容置疑地表明，世界是怎样变成它现在这个样子的。我们可以发誓，词源学有了自己的身份，因为可以这么说，我们一直在跟踪词源学的发展。

把假定的大英博物馆或者其他重要科学收藏中的重复藏品分配到其他博物馆去，会使 100 年来的研究工作归零，并且把学习和历史的基础分散到四面八方。倘若在我们这个国家里，人们是按照专制的原则行事的，那么反其道而行之的做法就是让人类进步成为最大的受益者，也就是说，给大英博物馆的图书馆馆长和博物馆馆长授权，允许他们把在任何一个大行政区内发现的适合于完成全国性收藏的一切书籍、标本以及其他东西全部没收。

以这样的方式来完成一大批科学收藏品的集中和补齐工作是完全有可能的。不过，这项工作当然一定要或是通过合法的买卖程序，或是通过博物馆馆长之间所施行的某种有条不紊的安排来完成。这完全是一个科学细节的问题，在这方面特别熟悉每一种收藏的人可以独自提出任何意见。

很自然，确定一座博物馆是否由最优秀的管理人员来掌控，是否按最佳方式来组织工作人员，乃是一个最重要的问题。为了不在这里过多辩论此事，我斗胆表达这样一个意见，一座博物馆理应被看作是一个学习和研究科学的场所，而不应被看作仅仅是一间办公室，或者一个展示那么多样品的商店。所以，博物馆理应让一个中立的、由科学界人士和商界人士混合组成的董事会去进行学院一样的管控。这样一个理事会或者董事会将把绝大多数与财务、博物馆架构相关的问题，以及与博物馆馆长的专业和科学工作无涉的问题揽到自己的手上。董事会将任命一个首席博物馆馆员或者首席图书馆馆员，如果是一个大型博物馆，还要任命各个分支和部门的首长。不过，董事会或许将把不重要的任命工作交给首席博物馆馆员去做。倘若博物馆馆员尤其是首席馆员的遴选工作进行得很愉快，很成功，人们或许会发现，该机构的整个领导工作都将集中在博物馆馆长身上，他将成为自己的同事——分支部门的博物馆馆员与董事会之间相互沟通的媒介。一切涉及博物馆的科学组织的重大事务，都将在博物馆馆员中间进行讨论，并向董事会报告，之后，董事会将就这些事务表决，作出最后决定。这样一种管理机制构成对于所拟定的宗旨来说优点是多方面的。

首先，对于在管理人员的任命中受到政治影响和假公济私干扰的担忧可以降至最低，由性格和利益如此多样化的一些人组成的董事会，他们作为一个团体是不可能受到私人影响的。然而，为了确保这一目的得以实现，至关重要的是董事会不得由他们自己选举产生，或者不得由任何既有手段又有动机去搞一边倒的任命的单一一种力量选举产生。近来在"捐建学校或者慈善团体委员会"的方案中经常获得批准的代表选举制度，能够充分保障这一目的得以实现。第二个优点在于，董事会因为在科学问题上没有共同的意见，所以实际上给了博物馆馆员们以完美的思想和行动的自由，这是进行学习和科学活动的必要条件。政府办公室里的文牍主义绝对与探索性的劳动格格不入。一个官员总是倾向于以牺牲自己的下属为代价抬高自己。他为国家或者国家的某些分支机构服务，他的下属为他服务。但是，这些下属所得到的任何荣誉，除非是通过为他们的长官服务而得到的，肯定会大大贬低后者煊赫的荣耀。

　　在我们介绍的这种董事会控制办法中，行事的方式很不相同。博物馆分支部门的不同馆员因为是由董事会直接任命的，他们的服务，无论是为博物馆提供的服务，还是为总体科学提供的服务，都独立于首席馆员所提供的服务。首席馆员因为只是同侪之首，所以他会因同事们的荣誉而被抬高而不是被压低。由于首席馆员无法盗用他的同事们的声誉和能力为己所用，所以他只能通过增大自己同事们的能力，以及通过友善地协助一切似乎有可能有益于博物馆取得成功的做法来增大自己的荣誉。如何掌控公共机构这个主题是一个值得小心处理的问题，这个问题轻而易举就能装满一本书，不过我们不能继续谈下去了。然而，我要作些补充，上面所说的情况绝非想象出来的虚构故事，而是基于本人对欧文斯学院①的构成和运作所作的长期、连续以及亲密的了解。欧文斯学院大概是近代

---

　　①　欧文斯学院（Owens College）是英国曼彻斯特大学的前身，成立于 1851 年。该学院及曼彻斯特大学被认为是英国顶尖的大学之一。自欧文斯学院时代，该校就涌现出一些杰出的学者，本文作者斯坦利·杰文斯就是其中最著名的人物之一。——译者注

治理得最好、最成功的科学机构。

大英博物馆自 1753 年建立了它的第一个机构，就一直由一个信托基金董事会治理，董事会中包括了一些代表大英博物馆捐款人的家族信托基金会。在大英博物馆超过一百年的生涯中，它由始至终一直在为历史、学习以及科学的许多分支提供无法估量的服务，从而充分、普遍地证明大英博物馆的治理模式是行之有效的。不过，与此同时，人们还是很有理由认为，对信托基金因循守旧和无所事事行为的不断抱怨并非是空穴来风。事实是这样，某些基金会（在董事会中占有九席）是不负责任的，也是无法撤换的家族基金会，而余下的董事会成员绝大多数是国家高官和显贵，譬如坎特伯雷大主教①、大法官、英国议会议长、国务大臣，这些人当中只有一人是由女王提名的，其他 15 人都是由余下的人推选出来的。这样一个事实足以表明，该董事会一定是一个惰性的机构。在这些显贵当中，注入其内的唯一科学成分只有皇家学会的会长们，即皇家内科医师学会会长、文物研究和收藏学会会长以及皇家科学院院长。在依据全国性协议将家族信托基金会保留在董事会内的同时，由伟大博学的学会会长或者学会的代表们，去替换目前许多不可能抽出时间来关注脊椎动物和无脊椎动物的官方信托基金会，这肯定会是

---

① 坎特伯雷大主教（Archbishop of Canterbury）为全英格兰的首席主教，是全英国教会的主教长，又是全世界圣公会的主教长，普世圣公宗的精神领袖。英国的坎特伯雷主教以及其他主教原是由罗马教皇派遣的宗教使者。公元 16 世纪时，英国的宗教改革使英国教会摆脱了天主教会的权威，在坎特伯雷大主教以及英国其他主教的推选方式上发生了很大的变化。英国圣公会实际上取得了国教的地位，大主教的遴选从法律上讲是国王或女王的权力。在今天，坎特伯雷大主教的任命，要由英国首相提出建议，由英国女王钦定。——译者注

一场彻底的改革。用于接替这些官方信托基金会的董事会席位的可以是，譬如生物分类学会、地质学会、动物学会、文物收藏研究学会，等等。同样，新吸收的董事会成员不必是达官要人和贵族，可以在很大程度上从较为尊贵的历史学家、艺术家或者学识渊博的人士中间选出，就像曾在哈勒姆一案中所做的那样。[①] 然而，在这样一个机构里让科学界人士成为主导力量也会是一个错误，还应该引入一些擅长行动的人，譬如尊贵的工程师和主要的银行家。

把五花八门种类繁多的博物馆一个不落地作个完全自然的分类，是件很困难的事情。博物馆的种类多之又多，物种之间相互交叉，或者相互重合，这让工作很有条理的分类人员也感到极其困惑。冈瑟医生将博物馆划分为三个层次，不过，我倾向于再加上另外三个，于是我们就得到了如下六个主要层次的博物馆：

Ⅰ. 标准的全国性博物馆	Ⅳ. 专门博物馆
Ⅱ. 大众型博物馆	Ⅴ. 用于教育目的的博物馆
Ⅲ. 地方大行政区的博物馆	Ⅵ. 私人博物馆

在大不列颠，标准的全国性博物馆当然是大英博物馆，而且即使在一个非常富有的王国里，真正全国性的收藏地也不大可能超过一个。的确，可能会有一些非主流的全国性收藏地，譬如坐落在伦敦克佑区的植物标本室、专利局博物馆、印度博物馆以及收藏在南

---

① 哈勒姆（Hallam）是英国的一个古地名，具体位置已经失考，大致在今天的谢菲尔德郡。1843 年，当英国工业革命加速发展，谢菲尔德即将成为世界钢铁、工具以及刀叉制作之都的时候，谢菲尔德设计学校应运而生。学校的日常工作由当地的理事会掌控，而学校的首脑则由设在伦敦的贸易董事会任命。谢菲尔德的许多公司、学校、研究机构、文化团体，等等，至今仍用哈勒姆命名，以显示其历史渊源。——译者注

肯辛顿的其他收藏品。所有这类集中收藏的收藏地,其主要宗旨一定是增进知识,保留能够在本国和世界历史中流传下去的样本或者艺术作品。将这样一些无价之宝般的、耗资极大的博物馆向偶尔前来的观光客和散步者开放,让他们从中得到娱乐,只能是这种博物馆的一个完全次要的功能。恰当地讲,无论在伦敦还是在较大一点的城市,都理应有一系列被我排在第二位并名之为"大众型博物馆"的博物馆。这一类型博物馆的最佳代表,在伦敦,是贝思纳尔格林博物馆,在地方大行政区,是索尔福德①的令人赞叹不已的皮尔公园博物馆②。的确,从实践上讲,要把大众型博物馆与地方大行政区博物馆区分开来是做不到的。后者并非完全为了大众的使用而设计,它们也可能拥有不适合消遣和用于教育用途的重要科学收藏和历史收藏。然而,出于节省经费的原因,大众型和用于科学目的的博物馆一般都合并在了一起,如同皮尔公园博物馆以及其他许多地方的博物馆一样。然而,关于大行政区的博物馆,我将在下面作比较充分的说明。

专门类博物馆形成了数目很大但各不相同的群体,而且包括了由某个机构为一些具体的目的而建立的范围狭窄的收藏。设在巴黎造币厂的货币博物馆就是一个很好的例子,我欣喜地看到一座类似博物馆的核心收藏已经在我国伦敦塔丘的造币厂内存在了,人们

① 索尔福德(Salford)是大曼彻斯特市的一个城市,与曼彻斯特市隔伊尔韦尔河相望。从历史上看,索尔福德在文化和商业上的地位曾比曼彻斯特更高。英国工业革命之后,两者间的地位发生了逆转。——译者注

② 皮尔公园博物馆(Peel Park Museum)是建在索尔福德市皮尔公园内的博物馆、画廊以及公共图书馆。该图书馆据说是英国第一座无条件向公众免费开放的公共图书馆。——译者注

正在布置和改善这些收藏。卓越的皇家外科医师学会博物馆是一个专业博物馆,倘若它的确还不适合于被归类到标准的全国性收藏之列。在可以提及的其他专业收藏中,有位于威斯敏斯特城塔夫顿街的建筑博物馆、皇家联合服务机构的若干才学精深学会的博物馆以及帕克斯卫生学博物馆。

在第五类用于"教育目的的博物馆"项下,我们把由大学和中小学为了在讲课时进行展示或者直接让学生使用的目的而维持的博物馆归入其列。每一所教学机构都理应拥有某种博物馆,且许多教学机构已经拥有了广泛的收藏物。欧文斯学院有幸接收了先前由自然历史学会维持在彼得街上的相当大规模的博物馆。不过,该博物馆急需基金建一座适当的大楼,以便欧文斯学院能按照博物馆赠予协议让博物馆适合民众使用的目的。爱丁堡大学和圣安德鲁斯[①]大学拥有巨大的自然历史收藏,其规模或许已经超出了仅仅用于教育目的的博物馆的界限,具备了几乎达到全国水平的重要性。关于牛津的阿什莫尔博物馆[②]和剑桥的菲茨威廉博物馆[③],我们也可以用同样的词语来形容。在第五类博物馆中,我们还一定要把在哈

[①] 圣安德鲁斯(St. Andrews)是英国苏格兰地区东部的海滨城市,在爱丁堡东北50公里处,也是圣安德鲁斯大学所在地。圣安德鲁斯大学是英语世界里第三古老的大学,是苏格兰最古老的大学。从英国的排名看,圣安德鲁斯是仅次于牛津和剑桥的第三个最好学校。——译者注

[②] 阿什莫尔博物馆(Ashmolean Museum)全称为阿什莫尔艺术与考古博物馆,是世界上第一座大学博物馆。它的第一幢大楼建于1678—1683年,用于存放伊莱亚斯·阿什莫尔1677年赠予牛津大学的美术品陈列室的藏品。——译者注

[③] 菲茨威廉博物馆(Fitzwilliam Museum)是在菲茨威廉子爵七世遗赠的图书馆、艺术收藏以及100,000英镑基础上由剑桥大学于1816年始建的一座博物馆。菲茨威廉子爵在遗嘱中要求用100,000英镑"盖一座优秀结实的博物馆存放地"。——译者注

罗、克利夫顿以及其他一些公立学校内形成的小型教学用博物馆，以及我希望在所有学校，如已经解释的那样，最后能够找到的数不清的小规模收藏都归入其中。

关于第六类私人博物馆，我们没有必要说很多。这些私人博物馆通常是为了专门的科学目的而建立的，而且通过遗赠或者收购时常会成为建立全国性收藏的相对应分支的基础。

就我所知的情况而言，无论什么地方都找不到有关联合王国地方博物馆的数目、种类、宗旨和管理条例的齐全且系统的信息。那些根据《博物馆法》(*the Museum Act*)* 或者《免费图书馆法》建立的博物馆，可以在我的前一篇关于免费图书馆的文章所提及的统计表中找到。不过，由地方学识渊博的学会、皇家机构甚或个体私人拥有的博物馆数目，毫无疑问是极其庞大的，这些博物馆或多或少都在向公众开放。

但是，我们希望当《免费图书馆法》和《博物馆法》完全发挥作用之时，每一座县城以及每一座居民人数达到 2 万和 2 万以上的城市，都能在拥有了自己的公共图书馆的基础上，而决不是在取代了已有公共图书馆的基础上，再拥有自己的公共博物馆。图书馆的数目理应比博物馆的数目多很多，道理是显而易见的，把博物馆集中起来要比将它们分割为许许多多的小博物馆更有利，数目众多的博物馆不可能找到合适的博物馆馆长。或许有一百个左右得到有效维护的公共博物馆就可以满足整个英国的需要，而其他的地方性收藏时常可以在当地公共博物馆建立起来之后被吸收进去，得到充

---

　　* 参见《博物馆法》第 43 章第 8 和第 9 款。——原作者注

分利用。然而，在建立这类县级博物馆的过程中，对建立地方收藏的目的是什么，实现这些目的的适当手段有哪些等问题应当心中有数，有确定的想法，这是非常可取的做法。

每个人都知道，当今之时，一个地方性博物馆常常可能陷入怎样一种鱼龙混杂、荒谬不堪的一团乱麻状况。任何一件附近某人想要清理掉的、令其感到不便的物件交到博物馆后，博物馆都要及时地将该物件放好，标上文物捐献者的名字。一个在附近农田里挖出来的古罗马祭坛，上面会架着一顶克伦威尔①士兵的头盔。它们的上面悬挂着一个装满了蝴蝶的玻璃匣子，玻璃匣子顶上放着从印度山区部落弄来的浸毒箭支以及投枪。一座从中国寺庙里弄来的很大的软木模型封住了房间的一个角落，而房间的其他地方堆放着一支不知其年代的令人丝毫不感兴趣的黄铜枪、一个老式三层甲板船的模型、一件古埃及的木乃伊以及大概是某位不想被葬在草皮之下的人的做过防腐处理的遗骸。*在摆放着这些宝贵收藏品以外的其他地方，人们或许会发现本县一位伟大的板球运动员所获得的奖杯、一匹尊贵赛马的模型、一只由一位女士捐赠者捐赠的塞上了填充物的招人喜爱的哈巴狗等，不一而足。在这张描绘一座县级博物馆模样的奇特素描中真的是没有丝毫的夸张，而且，有这样一座博物馆要比全然没有好得多。的确，这样一种收藏，对于孩子们来说并非不适合，而且要比一种大型的收藏更好。不过我们希望，在地方博

---

① 克伦威尔（Oliver Cromwell）生于 1599 年，卒于 1658 年，是 17 世纪英国资产阶级革命中资产阶级新贵族集团的代表。他曾逼迫英国君主退位，解散国会，将英国由君主国家转变为资产阶级共和国，建立英吉利共和国，出任护国公，成为事实上的英国国家元首和政府首脑。1658 年克伦威尔因病去世。——译者注

* 坐落在曼彻斯特彼得街的自然历史博物馆先前也是这副样子。——原作者注

物馆数目增多，管理改善的同时，它们的收藏内容也可以相互交流，得到筛选，改进布局，以便能够产生出井井有条和合乎情理的，即使还不是非常科学的结果。

我冒昧地提出这样一个建议：一般说来，一个地方性博物馆应当由四个主要部门组成，也可以多一个或两个，但不应当再多，也不应当再少。首先，每座地方性博物馆都应当有自己的考古部门，该部门要致力于保存与附近地区相关联的任何古董文物。有价值的遗物不仅因此得到保存，而且它们还要被保存在把它们放在那里它们才具有特殊意义，并有可能导致专门研究的地方。这样的遗物应是来自各个时代的，从旧石器时代的火石刀，到市政厅办事员的父亲使用过的火绒箱。我们不可避免地会把时代搞混，别忘了，这不是没有教训的。不过，我们因此一定不要把其他地方和其他国家的遗物与本地的这类遗物搞混。这些遗物应当与它们适合于交换的其他某些收藏品进行交换。

博物馆的第二个分支部门里应当包括某些具有代表性的地方自然历史产物、比较稀有的尤其是那些有可能灭绝的鸟类和昆虫、当地因之而出名的任何构成的岩石和化石、已经提到过的本地植物标本室。然而，倘若企图将自然历史的所有分支都包括进来，那通常是不可能做到的，所以博物馆馆长可以适当地有所偏好，对那个他感觉最有兴趣，拥有的设施最多，或者周边的城市都较少问津的分支学给予倾斜。

博物馆的第三个分支部门可以从更多获益的角度出发，将博物馆馆长有特殊爱好或者作过专门研究的几乎可以是任何种类的收藏包括进来，或者将任何喜欢把公共博物馆变成自己所拥有宝藏的保存地的当地热心人士的收藏包括进来。无论这种收藏是古老的瓷器，还是日本的崇拜偶像，或是澳大利亚的回飞镖，或是方解石水晶，或是古老的银行钞票，或是教堂大门的钥匙，或是蛇的毒牙，都是可以的。把哪一种东西选作博物馆的收藏，并以此种方式将之作为当地大自然产物或者工业产物的代表几乎都没有什么关系，只要这种东西能够得到系统的和尽可能彻底的研究。任何这类齐全的收藏几乎都将导致新知识的产生，而且，倘若这位博物馆馆长是一位聪慧的、具有科学态度的人，他就能够把这种馆藏的布展和讲解工作做好，从而激发出参观者的兴趣。倘若这位馆长有自行选择以某种东西作该馆的部分收藏品的自由，而他对那种东西又具有一定的研究天赋，那么他做那项工作的效率就将大大提高。事实上，除非一个博物馆的馆长原本就是某个或者更多分支学科的研究人员和收藏家，否则，对于他所属的机构来说，他更多的是做陈列室的缔造者和领头的看门人，而不是做那个应当成为照亮半个县的灯塔的科研人。

余下的地方博物馆的第四个分支部门，应当仅仅是一个空白的空间，以便博物馆有余力接待偶尔出现的或是来自南肯辛顿当局的借展收藏品，或者是来自其他地方博物馆的以及私人收藏家的借展收藏品，或者是来自私人所有者联合借展的收藏品。搞借展收藏的想法或许并不是从南肯辛顿那里发源的，但是可以肯定，这种想法在一定程度上已经以前所未有的规模向前发展了。毫无疑问，这种做法能够最大限度地为节俭办博物馆服务。譬如，借展收藏的日本艺术作品最近在诺丁汉城堡展出，赞美之声不绝于耳。

不过可以肯定，这种借展体制没有政府官员的干预也能起作用。一旦博物馆的馆长们变成了一个有组织的团体，能够相互协调一致地行动，安排相互交换借展收藏的事情就会变得很容易，而作为当地博物馆馆长的特殊爱好而在某座城市形成的任何非常出色的和齐全的收藏，都可以渐渐地在整个国家循环起来，从而使使用价值得到极大的提高。于是，地方性博物馆实际上就会像一个巨大的有分工的博物馆那样来运作，虽然每位博物馆馆长连同他的监管委员会还是会保持自己完美的自治地位。

　　然而，将风马牛不相及的无聊藏品，譬如本地板球运动员的奖杯、塞满填充物的哈巴狗、三层甲板船的模型等，通过交换或者捐赠的办法清理出博物馆，对于节俭办好博物馆至关重要。在一个展品布局合理有序的博物馆内，那些物件只会让参观者分散注意力并受到嘲弄。

　　展示一个好的县级或者地方博物馆应是什么模样的榜样已经有了。我认为，已故亨斯洛教授曾经领导过的伊普斯威奇博物馆就是一个很好的榜样，不过我还没有参观这个博物馆。由于亨利·科尔爵士提出的一个建议，诺丁汉城堡博物馆至今仍很依赖南肯辛顿，不过无论如何，这座博物馆都是对该城市资源的一个有益的补充，而且该博物馆一定已经非常明显地让人感觉到了它给诺丁汉人民的生活带来的欢乐。古老的城堡还有很多，人们肯定可以以同样的方式将它们利用起来。

　　作为结束语，我冒昧地提出一个建议：为使联合王国的博物馆得到改善，目前最有可能采取的步骤是，沿着著名的图书馆联合会走过的路线，组建一个博物馆联合会。倘若所有公共博物馆的馆长都能仿照其他专业团体树立的榜样，召开一次大会，在会上集思广益，他们就可以不断地演进，从现有的混乱状况之中进化出某种思想和行动的统一。无论如何，他们都得迈出重要的第一步，即坚定地表明自身的存在。人们对蓝皮书和皇家委员会已经厌烦了，而且我们已经听过太多理事会的"各位议员"所不得不讲的话。现在，让博物馆馆长们自己来讲话、来行动吧！尤其要让他们把"联合起来，而不是集中起来！"作为自己的座右铭。

"死记硬背"*

　　一个人类的机构，也同人一样，要经过自己的七个时代。在该机构的婴孩时代，它是默默无闻、无人关注的。到了青年时代，人们对它产生了一些兴趣和惊喜。在走向成人时代的过程中，人人都会站出来称赞这个机构。随着该机构的成长和地位的确立，民众的口风开始转变。一些人不可避免地会因一个新机构的建立而受到冒犯，或者说，实际上是受到伤害，而且，随着该机构年龄的增长、权力的增大，那些感觉受到冒犯和伤害的人数量会更多。与一项事业的成功成正比的，将是它所遭遇到的困难和嫉妒。寻找制度中的弱点并将这些弱点转变为自己的私人优势，成了某些人的爱好。就这样，该机构步入了自己的关键时代。这个关键时代如若能够平安度过，该机构就可以穿过一段繁荣昌盛的中年时代继续前行，然后进入一个令人尊敬但体弱多病和滥用权力的老年时代，此时，该机构仅仅是在以苟延残喘的形式走向衰亡。

　　要看出考试制度现在已经迈入了其生命中的哪一段时代并不困难。考试制度现在已经进入它的关键时代，其显著标志便是它已激起了广泛的恼怒。滥用考试是人们公开演讲和茶余饭后聊天时最流行的寻常话题。人人都能说上几句非难考试制度的话，而理由

---

*　参见《头脑》杂志 1877 年 4 月，第 6 卷。——原作者注

又是相当的浅显易见。许多人都曾经被考试为难过，一些人因为考试失利丢掉了资助，他们为此而感到悔恨，另一些人因在考试中落榜，从而失去了保护伞和职务任命，他们为此而感到悔恨。学校的校长们不喜欢自己的工作受到别人粗暴无礼的考验，他们感受到了那些更加远见卓识的教师们对自己发起的竞争，那些教师已及早地顺应了一种新的事物状态。一个很难对付的少数派实际上有足够的理由对考试表示仇视，此种情况就以这样一些方式以及其他一些方式冒了出来。这个少数派把自己的情绪炒得沸沸扬扬广为人知，而随时乐意就自己所听到的太多新鲜事发发牢骚却又弄不清楚这样做的好处在哪里的公众，于是便到处抱怨。

对于反对考试的人们来说，幸好还有人找到了一个绝妙的发出"呐喊"的理由。他们说，考试导致了"死记硬背（CRAM）"，而"死记硬背"则是对真正学习的摧残。那些对考试为何物一无所知的人们，却深知考试就是"死记硬背"。这个单词具备了**循环论证用语**的一切特质。这个单词短小，具有强调含义，并且巧合地发源于一个表示不合口吻意思的实物隐喻。因此，在一次会议的末尾，如果没有出现一个令人尊敬的绅士向一伙学者颁发奖品的场景，以及在失去了就某事发表意见的机会的时候，又有谁会想不到"死记硬背"这个单词呢，并且又有谁不会接着历数考试制度的罪恶呢？

我打算在本文中采用有关这一主题的那个不大流行的看法，并且谈一谈我所能够讲出来的赞成考试的道理。我想分析一下"死记硬背"一词所具有的含义，并且倘若可能，判断一下被如此多的人所诟病的事情是否真的有害。要一下子看出"死记硬背"一词意味着两件不同的事情并不困难，我将把这两件不同的事情分别称之为

"好的死记硬背"和"坏的死记硬背"。一位在为一次重要的竞争激烈的考试作准备的考生，可能会给自己找一个熟练的指导教师帮助准备这次考试。这位指导教师期望通过精心指导该考生掌握最能"出成绩的"知识点，并严格地将考生的考试准备范围限制在那些知识点之内以求成功。指导教师所给予的训练可能是艰苦卓绝的、彻底的，以便训练这名学生能将自己各科的才能在那些知识点上发挥到极致。这种做法可以被称之为"死记硬背"，因为这里面涉及要考生全身心地投入某些考卷的答卷行动之中。我将这样的做法称为"好的死记硬背"。

另一方面是"坏的死记硬背"，这种做法包括，让考生的大脑暂时记住一大堆的事实、日期或者公式，这些知识在一种全然没有被消化的状态下被考生囫囵吞枣地记住，并随时准备在考场上通过一种纯粹记忆的行为再将它们吐出来。一位无法理解欧几里得[①]在其《几何原本》(*Elements*)第一卷中所讲的推理关系的考生，可以通过死记硬背，用图表、字母以及一切提示手段，让欧几里得的几何学命题烂熟于心，就像在主日学校[②]学习特用祈祷文和福音书[③]那

① 欧几里得(Euclid)是公元前300年左右的希腊数学家，以其所著的《几何原本》闻名于世。据传说，欧几里得生活在托勒密一世时代，早年就学于雅典，是阿基米德老师的老师。除《几何原本》外，欧几里得还有不少著作，可惜大都失传。唯一保存下来的纯粹几何学著作《已知数》(*The Data*)，体例和《几何原本》前6卷相似。——译者注

② 主日学校(Sunday School)是英、美等以基督教为主要教派的国家在礼拜日(星期天)为贫民开办的初等教育机构，兴起于18世纪末，盛行于19世纪上半叶，主要教授圣经、拼写、识字。起初采用粗暴的方法进行教学，收效甚微。后来聘请了有一些文化教养的妇女，用文化学习和教义问答等方法来引导和启发学生，因而获得成功。——译者注

③ 特用祈祷文和福音书(the collects and gospels)都是基督教的教义和经书。四福音为新约圣经的前四卷，大都是记载耶稣在加利利传福音的事工，其重点放在耶稣的

样。日期、语法规则以及诸如此类的事物，可以通过助记线索，或者通过那些可怜的人工记忆体系中的某一种方法，"死记硬背"地塞进学生的大脑，教授人工记忆方法的老师们总是在这样处理问题。通过这样的途径，我认为是有可能给出仿佛已经搞懂了问题的答案的，而通过这样的途径来证明考生是否真正理解了题意，则无异于通过鹦鹉学舌来证明鹦鹉的聪明才智。

我并不是要否认带有此种特点的"坏的死记硬背"现象的存在，但我坚持认为，那些有能力做到"好的死记硬背"的人们决不可能在求助于"坏的死记硬背"方法时从中得到助益。用死记硬背的方法牢记欧几里得的一个命题所付出的心血，要远比一个具有中等能力的学生学会掌握推理的本质所付出的心血多得多。显而易见，即使以一种应对考试的观点来看问题，所有的优势也都站在真正理解的那一边。"坏的死记硬背"考生记忆中哪怕出现最微小的故障，譬如，把错误的字母标在了图表中，该考生答卷中仿佛理解了题意的问题就将暴露出来，而且，一个集合命题的条件中哪怕只有最细微的变化，也会让他的记忆方法整个遭到挫败。倘若考卷的设计真的能够让人仅凭记忆就回答出来，那么坏的东西就是从主考官那里发源的了。

彻头彻尾的傻瓜可以在他人逼迫之下完成最苦类型的"死记硬背"，这仅仅是因为他们做任何事情都不可能做得更好。傻瓜们也不会因此受到伤害，锻炼记忆力总比让大脑完全休息更好。在允许一个年轻人通过死记硬背的方法去学习他完全不能领悟的枯燥工

言行上。主日学校孩子们学特用祈祷文和福音书如中国的小和尚念经，有口无心，不懂教义，死记硬背而已。——译者注

作之前，一定要把他的某种坚韧不拔和果断决绝的品质调动出来。即使是智商最低的主考官，也没有任何理由担心，一个真正愚蠢的考生能够通过接受过最好的"坏的死记硬背"调教，把本应属于别人的荣誉和职务任命抢走。即使是为少年考生准备的试卷也绝不应全部由"书本作业"所组成，譬如不应当把教科书中的词句只是简单地复制一下就拿来用于答卷。在每一场组织得当的考试中，试卷内的考题，理所当然，要设计得能够测试出考生是否具有将自己所学的知识运用于解开那些或多或少与教科书讲解的东西有所不同的问题的能力。此外，优秀的主考官总是既要通过考生们总的答卷风格，又要通过他们的答卷内容来评判答案的好坏。实在无法想象，一个呆头呆脑、邋遢散漫的考生能够凭借任何"死记硬背"的技艺，获得写出一两页纸的整齐、言简意赅、切题的论文的能力，并使该论文赢得主考官们的高分好评和赞叹。

　　还有，倘若我们可以凭经验作出评判，那么从指导教师的角度来看，"死记硬背"是得不偿失的。脑子慢和愚昧的学生会被伟大的"教练"给无情地拒之门外，我们从这个事实中可以得知"死记硬背"是得不偿失的。那些借助于自己考生的成功而赢得名声和谋取生计的指导教师们，是不会把自己的心血浪费在劣质材料上面的。因此，傻瓜是不会去找指导"死记硬背"的老师，要求他们帮助自己超越聪明人的理解能力，而聪明人才会要求确保自己站在最高的位置上。在正式考试的关键时刻到来之前很久，经验丰富的"教练"几乎像组建牛津大学和剑桥大学的赛艇队①一样精心地选择自己的

---

　　① 牛津大学和剑桥大学赛艇队（University boat）是两校分别建立的赛艇俱乐部

队员。在联合王国内，几乎没有哪所大学或者学院强制要求设置任何此类的选拔程序。倘若说有的话，那也不过是形式上的入学考试或者大学录取考试。所有来者，一概热情接待，这样既能收入更多学费，又能展现繁荣蓬勃的气象。所以，更常发生的情况是，一个学院内大部分的班级都是由没有经过指导老师调教过的年轻人组成的，学校教授那学识渊博的教诲从这些年轻人的耳朵里穿过，可能没有造成伤害，但也没有用处。家长们以及公众几乎不知道学校里的情况与在海边沙滩上进行的教学和书写有多么的相似，除非学生具有不同寻常的学习能力，或者有某种考试和奖励制度在迫使学生专心致志地学习。

由于这样一些以及其他可以举出的原因，所以我并不认为"坏的死记硬背"还值得我们作任何更进一步的考虑。接下来我要继续调查"好的死记硬背"是否一种令人反感的教育形式。指导进行"好的死记硬背"的导师或者讲师，是一个目的在于要使自己指导的学生能够在考生名单中名列前茅的人。带着这一目的，指导老师小心翼翼地将考试范围搞清楚，认真查阅以往的试卷，尽一切可能对未来试卷可能具有的特点作出评估。之后，指导老师会根据某一分科的某些问题可能会被提问的概率，编排一个与各个问题的提问概率成比例的学习强度表，并按照强度表对学生进行各个分科的学习训

所属的赛艇比赛队伍。牛津大学和剑桥大学是英国两个历史最悠久、名气最大的学校。1828 年 12 月 9 日，剑桥大学成立了大学赛艇俱乐部。成立大会之后，剑桥大学赛艇俱乐部派人给牛津大学送去一封挑战书，约定在第二年的复活节假期，在伦敦或者伦敦附近举行两校的八桨赛艇比赛。1829 年 6 月两校的赛艇比赛在伦敦泰晤士河上举行。此后，两校之间的赛艇比赛每年举行一次。这一传统一直保留至今。选拔赛艇队选手成为两校赛艇队教练最重视的工作。——译者注

练。以为这样的训练将是肤浅的，那就太过分了。正相反，这样的训练虽然范围狭窄，但或许强度很高、很深入。通常，这样的训练在相当大程度上会包括一些初步的考试，这些考试的用意在于既要测试又要训练学生书写答案的技艺。在早年间的剑桥，可以说那些伟大的"教练们"都是以一种常态化的考试制度、口头教诲或者海量解题辅之以简单的阅读来推进教育的。因此，我不得不讨论的这个主要问题就自行分解为这样一个问题：以通过某些定义明确的考试为目标而进行的强化训练，是否构成了真正的教育？众多反对"死记硬背"做法的人在向人们暗示，"死记硬背"的办法不成。我则坚持认为，这个办法没问题。

碰巧，就在我准备撰写本文时，英国内务大臣于1876年12月22日在利物浦学院主持了年度颁奖仪式，并借这个机会发表了有关"死记硬背"问题的常见讲话。他以令人赞赏的清晰态度表达了一种占有压倒优势的意见，即不赞成考试的抱怨意见。因此，我自作主张将他讲话中的某些东西放到我的这篇文章中来。他说："考试并不是教育。人们要求得到比这多得多的东西。人们除了要接受考试外，还一定要受到教育。……在为生活而展开的伟大争抢中，当下时刻有这样一种观念，那就是尽可能多地抓住普遍肤浅的知识。我认为，这种观念乃是一个致命的错误。从另一个方面讲，有这样一种伟大的观念，那就是认为倘若一个人能够考试过关，并能把一门课题很好地'死记硬背'下来，这个人就受到了教育。这种观念也是一个极其致命的错误。倘若我是一个主考官，没有任何事情能够比挫败所有那些让学生'死记硬背'的老师更让我开心的了，那些老师的学生已经来到了我的面前。"（大笑声）

让我们来想一想克罗斯先生的真正用意是什么？他说："考试并不是教育。我们要求得到比这多得多的东西。我们一定要受到教育，也要接受考试。"怀着同等的用意，我想说："牛肉不是晚餐，我们要求比这多得多的东西。我们一定要有土豆、面包、布丁以及诸如此类的东西。"尽管如此，牛肉是晚餐的主要部分。我应当认为，从来没有人曾坚持说，或者想象过仅仅考试一项就是教育，不过，尽管如此，我还是坚持认为，考试是一种有效教育的主要元素之一。正如克罗斯先生本人在其讲话的前面部分中所说，"考试是一块可以将好与坏之间的鲜明区别显示出来的试金石和一次测试。……人们可以在'半个学期'内努力将自己的课业草草完成，不过，倘若有人并不理解他们所学过的课题，但却通过了自己的考试，我依然会藐视他们"。

克罗斯先生的另一篇讲话，将我引导到有关这一主题的一个主要观点上来。他说："在教学问题上，无论教授的东西是什么，都必须好好教，这是十分必要的。没有任何好好教授的东西能够在匆忙之间完成。教学一定不要只是为了考试而教，而是必须要让教授的东西沉淀到学生的大脑中去，并在那里留存终生。"

在克罗斯先生的本篇以及其他讲话中，他都信誓旦旦地保证赞同这样一个流行然而却错误的观念，即孩子们在中小学或者大学里所学的东西应是镌刻在脑海中的不可磨灭的有用知识，这些知识将终生留在学生的脑海里，信手拈来，随时可用。对考试表示反对的人们，其真正的想法通常在于，考生学习的东西仅仅是为了考试，当学生平安地通过了考试之后，他就很快又把所学的东西给忘掉了。克罗斯先生想要如此深思熟虑、彻底地进行教诲，以便他所教

授的那些事实本身不可能被人忘记，然而，从此以后，无论我们正
在做些什么，那些东西都一定会突然从我们的头脑中冒出来。

我坚持认为，诸如此类的一些讲话，来源于对于教育本质和教
育宗旨的一个完全错误的看法。其寓意是，大脑在生命的早期要装
入与事实完全相同的东西，以及那些将会在余生里用到的点点滴滴
的知识。事实上，正是克罗斯先生以及那些与克罗斯想到了一块的
人们在鼓吹某种"死记硬背"，这种"死记硬背"诚然会很持久，但
依然是"坏的死记硬背"。关于教育的正确看法，与错误看法相反，
是要把教育看作一种培训课程。一个年轻人在体操馆内练单杠，以
便使自己的肌肉力量普遍得到发展。这个年轻人并不打算一辈子
都在单杠上做动作。学校乃是一个让大脑纤维受到锻炼，接受训
练，实现扩展，得到开发，得以加强的场所，并非一个靠"死记硬背"
往大脑里面填塞"有用知识"的地方。

一个青年随后的整个事业生涯乃是一条漫长的、在技能上"死
记硬背"的道路，在这条道路上，**无论他愿意还是不愿意**，他都会
得到任何数量的有用事实 。一个商人会在办事员的写字台旁学到
自己的技能知识；一个律师会在财产转让律师办公室或者在法庭上
学到自己的技能；一个工程师会在车间里和施工场地学到自己的技
能知识。**通才教育**的目的本身，正如它的名称所正确地反映出来的
那样，就是要对充满朝气的大脑中的可塑纤维进行开发和训练，以
防止这些可塑纤维过早地"定型"，过早定型的可塑纤维之后会使
大脑获取知识和作出判断的能力变窄并受到限制。我甚至还要不
加遮拦地讲，让在学校里所教授的真实事物终生留存在学生的头脑
中很难说是件可取的事情。出错的根源就在于不能区分知识的**形**

式与**实质**，不能区分事实本身与大脑的各种能力在处理事实时所采用的方法。

妙得很，克罗斯先生以及那些按着他的腔调布道的人，竟察觉不出一个人在其一生中所要应对的真实事实在数量上是无穷大的，而其容量有限的大脑中不可能记住那么多的事实。还有，在我看来，心理学家们在这个问题上也有过错，因为他们对使记忆达到井然有序的状态所需的各种不同时间长度并未给予足够的注意。我们通常会像汉密尔顿所描述的那样，使用"记忆"一词来涵盖保持记忆的能力、复制记忆的能力以及陈述记忆的能力，而且稍加考虑就可以说明，在不同的情况下，我们需要程度差异很大的保持记忆的能力、联想的能力以及想象的能力。在某些情况下，我们要求把一件事仅仅记住一小会儿，或者几分钟；在另一些情况下，我们要求把一件事记住几个小时或者几天；还有一些情况则要求我们把一件事记住几个星期或者几个月；在我们大脑的所有印象中，能够保留数年并且有用的记忆只占极小部分。记忆的保持能力可能会太强，所以遗忘的能力以及用一连串的新想法去驱赶一连串旧想法的能力，对于一个训练有素的知识分子来说也几乎与保持记忆的能力一样的至关重要。

以一个一天之内要处理若干起案件的全职执业律师为例。他的工作就是要尽快掌握摆在他眼前的这起案件的相关事实材料。这位拥有一个训练有素的大脑，掌握了陈述事件能力的律师，会从容不迫地将那些与本案相关的事实材料摆放在自己面前，对它们进行逐一的比较，试图找出它们之间存在的关系，运用更深地镌刻在自己记忆里的法律原则和规定去考量这些事实，或者把这些事实与他恰巧还能记得的以前处理过的案例中的一些更为突出的事实联系起来。至于说一些法律细节和先例，这位律师会委托自己的书记员去查找，或者依靠法令全书以及自己的法律图书馆来提供。甚至在本案结束之前，他的大脑或许就已经将一些事实筛除了，并且遵循遗忘规律把那些不重要的事实拒于大脑之外。一个案子处理完后，该律师会接手一系列全新的事实材料，所以说，日复一日，年复一年，他所面对的案件问题总是在不停变化着的。同样的话用在像克罗斯先生这样的忙忙碌碌并很有才干的行政长官身上就会愈发准确。反映到他面前的问题种类更是多得不胜枚举。每个案件的事实材料都会通过其下属，通过通信，通过议会的辩论，通过与代表团的会见和交谈，或者通过报纸的报道，迅速地报告给他，提请他留意。他会将训练有素的判断能力运用于手边的事务中去，迅速地作出决定，然后去处理下一项工作。倘若克罗斯先生准备让每件事情都深深地沉淀到他的脑海里并留存下来，这对他来说会是致命的。以类似的方式来表明这样一点并不存在任何困难，只不过程度上会有千差万别罢了。工程师、内科医生、商人甚至包括商人或者聪明的工匠，他们每天都要处理各种各样不同组合的事实，而这些事实并不可能全部都存储在他们的大脑框架之内，当然也无这样做的必要。

人们围绕考试这一主题所提出的这些想法之间具有怎样的关系，理应是昭然若揭的。因为什么是"死记硬背"，而非快速获取一连串事实的快速记忆方法？而非如饥似渴地要了解一件事情以便在主考官的面前能够展示出自己训练有素的理解能力、判断能力以及保持记忆的能力呢？一个有经验的律师会把自己的"陈述要点""死记硬背"下来（之所以给"陈述要点"加了引号，是因为所谓的"陈述要点"，正如一些人猜想的那样，乃是出于某种目的而准备的**扼要提示**），并准备在法官和陪审团面前经受住他们对"陈述要点"的考试。参加考试的考生并不会像律师那样着急。他会花上几个月，或者也有可能是两三年的时间，去温习自己学过的微分学或者无机化学。当这场严峻的考验过去并且得到了对其有利的判决之后，该考生就会忙不迭地将方程式以及盐和化合物抛诸九霄云外。这种情况是极有可能发生的。不过，我们并不能由此推断训练给他带来的有效影响会在同一时间内消失殆尽。倘若是这样，那就可以推断，当今几乎一切最有才干、最成功的人士都早在中小学和大学时就把自己的痛苦抛到九霄云外了。我猜想，人们从来就没有听说过运用微分方程式来解决一个法律问题这样的事情，也很少会听说有哪位头牌法律顾问去援引索福克勒斯[①]的诗句或者塔西佗[②]的话。然而，人们却几乎无法否认我国最伟大的律师和法官都是接受过数学科学培训的，或者，倘若不是这样，他们的老师会认为古典文学乃是训练记忆力的一种更好的培训手段。倘若那些在中小学和大学里讲授过的东西要在学生的大脑中留存下来，为他们一生的事业服务，那么这个联合王国迄今所给予的几乎一切高等教育就

---

①　索福克勒斯（Sophocles）是大约生于公元前497至前496年间的一位古希腊悲剧诗人。他一生写作了120多部剧作，但能以完整形式流传至今的只有7部。在几乎半个世纪的时间里，索福克勒斯是雅典城邦国家里最著名的剧作家。他最著名的悲剧是《俄狄浦斯》。——译者注

②　塔西佗（Tacitus）大约生于公元26年，卒于公元120年，是罗马帝国长老院的一位长老、历史学家。他流传至今的两部主要著作分别是《编年史》和《历史》。书中考察了罗马帝国三朝皇帝台比留、克罗狄斯以及尼禄统治时期的情况。——译者注

都还没有达到这一目标。

　　于是，我得出这样一个结论，井然有序的教育是一种严酷的、延续时间很久的"死记硬背"制度。赫伯特·斯宾塞先生坚持认为，儿童的玩耍刺激了人的行动和锻炼。所以，我要坚持认为，考场上的苦恼和煎熬乃是对斗争生活的一种预感。人的整个一生就是一长串竞争激烈的考试。站在陪审团面前的律师，站在高高布道坛内的牧师，站在交易所标牌下的商人，议会内的议员们，他们都在进行着自己人生的"小考""大考"以及荣誉学位的考试。而我则要毫不犹豫地指出，就已有经验所能给予我们的指点来看，或者就任何一种推理办法所能让我们作出的推论看，在能力卓著的主考官面前，指挥得当的竞争性考试，乃是培训那些将要奔赴战斗生活最前线的人们的最好训练手段，而且也是将这样一些人筛选出来把他们放在斗争生活最前线的最佳办法。

　　我将向前再进一步，并且申明以这种或者那种形式进行的考试，不仅是一种不可或缺的成果测试，也是智力训练的一个主要组成部分。考试代表着对所学技能的积极运用，与之形成对照的是对所学技能的被动运用，被动运用的技能往往会自行化作乌有，让老师教授的东西从一只耳朵进去，又从另外一只耳朵跑掉。那些在公开发行的报纸上讨论考试问题的人，似乎认为考试只是偶尔举行的活动，而且举行考试的唯一目的就是为了颁发奖品和遴选可以委任职责的人才。然而，在每一场井然有序的教学过程中，都理应有而且通常也会有那种局外人毫不知情的、不那么正式的考试。这些考试的目的是多方面的，它们要对一个班级的学习进度进行测试，要使教师能够对于自己是否在遵循正确的教学方针和正确的教学进度作出判断。这些考试要检测它们是否在那些活跃的和有能力的学生中间激起了一股比学赶超的劲头。这些考试要去触动那些甚至并不十分喜爱知识，但依然不愿自甘堕落地承认自己是个绝对傻瓜之人的自尊心。还有，这些考试本身就是一次在英文作文、思想掌控以及对所学知识进行有效运用方面的练习。从产生的直接教育效果角度评估，一场笔试的价值可能相当于六次讲座。克罗斯先生说，考试并不是教育。我要说考试正是教育。当然，考试不能无东西可考，正如面粉厂不能不将麦粒放入磨面机就想磨出面粉来一样。尽管如此，这种或者那种形式的考试都代表着在学生的头脑中所进行的真正积极的"磨面"过程。

使一个学生受到教育的东西不仅仅是那些映入学生的眼帘和传入学生耳朵的东西，使他们受到教育的还有那些从学生大脑中涌出的东西。一个学生可以坐在教室的长凳上，听到老师所吐出的每个单词。然而，他却可能像牧师布道时昏昏欲睡的听众那样只带走那么一丁点有用的东西。要在一个体操馆里指导一个青年，指导教师不能只是口头上作动作讲解，要这个青年由一根杠子爬上去，从另一根杠子上滑下来，再从第三根杠子上跳跃过去。指导教师要让这个青年一遍又一遍地反复做这些动作，使他在努力中受到教育。所以说，衡量智力教育的进度，并非以听到了多少或者读过了多少单词来确定，而是以激发出了多少思想来确定。在某些主题内，学生开动脑筋的努力要通过解题和做练习调动出来。这些便形成了一种连贯的考试，每一次讲座都应当有这样的做法相伴随。算术只有在把小学生的演题黑板总结完后才能学会，而数学作业的种类是无穷无尽的，从普通的加法向上一直发展到那种使数学科学成为知识分子最强有力的训练场的境地。已故德·摩根教授[①]或许是人类迄今为止最伟大的数学老师。他认为，学生应当每天听一小时一刻钟他讲授的数学讲解课，这是必做的事情。不过，他也总要布置大量的练习，这些练习倘若全部做完，至少要花费与讲解课同样长的时间，而时常是花费两倍长的时间。做练习是老师施教的最后手段，而且只有以这种方式，我们才能解释为什么古典文学老师会对拉丁诗句有那样特殊的偏好。正如我所听到过的这类老师解释的那样，拉丁诗句虽然在所有其他方面都是百无一用的，但却提供了一种可以明确定量的练习，一种可以做到的、枯燥的古典文学训练。在过去的许多年里，我的职责便是从事若干个主题的教学工作：教授逻辑学、精神和道德哲学以及政治经济学。经验使我十分清醒地意识到这些不同的主题所具有的迥然不同的教育价值。逻辑学是迄今为止最有教育价值的，因为在以恰当的方法讲授这门课时，逻辑学可以允许我们采用在学数学时所能看到的那种做练习和解题的方式，并在学逻辑学时以同样的方式来进行同样积极的训练。毫无疑问，学哲学和政治经济学的高年级学生也应当得到某些指导，这是必要的。不过，在这两个学科里要让学生们自己动脑去考虑问题是有困难的。于是，考试就成了与被动教育相对立的积极教育，而且作为对克罗斯先生所声称的考试并非教育这一说法的回复，我斗胆再次重复一下我说过的观点，以这种或者那种形式进行的考试，乃是培训知识分子最强有力以及最为重要的手段。

---

　　① 德·摩根（Augustus De Morgan）生于 1806 年 6 月 27 日，卒于 1871 年 3 月 18 日，是英国著名数学家和逻辑学家。他提出了德摩根定理，并引出了数学归纳法这一术语。——译者注

　　我现在要转到一个完全不同的问题上去，即公开的竞争性考试是不是重要用人岗位遴选人才的最佳手段？在这种关于考试的看法中，教育的结果只是偶然的，主要的目的是找到一种公正的方式，把合适的人放到合适的位置上去，如此便可以避免其他任命办法几乎都无法摆脱的任人唯亲和腐败问题。因为一个人答对了几道关于数学和古希腊历史的问题，就将他放置在一个需要判断力、老练和机智以及具有尘世知识的位置上，这样做看上去似乎很荒唐。一个伟大学校的校长之所以成功，并不是因为他从事了高级形式的教学工作，而是因为他在管理方面表现出来的总体魄力和准确判断力。他是一个行政管理者，而不是一个教育家。因此，为什么要选择一个出类拔萃的剑桥大学数学高材生来当校长，难道因为他能够驾驭得了微分方程吗？为什么要让一个年轻人去当孟加拉的地方治安官，因为他能把古典文学不走样地翻译成孟加拉文吗，或者是因为他懂得英国历史吗？从一个与他们将被派去经营的事业完全类似的行业，根据其在那一行业里表现出来的管理业绩和成就，直接选拔人才不是比通过考试遴选人才要好得多吗？

　　在决定这类事务时一定要凭经验去作判断，而且经验似乎令人信服地作出了有利于考试的决定。公众舆论和实践无论从任何角度讲都是赞成这一结论的。很久以前，牛津和剑桥的荣誉学位也被用来作为一种人才遴选的手段。这样做当然并不可以推论认为一位出类拔萃的剑桥大学数学高材生或者双料第一的高材生可以适合担任任何重要职位，但是近来，人们几乎总是期待一个申请了高官位置的人应当拥有某种高级学位。即使是那些任命权力没有受到限制的人现在也很少任命一个青年人去充当地位显赫的官员，除非他的学位能够在公众的眼里证明对他的任命是公正的。譬如，理事会主席在选择学校督学方面并没有什么规定去限制他的权力，不过他在实践中还是会把高学位作为一个**必要条件**。他这样做不仅可以极大地减轻他的责任，而且几乎可以完全避免被别人怀疑受到什么不适当的影响，不过以这样的方式被任命的那些人的普遍成功和能力，完全证明了这一做法是明智的。

这一事实似乎表明，使一个人能够在一场竞争激烈的考试中成绩靠前的诸多能力，即使与那些引导考生在生活的战斗中走向成功的诸多能力并非完全相同，这诸多能力之间也是密切相关的。人们可能会猜想，一个出类拔萃的剑桥大学数学高材生或者一个双料第一的高材生，一般来讲，会是一个手无缚鸡之力的书呆子。这样的人由于紧张学习的缘故会未老先衰，已经无力展开其思想的翅膀，飞向其书本之外的世界，而且他会缺乏一切老练圆滑的人情世故和尘世间的知识，这样的知识只有在他与生活的事业混合到了一起之后才能够获得。不过，经验似乎在否定这样的想法。手无缚鸡之力的人早在他们进入最后的斗争之前就被像拔草一样地铲除了，或者在进入最后斗争的过程中就败下阵来。真正的书呆子会自行暴露出自己就是个书呆子，他不会一路披荆斩棘，为取得成绩单上的高分而战斗。一般来讲，要在严酷的考试中获得成功，需要把强壮健康的体质、良好的神经、过人的精力以及耐受能力和坚韧不拔的能力结合起来，外加纯粹的聪明才智。当然，在所有这类事务中都是存在例外的，不过，只要我们能够在人类事务中列出几条规则，就可以将**有健全的身体才有健全的精神**这一规则写入其中，这一规则会带着考生走向成绩单的更高位置。

一定不要因为一个人没能经受住考场的检验而总是把这个人看扁，认为他是个傻瓜。有些学识渊博、非常聪明的人，在看到令人畏惧的考卷时，完全慌了神，像似没有带脑子一般。他们在决定自己生命中成功与否的几个小时的紧要关头，无法把控住自己的思想。一个一看到考卷就会浑身发抖的人，或许在神经方面存在欠缺，或许缺少生活、事业中常常需要的勇气。这同样绝不意味着可以推论说，一个真正的天才会在考生的成绩单上位列十分显眼的位置。天才的特殊能力常常潜伏在某个狭窄的领域内，并且与其他方面的弱点相互关联在一起。天才的力量只有在年深日久之后方能显现出来。众所周知，一些最原始的独创数学家并不是出类拔萃的剑桥大学数学高材生。一定要把公共的考试看作是对一般能力而不是对某种专长的测试。天赋、强壮以及健全的体格可以帮助人赢得高位，而能力则能够使一个人在其余生中向任何方面发展。

倘若还需要拿出证据来支持我关于这件事的看法，那么最近出笼的《议会关于印度政府文职机构考生的教育和培训的报告》则为此提供了大量的例证。关于培训方法的具体细节（近来这些培训方法已被修改），无论人们对之可能产生什么样的想法，但是毫无疑问，这篇报告确凿地说明了通过考试进行人才遴选是成功的。这篇报告所收集的有关官员能力的陈述表明，通过公开竞争得以委任的官员的能力远能够证明该制度所取得的成功。不可想象，在印度政府文职机构的人才遴选案例中还会有比已经通过的考试制度更严酷的测试。那些凭借着拉丁语、古希腊历史、数学、法文、德文、逻辑学、政治经济学等等专业的考分而入选的年轻人（他们有可能是通过"死记硬背"的方式将那些知识装入大脑的），在年纪21岁或者 23 岁时就被派遣海外，一下子便被抛进了一个崭新的世界，在那里，很难想象他们通过"死记硬背"所学到的知识能够有一丁点儿的直接用途。他们在那里被投入到与大量年龄较长的官员的接触当中，这些年龄较长的官员是在一种不同的制度下得到委任的，而且这些"竞争上岗的小子们"几乎没有享受过任何偏袒。然而，具有压倒优势的证据表明，这些"死记硬背"方法的受害者们在治理印度的工作中是成功的。他们已经将数目众多的最佳任命名额包揽在了自己名下，尽管考试遴选人才的制度才问世仅仅 22 年，论资排辈的做法很自然还占有很大的分量。那些为官失败的人在数量上是很少的，比起政治庇护制度下可能会出现的失败者人数当然要更少。在这样一篇文章的篇幅之内，要把为论述这一主题所积累的证据全都摆出来那是不可能的。我必须得请读者去参阅《蓝皮书》(the Blue Book) 原书，该书对所有与教育相关的人来说都充满了趣味。*我还必须得请读者去参阅由阿尔弗雷德·科特雷德·塔普硕士先生就这一主题所发表的才华横溢的论文，**这些论文的主题是关于孟加拉政府文职机构的考试遴选人才问题，我要感谢这些论文，我关于这一主题的一些想法就是受了它们的启发。塔普先生对 1874 年 4 月号的《爱丁堡评论》(the Edinburgh Review) 杂志所刊载的抨击竞争制度的著名文章给予了非常有力的回答。他出示了与通过竞争得

---

*　参见《印度政府文职机构应聘人员的遴选和培训》(The Selection and Training of Candidates for the India Civil Service) 1876 年版，每册书价 3 先令 5 便士。——原作者注

**　参见《印度政府文职机构与竞争制度：关于英国的考试和培训的讨论》(The Indian Civil Service and the Competitive System) 伦敦 B.W. 布里奇斯出版社 1876 年版。——原作者注

以入选人员职业相关的统计表格和具体细节，并对考试以及公务员入职的组织作了一个总的介绍。反对通过竞争途径来遴选公务员的证据似乎要证明这样一点，即在作了一次极其彻底的调查之后，那些反对者们能够拿得出来并据以反对"竞争上岗的小子们"的杀手锏竟是：他们当中的一些人不擅长骑马，而且在某些情况下，有人怀疑他们的举止不够优雅，或者怀疑他们的文化缺少甜蜜。

的确，某些撰文发表评论的人对入选候选人的体质能否适合工作需要抛出了疑问。不过关于这个问题，有一份极其令人瞩目的事实被披露出来。印度政府文职机构的所有应聘候选人，不得不当着威廉·古尔爵士的面经历两次严格的身体检查，所以这位著名的内科医生有资格以罕见的权威性来就候选人的身体健康状况发表意见。下面就是他讲话的内容 *："在这些充满竞争的考试中获得成功，须有一个必要的条件，那就是具备健康的体格，这一事实依然还在令我对之记忆犹新。那些被淘汰的人并非仅仅因为体格虚弱而未能体检过关，而是（只有单个一例或者两例例外）因为心脏瓣膜上有机械性缺损而未能获得通过，他们如若没有这个问题，将可归属于一种强壮的人，而且他们的心脏瓣膜问题极有可能源于过于追求肌肉发达的锻炼。……有这样一个多少比较盛行的说法，即认为现在为考公务员所要求考生学习的课程会使考生的体质力量受到削弱。经验不仅未能证实此种说法，而且还有大量的事实能够证明，有助于健康的智力训练生活，对于学生的体魄卫生保健同样是有帮助的。"

这位内科医生拥有得出合理结论的最佳手段。因此，除非我们

---

* 参见威廉·古尔爵士的报告第 36 页。——原作者注

准备对他的意见闭目塞听，否则一定会同意这样的说法，即充满竞争的考试实际上乃是将具有健康体魄的人筛选出来的一种好方式，一般地讲，大脑的力量与肌体的力量二者是密切相关的。

让我在一篇文章里讨论两三个以上的主要论点，这是无法做到的，虽然为了给考试制度作辩护有人敦促我去这样做。如若篇幅允许，我可以继续指出，自从有效的考试机制建立以来，教育发生了巨大的改善。牛津和剑桥的学习条件目前或许还不能令人满意，但肯定要比上世纪结束之时的情况好转了许多。中产阶级的学校距离它们理应具有的水平仍还相差很远，不过由古老大学创立的考试制度正在发挥出巨大的优势，使学校校长们有了朝气蓬勃的明确目标，而非从前那样除了只想轻轻松松地闯过"半个学期"之外，几乎再无任何其他目标。如若不是因为女王陛下的巡阅使对小学的视察使它们得以振奋起来，把事情办得好了一些，绝大多数的小学就都会像由老妇人开办的古老学堂一样的糟糕。在我看来，对于英国教育制度下的一切年级来说，考试都是我们一定要依赖的最后手段。

在结束本文之前，我不能不简要地将几种极力反对考试制度的意见公之于众。这些反对意见中有些完全是虚无缥缈、毫无根据的，而另一些则是现实的，尽管很有可能被夸大了。任何机构都不可能是清一色的优秀，我们必须总是要在优点与缺点之间寻找平衡点。譬如，有这样一些人，他们道貌岸然地坚称，应当为了知识而去追求知识，而不应当为了取得与在考试中荣登榜首联系在一起的不可告人的奖赏去追求知识，他们鼓吹的是一种虚无缥缈的反对考试意见。这些人的言论，会使人们的脑海中浮现出这样一幅令人欣喜的画面：一个年轻人在成功地找到了自己所喜爱作家的作品之后，虽是午夜时分，但仍在点灯熬油地秉烛阅读。我们每一个人都会听过这样的故事，说某个青年因为在最容易被打上烙印的孩童时代获准在其祖先的书架上到处翻找，从而变成了一位伟大的作家，或者一位伟大的哲学家。我并不喜欢做个愤世嫉俗的人，不过我情不自禁地要做个申明，这些对知识充满了神圣爱情的青年实际上并不存在。毋庸置疑，这样的人会有一些，但是能够让学校老师或者大学老师在自己授课的辛勤劳动中碰到的此类青年为数甚少，所以要在一个一般性的制度中将这些人的因素考虑在内那是做不到的。每位教师都知道，一个低年级的大多数学生通常都是比较迟钝或者比较怠惰的，如要使他们振奋起来，懂得努力，那就无论采用何种刺激办法都是有必要的。

我也并不认为人数寥寥无几的、天生酷爱学习的学生有必要在精心设计的大学考试制度中遭受伤害。一想到一个年轻人徜徉在祖先的图书馆里，遵从自己与生俱来的癖好，自由自在地阅读，追求自己喜爱的事物，就令人喜不自禁。然而，这类没有任何明确目标的学习一般都缺乏条理，是不会有收效的。这样的学生可能会掌握大量优美的文化，不过，值得怀疑的是，这样的人是否能够学到运用思想的力量和集中思想的力量，这两种力量乃是生活中获取成功的基础。倘若一个人真的热爱学习，并且真的具有天赋，他会在自己的余生里找到机会，潜心钻研独特嗜好，而不会因为花费三四年时间将自己的阅读范围严格地限制在考试规定的框架之内而感到遗憾。当然，强制所有人的思想都分毫不差地合于同一规范的做法也并不可取，剑桥原来让数学占绝对主导地位的做法是不能不受到批评的。不过，所有主要大学的考试方案现在都提供了许多不同的分支，从这些分支中人们可以了解到其中的区别。

我从考试制度中所发现的主要难点在于，考试制度使主考官取代了教师，成为教育的指导者，教师的施教自由当然也就被大大地剥夺了。倘若教师想让自己的学生在与其他为了考试的目的而专门受过"死记硬背"培训的人的竞争中拥有公平的成功机会，他在施教时眼睛就必须总得盯着考试时可能会提出的问题。诚然，教师本人可能就是主考官，但是这一点却使考试作为对人才公开遴选工作的一种测试，或者作为人才公开遴选的一种手段的价值遭到毁灭。如若还有篇幅，我们可以更多地讨论一下这样的问题，即教师或者主考官哪个是界定学习范围的更恰当人选。毋庸置疑，一般地讲，如果一个教师能够教授他所喜好的知识，则这个教师便能发挥其最高的教学水平，并能使自己得到最大的满足。以大学的教授或者其他闻名遐迩的教师为例，对他们的自由施加任何限制可能都是不受欢迎的。但是一般说来，主考官会是比教师能力更强的人，而且考试的范围要么由著名主考官组成的委员会联合做出决定，要么由主管当局在经过大量磋商工作之后做出决定。所以，上述问题就变成了这个样子：在选择学习哪些有益的课程时，是单个教师一人仅仅根据自己的判断力做出的决定最值得信赖，还是由一个负责的裁判委员会做出的决定最值得依赖？

很少有人能够像我一样有过许多次机会，既是作为哲学和经济学主题的教师，又是作为这两个主题的主考官，去感受与这两个主题的考试制度相关联的困难。其中的一些困难已经在发表于《头脑》(Mind)杂志上的一系列有关不同大学的哲学研究状况的文章中做了清晰和详尽的说明。在《头脑》杂志的第4卷，编辑对伦敦大学的哲学考试进行过精彩的讨论，这里几乎没有必要再去涉及《头脑》杂志上的那次讨论。我不应当冒昧地去为伦敦大学的考试进行辩护，反驳一切可能针对伦敦大学考试的反对意见。我的目的是试图表明，考试乃是一条最为有效的途径，通过这条途径，可以迫使知识分子接受严苛并目的明确的训练，并将那些在考试中显示出他们是最有能力承受住这种严酷测试的人筛选出来，让他们登上高位。我的这个目的已经达到。为数众多的人们发出了反对"死记硬背"做法的呼喊，正是针对这样的呼喊我已作出了回应，我相信，任何一种能够使考生在一场严苛和指挥得当的公开考试中取得领先地位的教育方式，一定是一种优良的教育制度，而我将以上面的表述来给这篇文章结尾。人们愿意怎样称呼这样的教育制度都无所谓，但谁都无法否认，这样的教育制度呼唤出了智慧的力量、道义的力量甚至肌体的力量，无可挑剔的经验已经证明，这三种力量可使人们能够胜任他们将从事的生活事业。

这就是我所坚持认为的教育。我们不能认为教育乃是教师们培养哲学家、学者以及各种各样天才的工作。这些人，犹如诗人一样，乃是生就的，而非培养出来的。正如我已经表明了的那样，教育家的事业也并非是将有用的知识不可磨灭地刻印在学生的头脑中，让这些有用的知识引导他们走完自己的一生。倘若这样做，那的确就成了"死记硬背"。所以，教育的宗旨就是去锻炼大脑的各种技能，使之可以对余生遭遇的无穷无尽、各色各样的经验做出最有效的观察分析和推理。被大众广泛地斥责为"死记硬背"的东西，常常是设计得最完美、指挥调度得最好的培训制度，该制度将带领我们走向这个至关重要的目标。

行业协会及其目标和政策 *

一、序言

二、行业协会的法律地位

三、各行业协会提出的不同目标

四、行业协会作为互助协会所采取的行动

五、行业协会作为卫生联合会所采取的行动

六、行业协会调整工资的企图

七、这样的企图实现了多少?

八、反对采用机器

九、论合作与调解

十、参与合作的各阶级的未来

一

行业工联主义者政治联合会邀请我在目前这个场合做个演讲。接到邀请后,我感觉有机会把我对一个问题的想法呈现在大家面

---

* 这篇文章是应行业工联主义者政治联合会的要求所做演讲的讲话稿。演讲发表于 1868 年 3 月 31 日,地点是曼彻斯特市休姆区上梅德洛克街合作社大厅。——原作者注

前，那是一种荣幸和快乐，更何况这个问题现在已经引起相当多的公众的关注，并且又是一个对于我们国家的繁荣富强如此重要的问题。首先，我必须热情地向政治联合会表示鸣谢，他们为一个或许在他们看来属于反对派的人，提供了一次抛出自己不受人待见的看法的机会，并营造了这样一个自由和坦率的氛围。刚巧，就在一年多以前，在欧文斯学院的一次公开讲座上，由我当值搞讲座，我谈到了工会这一主题。我的话受到本联合会的主席麦克唐纳先生以及其他一些人的猛烈批评。批评我的人似乎认为，我的看法与所谓的"科布登讲座主讲人"[①]极不相称。因此，我丝毫不会怀疑本联合会以及本城的工联主义者们会把我当成是与他们的观点截然对立的，而我则很高兴今天晚上能够切切实实地作个说明，看看在座各位对我的看法准确性有多高。无论如何，我都希望能够让你们相信，我与另一个党派即资本家派所带有的偏见不存在丝毫的瓜葛。

我可以极其诚挚地补充一点，我不大情愿向你们发表演讲的唯一原因，是我意识到我在你们面前阐述自己的见解时所采用的方式方法中可能存在瑕疵。向你们发表演讲的其他人会在演说感染力方面占尽一切优势，博取民众对他们的支持。我辛辛苦苦地要承受如下两种不幸的双重压力，即既要提出某些可能会使你们感到不悦的看法，又可能在提出这些看法的方式方法中存在瑕疵。

---

① 理查德·科布登（Richard Cobden）是英国19世纪中叶的一位著名制造业工厂主，激进和自由的政治家。他的名字与英国的两次重大自由贸易运动联系在一起，一次是"反玉米法联盟"，另一次是《科布登-切瓦利埃条约》。他的思想被称之为科布登主义，即后来的自由放任主义，与当时的贸易保护主义针锋相对。科布登对英国历史产生过重大的影响。——译者注

在我看来，对一个像行业协会这样伟大并广泛的机构完全唱赞歌，或者完全实行谴责都是不可能的。这些行业协会的人员构成以及它们的经管人员，在不同的地方和不同的行业内差异是很大的，这些行业协会摆在自己面前的目标和行动计划也是千差万别的，因此我们在决定唱赞歌或是予以谴责之前一定要小心翼翼地加以区别。

公众舆论对这些情况鲜有进行充分区别的，极易将自己仅仅部分了解的东西看成是全部。不过在我看来，我们似乎当然不应该因为少数几个成员被判有罪，或者因他们行为不端，或者因他们愚笨，而对整个贵族阶层都大加谴责，我们更不应当因为一个组织的某些成员身上存在着我们不敢苟同的行为，就去攻击像英国工作人员联合会这样一个人数众多的角色。

我远不是那种祈望英国的工人们应当停止相互联系，不再要求团结起来的人，我认为建立某种联合会对于我国居民中人数众多，在某些方面最重要的阶级的进步和改善来说，是不可或缺的。我认为，英国工人为建立合法和有秩序的联合会而显示出来的高超能力，乃是我们这个人种的最美特征，也是我认为我们每个人都具备的固有自我治理能力的最佳证明之一。任何看到过行业协会的成员人数在不断壮大，组织在日臻完善的人都不会怀疑行业协会将在联合王国的历史上扮演一个相当重要的角色。不过，这些行业协会的规模越大，影响越广，它们应当得到很好的指点，它们的目标和行动计划应当是真正自由的这一点才是至关重要的。这些行业协会有力量给自己以及给自己所在的国家带来几乎无法计数的福利或者伤害，这个国家的相当大一部分是由这些行业协会所构成的。

因此，那些指导行业协会政策的人们尤其有必要去反省并彻底调查行业协会规章和行动所产生的结果。然后，这些行业协会会意识到它们为自己制订的宗旨如果按照自己所采用办法在某些情况下就不可能恰当地实现，而且虽然自己所实行政策的直接结果可能看上去是有利的，但最终结果却可能是一种尽管隐蔽但影响范围极其广泛的伤害，这种伤害可能是它们所始料不及的。自从各种行业开始形成以来，人们便一直受到一些古老谬论的误导，只是在过去的一百年中，经济学家们才从这些谬误里面看到了一条出路，发现了贸易自由和产业自由给我们带来的真正好处。亚当·斯密阐释了产业自由的重大原理，该原理又逐步地被运用到联合王国的政策和法律实践中去。正是这种产业自由的重大原理，在很大程度上为我们确保英国目前的繁荣富强提供了保障。从事生产的各个阶级，其人数和力量的增大都与这种繁荣富强同步发生。倘若从事生产的各个阶级鲁莽地将那个为它们接生的政策撤销，那对我们国家以及世界来说都会是一种不可想象的灾难。

　　我在这里情不自禁地要引用英国有史以来一位最有良心、最自由、最博学多才的政治家乔治·康沃尔·刘易斯爵士[①]关于这个问题说过的话。他说：

---

　　① 乔治·康沃尔·刘易斯（George Cornewall Lewis）爵士生于 1806 年卒于 1863 年，是英国的政治家和文学家。他最著名的成就是在 1862 年当英国内阁就是否对美国内战进行干预一事展开辩论时，刘易斯使和平得以保存。当时，财政大臣、外交大臣以及英国首相都支持美国南方的邦联制度。他们担心美国有爆发极其血腥的种族战争的危险，希望能够恢复英国兰开夏需的原棉的供给。刘易斯坚决反对英国干预美国的内战，他认为那样做会给英国利益带来极大的风险。刘易斯的观点在内阁中占了上风，英国在整个美国内战期间始终保持中立的立场。——译者注

"有些理论的确很有诱惑力，很吸引人，尤其是从表面上看去，如若不经过实际的实验来证明这些理论在投入运行之后会产生邪恶的后果，就不足以让世界相信那是一些不健康的理论。……商业保护主义理论就是这样一种理论，劳工保护主义理论也是这样一种理论。这些理论目前正在向赢得民众赞同的方向挺进，在这样的理论指导下，人类似乎注定要在发现这些理论的真正趋向之前蒙受灾难。"*

二

我想首先来谈一谈行业协会的法律地位。最近在曼彻斯特法院进行的一次审判表明，这些行业协会绝非什么非法组织，除非它们并未得到互助协会依照相关的法令给予它们的特殊便利。

某个工会的会员不会因自己属于某一工会而受到任何惩罚，或者被剥夺什么资格，他们还能像从前一样去保护自己的财产。因此，成为工会会员不会给他们带来任何烦恼，他们的地位不会比加入俱乐部、委员会或者私人协会变得更为糟糕。已经存在的，或者在社会的其他阶级当中每年创建出来的俱乐部、委员会或者私人协会数目达数千个之多，不过那些协会并没有根据《互助协会法》（*Friendly Societies Act*）去组成公司，或者完成注册。

不过，倘若工联主义者们认为，将他们排斥在外，不让他们享

---

* 参见乔治·康沃尔·刘易斯爵士所著的《关于政治学中观察及推理方法的专著》（*Methods of Observation and Reasoning in Politics*）。——原作者注

受《互助协会法》所带来的好处，依然是某种令人伤脑筋的，使人感觉受到伤害的东西，那么从我这方面看，我应当为看到工联主义者被置于《互助协会法》的关照之下而感到高兴。

我认为变化或许往往会使行业协会的特点在自己的眼睛里以及在公众的眼睛里变得高大起来，变化会使行业协会成为开放的联合会，而不是封闭和秘密的俱乐部。我希望我们距离所有行业协会都建立在一个开放并得到公认的基础之上的那一天已经为时不远了，到那时，所有行业协会都将让自己的账户得到合适的审计，并把自己的账户向相关人士公布出来。我怀着巨大的喜悦偶尔注意到木匠和细木匠联合协会发表在每日报纸上的账目和报告，而且我期待着这样一个时刻，那时所有行业的协会因此都可以成为光明正大的组织。

还有，我认为改革之后的议会下院非常有必要作出努力，给与行业协会相关的共谋法下个定义，重新定义的共谋法应当尽可能将合法的劝说与非法的恫吓区分开来，以便每一个工联主义者都可以在真正自愿的联合会里为其工友提供援助，工联主义者将能准确地得知自己在何时侵犯了别人的自由。自由乃是我们每一个人最神圣的财产。

三

现在谈一谈本次讲座的首要主题，我最迫切要指出的一个事实是，行业协会已提出的目标通常会有**鲜明的三种**。

无论是行业协会本身还是公众，都没有对这些非常多样化的目

标进行过充分的区分。的确，再明显不过的是，工会通常会把救济
和互助协会的特点与严格的行业协会的特点结合在一起。不过，我
尚未看到有人能够充分地指出，即使在罢工和贸易争端中，已提出
的目标也时常带有双重的意味：一重意味仅仅与工资水平相关，另
一重意味则与劳动的时长、卫生状况、安全状况、舒适程度以及体
力劳动者的精神条件相关。现在，我必须坚持指出，工资水平是一
个须与所有其他问题清楚地划分开来的问题，而且我要继续考虑工
会所要完成的这三个单独的目标。

四

行业协会努力为自己会员谋取福利的最显然方式，是像救济协
会或者互助协会那样去行动。只要这些救济协会或者互助协会以
牺牲富人的利益为代价去救济贫困和不幸的人们，他们就是在提供
彻头彻尾的福利，并且是在像效率最高的保险协会一样行动着。诸
如"异类""护林人""橡树之心""皇家利物协会"等互助协会，都
是具有自己特色的极其杰出的事物。不过，每个行业里的人因为相
互交往甚密，知之甚深，所以都有相互提供合法和有见识的援助的
特殊办法。他们之间彼此亲密的关系是在各自所处的环境中自然
而然地形成的，或者可以轻而易举地获得。埃尔科勋爵在其于达尔
基斯[①]所作的演讲[*]中对行业协会作过很贴切的评论，他认为行业协

---

① 达尔基斯(Dalkeith)是英国苏格兰中洛锡安郡的一个小镇。——译者注

* 参见 1867 年 1 月 29 日的《泰晤士报》。——原作者注

会因此是给这个国家的一份巨大福利。他说，"通过它们的疾病基金，通过它们的事故基金，通过它们的死亡基金，通过它们用于支持失业人员的基金，它们变成了使人们免于陷入贫困的手段。"然而，因此带来的好处却是那样的显而易见，所以勒德洛和琼斯两先生在其《论工人阶级的进步》那篇出色的短文中[*]，已经对所带来的那些好处作了全面的总结，而且那些好处得到了人们普遍的承认，甚至还得到了德比勋爵本人的承认，以至于我几乎不需要再对那些好处作更多叙述。

与此同时，同一行业的人在一道行动时，总是容易变得思想比较狭窄和排他，无论他们是商人、银行家、加工制造业工厂主，还是体力劳动者。正是在那些把产业中许多等级的工人和若干分支行业联合在一起的行业协会里，譬如在混合工程师协会里，我们就会自然而然地发现极其有见识的政策。因此，我很高兴对行业协会走向混合或者联合行动的每一步骤都予以关注。这种行业间的混合一定会将自私自利或者排外的观念逐步摧毁，并常常会使某一行业的人清楚地看出他们正在追求的目标与他们在另一行业内的工友们的福祉是相矛盾的。

五

工会的第二个以及更加独特的作用或者责任，就在于它们为缩

---

[*] 参见勒德洛先生和琼斯先生著《论工人阶级的进步》，第211—214页。——原作者注

短工时、**使工厂变得更有益于健康和更加安全**以及使工人的工作条件**普遍**得到改善而做出的努力。在这个题目下，我不想提及任何仅仅要求提高工资水平的图谋。提高工资水平是一个完全不同的问题，这个问题将在稍后再作考虑。无论是工人还是雇主，在我看来在这个方面似乎都鲜少差异。雇主极易于对其雇员所提出的每一项要求都表示厌恶并予以拒绝，认为那是对他决断权和管理权的侵犯。而另一方面，工人们则极容易把涨工资当成是他们每次要求改革的一个暗含成果，倘若还不能算是显而易见的成果的话。我猜想没有一家工会曾经提出过减少工时但不要求工资须与从前一样的建议，因此，它们的真实企图就是想通过间接的方法多少能使每小时的平均工资得以提高。但是，工资水平和工时的长短完全是截然不同的两码事。对于一位雇主来说，10 个小时的劳动当然不会像 12 个小时劳动那样值那么多钱，虽然作为一个体力比较充沛，干活更加小心谨慎的工人，他们或许能值旧体制下 11 个小时的劳动。于是我想，那些要求减少 $\frac{1}{6}$ 工时的人们应当愿意作出一点让步，至少同意削减工资 $\frac{1}{12}$，虽然不能说如果工人愿意，他也有权要求提高工资。我想要说的是，那个工人把两个完全不同的目标搅和在了一项要求里面，这是不明智的，因为倘若他不去区分已提出的两项不同目标，那么他就几乎不能指望他的雇主会去进行区分。我还要说，我认为工资水平这个问题的立足点，与关乎工人卫生和安全的任何规定的立足点都截然不同。

我在这里或许会发现自己与雇主阶级的绝大多数人之间都存在分歧，雇主阶级由于习性和偏见的缘故，已经非常习惯于漠视那些对工人来说至关重要的众多小事。一个受雇的工人，往往会被雇主看作仅仅是一台为了雇主的利益而做工的机器，雇主自然而然要竭力从工人的身上获取最大的利益，而完全不顾所产生的道义上的和卫生方面的后果。不过，在经济学家和政治家的眼里，从公共利益考虑，在上帝面前，工人和工人阶级的福祉与最富有的资本家的福祉都是同等重要的关照目标。的确，关照的程度要与相关的人数成正比，涉及的人愈是广泛，关照程度愈高。事实上，财产和资本都被立法机构严密地保护了起来，它们这样做并非主要为了一个很小的排外阶级的利益，而是因为如若不能让工业变得生机勃勃，不能将让人感到舒适的物品和维持生计所需的东西扩散到社会的整体中去，资本就几乎无法得到积累和利用。我不带任何保留地承认，富有的资本家只是在像一个信托基金的受托人一样地掌握着自己的资本，其目的与其说是为了他自己，不如说是为了他人的利益。一个将十万英镑用于制造业或者用于作贸易的人，会将几乎无穷无尽的好处扩散到他所雇用的那些人中间去，而他自己从中得到的不过是一点点的满足而已。还有，任何一个丝毫不了解神秘的社会运行方式的人都不会考虑去妨碍资本家怎样处置他的资本。一定要允许资本家把资本投放到贸易中去，或者一定要允许资本家完全自由地将资本抽出来，否则财产将不再是财产，并且会很快完全消失。

　　不过，从另一方面讲，我一定要争辩说，工人有权利去捍卫自己的健康、便利、舒适以及安全，而工人若依然还是一个孤立的个人，他就不可能有效地做到这一点。道理是显而易见的，雇主们形成了一个很小的阶级，他们之间的沟通和协调，要比各自企业工人之间的沟通和协调容易得多，而且雇主们通常都会很不情愿为了自己企业工人的利益去改变任何似乎有利于加强他们自身优势的惯例或者规定。依靠自己的每周薪水过活的单个工人，完全没有能力迫使自己的富有雇主作出任何让步。工会是天然的补救办法。诚然，公众舆论、比较自由的雇主们所树立的榜样或者立法机构所显示出来的家长式关怀，也可以产生影响并且已经引起了许多重大的改进。不过，通过这些手段引发的进步对于 19 世纪来说还是太慢了，从我这方面讲，我对一个人为自己所争取到的任何改善或者进步都加倍地珍视。盎格鲁-撒克逊[①] 最高尚的品质就是，无论走到哪里，他都能自己照顾自己。正是意识到了这一点，才使我们成为一个自我治理的并且还是最有秩序的民族。

因此，我可以肯定，把工人中的每一个阶级都联合起来，让它们去关照自身的利益，这是可取的。因为除非他们极其缺乏意识和智慧，否则他们对自身利益的关照会做得比其他人为他们做得更好。我希望看到手艺娴熟的面包师能将自己的工时减少到接近中等水平的长度。我只是祝愿商店店员、职员以及其他工种的人能够更便利地联合起来，去争取营业时间的缩短。长时间的营业减少了他们改善自身生活、休息以及消遣的机会，使他们不能享受与公众同等的福利。我已做好充分准备，随时可以接受如下的事实，即随着机器力量的增大，随着英国工业普遍得到改善，随着财富不仅

① 盎格鲁-撒克逊（Anglo-Saxons）是一个自公元 5 世纪起就定居在大不列颠的民族。这个民族中包括了由欧洲大陆迁徙至大不列颠岛上的日耳曼部落、该部落的后裔以及接受了某些盎格鲁-撒克逊文化和语言的当地土著人。从历史上讲，盎格鲁-撒克逊时代指的是公元 450—1066 年的不列颠，即从欧洲大陆迁徙而来的日耳曼部落在不列颠定居的初期，至诺曼人征服不列颠。盎格鲁-撒克逊时代的早期包括了英格兰民族的创立。——译者注

增大而且还扩散到更加广阔的范围，普遍缩短工时或许是可以争取实现的最佳目标以及取得更大进步的最佳手段。在美国，一项"八小时工作制的立法提案"已经被提了出来，而且在这里也已不仅仅是街谈巷议了，把此事放在心上绝非什么不正当的目标。不过，出于许多的原因，对这一目标一定要作重大的修改和深思熟虑之后方可去争取。把机器的生产能力压缩五分之一，就会使我们国家的制造商在与欧洲大陆的制造商进行比较时处于严重的劣势地位，欧洲大陆的制造商现在拥有最好的英国机器，或者与之相媲美的其他机器，而且他们现在甚至能够偶尔将纱线送到曼彻斯特的市场上来卖。

不过，我尤其想向你们指出的事情是，一个男人对自身所负的责任归根结底应当让位于他对自己子女和妻子所负的责任。一个男人，或者任何一个做工的人，渴望能将自己的做工时间由十小时缩短至八小时，这是没有问题的。不过，我认为他应当先放弃这一念头，直至他的子女被送进了学校，并在那里受到了良好的教育，而且很有可能比他们的父母学得更好。当工人阶级不是为了"八小时工作制的立法提案"，而是为了争取义务教育和进一步限制雇用童工而被彻底地鼓动起来之时，那将是英国的一个欢乐日。我应当喜欢看到工会能够采用这样一项政策，即我们的子女优先，我们自己靠后。而且我很高兴地看到，工联主义者联合会在其组织简章中并非对教育的主题是漠不关心的。

我认为，大量的事例表明，工人对自身的安全和福利并非关心不够。尤其是在煤矿的条件下，我遗憾地看到，工联主义者的抱怨和被鼓动起来的原因，主要不是为了提高工资和调整给煤称重的方式，而是为了争取确保煤矿安全和有益健康的煤矿环境的措施。或许煤矿永远也不会得到恰当的照料，直至矿工自己去做，因为只有矿工才能最直接地了解到煤矿的条件，只有矿工才能有效地制止并发现那些每年都会导致极其可悲的矿难的疏忽大意。我很清楚，煤矿工人工会已经时常在要求改进对煤矿的检查，而且他们还对完成一部强制要求每个煤矿都须挖第二口通风井的法律给予了援助。不过我认为，倘若他们能将更多的注意力放在煤矿的安全和有益健康的环境上面，而将提高工资水平问题留给自然法则去处理，那就会产生巨大的好结果。在每座煤矿的矿工都建立起一种防范委员会，对管理中存在的每个瑕疵或者疏漏都能保持警惕之前，煤矿永远都不会是彻头彻尾安全的。从工人方面保持警惕，完全不是要放松企业所有者和观察家们对企业的关照，而是要加强对企业的关照。而且，倘若一家煤矿的经理不肯倾听矿工的怨言，那么建立某种有组织的矿工联合会，使矿工有能力以一种有效的方式将任何合情合理的抱怨反映出来，就是完全应该的。

六

当我进入工会所提出的第三个，通常也是其主要的目标即工资水平的调节问题时，我感觉我将要与你们当中绝大多数人分道扬镳了。关于这个主题，我了解的情况愈多，思考得愈多，我就愈发相信调节工资水平的企图，在大多数情况下对于直接相关的工人都是具有伤害性的，而且在一切情况下对于社会的福祉都具有彻底的伤害性。而且，倘若我们能够从已逝时代的历史中，或者从最杰出作家的一致意见中得出一项结论，那么这项结论就是：对于价格和收费水平进行干预，使之达到人们以为在按照这样的价格和收费水平进行相互交换才有利可图的水平，这样的做法是有害和错误的。

你们可能会认为这太荒唐了，我竟然会希望看到工会去协助调节工时以及与工会的福祉相关的许多其他条件，然而却又希望工会在更为重要的问题上，即工会的工资问题上，停止一切干预行动。不过，这正是我想要清晰地提出来的问题。一个人一天是工作 8 小时还是工作 10 至 12 小时，都是这个人有能力自己作出决定的。不过，当这个人做工时，他能否公平地每天挣到 4 个、6 个或者 8 个先令，却不是他有能力决定的。这取决于众多他完全无法控制的条件。倘若这个人企图确保自己得到比通过自由贸易的途径挣得的收入更多的东西，或者得到比凭借自己双手的技能所能得到的更多的东西，他就会要么美梦破灭，要么只能通过剥夺他人公平收入的办法来实现自己的梦想。

我将把我的意见以如下一些论点的形式开列出来，这样做我的表述或许会更清晰、更确切。

第一，假想中的为了提高工资的目的而与资本家进行的斗争（许多工会都参加了这样的斗争），实际上并不是一场劳动反对资本的斗争，而是一场劳动反对劳动的斗争，也就是说，劳动者中的某些阶级或者某些部分反对劳动者中另一些阶级或者另一部分的斗争。

第二，这是一场只有少数地位独特的行业才能成功地使自己获利的斗争。

第三，那些把工资水平成功地维持在高位的工会只有通过保护才获得了成功，也就是说，通过向劳动者中的另一些阶级以及向居民总体征收捐款才获得了成功。

第四，因此，目前实行的工联主义往往会加剧若干体力劳动者阶级之间的工资差异。这是某些部分的体力劳动者以牺牲其他人的利益为代价来提高自身工资的一种努力。

我感觉可以肯定，你们一开始并不会相信我所认为的工会的斗争并非在反对资本家而是在反对自己的工友的说法。或许你们会想象出某个工厂的某些工人抱起团来并得到了比从前更高的工资，增加的部分来自雇主过高的利润。但是情况并非如此。雇主的损失（倘若有任何损失的话）将非常短暂，他会通过提高自己商品的价格来补偿自己的损失。拿钱买单的是购买者和消费者，这些人遍布在整个人口当中。

以建筑行业为例，让我们假定建筑行业工会为自己取得了比用其他方法所能得到的更高的工资，这或许是因为建筑行业工会所拥有的独特条件。你们会认为增加的工资出自包工头和承包商的口袋吗？当然不会。每个承包商在投标之前都会搞清楚自己的材料费用是多少，他必须得付多少工钱，并且还要加上合适的利润。是那些购买房子的人为工资的增加部分付了账。而且，我们长话短说，每一个住在房子里的人都在以缴更高房租的形式向从事建筑行业的体力劳动者阶级缴纳捐款。富人在兴建自己的宅邸时缴了这种税。他们能够轻松地承担这种税赋，然而受苦的却正是那些穷人，因为在某种程度上受这种税赋的挤压，穷人不得不住在对健康有害且令人屈辱的房屋内。人们一定会了解，住房的整洁和舒适会对一个家庭的生活条件产生多么大的影响，"人如其屋"。因此，在伦敦、利物浦以及其他地方，人们提出了大量的方案，要对最贫困阶级的有害健康的住房进行重建,部分方案已经开始实施。对于这一美妙的运动来说,高昂的房屋成本倘若在目前还不是一道无法逾越的障碍,那也是一道巨大的障碍。人们发现,要建造舒适并有益于健康的新房屋,并且还要按现行利率支付住房财产的利息,这几乎是不可能的。不支付住房财产的利息,建房事业就无法继续进行下去,除非是出于慈善的动机。倘若建筑行业的体力劳动者们因此而获益,那么为此而付出代价的就主要是那些被困在19世纪的悲惨的、不卫生的、无价值的破房子中的众多同胞。

这个例子中的真实情况,或多或少也是其他事例中的真实情况。譬如,倘若印刷工和排字工工会将自己的工资维持在高位,超出的部分就要在每份报纸和每一本书中支付,这样便会妨碍知识的扩散。我们已经取消了广告和报纸的印花税,而且还取消了纸张税,因为这些税收阻碍了知识的扩散,这些税收收入无论怎么说都用在了英国的总体目的上面,可是,人们却还在继续向一个总数不超过约30,000人的团体缴纳少量税金。

以某些行业(如钢铁行业或者煤炭行业)为例,抬高价格的伤害性影响甚至更大。消费者不仅要支付抬高了的煤炭费用或者钢铁产品费用,而且甚至连工资也要受到影响。煤和铁是两种具有普遍重要意义的材料,它们的价格上涨可能会使许多其他行业的繁荣发生萎缩。正是这些材料的低廉价格为兰开夏郡和斯塔福德郡 ① 成为世界工厂做出了重大的贡献,只要煤矿工人以联合的方式

---

① 斯塔福德郡(Staffordshire)为英国英格兰西部地区的一个内陆郡,自然资源有煤有铁,因此早在13世纪时采矿业就已在当地兴起。当地的现代工业有机械、陶瓷、制鞋、化工、酿酒等。——译者注

将自己的工资提高，他们就是在通过把所有其他阶级繁荣兴旺的源泉堵死的途径来实现自己的目标。

因此，工联主义就是在搞**保护**。每一家工会都在通过限制学徒工人数，禁止劳工的工资低于某一水平，或者采用任何类似的手段将工资水平维持在不这样做就达不到的高度等方式，为自己征收一点保护主义的收入。

或许你们会回应说，搞联合对于所有人都是同等开放和同等合法的。让所有的行业都联合起来，这样所有的行业就都能获益，增长了的工资就一定是从资本家的口袋里掏出来的。然而，再也不会有比这更离谱的说法了。

首先，并非所有的行业都具有同等的机会去搞联合。小型封闭的行业，就像谢菲尔德的一些行业那样，仅仅在一个地方经营，拥有最伟大的设施，并且也一定具有比那些分散在我国各地的行业更多的优势。

那些需要有特殊技能，经过特殊学徒培训的人，就像排字工人，会比那些从事熟练工种工作的人更容易取得成功。据说做帽子的人在搞联合时就非常成功，裁缝就要逊色一些，其道理是显而易见的。据我所知，在英国无处不在，遍布每一条大街小巷的制鞋匠就几乎完全没有组织起来。

行业之间还有这样一个重要差异：有些人只是为国内的行业做工，就像建筑行业，他们不会遇到任何外国的竞争。另一些人则在为外国的消费者做工，他们若为自己提高工资和抬高价格，就会失去自己的消费者。

因此，很显然，并非所有行业都能享有同等的、想象出来的、搞联合的优势，所以，某些行业之所得，一定是另一些行业之所失。不过，即使所有的行业都具有同等的搞联合的优势，我们也只会得出这样一个结果，即每个行业都将试图以牺牲其他行业的利益为代价来改善自身的地位，而且没有一个行业会体验到任何真正的好处，不过，不是带来好处，而是带来重大的损失。工联主义者忽略了这样一个事实，即工资的价值只等于它所能买到的东西。一个人不可能靠着周末挣来的黄金或者白银过活，他一定要在把黄金或者白银变成了食品、饮料以及衣服之后，才能得知黄金或者白银对他是否有用。一个人能够买到多少东西取决于他以什么样的价格去购买这些东西，同样也取决于他的工资是多少。因此，显而易见，倘若东西的价格上涨了，目前的工资就会给收到工资的工人带来较少的好处。而且，即使假定工资也上涨了 10%，那么倘若价格的上涨幅度是相同的，这一次的工资上涨就不会带来任何好处。

近年来英国人民的生活条件得以改善的一个主要原因，就是工业制成品、面包以及品种繁多的进口商品变得愈来愈便宜。通过取消税收，通过使贸易变得自由，通过提高机器的生产能力，那些能使生活变得舒适的商品成了从前买不起它们的人们触手可及的东西。即使工资的总体水平与 20 年或者 30 年前比较并没有增长很多，但同样的工资却能够买到更多的东西了。

工联主义者忽略了这一切。他们把工人仅仅看成了生产者，并且想象着东西越贵，人们便会变得越富有。不过，我们只生产可以消费的东西，而真正的繁荣富强却寓于每个人都能购买的极其丰富的廉价舒适品之中。东西越便宜，我们会变得越富有。人们晓得，也能感觉到廉价面包的好处以及昂贵面包的艰辛。不过，人们不会想到由那些能够提高自己工资的工人所形成的每一个联合，都会使某些东西变得对另一些工人更加昂贵，而且即使所有的行业都能同等轻而易举地联合起来，这些行业也只会使所有的东西都变得昂贵，从而阻碍我们赖以生活的那些商品的生产。

我理解工联主义基石的下面是这样一种思想，即一个人一定要不仅为自己着想，而且还要为自己的工友着想。工联主义的原则谴责那种为了找到工作不惜将工资水平降低到现行标准以下的人，因为这样的人可能会带头走向削减工资的道路，从而影响成百上千的工友。毋庸置疑，从一个角度看，这个原则照顾了许多人而不是一个人的利益，因此是高尚、无私的。而且我并不怀疑，倘若有人要撰写一部有关罢工和贸易争端的完整历史，书中就会披露许多忠贞不渝、英勇无畏、敢于迎着艰难困苦而上甚至不惜牺牲性命的例子，这种事例的数量之多，应当与历史在描绘一场战争时所举出的例子相媲美。

不过，工联主义者忽略了这样一个事实，即他对之如此矢志不渝的事业，只不过是一个排他的小规模阶级的事业。他的胜利乃是对数量多得多的工友们的伤害。而且从这个角度看，他的事业乃是一个狭隘和自私的事业，而不是一个豁达和无私的事业。我对英国工人在进行一场伟大的贸易争端期间所时常表现出来的不屈不挠精神、忘我精神、忍耐精神、节制精神以及不胜枚举的其他优秀品质赞赏得越多，我就越是诚挚地为如此多的优秀品质在一项常常是对自己的工友有害的事业中被抛弃，或者更不如说是被滥用而感到遗憾。

七

　　我想就行业协会究竟在推动工资上涨方面做出了多么大的贡献的问题说几句话，因为这个问题是工会领导人用来证明工会为工会会员提供了多少福利，会员的工作和生活条件有了怎样的改善时非常喜欢引用的并且显然也是非常有力的一个论据。我远不是想要否认在某些行业尤其是建筑行业内工资得到了提高，因为这些行业享有以牺牲英国的其他行业为代价对自身形成保护的特殊机会。不过我认为，坚持声称由于有工会的努力才确保了工资的普遍上涨的说法是没有根据的。让我们来假定这样的工资普遍上涨的确发生过，然而足以推动工资普遍上涨的还有若干其他原因。让工业和贸易从许多错误的限制性措施中解脱出来，在许多国家里政府的保护主义税收被取消，以及贸易自由化的进展，这些都为制造业进入一个史无前例的高速进步状况创造了条件。在 1854 年至 1866 年的 12 年时间里，我国的出口和进口都翻了一番。这种情况几乎无法不推动许多行业的工资发生上涨。我相信，一位对这一主题进行过调查研究的公正观察员会很快得出如下结论：只有在那些不断进步的行业里，罢工和搞联合才可能成功地将工资抬高，而且那些行业之所以能够成功地推高工资的秘密，就在于该行业所具有的不断进步状态。正是在普遍繁荣之微风的稍稍作用之下，工会的船帆才得以真正地顺风顺水高扬起来。

　　接连不断和范围广阔的移民行动进一步促进了工资的上涨。移民规模如此之大，竟使我们听到了既有来自美国又有来自新南威

尔士 ① 的抱怨。他们抱怨英国移民正在淹没那里的劳动力市场,而且也违反了英国工会自己订立的原则。

促使货币工资上涨的另一个原因,是黄金价格在来自加利福尼亚和澳大利亚的黄金供给大大增加之后发生的贬值。材料的价格以及那些在取消了税收或者改进了加工制作办法之后并没有便宜的产品的价格往往会变得非常高,人们现在似乎相当普遍地把这种情况当作真事来接受。尽管存在着使生活费用降低的因素,但人们还是怀疑以货币计算的生活费用是否并非因为这个原因而上涨。在这样一些情况下,工资以及一切固定的薪水都会上涨,此乃意料之中的事情,否则,挣工资的人不仅不会变得更加富有,而且还会变得比从前更加贫穷。因此我要问大家,假定你现在的工资收入比15年前增加了20%或者40%,你怎么能够确定增加的工资中有相当大一部分不是因为黄金贬值而得到的呢?增加工资中的其余部分或许是因为贸易的繁荣昌盛而得到的。

许多职业几乎都没有听说过什么是搞联合,但它们在工资方面却得到了相当大的改善,同时还有许多工时减少的例子。这个事实证实了我的那些看法。从来就没有人听说过"厨子和女佣联合会"的,然而就像每一位管家都知道并都能感觉到的一样,厨子和女

---

① 新南威尔士(New South Wales)是澳大利亚东部沿海的一个州,北面与昆士兰州接壤,南面与维多利亚州相邻,西面连接南澳大利亚。在1901年澳大利亚联邦成立之前,新南威尔士是英国的一个殖民地,其地域面积也远比今天大得多,包括了新西兰、昆士兰、维多利亚等地。19世纪,新南威尔士殖民地的大部分地区纷纷脱离新南威尔士,建立起单独的英国殖民地,新西兰、昆士兰、维多利亚等都从新南威尔士分离出去。19世纪末,澳大利亚大陆上的各个殖民地通过谈判,决定建立澳大利亚联邦。先前的几个英国殖民地,分别成为澳大利亚联邦的州。——译者注

佣现在也能要求将自己的工资比 10 年或者 20 年前提高 20% 或者 30%。那些曾经每年挣 10 到 14 个英镑的人现在可以挣到 12 至 18 个英镑。

同样，我认为，商行伙计们的薪酬也有了普遍的增长，而且正是基于这一理由，英格兰银行的职员在不久前向银行董事提出申请，要求普遍提高薪酬，他们轻而易举地便得到了加薪。在所有的政府机构内薪酬都有了增加，增幅从 17% 至 70% 不等，而且海关职员现在还在敦促将他们的薪水进一步提高，理由是他们的薪水涨幅低于其他政府部门。类似的情况还有，政府发现有必要逐步提高士兵、警察以及邮递员的工资。所有这些事实往往都能表明货币工资的增长并不一定是因为工会采取了慈善的行动。工资上涨幅度达到 20%，或者更多，但是归根结底这种上涨有可能是名义上的，要归因于用于支付工资的货币发生了贬值。当我们把这种因素扣除之后，在绝大多数情况下，剩余的增量可能要归因于天然的贸易繁荣，正是贸易和工业的自由化，而非各种限制措施，促成了工业的繁荣昌盛。

八

再来谈谈另一个问题，即采用机器的问题。我假定你们一般来讲是反对采用机器的，这样假定真的不是要羞辱你们。因为使用了机器，我们这个王国的工匠们才得以将自己的力量和用武之地发挥出来，繁荣昌盛的局面才被创造出来，这些事实在你们看来一定是显而易见的。反对采用机器，纯粹是一种自杀行为。我相信，一切比较有见地的行业协会都已经叫停了任何此类反对行动。而且，倘若这些比较有见地的行业协会愿意为提高本行业协会工友们的社会条件和知识条件而努力，它们就会敦促自己的工友去支持采用机器。在机器的使用方面每前进一步，工人的地位都会得到提升，不再仅仅是一个劳动力，而是变成了一个聪明的、有能力驾驭自己周围事物的代理人。在美国，人们从一种迥然不同的角度来看待机器使用的问题，而且，所有的阶级都对采用省力省工的机器表示欢迎，因为这意味着以不断减少的费用和麻烦能够获得更多的便利生活的供给。前不久，《纽约论坛报》（*The New York Tribune*）上刊载了一篇有关一种新机器的出色报道，说这种新机器能够让单个工人一天生产 60,000 个钓鱼钩。文章评论说，"这种钓鱼钩非常便宜，几乎不再需要添加任何其他东西了。迄今为止，美国人都是在用英国制造的钓鱼钩去钓鱼，然而这样的日子结束了。时至今日，欧洲的钓鱼钩还是在用手工制作，工序缓慢，样子笨拙，价格昂贵。我们最近在（英国的）《工人报》（*The Working Paper*）上读到了一篇有关英国的钓鱼钩制作的报道，根据作者在纽黑文① 所看到的情况，文章似乎是在描写某种由土八该隐② 发明出来的上古时代的制作流程。总的生产成本一定是采用克罗斯比自动化制作流程的生产成本的 10 倍。"你们或许会说，英国的工匠考虑到了自己的工友，反对看着手工制作钓鱼钩的师傅失业。倘若是这样，或许可以诱导这

---

① 纽黑文（Newhaven）是位于英国东萨塞克斯郡的一座濒海城市，隔英吉利海峡与法国的迪耶普市相望，有往来于纽黑文和迪耶普的轮渡服务。一战期间，纽黑文港成为英国向欧洲大陆运送人员和物资的主要港口。——译者注

② 土八该隐（Tubal Cain）是基督教《圣经·创世纪》中的人物，铜匠和铁匠的祖师爷。——译者注

位英国工匠能够看得稍远一点，并且要他记住，更广泛得多的渔民阶级会因拥有了便宜的钓鱼钩而受益。这位英国工匠甚至还可以看得更远一点，并且要注意真正想要达到的目的是鱼的供给，因此任何能使我们比以前更便宜、更多地捕到鱼的发明，都会给全体居民带来持久的好处。

九

在结束本次演讲之前，让我来说几句话，谈一谈我认为你们怎样才可以最有把握地改善所处地位的条件。你们不能通过与资本、机器进行战斗的方式，而应以争取它们站在你们一边的方式来实现你们的目标。不要把**联合会**搁置在一旁，而应将它们的奋斗方向引导到最有用的目的上去。在我和其他许多人看来，有错的并不是工会，而是工会所瞄准的目标，以及更有甚者，是工会为了实现自己的目标所采取的政策。

我愿意看到工人能够逐渐地变成他们自己的资本家，即一切利润以及资本所给予的一切好处的分享者。没有资本你们是无法做事的。告诉你们没有资本也可以做事的人一定是个做梦的人，而告诉你们劳动即是资本的人则只是在玩文字游戏。

仅仅靠劳动是不足以建起一座工厂或者盖成一幢房子的，甚至连耕种一英亩土地也是不可能的。人们一定要拥有一笔钱去购买工具和材料，或者无论如何要能在人们做工时维持自己的体力。倘若并非如此，为何不彻底地抛开雇主，去建设自己的工厂和公司呢？

不过，当你们一旦下定了决心，将资本争取到自己一边，我相信你们就能做到那些事情。我们开会的这个大厅①就是你们能够做到那些事情的证据。无论多么稀少，都要积攒一点钱，并将这点钱投资到一个合作社性质的协会里面，让这点钱成长壮大。当你们攒够一小笔钱后，就和其他人一道参加合作社性质的项目。我相信会有大量不同种类的生意仅仅需要适当数量资本就可以开张，而当工人们能让自己认真地去考虑这件事情时，他们为了自身的利益会很乐意经营那些生意。

然而，一个行业内会有许多分支，这些分支需要大量的资本，其资本需求量之大，如若不能得到资本家的援助，工人几乎是无法承担的。还有，在某些行业尤其是在制铁行业内，利润的变化是大跌大涨。所得到的结果可能是连续若干年的亏损而无赢利，然后又会实现连续若干年获得大量利润。由于体力劳动者的工资也不得不因此而上调或者降低，所以我认为出现无止无休的争端现象是无法避免的，而只能让工人自己根据《工业合伙人关系法》(the Industrial Partnerships Act)同意接受一定份额的利润。合伙人关系方案已经在布里格斯公司的煤矿和福克斯-黑德公司的纽波特制铁厂内进行了试行，并取得成功。我相信，很多雇主都有很强的意愿去试行这个方案，只不过工人们依然还有待于体会出自己变成某种意义上的小资本家的好处。

倘若在劳动与资本的不同主张之间进行调解的其他方式不能奏效，你们仍然还可以像芒代拉先生所建议的并且已在诺丁汉成功

---

① 这个大厅指的应当是曼彻斯特市休姆区上梅德洛克街的合作社大厅，1868年3月31日，本文作者就是在这座大厅内应邀发表了这篇讲话。——译者注

实施的那样成立调解委员会。在这些调解委员会内，雇主与雇员的代表们可以会面，弄清楚存在分歧的问题在哪里。由于工资水平问题总是一个需要讨价还价的事情，并且应当放手听凭市场的进程去作决定，所以我并不认为这样的调解委员会应当拥有任何立法的权力。不过尽管如此，它们在将讨价还价的双方都拉得更靠近一些方面还是可以具有极大用处的，这样造成误会的一切不必要原因就都可以清除了。

十

作为结束语，我再多说一句：我无法不认为关于劳工问题的一切宣传鼓动都在表明，大多数的人们正在摸索着走向一个比他们迄今为止所拥有的工作和生活条件更高级和更美好的目标。不过，他们并没有立即走上正确的道路。他们感觉自己在**某种东西**的压迫下受苦受难，而且他们将这种东西称之为**资本的暴虐**，为此，他们联合起来去反对资本。不过，这种暴虐真的是由一个人自己肚子所施行的暴虐。人必须每天都要吃东西，而且只要这个人没有积攒下任何财富，没有任何储蓄，他就必须每天都要去找工作。他会身不由己，听凭资本家的摆布，因为只有资本家能够给他工作。但是如果这个人哪怕只有适当数量的储蓄，这一切就都会改变。他不仅能让疾病或者不幸的恐怖程度减轻一半，而且还有可能通过合作成为自己的雇主。然后，我猜想，他会停止关于资本暴虐的抱怨。我对我们这个国家的工人寄予着比他们对自己所抱的期望更高的希望：即他们在很大程度上可以成为自己的资本家，而且可以成为自己财富的创造者。

我很荣幸与科布登先生的名字有一种非常遥远的联系，因为我忝列于科布登讲座主讲人员之中，这个讲座设在欧文斯学院，以纪念科布登先生为我们这个国家的人民所提供的服务。行业工联主义者政治联合会的麦克唐纳先生指责我赞同那些不配以科布登的名字来命名的学说。但是，我可以向今天在座的任何一个人挑战，请你拿出证据来，证明我的意见与科布登先生关于贸易自由或者劳动自由的意见之间存在着分歧。为了向你们表明科布登先生关于人们可以通过什么样的方式来提升自己的意见究竟是怎么说的，我将以从科布登先生 1849 年 11 月 13 日在伯明翰所发表的演讲中援引的一两句话来结束我的演讲。在科布登先生发表他的这篇演讲时，他正在全力寻求自己的用武之地、成功以及名望。

他说："我愿看到我们这个国家的广大工人阶级能够通过更大规模的戒酒戒烟行动、勤俭节约甚至节衣缩食来提升自己。我率直地告诉你们，从来就不曾有人不通过自己的努力去增加财富，提高道德水准，扩展智力，就能得到升华。而且，任何告诉我们这个国家的工人说，他们可以不通过自身的改造而是通过其他进程就能提高自己的社会层次的人，要么是有意奉承他们，要么是有意欺骗他们。"*

---

　　*　参见国会议员理查德·科布登先生 1849 年间发表的关于和平等问题的演讲第 171 页，修改之处由其本人完成。——原作者注

论工业合伙人关系 *

一、当前的邪恶

二、仲裁和调解委员会

三、工会委员们的报告

四、布里格斯公司的工业合伙人关系

五、福克斯-黑德公司的工业合伙人关系

六、两家公司的方案概述

七、巴贝奇先生关于合伙人关系原则的建议

八、该制度的优势及困难

九、合作的真实原则

十、制约合作原则应用的环境

十一、对工人阶级可能产生的影响

十二、结束语

一

我怀着极其愉悦的心情承担了目前这场讲座的准备工作，因为

---

* 在促进社会科学全国联合会的赞助下，斯坦利·杰文斯教授于 1870 年 4 月 5 日举办了这一讲座。——原作者注

我越来越相信工业合伙人关系原则对于联合王国的和平和安居乐业有着极其重要的意义。有人建议，工人应当参与分享其工厂主的利润，成为分享者。这个表面看来很新颖的建议遭到了许多人的指责，批评这种想法不切实际、荒谬、与经验相悖。不过我认为，荒谬尽在事物的当前状态之中，而且经验也并非对新颖不利，而是有利于新颖的。

因为，有谁能够确切地说经验是有利于当前的资本与劳动的关系呢？难道不是人人都能感觉得到有某种邪恶的东西在捣乱因此需要某种补救办法吗？难道层出不穷的罢工以及声势浩大和坚强有力的工人组织的崛起还不能表明英国当前的习俗中存在着某种不适应事物发展的深刻原因吗？培根[①]告诉我们，在多个国家内搞实验并不妥当，而且他还说，"我们应当依靠古老的方式"。不过他补充道，"除非有只争朝夕的必要性，或者有昭然若揭的有用性，时间是最伟大的革新家。倘若时间让所有的事物都变得更加糟糕，而智慧和建议又不能让它们变得更加美好，那么结局将会是个什么样子呢？"[*]我认为培根的话也适用于说明事物的当前状态，而且时间正在让我们这个国家的工人地位发生着变化。由于一个由商人和制造商组成的伟大中产阶级已经崛起，并且提出了要在国家中拥有

---

　　① 　弗朗西斯·培根（Francis Bacon）生于 1561 年 1 月 22 日，卒于 1626 年 4 月 9 日，是英国伟大的哲学家、政治家、科学家、法理学家、演讲家和作家。培根既做过英格兰的首席检察官又做过大法官。培根在英国科学革命期间既是科学方法的鼓吹者也是实践者。他被称之为实证论之父。"知识就是力量"恐怕是世人最为熟悉的一句培根名言。——译者注

　　* 　参见培根的《论革新的论文》（*Essay on Innovation*）。——原作者注

自己位置的主张，所以我设想，形形色色行业内的所有这些联合和仲裁、调节以及其他一些工具，都在表明工人阶级内部产生了一种孜孜不倦的虽然也常常是错误的冲动，他们要向着某种自己不曾享有过的更美好和更高级的东西前进。诚然，时间的革故鼎新行动是缓慢，并且鲜为人们所察觉。我们无法衡量和估量在当前时刻发生了什么事情，而只有等某种邪恶已经被人们忍耐了很久之后，我们才有可能看出采用某种补救办法是多么地理所当然和多么的必要，这是我们的不幸。

我得承认，如若不发生某种显著的变革，我自己是无法看到那些因资本与劳动的争斗而产生的麻烦将如何终结。战胜工会或者摧毁工会，并且以这种方式取得和平，是某些工厂主渴望的事情。在我看来，这似乎既不可取，也不切实际。某种类型的联合会或者另一类型的联合会都一样既是文明的迹象又是手段。随着我们变得更加文明，行业协会和工会也将成正比地加倍增多。只有用一种更为有用和更为有利的组织形式去取代，另一种组织才能够被解散，而且我认为每个工厂主与本厂职工之间的那个工会才可以被证明是各方都能接受的真正工会。

二

某些经验丰富的人认为，仲裁和调解委员会将能解决上述困难。毋庸置疑，这类委员会确实避免过一些罢工和劳资分歧的发生。所有的人都会承认，调解要比公开的争吵更有利于问题的解决。不过，这并不能推论说，能够带来和平的东西也可以给予我们一种健全和彻底的解决问题的办法。我从来未能说服自己相信，由一个选举产生的委员会或者单个人所进行的仲裁是一种理论上健全的措施。在我看来，仲裁似乎是对这样一个如此普遍并占压倒优势的错误思想的宽恕，即对认为价格和工资可以是并且理应是调节的主题这一错误思想的宽恕。仲裁往往会清除一切自由竞争，用一种单一的仲裁力量去取代相互竞争的两种力量，现在每一个行业内都存在这两种力量的斗争。英国根据《议会法》建立了此类仲裁和调解理事会，《议会法》当然要作出规定，不允许任何一种力量定立一种统一的物价或者工资，所以立法机构至少在形式上还在维护自由劳动的原则。

不过，除非这些理事会在工资和价格问题上进行仲裁，否则它们不会触及争议的主要问题，而且倘若它们不去定立那些实际上要让整个行业的公众舆论都须遵守并执行的价格水平，那它们的仲裁作用又体现在哪里呢？所有这类安排的发展趋势就是肯定会摧毁个体行动的自由。而且，任何这类趋势都是与经济科学不容置疑的真理直接背道而驰的。我们必须毫不妥协地坚持那些真理，哪怕会有深不可测的邪恶的危险。我毫无保留地愿意承认，有许多与工人的工时、劳动条件、安全状况、舒适程度以及福利相关的行业细节问题，这些细节问题无疑都属于调节的内容。对于这类问题，假如工会和理事会能够学会把它们所能够做到和它们所不能做到的区分开来，作出适当的调节，那么我就愿意看到它们能够提高警惕，投入更大能量，而不是放松警惕，减少能量的投入。不过我担心，要把保护主义的谬论从人们的头脑中彻底地清除出去还需要漫长的时间。在某一行业的工人最终发现他们无法从对他人的伤害中最终找到自己的独家好处之前（即使他们能够发现这样的独家好处，普遍福利的最高法则也不会允许他们找到这样的好处），一定还会出现许多令人沮丧的实验结果，一定还会遭遇许多灾难性的失败。G.C.刘易斯爵士说，人类在发现如今已经得到民众支持的保护主义劳动理论的真正趋势之前，他们一定要受苦。我感觉刘易斯爵士这样讲是对的。

　　于是我认为，我们还是可以用培根的话来谈一谈对当今时代以及当今主题的看法，即"顽固地去保留习俗，是一件如同革新一样乱糟糟的事情"。不对，比这还要厉害：乱糟糟是事物的当前状态，而且我相信，革新将是乱糟糟状态的终结。倘若工厂主们坚持要保留他们的古老习俗，倘若他们想给自己的利润裹上一层神秘的外衣，把自己的工人当作另一阶级的人对待，把自己工人的利益当作与自己利益是截然分开的，完全对立的，那么我就会看到未来也会像过去一样出现麻烦。不过，我相信他们会接受时间正强加给他们的变化。显而易见，利润分享是一种不言自明的发明，对于这种发明的简明性，人们将在一个很长的时期之后依然会感到惊异。在并不十分久远的从前，英国有过这样一个时代，当时工资乃是最后一项新发明，一项最易引起骚乱的革新。一个人干多少活儿就应该拿多少钱，在现在看来这似乎是天经地义的，不过对于我们的诺曼祖先 ① 来说，这件事却并不能这样去看。我敢说，历史档案馆能够为

---

　　① 诺曼祖先（Norman Forefathers），诺曼人最早发源于北欧的丹麦、挪威和冰岛。公元 10 世纪上半叶诺曼人开始在欧洲大陆兴起。1066 年诺曼人征服英国，他们的后裔取代了盎格鲁—撒克逊人成为英国的统治阶级。最后诺曼人与英国当地人融合为一个民族，语言和传统也都融合在了一起。——译者注

我们拿出许许多多的证据来表明那些要求得到报酬的撒克逊农奴们是怎样设想，又是怎样搞起骚乱的。不辞辛劳的历史学家可以精确地探索出撒克逊的奴隶们是怎样一点一点地变成了自由的、领取工资的熟练工人的。我们几乎可以用手指指出究竟在哪一年楔子的尖端第一次被楔了进去，并且可以清楚地指出从奴隶到领取工资的自由劳动者这一进步过程中所走过的每一步。在发生如此巨变的过程中也并非没有过尖锐的斗争和痛苦的磨难。正如我所认为的那样，在事物的当今状态下，某种楔子的尖端被楔了进去，而我们的责任就是要努力查找出那枚楔子的用意何在，所指示的方向是什么。不要把事物总是看成它们原来的那个样子，更不要认为社会的各种关系可以按照我们自己狭隘的愿望和想法去塑造，这是智慧的一部分。经济科学和社会科学的工作就是努力去探查那些最终一定会导致繁荣昌盛的安排，因为那些安排都是以人类本性的真正原则为基础作出的安排。正如我所认为的那样，倘若工匠最终将成为他在工作中所创造出来的利润的分享者，成为资本家热情洋溢的朋友，那么我们所做的任何工作都不会比为这种变化提供便利，加快这一变化的发生更为重要了。

目前我们看到一个行业内的工人通常会成群结队地联合在一起，努力去限制那些能够在工作中分担其任务的工人人数。这些工人时常会或强或弱地公开抵制任何能够大幅度地改善劳动生产率的做法，即抵制任何相对于劳动可以产生出更多成果的做法。简而言之，他们多多少少做过了一点研究的事情是（不过或许是无意识地做的），"怎么能不去改善劳动生产率"，而并非全身心地争取实现"怎么能以最短的时间，最小的麻烦以及最低的花费去完成绝大部分的工作"。我们发现工人们还是在这样一种感觉下辛勤地劳作，即工人们认为自己的雇主是一伙贪婪的垄断资本家，这些资本家对工人的工作几乎没有任何贡献，但却从工人的工作中拿走了巨额的利润。工人们所获得的每一次涨薪，都常常被认为是对劳资双方的双份赐福，给工人涨薪雇主自己也同样受益，涨薪的钱主要来自那些无权处置利润的人们所创造出来的利润。激情燃烧的工联主义者指望通过抬高物价，限制劳动力人数，规定供给上限等措施，来改善自身的工作和生活条件。工联主义者并没有看出，所有这一切措施虽然显而易见对其自身是有利的，但却与全社会的利益是直接对立的，而且倘若其他人也都遵循同样一些原则行事，那简直就意味着整个社会普遍在为物资的稀缺和居民的贫困而奋斗。

工厂主们对上述所有这些错误观念的产生起了火上浇油的作用，因为他们用深不可测的神秘性将自己的利润和亏损层层包裹起来，而且虽然最终结果不同，但是毫无疑问，他们直接利润的多少确实取决于他们能将工人的工资压得有多么低。正如他们通常所做的那样，工厂主与其他雇主要或多或少地协调行动，倘若他们并不是搞联合应当是雇主与雇主、工人与工人之间的横向联合这一思想的原创者，那他们也是赞成这一思想的。

于是，问题又来了，在目前的情况下，一个工人既要有工作热情，又要掌握娴熟的技术，出于什么样的动机他才会这样呢？倘若一个工人只具有中等水平的效率和活跃程度，那么倘若他被解雇，工会就会对他给予支持，而倘若他寻求比自己的其他伙伴更高的工资时，工会就会反对他。正如我所认为的那样，下面是一种非常普遍的情况，即一个工人真的不可能会有任何动机去做超过平均工作量的工作，除非此人真正诚挚地对待自己的工作，真心热爱自己所做的事情，在这样的理念激励下，他才会乐于以一种匠人的态度做工作。我们知道工会时常对计件付酬的工作持反对态度，或者反对任何此类的保证报酬与付出能量成比例的安排。在我考虑所有这一切事情时，令我感到惊讶的是工作做得如此之好，这背后一定有一股强大的能量和诚挚的精神力量在支撑着。

倡导工业合伙人关系的人愿意看到诚实的劳动能与与之相适应的报酬携手并肩。他们考虑搞联合应当垂直地搞，而不应当横向地搞。工厂主要与本厂的工人搞联合，以便成为工人们的真正领袖，而且归根结底，工资、利息以及监管等通常的费用都为这样的联合创造条件，产生的盈余要在所有为之做出过贡献的人们中间进行公平的分割。没有任何理由要让资本家去承担所有的风险并且拥有所有的超额利润，除非这是一个长期不变的习俗。一般来说，工人无法等到周末之后再去领取自己的工资，因此他们不得不忍痛割爱与自己所生产的产品相分离，去换取可立即到手的报酬。不过，一种截然不同的工资安排才在理论上是健全的。在每一项工作里都存在着上千种工人让体制获益或者使体制受伤的机会，而且真的可以使工人感觉到其自身的利益与雇主的利益是完全一致的。毫无疑问，一个行业的利润在许多情况下都可以大大地提高。

三

我在这里要指出，工会委员们的报告不仅在与工业合伙人关系相关的理论问题上是错误的，而且在事实方面肯定也与他们所找来的证据是背道而驰的。那些委员们说：*

　　"必须记住，就布里格斯公司的体制而言，原则是要给雇
主的利润设置上限，并且在工人的工资之外从公司的利润中再
拿出一份给他们分享，但却不必使工人对亏损承担任何责任。
因此，我们猜想许多资本家都更愿意冒险与自己的工人发生争
端，甚至甘冒工人举行罢工和企业暂时亏损的风险，也不肯自
愿地对本企业利润设置 10% 的上限，或者设置任何其他约定
数额的上限，这样的猜想并非是不合理的。"

　　这些说法完全是在歪曲我们将要分析的那种体制。正如我们
将要看到的那样，布里格斯公司并不允许对该企业的利润设置任何
约定的上限。不仅没有 10% 的最高利润上限，而且这个利润水平
毋宁说是一个最低的限度，因为还贷利息和工人所付出的精力都
被列入了利润的最低限度之内，以确保贷方和工人都能拿到这个数
额，这个数额是该企业全部利润中支出的第一笔费用。诚然，高于
10% 的任何超额利润部分都要与本企业的工人们分享，不过考虑
到该企业的工人通过放弃举行一切形式的罢工、宣传鼓动或者制造
时间损失，并且通过采用各种各样的手段去促进公司取得成功的办
法，使风险极大地减少，因此猜想工厂主的平均利润率将会降低是
没有丝毫道理的。工人们如果不把同等数额的盈利放进本企业工
厂主的腰包里，他们就不可能挣到任何分红。还有，我要冒昧地坚

　　　* 参见《工会委员们的第十一份暨最后的报告》(*Eleventh and Final Report of the Trades Union Commissioners*)，第 28 页。——原作者注

持说，这样的安排从原则上来看是完全合理的，而工会委员们如此卖力推荐的仲裁和调解办法，虽然不失为一种良好的权宜之计，但在原则上却全然是不合理的。

不过幸运的是，仅仅把这一问题当作一个理论问题来讨论的时代已经过去，现在这个问题已经是如何取得经验的问题了。建立合伙人关系的做法已经不止一次地被付诸试验，而且在试验中设置了将会遇到的各种各样的反对力量。

四

虽然许多人可能都知道与布里格斯公司的合伙人关系相关的历史，但我还是一定要简明扼要地复述一下，以便所有人都可以了解经验都证明了些什么。在直至 1865 年年中之前的岁月里，布里格斯子公司通过一种普通的私人合伙人关系，经营着惠特伍德和梅斯利交叉点煤矿。此前的 10 年间，这里发生过四次长时间的罢工，造成了 78 周的做工损失，许许多多的小规模生产间断就更不用说了。我相信，说罢工使工厂主和工人双方都蒙受了平均每周一天的做工损失，那是一种低估。除了这种损失之外，还有工厂主与工人们作斗争、招募非工会会员来做工以及防止工人和公司遭受暴力冲击而产生的费用。一定不可以不考虑的损失还有由此而引起的焦虑和令人痛心疾首的感觉。通常会与这类斗争相伴发生的可悲事件还有：将工会会员逐出企业，袭击非工会会员，设置警察警戒，散发恐吓信，以及诸如此类的事情。整个事件发展到顶峰时，那里爆发了一次严重的骚乱，纽克巡回法庭举行了若干次审判，并对肇事者判处了重刑。长话短说，那里就好像发生了一次犹如在索恩克利夫煤矿已经被扑灭（我希望确实已被扑灭）的那场骚乱一样的小规模内战。而且，我听说几个由工人组成的武装团伙袭击了一些村舍，在楼内的居民被驱赶到较高的楼层之后，有人在楼下放火烧楼，以及我们所读到过的所有其他事件时，我的感觉几乎是恍若回到了中世纪，而且边境偷袭事件依然还在发生着。只不过那里并没有信号灯塔，只有矿山的汽笛。

在惠特伍德所发生的内战造成了严重的金钱上的后果，十年时间里企业主勉强能够保住 5% 的平均利润率。企业主如此彻底地遭到本企业工人的厌恶，他们与工人的关系令他们如此的烦恼，以至于企业主几乎到了要抛弃自己生意的地步。幸运的是，1862 年的《公司法》允许企业主采用一种新的安排，而且在 1865 年 7 月一项具有决定意义的实验开始了。这个体制中主要包括了如下一项约定，即企业主要与本企业的工人一道去分割利润率高于 10% 的那部分超额净利润的全部，与此同时，工人们得到允许并受到鼓励，可以购买企业的少量股份，然而却并不可以获得任何干预企业管理的权力。结果如何，无须费力便可以说清。我想把这一变化所带来的金钱上的结果，推迟到我讲过了这一变化在道德上和社会上所产生的结果之后再来说明。在那些过去争斗当道的地方，和平已经占据了主导地位。稳定的、充满热情的工作已经成为一条永恒的规则。人们只是从传说中才得知罢工是怎么回事。这里几乎连一天的工作也没有损失过，在雇主和雇员之间已经完全建立起了相互信任和相互尊重的情感。这是一些不容怀疑或者不容否认的事实。我从一位雇主的嘴里听说了这些事情，又从一位工人的嘴里听说了这些事情，而且因为这些事情已经被付梓出版有一段时间了，并且从未发生过相互矛盾的情况，所以我们可以把这些事情当作确定无疑的真事予以接受。同样没有什么可以怀疑的情况是：煤矿周围地区的道德状况已有明显改善，酗酒的情况少了，打架斗殴、谩骂以及赌博的情况少了。

这一变化在金钱上所带来的结果可以简明扼要地总结如下。从合伙人关系建立之日起的四个完整年份内，资本家收到的红利分别为 12%、13%、$13\frac{1}{2}$% 以及 $13\frac{1}{3}$% 的利润率。企业主一定已经感觉到给他们的利润所设置的是一个令人非常愉悦的上限。在和平和友好的氛围内挣到的平均利润率为 13%，与之相比较，在争夺和骚乱中挣得的利润率为 5%，两相对照所展现出来的好处甚至连一个英国皇家委员会或许也应予以承认。不过，让我百思不得其解的是，以英国首席大法官勋爵为首的 7 位名声显赫的绅士们怎么能时至今日还在忽略一个摆在他们面前的事实，依然还说布里格斯公司自愿对该公司的利润设置了 10% 的上限。与此同时，该企业的工人们收到了与 10% 以上部分的超额利润相等的红利，也就是说，收到了分别为 2%、3%、$3\frac{1}{2}$% 以及 $3\frac{1}{3}$% 的红利，因此企业的全部净利润分别为 14%、16%、17% 以及 $16\frac{2}{3}$%，或者说是企业前几年所得利润率的三倍多！许多工人因此收到了 5 英镑的红利，这或许是他们有史以来单独拿到的最大数额的一笔钱。这些红利当然是通过他们在企业的资本账户上所持有股份的增长而增长的，而且一个工人因此在单次发薪水时一共收到了 10 英镑。

人们或许会说，所有这一切令人皆大欢喜的结果要归因于工人们投入的超乎寻常的精力、企业主表现出来的圆滑练达以及公事公办的品质。我丝毫都不怀疑那些企业主和工人的确拥有所有这一切品质。不过，倘若如此，那我们就将被迫得出这样一个结论：在普通的劳资关系下面，最有才干、最擅长调解的工厂主也无法阻止自己的工厂变成一个充满敌意、冲突以及骚乱的永久性展览馆。在我看来，惠特伍德煤矿似乎提供了进行一次具有完全决定意义的实验所需的一切必要条件。1865 年对合伙人关系的重新构建，乃是我们能够对随后发生的不容置疑的变化作出解释的唯一原因。

但是工会委员却说，当他们作出报告的时候，该计划只是在一个煤炭行业比较繁荣的时期内进行了测试。对此说法我们可以这样回答，自从那些工会委员提交了报告以来，该行业的状况完全不是一派繁荣昌盛的景象，然而这些却并没有产生任何显著的影响。不过幸运的是，我可以把第二个独立进行的实验情况告诉大家，这次实验的情况可以完全否定那些人的说法。

五

事有凑巧，坐落在米德尔斯布勒①的纽波特制铁公司，即福克斯-黑德公司，在直至 1866 年的岁月里，因为罢工蒙受了比布里格

---

① 米德尔斯布勒(Middlesbrough)是英国英格兰东北部的一个港口城市。19 世纪中叶，在该市附近的埃斯顿山发现了铁矿石，于是铸铁厂和轧铁厂纷纷在米德尔斯布勒市建立起来。1851—1856 年，那里的生铁产量增长了 9 倍。由于该地区对英国发展钢铁行业具有重要意义，所以米德尔斯布勒也获得了"铁城"的昵称。——译者注

斯公司更大的损失。该制铁公司自开业以来有约四分之一的时间处于闲置状态。当 1866 年的长时期罢工结束时，该制铁公司下定了决心，要采用一种与我们已经分析过的案例极其相似的合伙人关系方案。两个方案之间的差异并非物质上的不同，而在于福克斯-黑德公司方案所具有的重要意义，这一重要意义产生于这样一个事实，即我们所分析的合伙人关系刚好是在制铁行业所陷入的严重萧条时期开始的时候建立起来的。1866 年的经济崩溃以及铁路公司的停办，让福克斯-黑德公司也像任何一家制铁企业一样陷入了困境，难以创造利润。在该公司头两年的年度报告中，福克斯-黑德公司不得不向本企业的工人宣告，公司没有红利可供分割。人们可能会料想，如此令人失望和令人泄气的消息可能会使该方案告吹。但是公司的账目接受了审计，而且审计的结果得到了著名会计师的证明。公司的账目显然得到了工人们的信任。在实行合伙人关系方案的第三年即刚刚结束的这一年，企业主有能力在全部工资的基础上再分配 $2\frac{1}{2}$% 的红利，或者说每英镑再分配 6 个便士。企业主还发现目前公司的信心与几年前的情况相比已经大大提高，气氛变得好了很多。为第一期方案规定的期限已经过去，公司刚刚又重新构建了合伙人关系，对方案的条款略作了一些改动，有效期为五年。长话短说，这次实验在米德尔斯布勒，在极其不顺的环境中，也能像在惠特伍德进行的实验那样，在一种繁荣昌盛的行业状况下取得成功。倘若这次实验完全失败了，那么可以肯定，糟糕的头两年会把方案中的弱点暴露出来。我相信，两家公司的成员都应当之无愧地接受我们国家对他们的感谢之情，感谢他们在将当前的偏见抛开时，以及在对一项计划进行具有决定意义的测试时所表现出来的坚毅态度。拿来进行测试的这项计划什么都不缺，唯独缺少支持该计划的经验。

六

我要感谢福克斯-黑德公司对我的善意，他们送给我一本公司的章程，他们就是用这些章程来指导自己工作的。通过这些章程，我们可以准确地理解合伙人关系方案的性质，所以我就这些章程准备了如下一份摘要。

（1）企业雇主应对公司和生意拥有独一无二和不容争议的管控权。

（2）任何雇员都不得归属于工会。

（3）同样，企业雇主也不得归属于任何雇主联合会。

（4）一切涉及工资和价格的问题都须由企业雇主决定。

（5）然而，工资的高低应与一个地区普遍接受的水平相一致。不过，在发生任何行业争端期间，旧的工资水平须予以保留。

（6）工作伙伴应按会计师批准的惯例工资水平领取薪酬。

（7）资本家获准可得的利率在本方案存续期间平均应为10%。

（8）每年因工作和工厂的更新和折旧而收取的费用应不超过每年已支出资本的6%的平均水平。

（9）一切必要的修缮费用都应从企业制成品的成本中支出。

（10）企业制成品的成本中应包括一切法律、银行业务以及其他杂费的支出。

（11）为应对呆账问题，企业应创立一个基金，基金的资金通过每年从总收益中扣除 $1\frac{1}{2}$ % 的方式解决。如若这笔基金不敷使用，超额款项应由企业制成品的成本中支出。合伙人关系到期时，倘若合伙人关系还要重新构建，则该基金的任何余额都须结转下期，否则须将余额归还给资本家。

（12）超出所有支出和企业制成品成本的剩余利润须分割为均等的两个部分，其中 $\frac{1}{2}$ 须分配给所有的雇员，即在该年度内领取工资或者薪酬的所有人员，分配的数额应与雇员领取的工资或者薪酬的数额成比例。

（13）雇主须指定公共会计师对账目进行审计并报告审计结果。

（14）公共会计师须对存在争议的一切问题作出决定。

（15）雇员的红利若在一个月内仍未领取将被没收。

（16）所有雇员都可根据其供职的时间，无论多么短暂，按比例参与分配。

（17）一切无人领取的红利都须转入下一年度的盈利和亏损账户。

（18）任何参加了工会或者被依法判定给公司造成了伤害的雇员将被罚没红利。

（19）依据合同进行承包工作的人员须提供向其助手支付工资的清单，其助手将直接从企业雇主处领取红利。然而后者对收益的准确性并不负有责任，而且所有的争议都由企业雇主自行决定。

（20）如若当年的利润不能满足全部的费用支出，包括付给资本的 10% 的利润，不足部分须列入下一年度的盈利和亏损账户支出。

（21）属于福克斯-黑德公司的某种专利制成品应免于参加本

方案。

（22）任何雇员不得获取属于合伙人的任何权利或者义务，或者不得以任何方式免于接受与工厂主以及工人相关法律的约束。

（23）本方案须被看作是 1866 年 11 月方案的继续。

（24）雇员只需接受雇用或者继续被雇用，就将被视作赞同本方案。

该方案于今年 2 月 5 日开始实施，并应继续实施五年。

七

从我们所能搞清楚的情况看，我正倡导的工业合伙人关系体制的真正作者是查尔斯·巴贝奇先生 [1]，这一点似乎并不像它理应具有的知名度那样为人们所普遍知晓。在将近 40 年前，他的那部令人拍案叫绝的著作《论机器和制成品经济学》（*The Economy of Manufactures*）发表了。对于该书所表现出来的天才见解，人们真的是无论怎样评价也不算是高估。我从未有过研读该部著作而不曾发现书中包含了某些真理萌芽的时候。那些真理的萌芽或是自那时以来已经为人们所承认，或是有可能获得人们的承认。无论何人都不可能在阅读《论机器和制成品经济学》的第 26 章时看不出

---

[1]　查尔斯·巴贝奇先生（Charles Babbage）生于 1791 年 12 月 26 日，卒于 1871 年 10 月 18 日，是一位博学的英国才子，最先提出了数字可编程计算机的概念，被一些人认为是"计算机之父"。1828—1839 年巴贝奇先生担任英国剑桥大学的卢卡斯数学教授。1831 年巴贝奇先生计划教授政治经济学，并试图解决政治经济学深层次的一些问题。他为此对英国的和国外的一些工厂进行了考察，提出了计件工资、工厂的合理设计以及利润分享等观念。——译者注

来巴贝奇先生已经多么全面地预见到了从这项建议中产生出来的
好处。该书第 26 章的标题是"论一种新型制造业体制"，而我则请
求得到你们的许可，允许我大段朗读由第 26 章中节选出来的部分。
他是这样开始论述的：

　　　"一种极其错误并且极为不幸的看法在许多制造业国家的
工人中间占了上风，他们认为他们自身的利益与自己雇主的利
益是相互矛盾的。由此而产生的后果是，宝贵的机器有时疏于
保养，甚至还被人私下里破坏，工厂主引入的新的改进办法未
能得到公正的试用，工人的才干和观察能力并没有被引导到对
工艺流程进行改进的工作上面，工人们被雇来就是要参与到工
艺流程中去。……

　　　"根据自己的观察，我确信制造厂厂主的发家致富和成功，
对于工人的福利来说至关重要，然而我却不得不承认，在许多
情况下这种关联还是显得太渺茫，因而并不总是为后者所理
解。虽然工人们作为一个阶级会因其雇主的发家致富而得到
好处的说法是完全正确的，但我并不认为每个人所分得的好处
会分毫不差地与其为之而作出的贡献大小成比例，我也并未察
觉到因此而获取的好处能够像在一种不同的体制下面那样变
得那么直截了当。

　　　"倘若在每一个大型企业内，薪酬的支付方式能够安排得
使每一个受雇人员都可以从整个企业的成功中分得好处，并且
使每个人的受益份额都可以随着工厂本身所产生的利润而增
大，而不必对工资作出任何改变，那其意义就会变得极其重大。"

巴贝奇先生于是指出，按照康沃尔郡矿山所实行的工作薪酬的支付方式，矿工们领取的是采上来的矿石价值的一定部分，这种薪酬支付方式在某种程度上满足了一种更完善体制所需的条件。这样的薪酬支付方式无论用在哪里，都会产生令人称赞的结果。巴贝奇先生继续写道：

> "我现在要来展示一下一种体制的主要原则。这种体制在我看来似乎孕育着无论对于工人阶级，还是普遍来说对于国家都极为重要的成果。而且，倘若在这样的体制下行动，依我之见，工人阶级的地位就会得到永久性的提高，加工制造业体制就会得到极大的拓展。
>
> 拟议中的这种体制是建立在如下一些总的原则基础之上的：
>
> (1)每个受雇人员所领取的工资中应有相当大一部分取决于企业所创造利润的多少。
>
> (2)与这种体制有联系的每一个人，都应能因其所发现的任何改进措施被应用于其受雇的工厂而获得比他通过任何其他渠道所能得到的更多的好处。"

考虑到说服资本家去试行一种要明显改变利润的分割方式的新体制会很困难，因此巴贝奇先生建议，应由一些小型公司的工人们来进行试行。他对一项与不少合作社性质的公司在那时已经开始试行了的方案区别不是很大的计划作了描述，其总的原则是：每个人所领取的报酬都应与其对公司的成功所做出的贡献成比例。

关于这样一种安排，他列举了如下一些主要成果：

"(1)参与该方案的每一个人都要与该方案的繁荣昌盛有一种**直接的**利害关系，因此该方案的任何成功或者失败所产生的影响，都几乎会立即在其个人的每周领取的薪酬中引起相对应的变化。

(2)工厂内的每一个相关人员都要与防止所有部门的任何浪费或者不当经营行为有一种直接的利害关系。

(3)要采取有力的措施，将所有与该方案有联系人员的才干都引导到对各个部门进行改进的工作上面去。

(4)任何人，除了那些品德高尚和资质很高的工人，都不可以招入这样的企业，因为在需要增添任何人手的时候，所有人的共同利益就会是只招收那些最令人尊重和技术最娴熟的人，而且要欺骗十多个工人远不会像欺骗单个工厂主那么容易。"

第六点好处或许是意义最为重大的好处，也就是说，一切可能导致联合的现实原因或者想象出来的原因都会被彻底地清除。

巴贝奇先生说："工人和资本家就会相互地了解对方，就会十分**明显地**产生出一种共同的利益，而且他们的困难和不幸就会得到对方的深切理解，以至于各自一方并不需要联合起来去压迫另外一方，而是形成一个唯一可以存在、由劳资双方组成的强大的联盟，以便去克服他们的共同困难。"

我尤其想请资本家注意下面的这几句话，因为这些话清晰地指出了工会委员在这个问题上所犯的错误。

"维护这样一种体制的难点在于，资本家起初会对采用此种体制感到担心，因为他们想像工人所取得的那部分利润会太大。十分正确，工人将取得的份额会比他们目前所得到的更大。不过，与此同时，这也意味着整个体制就会产生出这样的影响，即由于企业利润总量的大大增加，在这一体制下面可以分配给资本的较小比例的利润，依然会比现存体制下资本从所分得的较大份额的利润中实际得到的金额更大。"

这是一种无法超越的、极其清晰的预见，它预见到资本家所感觉到的疑虑，并根据实际经验给出了解决这些疑虑的办法。巴贝奇先生关于法律会对合伙人关系产生干扰问题的讲话已经因法律的改变而不再适用，而他所注意到的、有关解雇不胜任的或者行为不端的工人所面临的困难，并不影响我所倡导的这种方案，因为在这一方案中，企业管理的绝对权力掌握在企业主的手上。

八

我们现在只剩下一件事情要做，那就是更加细致地分析一下在接受了这一原则之后，人们在实践中所发现的那些好处的来源和性质是什么。我们还必须尽可能准确无误地将该原则取得成功所需的条件与该原则最适合应用的行业所具有的特质区别开来。只要时间允许，我们一定不要忽略那些会妨碍人们接受这一原则的主要障碍。

这个方案的极大优势和极大困难同样都在于，方案要求资本家公布他们所赚的利润数目。只要企业雇主用神秘的幔帐将自己生意的四面遮挡得严严实实，并把自己赚得的利润小心翼翼地掩盖起来，工人就会产生猜疑，并且有可能对企业主从工人生产的产品中拿走的那份利润的数额作出过高的估计，这是很自然的事情。工人每一次提出的涨工资要求以及举行的每一次罢工行动，都是在两眼一抹黑的状况下进行的，而激起工厂主进行抵抗的那个节点是唯一能够真正检验工厂主是否具有职业真诚的标尺。工厂主说："我没有赚到足够的利润，而且行业的状况不允许我给你们涨工资。"工人们回敬说："你的利润有多少我们不得而知。不过，在我们看来，我们认为行业的状况可以容许进行一次提薪，所以我们不能依赖你的模糊保证。要找到事实真相，唯一的办法就是试一试，看你能够承受你的生意陷入停顿状态多长时间。"毋庸置疑，这至少是一个搞联合和举行罢工的合理论据。在某种程度上，仲裁可以克服这个难点，因为实际的行业状况以及利润的多少可以让仲裁者单独一个人，甚或一个人数有限的委员会知道，让一个人或者几个人知道比让广大公众都知道会更加自由和少受限制。不过，正如我已经说过的，仲裁会预先假定双方都搞了联合，都有协调一致的统一行动，行业内的所有人都愿意让工资和物价条件成为被调节的事项。所有这一切都直接与自由劳动和自由贸易的原则背道而驰。

我所能够看到的唯一一个替代办法便是，由工厂主在某种程度上揭开围绕在其利润四周的神秘幔帐。公布实实在在的亏损是毫无必要的，所需公布的只是在一定的约定的最低限额之上的超额金额（倘若有的话），报告的真实性以及账目的准确性要由审计师或者地位很高的会计师予以核实。我要坦白，我对工厂主能够克服自己对这样一种行动所持有的强烈偏见哪怕只是一次并不抱什么希望。有限责任公司的延伸机构往往会使生意中少了许多的秘密，因为那样的机构里会有20来个或者更多的股东，想让利润率有任何一点神秘感那是不可能的。毫无疑问，有限公司目前刚刚变得有点不讨人喜欢，这是人们对近来有限公司争先恐后地创立作出的反应。不过，对于各种形式的联合股份企业来说，它们却有着远大的未来，而且当资本家中间出现了许多股东之后，我看不出工人们还会有任何理由不立即接受合伙人关系原则。最先实行这一原则的企业应当是那些拥有煤矿、制铁公司或者雇用了许多劳动力的任何其他大型工厂的大型公司。而且，因为一家联合股份公司在企业的经理人员并不是实际的资本家的情况下，不可能过多依赖企业管理者对公司业务所进行的严格的监督，所以资本家就更有必要让每个工人与企业的运营结果产生利害关系。我完全可以感觉出来这一原则在私人雇主中间一定会怎样缓慢地打开通道。不过虽是如此，现有的许多大型公司却有可能会立即将这一原则揽入怀中。如果不去这样做，我应当认为，那就表明那些大型公司完全地无视它们自身的利益，而且总的来讲，也完全地无视国家的利益。仅仅在几年前，英国的立法机构还在支持这样一种偏见，即认为允许某人分享利润却不使其负有分担风险的责任那是不可能的。然而，在1862年的法律中，这种偏见被放弃了，而且我的确有信心，既然这项法律已经为我们提供了进行尝试的充分机会，那么横在这场伟大改革道路上的任何其他偏见就会很快土崩瓦解。

可以这样讲，倘若能够强制商社每隔一段时间便披露一次它们的生意状况，那么任何商社都不会长时间地立于不败之地，任何暂时的难堪都会因此而变得众所周知，而且商社也会信誉扫地。但是进行这样的公司经营状况披露是完全没有必要的。需要公布的只有这样一个事实，即利润是否超过了约定的最低限额。以为从披露的这一事实中可以推断出任何有关商社信用和偿付能力的情况，那是很荒唐的。至于说具体交易的所有情况、债务情况、合同情况以及商社的其他事务，对这些情况的保密工作可以做得与目前的保密工作一样严密，分毫不差。还须清楚地理解这样一点，即分享利润并不牵涉对商社事务或者要求对商社账户进行调查的任何程度的管控权利。参与工业合伙人关系的雇员与为数众多、目前持有少量股份的人们将有部分的相似之处，他们所持有的少量股份其价值不足以让他们在公司的管理活动中发出任何可察觉的声音，或者说不足以使他们感觉值得在公司的管理问题上花费时间，耗费精力，或者投入金钱。我们国家的资本中，有不小的部分就是这样地为一些纯粹被动的利润接受人所拥有，他们所拥有的利润是由较大的资本家或者受托经管钱财的公司的董事和经理为他们购得的。参与利润分享的工人将具有同上述那些小股份所有者一样的地位，除了在他们自己的工作中或者在监督他人工作的时候，这些工人将每时每刻都拥有为他们所分享的利润做出某种贡献的手段。

九

当我们思考工业合伙人关系的时候，显然清楚这种关系是建立在一个不容置疑的人性的原则基础之上的，即以利己主义为基础的。我想能够支配一个工人运转的动机只能有四个。

（1）害怕被解雇。

（2）对取得更高的工资或者对得到更好的就业机会抱有希望。

（3）向自己的雇主示好，并渴望老老实实地履行自己的契约。

（4）所做的工作与自己的私利有直接关系。

毫无疑问，这些动机中的第一条就足以防止这名工人在工作效率方面低于平均水平太多，不过这条动机也不可能有更大的作用。第二条动机在那些工作中可以有许多的等级，晋升不讲条件，实行论功行赏的地方是一种强大的刺激手段。然而，在许多普通手工艺品制作行业里，这两条动机所能发挥的作用都在很大程度上被工会所制订的规定给弱化了。那些工会主张一切有中等工作效率的工人应得到同样的报酬，而且它们的规定对那些在它们看来属于被错误地解雇的工人产生了强有力的支持。第三条动机实际发挥出来的作用要比我们所猜想的情况更大，不过却并不是我们可以信赖的一种动机。第四条动机——所做的工作与自己的私利有直接关系，被目前的报酬领取方式给完全排斥在外了，因为目前的报酬领取方式把一切利润都留给了工厂主。合伙人关系原则所依赖的正是**这一动机**。的确，迄今为止，这一原则都并非什么新的原则，它蕴含在行业和私人企业的所有普通关系的基础之中。反对工业合伙人关系的中坚力量在争辩中所依据的理由是，企业雇主必须拿走全部利润，因为让企业雇主在管理中所付出的一切辛劳和技能都得到补偿乃是一项必要条件，简而言之，企业雇主在这件事情上必须要有强烈的私欲。不过，对于这个问题我们可以很有把握地回答，工人们为一家大型工厂做些能够使其受益的工作的机会很多，同时，他们通过罢工和争斗去损害一家大型工厂工作的手段也有很多，因此由企业雇主用一份利润去收买工人尽心尽力的工作和示好的举动，完全符合企业雇主的利益。

虽然我讲过，这种方案是一种革新，但这对那些行业内较大的分支机构来说才是如此。这里所提出的全部建议都是要把那些人们早已发现了的、特殊行业内绝对必不可少的东西扩展到其他行业中去。正如巴贝奇先生所指出的那样*，这个原则实际上在目前就已经为如下这些行业所接受，即已在捕鲸行业、渔业领域、英国康沃尔郡的矿业体制、美国的商船、米尔先生关于这一主题所作的讲话中提及的其他一些案例中**，以在威尔士的板岩采石场所采取的合作形式，以对所有工作采取委托或者计件付酬的方式接受了这个原则。我相信，对于银行或者商贸公司来说，在生意兴隆的一年过去之后，向本企业的职员发放奖金是一种十分寻常的习俗，而且这一习俗正在变得更加寻常。对于经理、学校校长以及其他身居负责岗位的人来说，他们的薪金中有相当大一部分通常取决于所经营企业的盈利情况。这一原则并无他意，只是要根据成果的大小来决定领取报酬的多少，而且正是这样一个原则一定要或多或少地将一切状况完好的行业直接统管起来。毫无疑问，正是由于普通工匠完全未能直接或者明显地参加到对成果的处置中来，才引起了我们当前所碰到的许多麻烦。

---

* 参见查尔斯·巴贝奇所著《论机器和制成品经济学》，第259页。——原作者注

** 参见约翰·斯图尔特·穆勒所著《政治经济学原理》第三版，第二卷，第335页。——原作者注

我认为，合伙人关系方案是截至目前最为真实的合作形式。我们近来听说过许许多多有关合作的事情，以至于我们很有可能对这个名称有些厌烦了。不过，我赞成布里格斯先生[*]的看法，我们认为许多被说成合作社的机构实际上是缺乏那种在一起工作的人们可以认同的基本原则的。倘若一家合作社性质的零售商店雇用商店店员、买主以及经理在商店里做事，让他们拿固定的通常很低的薪水，而且由一些不领薪水的董事监管他们的工作，那么我只能说，这样的合作社里面包含了所有的散伙原则，它具有一个联合股份公司所具有的一切邪恶，却没有多少优点。这种情况也会是任何一家发固定工资和薪水的合作社性质的制造业公司的样子。或许可以把这样一类公司描绘成一个由许多手上拥有少量资金但却没有一个人有适当的动机要关心企业或者愿为企业付出精力的个人所组成的松散聚合体。我的确对多种形式的合作寄予了厚望，但是，只有合作之名的事物是不够的。倘若合作性质的协会和团体要蓬勃繁荣和发展壮大，那么所有受雇人员的实际利益就必须得到关照。不过，诸如布里格斯公司以及福克斯-黑德公司所实行的那种工业合伙人关系，却具备了联合股份合作所具有的一切优点而不带有任何一点联合股份合作所具有的邪恶。这一类的工业合伙人关系是由两三个工作合伙人来管理的，合伙人的全副精力以及全部利益都与他们在管理上的成功与否绑在了一起，而且与此同时，来自受雇者一方或者来自股东一方的任何干扰力量都不能把他们的手脚束

---

[*]　参见布里格斯先生（Mr. Briggs）所著《关于工人罢工和工厂主停工的讲座》，载于 1870 年 3 月 10 日的《谢菲尔德每日电讯报》。——原作者注

缚起来。他们因此能够像私人企业一样完全自由地采取行动，守护秘密，并快捷高效地行事，而且仍旧可以体现出他们所统领的所有人的利益并得到那些人的支持。他们具有作为本企业工人的真正领袖的一切优点。人们都能理解，一个成功的军事领袖必须在完全没有羁绊的情况下行使自己的判断力，必须具有至高无上的执行权力。然而，他还必须想方设法赢得士兵对他的信心并甘愿为他作出奉献。在我看来，布里格斯公司已经通过英勇无畏地采用一种真正的原则而将自己的地位提升到了与前述军事领袖相似的高度，而且我的确认为，当他们的榜样作用为人们所效仿的时候，我国的公司和工厂就将变成许多团结一心、组织精良的劳动力大军。优秀的领袖将会寻觅优秀的工人，而优秀的工人反过来会去寻觅并将自己托付于优秀的领袖。在公司与公司之间我们将看到一种没有尔虞我诈的竞争关系，这样的竞争关系将使公司得到最优秀的工人并且向他们支付最优渥的红利。

十

不过，显而易见，合伙人关系原则并非同等程度地适用于一切行业。那些企业的开支在很大程度上被用来按工作时间的长短支付工资，以及为数众多的工人不经任何严格考试就被招进工厂或者在他们做工时没有任何严格的监督措施的制造业类型企业，将会从工业合伙人关系原则中得到极大的好处。在那些需要大量固定资本，因此企业用来支付工人工资的开销并不很多的企业内，接受合伙人关系原则所能带来的好处则并不会那么显著，当然那些固定资本的确是以机器或者其他能够因使用时的粗心大意而容易遭到损坏的财产形式存在的制造业企业除外。

还有，在按件计算或者以承包的方式计算工作报酬的企业内，譬如说在威尔士板岩采石场那样的企业内，接受工业合伙人关系原则的重要意义也会差一些。然而，在这种情况下，一种特殊形式的合作已经启用很长时间了，人们被要求去关注一下由凯尔恩斯教授①所得出的良好成果，这些良好成果载于 1865 年 1 月号的《麦克米伦杂志》。不过，即使是在那些按工作量大小支付报酬的企业内，只要工人的利益能够与勤俭节约挂起钩来，工人通常还是可以为企业节省很多开支。因此，在煤矿里，煤的开采是按照所采出煤的重量来支付报酬的，尽管如此，煤的价值还是在很大程度上取决于大块煤与碎煤以及煤面儿的比例，并且还取决于能够从煤矿垃圾或者煤渣中捡回来多少煤。还有，煤矿内用于支撑巷道和作业面顶棚的煤矿巷道支柱的成本也是一项相当大的开销，一个工作细心的采煤工可以比一个粗心大意的采煤工采出更多的煤，节省更多的开支。

布里格斯公司向我们表明，工人们在自己的工作中通过细心做

---

① 凯尔恩斯教授（John Elliott Cairnes）生于 1823 年 12 月 26 日，卒于 1875 年 7 月 8 日，是一位爱尔兰经济学家，也时常被称之为"最后一位古典经济学家"，与另一位著名英国经济学家约翰·梅纳德·凯恩斯（John Maynard Keynes）并无任何关系。1874 年，凯尔恩斯的最大一部著作《政治经济学的一些首要原则——新的阐述》问世。毫无疑问，这是一部继亚当·斯密、托马斯·马尔萨斯、大卫·李嘉图、约翰·斯图尔特·穆勒等大家之作之后的重要著作。凯尔恩斯教授在书中讨论了价值、生产成本、工资、劳动与资本以及国际价值等问题。——译者注

事所节省下来的开支，轻而易举便可以达到如下规模：[*]

将煤无破碎地开采出矿井	… …	英镑 1,500	每年
将煤干干净净地开采出矿井	… …	英镑 1,500	每年
节省的巷道作业面支柱	… …	英镑 300	每年
节省的开支总计	… …	英镑 3,300	每年

这是煤矿上层管理者通过对煤矿总的工作和财产进行精心呵护和细心安排所能节省出来的经费开支之外的节约。

有些企业做生意的风险非常大，而且风险又主要来源于多种投机的原因，以至于它们盈利的多少几乎完全取决于主要人物的判断力和他们为企业投入的精力。在这样的企业内，采用合伙人关系的安排显然是不可取的。所以，毋庸置疑，在这样一些情况下，工人们无法通过上层管理者的精心呵护和细心安排对自己的工厂主给予补偿，让他们多收入一些红利，而且，由于风险可能会挥之不去，所以要分享的红利真的有可能是从资本家合理合法应得的利润中扣减下来的。没有一个人曾经在哪怕一瞬间设想过工业合伙人关系方案能够在上述条件下取得成功。不过，设想工业合伙人方案无法去顺应风险程度不同的各个行业的情况，这也是完全错误的。正如布里格斯公司所指出的那样，在决定采用哪一种可能适合于本行业情况的最低利润率时，无论是 10%，还是 12%，还是 15%，还是任意其他的百分比，企业都没有任何特别的理由。各个行业最终选中的最低利润率应能在风险、辛劳以及不得列入折旧基金、坏账基金或者工作合伙人的薪水中支出的一切其他不利条件都得到补偿

---

[*]　参见位于韦克菲尔德市的亨利·布里格斯子公司通过的《关于工业合伙人关系体制的形成、原则以及运行情况的报告》。——原作者注

之后产生通行的利息。工人阶级完全能够默认不同行业间存在着的巨大的工资差异，不要设想每个行业在凭借经验选择适合本行业的最低利润率时会遇到任何困难。与工人分享利润中的超额部分，当然会妨碍工厂主领取他们在没有利润分享体制下企业收入状况极好的年份里所收入的那么高的利润，不过这种情况会因其他年份内亏损可能性的降低而得到补偿，因为事实上低于最低利润率的任何不足部分都须在任何超额利润被分配之前用其后年份所获取的收益补足。因此，受雇者对于获取红利的热情将确保工厂主在得到自己的财富或者优秀的管理水平给其带来的超额利润之外，还能拿到公平和必要的利润。为了把工业合伙人关系原则对利润所造成的影响作一个简明扼要的总结，我可以说我认为当工业合伙人关系原则在各种各样适合的行业内进行了充分的测试之后，将会产生出如下一些影响：

（1）减少因贸易争端或者其他一些处于工人控制之下的条件而发生的生意风险。

（2）使各个年份的盈利情况更加平稳。

（3）在某种程度上使平均利润水平得到提高。

（4）在类似程度上使工人的收入水平得到提高。

十一

不过，从这样一种合伙人关系方案中会产生出一种附带的好处，对这一附带好处所具有的价值我们不可低估。如同布里格斯公司所说，当拿到红利之后，一群工人离开了出纳室，"他们成了比自己以往任何时候都更加富有的人。许多人第一次拿到了一张 5 英镑面值的钞票，而另一些人则拿到了两张这样的钞票"。布里格斯公司说，"本案例还有一个令人非常满意的特点，那就是如此分配下去的钱几乎普遍被花在了**正道上**：一些工人花钱购买了公司的股票，另一些人以分期付款方式购买了一块拥有完全地权的土地，他们要在上面盖小屋，享受舒适家庭生活的人则多得不胜枚举"。我相信，关于我国未来的福利前景，我们不可能再看到会比这些事例更有希望的事实了。这就是数百万人可以借以最终摆脱贫困的那根杠杆所发挥出来的第一个令人不知不觉的作用。

一个时常会抵消英国工匠身上所有优秀品质的重大性格缺陷是：缺乏节俭和简朴的精神。英国工匠的财务账常常只算到本周，而且倘若他在发工资那天拿到的工资可以维持到下一个发工资的日子，他就会认为自己在财务上没有问题。如若这一习惯不克服，那么无论贸易有多么的兴隆，无论出台了什么样的免税政策，或者无论我国的出口和进口发展到了多么大的规模，我国居民的发展前景都不会有任何真正的改善。工人们常常会把自己的工资看成是一生的养老金。他们时常会认为省钱就是吝啬和自私，资本家可以这样做。只要一有机会，他们就会花钱大手大脚，慷慨大方。而且有这样一个奇特的现象，工会很少（就我所了解到的情况，从来就没有过）鼓励人们去银行这样的机构去储蓄。只要这样的协会和团体为病患者和残疾人提供生活费，更换遗失的工具，承诺发放养老金，人们就会尽说它们的好话。不过尽管那样，储蓄银行还是在强制实行平等的基础上做那些事情的。收费、会员费、福利，这些对于所有人都是同样的，任何人都不会有丝毫的机会能够让自己变得比大多数人更富有。谁都不会作出丝毫努力，去鼓励人们积累财富，而且还必须补充一点，即使是那些管理最为完善的协会和团体，它们也不肯积累一些财富，以使它们能够承担起自己最终的责任。由于年轻会员源源不断加入，而且还可能由于有额外的收费收入可供依赖，所以现存的大型协会和团体毫无疑问可以在未来的许多年里生存下去，不过任何一个检查过它们的账户或者分析过那些提交给委员会证据的人，都能够轻松地看出那些协会和团体一定会要么最终解散，要么让未来一代人背上一个极其不公平的包袱。这些协会和团体过于相信每周源源不断涌入的新会员了。而这正是一切工人阶级所犯的重大错误。由此产生了每当贸易陷入暂时的波动时便会出现的贫困、过早结婚、需要就业机会的人群、因为必须挣钱贴补家用而无法上学的年轻人、必须依靠医药慈善救济的人们以及最令人悲哀的现象——大量老人涌入济贫院。有人说，每周挣20先令，要从中省出钱来并不容易。毫无疑问，这样讲是正确的。我承认这种说法是正确的，不过还是要讲此事必须得做，倘若我们要让未来的事情比它们的过去更加美好。英国居民的大多数处于不知节俭和愚昧无知的状态，他们陷入了恶性循环之中。他们愚昧无知，因为他们的父辈是愚昧无知的，他们的子子孙孙也将是愚昧无知的，直至时光的尽头，除非国家以强有力的手段进行干预。他们无法做到节俭，因为他们的父辈以及再向前推的许多代祖先就无法做到节俭，而且谁都看不到会有发生某种变化的前景。我应当把不知节俭和贫困看成是对英国人民的持久诅咒。

不过，虽然原因似乎有点微不足道，但从工人以每年分红的方式领取自己的部分收入这件事中我一定可以看到其所产生的最佳成果。这件事会不知不觉地教育工人懂得把目光放到比一周更长远的地方。这件事会为创造一个公平的开端提供一个机会。而且从我们所掌握的证据看，这些预料的东西看起来正是从这件事中产生出来的成果。毫无疑问，最为贫困的劳动力阶级真的是无法节省出任何数额可以察觉的一笔钱，不过我相信工匠的情况绝不会是这样。工匠时常每年收入75至100英镑，他们真的要比许多职员、商店店员以及尽管如此依然比较节俭的其他人有高得多的能力去省钱。截至此时，我们理应放弃这样一种观念，即认为身着黑色外衣的人要比身着皱皱巴巴的外衣，衣服上有因工作而粘满泥土的人更为富有。我已经承认，工人阶级中比较贫穷的一部分人一定还会在一段时间里继续保持其要人赡养的地位，他们依然还无法使自己跳出贫困的窠臼。不过我坚信，工人阶级中比较富裕的一部分人可能会很快对一切接受援助和靠人赡养的想法采取鄙视的态度。通过邮政人寿保险体系，工人阶级中比较富裕的一部分人能够在发生事故或者出现早死的情况下为自己的寡妇和子女提供生活费用。通过推迟领取年金养老金，这些人可以确保自己度过一个舒适的晚年并消除被送进济贫院的一切风险。病患协会和团体将确保这些人免于承受久卧病榻的压力。那些还有能力在邮局或者其他储蓄银行积累更多钱财的人可以随意应对贸易不景气的时期，或者可以移民他乡。只有通过这样几种方式来积累财富和勤俭持家，那些依靠自己劳动为生的人们才有可能提升自己的地位，摆脱风险和几乎不可避免的人生兴衰。周工资是不可依赖的，只有变成许许多多的小资本家，工人阶级才会真正摆脱不幸，这也正是他们的正确和合理的目标。

十二

在结束演讲之前,我可以说这是一个并不合意的讨论有关资本和劳动问题的场合。问题中涉及了对于数目庞大的人们的同情和反感,而且人们几乎不可能不带偏见,或者至少是不带诋毁性偏见地讨论这一主题。我非常担心一些讲授这门科学并且应当以最少偏颇的态度将这一问题视作一个科学问题的专业教师们,会让自己的判断力被同情心牵着鼻子走。这次演讲中我的确讲了许多我们这个时代三位最伟大的人民领袖的英国政治家品格问题。这三位最伟大的人民领袖是科布登、布赖特[①]以及格拉德斯通[②]。他们是坚持自由贸易和自由劳动信条而无论这些信条是受民众欢迎还是不受民众待见的最重要人物。在我看来,格拉德斯通在奥尔德姆[③]对一些比较常见的问题以及工会的规定所进行的着重谴责,给他打上了最为正直和最大无畏的部长的印迹。在劳工中间坚持极其珍贵的自由原则的人,是英国的政治家,而不是政治经济学家。

就个人而言,我的确认为工联主义原则,只要与工资调节相关,就从根本上是完全错误的。但是我看不出有任何理由可以因此

---

① 布赖特(John Bright)生于1811年11月16日,卒于1889年3月27日,是一位著名的英国激进和自由主义的政治家。他是同时代的英国人当中最伟大的演说家,自由贸易政策的鼓吹者。——译者注

② 格拉德斯通(William Ewart Gladstone)生于1809年12月29日,卒于1898年5月19日,曾担任过12年的英国首相。他强调机会均等、自由贸易以及放任自流经济政策。他在英国工人阶级当中非常受欢迎,从而赢得了"人民的威廉"的绰号。——译者注

③ 奥尔德姆(Oldham)是英国大曼彻斯特的一个城市,位于曼彻斯特市东北11.1公里处。奥尔德姆于19世纪开始兴起,曾是国际纺织机械制造业的中心。——译者注

而应当对工人们少一些同情。我相信他们正在热切地并体面地为提升自己的条件而奋斗，不过他们为实现这一目的所选择的道路却是错误的。他们必须最终从错误的道路上回到正确的道路上来，而且我毫不怀疑他们将取得比自己所寻求的更多的东西。不过，这条正确的道路却并不能从与资本所进行的徒劳斗争中找到，而要从化资本为自己盟友的过程中寻找。倘若工厂主不率先行动，采用工业合伙人关系原则，当前的邪恶状况就一定会拖延很久。不过，我并不怀疑目前存在于资本与劳动之间的坚硬和尖锐的隔离线最终将会消失。毋庸置疑，工业的合伙人关系乃是一种革新，这种关系迄今为止只在一些独特的行业内存在，所做的实验还很少。不过，我满怀信心地坚持说，**这些工业合伙人关系是一种其有用性已昭然若揭，其必要性已刻不容缓的革新**。呼唤这种工业合伙人关系出现的，不是躁动不安的变革欲望，而是在英国社会条件中所发生的伟大革命的自然结局。在 100 年的时间里，英国的伟大工厂和伟大工匠大军已经一跃而起，人们完全可以期待如此波澜壮阔的一场革新应当能够带出其他方面的革新。我们自己的生命、父辈的生命、曾祖辈人的生命，都是在平和的革命中度过的，所以在此之前社会并不了解这种情况。工匠还应当寻求再掀起另一场革命，即在自己的精神条件和物质条件中来一场革命，这是极其合理合法和恰当的事情。工匠的地位已经不再比自己富有的企业雇主低很多了，工匠与从前时代的贫穷、靠人赡养的劳动力相比地位也不再高很多。所以，我确实认为，我们只需要将某些陈旧而无根据的偏见抛诸一旁，便能将资本与劳动的不和谐音校正过来，并在某种程度上将现在把企业雇主与受雇人分割开来的隔离线擦掉。

讨论会纪要

由英国议会议员、王室法律顾问托马斯·休斯先生主持

主席说，他同意主讲人的说法，这一问题不再取决于理论而取决于经验的时刻到了。我们已经把这一经验向他们作了详细的介绍。主席本人与已经试行过的那些实验是有联系的，并且作过布里格斯煤矿的一位原始股东。他曾前往布里格斯煤矿，参加过他们的第一次会议。在1865年夏末时分，该公司成立，并在1866年的初秋时刻，公司举行了第一次年会，休斯先生出席了该次会议，并目睹了第一年的工作成果。看到运用工业合伙人关系原则在如此短暂的时间里所产生的作用，让人极感兴趣。此前，那里的事态极其严重，工厂主与工人之间的争端和社会战争数月里层出不穷，煤矿要在警察的监管之下才能维持工作。休斯先生还不能说所有的疑虑一下子都烟消云散了，在工人中间存在着某种将信将疑的感觉，疑心该方案是否是一个要把更多的钱放进企业雇主口袋中去的方案。选择拿出一个记账本并把自己所挣得的工资记在账本上的每一个工人，都有权利在每年的分红中分到一股。虽然工人的人数约为1,000人，但只有其中的大约100人对该方案抱有足够的信心，使这些人敢把那些记账本拿出来。休斯先生认为，截至第一次年会召开之时，工业合伙人关系方案已经产生了重大的影响，所有100名工人全部走出出纳室时，他们每一个人都拿到了一笔数额相当大的红利。新的计划之所以在工人中间大受欢迎的原因就在于此。自那时以来，事情就一直在好转，由更好向最好发展，而且现在每一个在公司工作的工人和孩子都小心翼翼地拿出自己的记账本,定期将自己的工资记在记账本中。在过去的两年时间里,总的来看,煤炭行业非常呆滞,非常糟糕,萧条的程度几乎与制铁行业相当。然而,虽说发生了那场经济萧条,但这些煤矿还是在继续繁荣昌盛,而且两年之间的协议条款中只有0.5%的差异。主讲人也对工业合伙人关系体制的一些优点作了预言。他引述了巴贝奇先生所作出的一些预言,其中的一个预言是,最出色的工人会很高兴在类似的原则基础上去做工。这一预言已经在前几个星期里得到了证明。几个星期之前,主讲人作为工厂主与工人之间在提高工资问题上的仲裁人前往克利夫兰的制铁地区。他在那里发现布里格斯公司已经下定决心,要在该地区的制铁行业内启动一项新的实验。它的资深合伙人在敦提拥有一座很大的黄麻公司,作为一个热心于工业合伙人关系问题的积极分子,这个资深合伙人非常急切地要把设在敦提的公司转变成一个实行工业合伙人关系原则的企业,不过这个资深合伙人未能说服自己的合伙人去这样做。这或许是因为苏格兰人都很难被说服。这个资深合伙人因此下定决心,要放弃它的合伙人关系并来到克利夫兰地区启动这些制铁公司。那里的工会秘书长告诉他(休斯先生),自从人们得知实验将很快试行,所有最优秀的工人都讲过他们愿意过来为他做事,同时还有许多人(其中一些人已经积攒了多达200英镑的存款)表示愿意将资本投在这个企业里。人们向那里的工会秘书长开出了一个签约条件,为他配备全套的员工,这些雇员全部都是禁酒主义者。因此,十分清楚,北方的工人也赞赏这一运动。休斯先生还可以确认,主讲人关于另一个问题的讲话也是正确的。当休斯先生抵达那里的时候,有十四五个工人坐在一边，与坐在另一边的十四五个工厂主面对面坐着，该地区唯一没有派代表参加会议的工厂就是福克斯-黑德公司，该公司给会议发来了一封信，说明该公司刚刚将过去一年的红利分配下去，公司职工都心满意足。作为一个例子，休斯先生还提及了他所感觉到的、人们对于布里格斯公司所采用的那个体制的信任，他说布里格斯公司已经收到了许多合作社性质的协会和团体愿意为他们的新企业提供资本的提议。哈利法克斯协会已经提出申请，要购买价值 10,000 英镑的股份。主讲人间接地提到了工会委员的报告。从他（休斯先生）与另一名委员不得不表示对该报告持有异议并且已经向女王陛下另行呈报了一份报告的情况看，他不应该为该报告承担责任。休斯先生同意主讲人的看法，也认为工会委员会并没有理解或者并不赞赏这一方案的原则，而且认为工会委员的报告一定已经给许多地方造成了伤害。休斯先生并不认为这一体制已经得到了既包括工厂主又包括工人在内的参与者的赞赏，他希望这一讲座能够广泛地在各地巡回举办，并能够导致听众对这一主题的更清楚的理解。休斯先生认为，他不需要就工会这一主题讲太多的话，因为他看到会场内工会代表的人数相当多，不过他一定要就一个问题说几句话，这个问题就是工业合伙人关系体制的排他性问题。诚然，布里格斯公司拥有绝对的权力，但是这决不意味着该公司现在不敢让那些与他们一道工作的人进来分享部分权力。布里格斯公司已经成立了一个工人委员会，委员会开会为公司提供咨询建议，工人已经提出了许多宝贵的改进工作的意见。布里格斯公司还给工人以选派一名董事进入董事会的权力，从而五名董事中的一员现在要由矿上的工人股东出任。休斯先生十分赞同主讲人的说法，同样认为这一体制为尚待解决的伟大的劳动问题提供了最佳解决方案。休斯先生深切地感觉到,仲裁体制只是一种临时的应急措施,只能带来暂时的休战,却决不可能带来令人满意的和平。要进行仲裁,就必须要有两个敌对的组织。在工人无法得知企业生意的详细情况,只能对工厂主的利润数额进行猜测的情况下,永久的和平只能是可望而不可即的。他所想象的永久和平可能会通过工业合伙人关系体制的发展得以实现。那些已经试行过工业合伙人关系体制的企业值得受到我们国家的礼赞。这些企业为英国的繁荣昌盛,为使英国的繁荣昌盛建筑于一个坚实的基础之上所做出的贡献,已经超出了许多制造更多噪音的人所做的事情。

休斯先生不得不离开会场。会议邀请弗雷德里克·希尔先生主持讨论。

佩尔先生说,他怀疑利润的分割不是以最公平的方式进行的。倘若资本家率先确保自己能够得到 10% 的利润,那么工人就理应对超过那个数额的全部利润进行分割,而不是对其中的二分之一进行分割。调节生产并不是工人的事情。交换和货币安排目前都还处于完全混乱的状态,而且由于缺乏一种科学的生产交换体制,我们每隔 10 年便会定期地发生一次经济恐慌。不能期待着由工人去承担因生产或者交换而产生的亏损。

达德利·巴克斯特先生说,煤矿行业是一个非常适于试行这一实验的行业,因为劳动在生产中所占的比重非常大,而且让工人能够以那样的方式进行生产,这是一件重大的事情。不过,假定这种实验是在丝织或者纺布产业进行的,或者是在依赖与国外生产商的竞争的任何产业内,再或者是在依赖其他条件的情况下进行的,再碰上产品几个月都销售不掉的情况，这些企业该怎么办呢？或者再作一个假定，一个煤矿的矿坑着了火，生意于是便停顿下来，那么要向资本支付的利润还要继续支付吗？这种情况极有可能宣告工业合伙人关系的终结，而工人就会到其他的地方去。工业合伙人关系原则对于工业的某些部门是适用的，但并不能用于所有的劳动力。一条原则可能适用于某一分支部门，而另一条原则一定要在另一个地方，一个劳动条件不同的地方采用。

兰珀特先生认为，将工业合伙人关系原则应用到五花八门的行业中去的极大困难在于，从来就没有进行过这样的尝试。他与棉花行业以及造船业有过大量的接触，因此他斗胆说，在目前时刻，将工业合伙人关系原则应用于那些行业是不可能的。然而，这些原则最终有可能被应用于那些行业。或许在棉纺产业内，通过采集原棉、时常还有已经制成的纱线或者布匹的市场价格，来计算每周的盈利或者亏损数额并不困难。但是，100 个加工制作企业主中也找不出一个业主会选择撞运气，让自己的利润靠原料与加工制成材料的价格差价产生。这些业主总是在投机，而对这个问题又要怎样进行管控呢？兰珀特先生明白，一定要在贸易商的利润与加工制作商的利润之间进行一次分割。事实上，每一种生意都一定存在着利润上的差异。在棉花生意中，做生意的人在少于 10 年的时间内是不可能拿到一个公平的平均值的。

阿普尔加思先生认为，主讲人详细描述的许多美妙的东西并不能完全归因于工业合伙人关系原则。所有可以讲的、肯定工业合伙人关系原则的话，也都可以用来描绘诺丁汉长筒袜编织工的情况，两者都被认为是已经确立了和平并且为提高工资准备了物质上的优越条件。主讲人谈及了工会欲在整个行业实施统一的工资水平的企图，不过工会从来就没有试图这样地去做。它们约定了一个最低工资水平，而且只是讲一个熟练工人应当领取这个数额的工资，但工会并没有以任何方式阻止这名熟练工人获得更高的工资。主讲人预言工会将会破产，而他（阿普尔加思先生）则说工会不会完蛋。阿普尔加思先生承认，木匠混合团体的10年存在史并不足以证明他的说法是正确的，或许已经存在了20年的工程师混合团体刚刚足以证实他的说法，不过，有这样一个翻砂工协会，它以同样的原则为基础，已经存在了57年。阿普尔加思先生认为，这个经验要比所有精算师的计算都更有价值。他想请主讲人指出什么地方的工人能够一年挣到100英镑。在木匠行业内，每周的工资是28先令，而木匠行业是英国技术熟练程度最高的行业。他认为，每五个木匠中也未见得能够有一个木匠一年做工52个星期。这样计算，一年所挣到的钱还不足72英镑。阿普尔加思先生承认，工会本身的弊病和缺陷要对工会所招致的许多怨恨承担责任。人们说过，巨大的困难来自工会的知识贫乏，不过，指导英国各个产业的实用知识来自哪里呢？建筑行业内的一切技能都来自工作台旁，而且这个行业的工厂主都做过工人。几年以前，阿普尔加思先生也曾经非常赞成工业合伙人关系，因为他认为，能够让工人洞悉企业雇主难处的任何办法都是有价值的。但是他坚决地认为，合伙人关系计划有利也有弊，而且他还担心这个计划会让工人满足于自己所处的地位，并且以这种方式对工人造成伤害。阿普尔加思先生相信，合伙人关系原则可以应用于许多分支部门但不适用于另一些分支部门。此外，他还相信，大的资本家将会以比以往更真实和更恰当的态度来看待本企业工人的利益，资本家以这样的态度来指挥英国经济的时刻到来了。

霍奇森博士说，他们遇到了一个诚实并且聪明的人来给他们作讲座，并且告诉他们他所看到的、对社会中一切阶级皆有好处的情况。霍奇森博士赞成主讲人关于仲裁问题的看法，认为仲裁表明这一事态中存在着某种令人不满意的东西。假定他们被告之，仲裁是调解夫妻之间存在分歧的一种绝妙方式，那么他们会认为仲裁是证明婚姻关系是否具有令人满意的性质的证据吗？霍奇森博士不晓得这种合伙人关系原则是否会取代自由贸易和自由竞争的原则。至于说约定多大一笔钱作为向企业索取的第一笔收费，这并非一个公平或者不公平的问题，这仅仅是个企业雇主与受雇者之间的纯粹安排问题。在这件事情上不存在任何原则，正如在一个工人每天是挣 30 个先令还是每个星期挣 30 个先令的问题上并不存在相关原则一样，这是一个依据劳动市场所作的一个纯粹安排问题。

杰文斯教授并不认为自己与阿普尔加思先生之间在工资水平问题上存在很大的分歧，有些工人，譬如铁水搅拌工，挣的钱数远高于 100 英镑。至于说工会的破产，杰文斯教授讲的是它们要么破产，要么把包袱甩给子孙后代。倘若一个煤矿着了火，而且这家公司因此而倒闭，那么所造成的亏损是不可以从未来的利润中支出的。对于特殊性质的风险不能不给予一定的补贴，煤矿火灾补贴就是其中之一。在布里格斯公司正在组建的这家公司里，布里格斯建议设定 15% 为最低利润率，对于这个最低利润率工人们百分之百地满意，于是，布里格斯事实上作出了保证，要给资本提供 15% 的利润回报。毋庸置疑，这个问题是个比较难以回答的问题，而且只有随着时间的推移才会找到解决的办法，从而将之推广到各式各样的行业中去。在棉花行业内，利润很高，亏损也很大，把二者全部都压在工人的肩上是不公平的。然而，杰文斯教授认为把丰厚的利润和巨大的亏损分摊到连续若干年里是不会有困难的。

弗雷德里克·希尔先生在请求会议以鼓掌的方式向主讲人表示谢忱之后借机说，他的一位相知已久的朋友住在新加坡。他想请人盖幢房子，于是听人劝告，向一个中国人提出了申请。这个中国人搞了一个协议，同意收取一定数额的费用来做这件事。希尔先生的朋友不久便发现，所有被雇来干活的工人都在所盖房子的利润中有一份，因此每个工人都注意不仅要尽力多干活，而且还要留意身边距离他最近的其他工人也能干好自己的活。通过询问他发现，这种体制在中国很普遍，在那里，每个商店店员都在其店铺老板的利润里享有一份，所以，在工业合伙人关系问题以及在许多其他问题上，中国人走在了我们的前面。

在工厂务工的已婚妇女 [*]

在着手准备一篇短小的专著《国家与劳动的关系》（*The State in its Relation to Labour*）时，我的注意力重又被工厂和车间雇用已婚妇女问题的重要意义所深深吸引。当人们去考虑每一个这样被工厂雇用的母亲都要一天当中有十个小时抛弃自己的婴儿和幼小的子女，将他们交由其他人（通常都是粗心大意的帮手）去照料的时候，这个问题与其他问题的关系当然立刻就可以看出来。在制造业地区，尤其是在曼彻斯特，这个主题长期以来一直是个经久不衰的辩论话题。在曼彻斯特，报纸上和公共社团内人们时常会就这一问题展开争论。尤其是在曼彻斯特统计学会议事录中，人们可以发现若干阶段的有关该问题的一系列论文。这些论文的作者有已故的乔治·格里夫斯博士、M.A. 贝恩斯女士、诺布尔博士、赛森博士、T.R. 威尔金森先生以及其他一些人。

曼彻斯特卫生联合会一直在对本地区的婴儿死亡情况进行登记并作分析。几乎每一期的社会科学联合会议事录中都会刊载几篇与这一主题多少有些直接关系的论文。工厂检察官的报告中，尤其是贝克先生提供的那些报告中，时常记录了一些最有价值的事实，以及这些检察官所作出的推断和思考。此外还有各种各样人们

时下会提及的其他一些官方出版物，在这些出版物中，人们处理该问题的做法已经到了几乎不厌其烦的地步。虽然只要去翻动一下浩如烟海的记录，就不可能不发现那些记录在案的邪恶事件具有怎样令人震惊的性质，然而一直到目前却都没有采取过什么行动。人们在思虑漫漫无边的悲惨社会，尤其是给无助的儿童所带来的无尽的、不可弥补的罪过时，会脱口而出引发这样一声惊叹："这样的事情能够在一个信仰基督教的国度里发生吗？"然而这样的罪过就与母亲接受工厂的雇用有牵连。

那些可以将自己的注意力病态地盯住某个卑鄙的杀人犯不放，或者盯住为了引起人类的持久兴趣而牺牲掉的二十来条狗或者几只兔子不放的公众，怎么能够安之若素地对如此广泛存在以至于人们的想象力都无法清晰地描绘其程度的邪恶现象熟视无睹呢？这是一件需要引起思考的咄咄怪事。一件相对很小并不重要的工作时常会有人满腔热情地去完成，反之，一件规模大得多又更为急迫的同类工作却只能使人无精打采地去做，这是一个令人好奇然而却又不容置疑的事实。因此，乔治·史密斯先生成功地博得了人们对少数几个在运河的船上被人养大的（往往是养不活的）孩子的极大同情。运河上的船只这一奇特的环境以及对与之有关联的那些想法的可操作性，促使史密斯先生所进行的非常恰当的运动成功地走到了立法的地步。不过我担心，婴儿死亡率总的来讲还是一种太宽泛、太模糊的概念，因此还无法吸引公众的注意力。*这是一个涉及

---

*　关于公众为什么会对这一主题无动于衷，我更倾向于接受这样一种解释。不过，一位记者坚持认为，"这只不过是中产阶级自私自利表现的一个阶段而已。"——原作者注

制造业地区的整个下层阶级居民的问题。婴儿死亡率过高，实际的死亡人数要以万来计算。简明扼要地作个说明，这个问题关系到30,000名（确定无疑），或许可以多达40,000名，甚或50,000名婴儿的死亡方式，这么多的婴儿每年由于一些本可以预防的原因在我国死亡。在为数不少的案例中，死亡是由实际上的故意杀婴行为造成的，犯罪的手法就是公然对抗法医和陪审团的调查。因此，总注册官在其《第37次年度报告》(*Thirty-Seventh Annual Report*)[*]中预示性地指出了在一座城市内大量婴儿因窒息而死亡的事件，并要求进行特别调查，当然这种特别调查从来没有进行过。[**]然而，从迄今为止数量最多的案例中，我们可以很高兴地得出这样一个结论，我们所应对的并非是真正的谋杀，而是混合了欠考虑和粗心大意两种行为的过失，从犯罪学的角度看，其严重程度可以有很大的不同，从过失杀人一直到仅仅是由于完全无辜性质的意外和无知所造成的死亡。不过无论如何，这些事实的性质还是极其严重的，一定会成为人们在即将到来的圣诞节里，围坐在温暖的壁炉和摆满丰盛菜肴的餐桌边时思考的合适问题。

为了对我们不得不应对的婴儿死亡数量形成某种初步概念，我们可以找来任何一期近年来发表的总注册官年度报告，在那里面我们可以发现一张图表，该图表给出了英国主要大城市五岁以下儿童的死亡数字。于是，我们在《第41次年度报告》第36页上发现了在英国19座大型城市中五岁以下儿童的估计数字，将各城市的数

---

[*]　参见《第37次年度报告》，第23页。——原作者注

[**]　有关这一主题，请参见英国皇家外科学会会员、F.W. 朗兹先生撰写的论文《毁灭婴儿》，载于《社会科学联合会1876年报告》(*Social Science Association, 1876, Report*)，第586页。——原作者注

字加在一起，总人数略超过 100 万（共计 1,023,896），而这个年龄段儿童的死亡人数为 85,250。然而，各城市的婴儿死亡率却相差悬殊，从死亡率比较低的朴茨茅斯市为每 1,000 人中有 59.4 人，上升至布赖顿市的 65.8 人、布里斯托尔市的 66.2 人、纽卡斯尔市的 73.2 人、伍尔弗汉普顿市的 74.8 人、伦敦市的 78.6 人、莱斯特市和诺丁汉市的 82.9 人，等等，直至我们逐渐进入较高发的城市，索尔福德市的 95.2 人、伯明翰市的 95.2 人、谢菲尔德市的 95.9 人。不光彩的城市之名由利物浦市摘走，那里的婴儿死亡率排在了最高点，达到每 1,000 人中死亡婴儿人数为 103.6。在这座大型的海港城市，（五岁以下）婴儿的死亡率为每年 $\frac{1}{10}$！现在，倘若我们可以假定城市的婴儿死亡率，如果有适当的卫生法规，理应不超过诺里奇市的婴儿死亡率，该市的平均死亡率大约为每 1,000 人中有 70 人，那么我们轻而易举便能算出这里所提及的其他大型城市的婴儿死亡人数每年超过正常值 13,500 人。不过，这个问题显然取决于我们构想的有可能实现的平均卫生条件是个什么水平。朴茨茅斯市的婴儿死亡率保持在大约每 1,000 人中有 60 人的低平均水平上，对这座城市我们不应当一开始便期待能够找到非常有利于婴儿生活的条件。总注册官评论说，这样的低死亡率或许在某种程度上要归因于这座城市内驻扎着大量的军事人员和海军，以及修船厂的能工巧匠，这个群体的人数多达几千人，都是筛选出来的健康生命。修船厂为大量的工匠提供了就业机会，而且在朴茨茅斯不存在工厂城市内存在的诱使母亲们忽视自己后代的动机。然而，我却对是否有任何理由把朴茨茅斯看成是真正的例外怀有某种疑问，而且倘若我们把那里的婴儿死亡率当作一个标准，我们就会发现其他大型城市超过正常值的婴儿死亡人数大约为 24,000 人，当然这个数字中并不包括大量较小城市的超过正常值的婴儿死亡人数。让我们来作个评述，我们在这里完全不涉及城乡之间的对比。在一个乡村比重很高的郡里，譬如多塞特郡[①] 或者威尔特郡[②]，婴儿死亡率通常不会超过大约每 1,000 人中有 40 人，甚至还可以低至 35 人。

在目前这篇文章内，我并无意将话题扩展到英国大型城市所展现出来的有关婴儿死亡率的显著差异上面去。选择利物浦市来进行对比尤其不恰当，因为该城市的婴儿死亡率虽然被列在清单之首，但是那里并没有提供妇女工作的大型纺织工厂。重新展开的、非常细致的调查，的确让我十分满意，使我在 1870 年对诸如利物浦和索尔福德等城市超过正常值的婴儿死亡率作出解释时[*]，保证了解释的正确性。统计学者要永远牢记这样一个事实，英国的不同城市和郡在很大程度上是由具有不同特性的种群居住的，在记住这一点之前，要理解他们所展示出来的深刻的卫生差异仍然是不可能的。

---

① 多塞特郡（Dorsetshire）是英国英格兰西南部的一个郡，濒临英吉利海峡。农业一直是该郡的主要传统产业，但现在已经衰落。旅游业正逐渐成为该郡的经济支柱。——译者注

② 威尔特郡（Wiltshire）是英国英格兰西南部的一个内陆郡，南面与多塞特郡接壤。历史上，威尔特郡是个农业区，有葡萄园和养羊业。现在那里有许多国际知名公司，如本田、英特尔、摩托罗拉等。——译者注

* 参见《统计学会杂志》（*Journal of the Statistical Society*）1870 年 9 月第 33 期，第 323—326 页。在这一期的《统计学会杂志》中，还重印了我作为大不列颠联合会经济科学和统计学学科主席 1870 年所作开幕讲话的附件 B。然而，还要参见 T.R. 威尔金森先生在自己题为《关于大型城市婴儿死亡率以及死亡率的评论》的论文中所表述的对立面的意见。该文章载于《曼彻斯特统计学会 1870—1871 年议事录》，第 49—55 页。——原作者注

然而，我的目的并不是要去详细地论述居民杂居所带来的影响，提及这个问题的必要性只是要对反常的现象作出解释，否则那些反常现象似乎往往会与涉及其他问题的推论发生冲突。在本篇文章里，我更希望把读者的注意力引导到一个现存的社会邪恶现象上面去，这种邪恶现象不容置疑就是间接导致很大一部分婴儿死亡的原因：我指的是雇用生育孩子的妇女离开家庭去工厂就业的现象。毫无疑问，这是触及依然悬而未决的国家与劳动关系的最重要的问题。

　　的确，长期以来，工联主义者一直在最为频繁和急切地提出建议，呼吁应当把已婚妇女"带离工厂"。这些替劳工辩护的所谓律师时常要远比公众所认为的更接近于真理。不过，不幸的是，他们给出了之所以要提出那些意见的理由，而那些理由却并不总是能够经得起检验的。那些所谓的劳工辩护者们主张将已婚妇女统统从工厂里清出去，他们辩解说，市场上的库存过剩了，倘若能把已婚妇女带离工厂，那么这项行动就会带来巨大的社会和家庭利益，与此同时，"还会减少很大部分的剩余劳动"。然而，这显然是一种糟糕的政治经济学。我们不可能通过减少劳动这一财富的源泉来使人民的福祉增加。任何一个工人也都不会得到比某些已婚妇女更多的赞赏，这些已婚妇女以毫不气馁的勤劳精神和优秀的持家本事，养活了包括孩子和丈夫在内的一家人。在那些丈夫由于事故、疾病、监狱服刑或者其他原因而无法做工的家庭，或者当丈夫抛弃了家庭的时候，妻子倘若试图取代丈夫的位置并省去工会抚养其子女的负担，那么对这样的妻子人们就只能予以赞美。还有，已婚妇女没有子女，或者她们的子女都已经度过了婴儿期的案例也很多，在这样的情况下，禁止她们就业那是没有任何根据的，而且也不曾于一种专横的做法。

这个问题还有一个无法忽视的情况。正如一位工厂检察官所指出的那样*,不幸的是,有不少既操持家务又抚养年幼子女的妇女是未婚的。现在,一项排斥已婚妇女进入工厂的法律,显然会在绝大多数情况下,通过打消妇女对婚姻所抱有的一切希望的方式,对这些悲惨的妇女产生极大的灾难性影响。在许多的案例中,正是女人所具有的挣工资的权力构成了女人对于男人找情妇行为的遏制。因此,毫无疑问,仅仅凭借"已婚妇女"那样一个定义,就把这一类人都排斥在工厂大门之外,这个念头片刻也要不得。立法机构必须应对的(倘若它能够应对的话)是"生育孩子的妇女"这样一类人。然而,关于所需立法的范围、手段以及目的,各派的意见会存在极大的分歧。主张实行最轻微形式的干预的人认为,应在妇女分娩前后的数周时间内将她们排除在工厂大门之外。芒代拉先生在向1875年的工厂法委员会作解释时说,在格拉鲁斯①以及瑞士其他一些州里,一名妇女有义务留在家中不超过六周的时间,具体的留家时间长短由女人自行确定。这样一部法律在卫生方面所具有的优点,几乎是没有什么可以怀疑的,所以剩下来的唯一一个问题似乎就是实行这样一部法律究竟具有多大的可能性。在一个像瑞士格拉鲁斯那样的山区,所有的人都相互认识,在这样的地方行得通的事情,换到人海茫茫的兰开夏郡或者伦敦就有可能完全碰壁。一般来讲,人们都会同意这样的说法,即让一个企业雇主对细致入微

---

* 参见贝克先生的报告,1873年10月,第122—128页。——原作者注

① 格拉鲁斯(Glarus)是瑞士联邦26个州中的一个,位于瑞士东部,属瑞士德语区。——译者注

地过问本企业女工的身体情况负起责任来那几乎是不可能的。此外，工厂法委员会的委员们还提出了这样一部立法可能引出的另一些严重困难，譬如，有可能引出这样一种风险，即增添了一项新的并且非常强大的隐瞒生育事实的动机。

事情看起来非常的直白，倘若我们要就生育孩子的妇女进行立法，那么就需要搞出某些更为彻底的东西。妇女们在分娩之后一个月可能就适宜去做工了，然而她们的婴儿又该怎么办呢？对于后者，可以非常肯定地讲，婴儿的生活将一落千丈，陷入靠吮吸肮脏的、发霉长毛的奶瓶子为生的灾难之中。我认为，立法机构不可能再继续地对这些毫无悬念地发生在婴儿尤其是制造业地区婴儿身上的悲惨虐婴事件置之不理了。这里面已经暗含了的婴儿死亡率过高的问题足以表明此类虐待婴儿问题的存在。十多年前（1870年5月至7月），一场旷日持久的、有关这种婴儿死亡率过高的现象是否存在以及产生原因的争论在《曼彻斯特卫报》（*The Manchester Guardian*）上展开。争论的起因是巴克森德尔先生在曼彻斯特文学和哲学学会上宣读了一篇论文，对这些事实提出了疑问。不过，亚瑟·兰塞姆博士看起来已经用确凿的证据表明，在曼彻斯特以及某些其他城市的确存在着婴儿死亡率极高的现象。大约在此同时，W.T. 查理爵士、欧内斯特·哈特先生、乔治·黑斯廷斯先生以及其他绅士组成了一个婴儿生命保护学会，而且，查理爵士还把这一主题提交给了英国议会下院。英国议会的保护婴儿生命特别委员会的报告中[*]，包含了揭示出来的令人瞠目结舌的事实，但是这些必须

---

[*] 参见英国议会文件1871年7月20日的第372期。全集系列第七卷，第607页。——原作者注

引起人们注意的事实却从来没有得到人们的注意。下面是从该委员会的报告中摘录出来的一段话*，包含了委员会的委员们认为可以证明与婴儿死亡率相关事实的简明声明：

> "一岁以下婴幼儿童中间的普通死亡率据估计为 15% 或者 16%。不过这些孩子是采用奶瓶喂养而不是母乳喂养的，因此仅仅这一个事实就使即便那些喂养方法得当的'家庭'的婴幼儿死亡率上升至 40% 甚至更高，除非他们对婴幼儿的喂养给予了极大的关心。在孩子们被送去喂养的品级低下的哺育室内，乡村地区的婴幼儿死亡率可以达到 40% 至 60%，绝大多数情况下，这种哺育室都是非法的。而在卫生条件更为不利的大型城市内，婴幼儿死亡率会攀升至 70%、80% 甚或高达 90%。所有的证人都同意这种说法，而且还有三四种情况可以有力地证实他们的看法。"

整个报告、证词以及附录通篇都暗含或者讲述着这样一个事情，即目前的育婴办法实际上时常等同于残杀婴儿。据已故的兰基斯特先生、米德尔塞克斯郡①的时任法医讲，非婚生子女在他们年满一岁之前就会被"杀掉"，而保护婴儿生命特别委员会则平静地假定，每 10 个这样的孩子中只有一人能够活下来，长大成人。英

---

* 参见该委员会报告，第 4 页。——原作者注

① 米德尔塞克斯郡（Middlesex）是英国英格兰历史上的一个郡，位于英格兰的东南部，现在已经全部纳入伦敦的城市化区域。——译者注

国医学联合会在向英国内务部长提交的一份请愿书中声称*，警察在行动中并没有发现任何大量秘密杀害婴儿的事情，杀婴犯罪在这座大都市以及其他地方每天都在发生。同一机构声称，"在孩子们按日送托儿所的制造业城市里，存在着非常多的婴儿死亡现象，主要是因为接收寄托孩子的妇女对食物不足或者食物不合适的问题管理不当，对使用鸦片催眠制品问题失于管理"。

而且还有，我们看到了这样一条重要声明："那些在这样一种不利的环境下存活下来并且长到成年的人，在体质和精神上都比较脆弱，他们在绝大多数情况下会堕入贫困和犯罪的境地。"

在读过这篇令人毛骨悚然的报告中所记载的某些事实之后，人们不可能不赞同婴儿生命保护学会所作出的这番评论，虽然人们可能会发问，婴儿生命保护学会干什么去了？"所有知道这些事实与托儿所的育婴方式有关联的人都会感到震惊。……国家把如此众多的无助婴儿的生命交到那样一些人的手上，让这些婴儿在他们的手上受罪并死去，那些人里面有很多人已经把死亡发展成了一种行业"。

然而，提交给保护婴儿生命特别委员会的问题，仅仅是个用什么样的最好办法防止**家长花钱雇用的托儿所保姆**去摧毁**送托婴儿**的生命的问题。"送托婴儿"的意思是，**每次送托儿所照看的时间在24小时以上**。因此，一般情况下，虐待孩子的问题并不能迅速地得到考虑，而委员会所提出的建议，其结果不过是一项关于对以受雇方式接收两名或者两名以上不满周岁的婴儿，对其照看时间**超过一**

---

* 参见该委员会报告，第237页。——原作者注

天的人员进行登记的一项立法提案。在英国议会再次开会的时候，这项立法提案变成了法律，该法的题目是《1872年婴儿生命保护法》[*]。该部法律除了要求进行登记外，还要求每个登记的托儿所保姆向法医提交报告，通报注册托儿所内的一切婴儿死亡情况，以便在找不到令法医满意的婴儿死亡医生证明的情况下可以进行审讯。

我们现在要对这部法律的实际情况作个分析。

虽然保护婴儿生命特别委员会的报告中已经收集了大量的事实，然而还有相当多的非常切题的信息依然可以在医务官向枢密院的报告中找到。并不需要由我来说所有这些充满卫生状况研究情况的报告具有多么大的重要意义，不过对于我们所要达到的目的来说，最重要的文件就是承蒙莫阿特博士的好意而向我指出的，由已故亨利·J.亨特博士所写的那份报告，这是一份关于英国某些乡村地区婴儿死亡率过高情况的报告。[**]的确，因为这份报告论及的是农业地区，所以它与我们的主题似乎并没有什么关系。不过，亨特博士考察过的那部分乡村地区为我们提供了一个极其有意义并且证据确凿的实验。报告人观察到在某些多沼泽的农业地区，婴儿死亡率上升很快，事态严重，而且此前唯一一次发生明显类似情况的时间是在这块土地被开垦耕种的时候。然而，由于这一变化预计可以排除沼泽地疟疾的因素，所以乍一看去随着气候变得更有利于健康，婴儿死亡的速度倒变得更快了，这似乎是无法理解的。然而，略作调查之后的情况显示，有一种远比疟疾更为致命的影响发生了

---

[*] 参见1872年《婴儿生命保护法》第38章，第35和第36款。——原作者注

[**] 参见《1863年枢密院医务官的第6次报告》，第454—462页。——原作者注

作用。年轻的母亲们在耕地帮里面找了份工作，她们把自己的婴儿托付给年长的妇女照看。报告人审查的所有证人同时作证，从而确定这真的是婴儿死亡率升高的原因。这一结果的独特重要意义在于，我们从这里看到了已婚妇女的就业在没有城市生活环境的情况下对婴儿死亡率会有怎样的影响。

我们看到，索尔福德或者诺丁汉过高的婴儿死亡率并不仅仅是因为院子里和大街上糟糕的卫生条件，因为类似的婴儿死亡率在绝大多数的乡村地区也出现过。事实上，我们作了**一次真实的、完全的归纳推理，推理显示妇女离开自己的家到外面去就业，乃是自己子女夭折的直接原因**。

亨特博士的报告中充满了其他方面的信息，这些信息的指导意义要比它给我们带来的愉悦心情更多一些。不幸的是，如此宝贵的调查结果竟被埋藏在难得一见的蓝皮书中。除了在大英博物馆或者其他少数几家公共图书馆里，这种蓝皮书几乎是找不到的。亨特博士用寥寥几句令人感动的话，描绘了许多年轻女子的身世。他写道，在这些年轻女子还只是个孩子的时候，她们就已经变成了一位母亲。写完这段文字之后，亨特博士继续写道[*]：

"在较年长的母亲身上人们可以发现更为严重的犯罪行为。在丧失了一两个孩子之后，较年长的母亲开始把这个问题看成是一种巧妙的设计，是一种投机。事情是相关的，在生第二个或者第三个小孩之时，邻居们会说：'某某又有了一个宝

---

[*]　参见亨特博士的报告，第 458 页。——原作者注

宝。你将看到小家伙活不下来。'而这话则变成了一种玩笑，孩子的母亲也会加入进来。公众舆论对于母亲的残酷行为并没有任何的谴责。人们把一位医务人员叫到婴儿身旁，因为办理登记手续非常麻烦。母亲说，孩子已经奄奄一息，而且不碰食物了。当医务人员给孩子喂食物时，孩子变得如饥似渴，像是要把喂食的勺子撕成碎片。在一些少有的情况下，外科医生会忍住自己的厌恶感觉，坚持对婴儿尸体进行解剖，他们发现胃和肠子都空空如也。"

亨特博士对于"戈弗雷"的自然历史作过非常充分和深入的调研。"戈弗雷"是一种鸦片、糖浆以及檫木注射液的复合物，成千上万的婴儿死于这种复合制剂。在许多地区，对这种产品的需求极为常见，以至于它竟变成了商店里"头牌商品"。在竞争激情的鼓舞下，商店老板以成本价销售"戈弗雷"，把它作为引诱那些目光短浅的母亲的最有效手段。这种过度竞争所带来的一个麻烦是，不同类型的"戈弗雷"功效力度会差异很大，一个粗心大意的护士，在给婴儿注射一种新品牌的兴奋剂时，有时会对这种兴奋剂所产生的结果感到惊恐。亨特博士说：*"于是，便会发生这样并不鲜见的情况，一个护士用自己的'戈弗雷'换掉顾客的'戈弗雷'（应是用顾客的'戈弗雷'替换护士的'戈弗雷'），而且，被'戈弗雷'所产生的作用吓慌了的护士会把外科医生找来。外科医生发现，6个婴儿当中有人在打鼾，有人出现斜视，所有的婴儿均脸色苍白，眼睛凹陷，躺在房间的各处，全部都中毒了。"

---

　　*　参见亨特博士的报告，第459页。——原作者注

在这样的紧急状况下，外科医生似乎都有一些独特的技术手段，用以使婴儿恢复知觉，不过我并不需要对那些技术手段去作说明。亨特声称，医务从业者普遍认为，"断奶和麻醉剂"乃是造成半数以上有记录可查的婴儿死亡现象的真正原因，无论向婴儿死亡登记部门报告的婴儿"晚期症状"可能会是什么样子。而对于达到我们的目的，有这样一段话就足够了。

格里诺博士在此前就某些制造业地区的婴儿死亡情况所提交的报告也并不缺乏指导意义。* 格里诺博士的报告是从一个在伯明翰工厂里做工的男性工人那里引发出来的。在伯明翰，许多已婚妇女要受雇去做工，她们生出的孩子每 12 个婴儿中就有 10 个在出生后几个月内死亡。这个男性工人已经对收钱办丧事司空见惯了，所以他理应了解情况。在格里诺博士作进一步的调查期间，常常会发现这里的妇女所生的孩子，有 $\frac{2}{3}$ 或者 $\frac{3}{4}$ 在婴儿时期就死了，而且，"从另一个方面看，在其他案例中，有这样一个引人注目的情况，大多数孩子是在母亲不在工厂做工，或者母亲在哺乳期间中断了做工的情况下养育起来的"。**

下面这段文字也非常切题 ***，解释了这一体制怎样发挥作用：

"由于妇女们必须一大早就赶到工厂，所以早上她们总是匆匆忙忙的，人们可以在通往工厂的路上看到她们。她们沿着

---

*　参见《1861 年枢密院医务官的第四次报告》(Fourth Report of the Medical Officer of the Privy Council, 1861)，第 187—196 页。——原作者注

**　同上，第 196 页。——原作者注

***　同上，第 192 页。——原作者注

街道快步地行走，怀里抱着还未穿完衣服的孩子，手上拿着还未穿完的剩余衣服以及孩子一天的食物。这些东西要留在负责看孩子的人那里。这样的情景常常会出现在一个寒冷冬天的早晨，天上下着雨夹雪或者飘着雪花。……那些把自己的婴儿托付给陌生人照看的家长，对自己的婴儿或多或少会变得漫不经心并且漠不关心了。而且，随着子女中许多人的死亡，这些母亲也会对这样的事实变得熟悉起来，并且在谈到自己子女的死亡时会带有一定程度的无动于衷的态度。在那些把自己的主要精力都奉献给照看子女这件事情上的妇女当中，这样的态度是罕见的。"

母亲不能在身边照看自己的子女，这对于婴儿的健康会产生怎样的影响，人们对这一问题的看法是完全一致的。这些看法被直言不讳地总结如下[*]：

"所有在目前的调查中就这一主题出面作证的医务人员，此外还有若干牧师、对访问较贫困阶级的住处已经驾轻就熟的女士、传教士、贫民救济官员以及关注这一主题的其他人员，都毫不犹豫地表示了这样一种看法，即那个使年幼儿童的母亲离开家庭、受雇于工厂和车间的体制，乃是造成大量婴儿患病并死亡的原因。"

[*] 参见《1861年枢密院医务官的第四次报告》，第192页。——原作者注

因此，这便是不断前进的科学和机器的力量所制造出来的文明的进步，$\frac{2}{3}$ 至 $\frac{3}{4}$，甚或 $\frac{5}{6}$ 的婴儿因疏于照顾而死。对于这一点，所有的官方报告都如此异口同声地表示同意，以至于我们很可以将这些报告称之为"可恶的重复"[*]。

的确，我们似乎有必要提及这样一种情况，根据上一期的《英格兰登记总监年度报告》(*Annual Report of the Registrar General for England*)(《第 42 次报告》中包含了 1879 年的情况摘要)，近年来，尤其是 1876—1879 年间，婴儿死亡率出现了下降，这期间每 1,000 个男婴中的死亡率，由原来的 73—74 人，下降至平均为 67 人。然而，这样低的婴儿死亡率可能要部分地归因于 1879 年不寻常的健康状况，那一年的婴儿死亡率不超过 64 人。值得注意的是，1841—1845 年的婴儿死亡率也接近于这个低点，也就是说，为 68.8 人，之后，迅速上升至 77.4 人。人们有某种理由可以怀疑是因工厂缺少活跃的就业机会，这可能实际上导致了被拯救的生命总量增加。无论如何，在一岁以下婴儿的死亡率继续保持在 50% 至 60% 这样的高水平上时，一些城市高于另一些城市，我们就不能否认还存在着数量庞大的、本可以避免出现的邪恶。

让我们现在来分析一下成果，在保护婴儿生命特别委员会的推动下，立法机构产生了一些成果。承蒙爱德华·赫福德先生[**]的援

---

[*] 纽马奇先生在 1861 年的不列颠联合会上说："婴儿死亡率几乎是对文明的最好测试。"参见《1861 年不列颠联合会报告》，第 202 页——原作者注

[**] 赫福德先生在保护婴儿生命特别委员会上提交了有关婴儿死亡率这一主题的重要证据。参见《问题》，第 1,907 条至 2,155 条。还请参见《报告》，第 3 页。——原作者注

助，我能够获得足够的信息。*赫福德先生如此长久并富有才干地担任着女王陛下的曼彻斯特法医。

赫福德先生本人认为，《婴儿生命保护法》(Infant Life Protection)乃是一纸空文。这一看法完全脱胎于曼彻斯特郡警察局长马尔科姆·伍德先生所作的一个声明。该声明的大意是，在这座城市内，实际上没有一家托儿所遵照该法进行了登记。诺丁汉的法医迈克尔·布朗先生从来没有听说过在诺丁汉或者周边地区有任何人要根据《婴儿生命保护法》申请一个办托儿所的执照。伯明翰的法医认为，在那座伟大的模范城市里情况也是一样，他的看法是，婴儿死亡率因为作母亲的一方在哺乳、喂食方面的糟糕表现以及缺少对婴儿的呵护而大大上升。一个大城市的郡警察局长，在被要求提供有关《查利法》(Charley's Act)的信息时，竟非常天真地回答说他并不记得从前曾经收到过任何要求得到有关《查利法》信息的申请。从另一方面看，我从利物浦的卫生医务官处得知，实际上要求登记的申请有10家，不过，人们发现只有其中的一份申请可以归入《查利法》条款的管理范围，而在目前，还没有任何一家托儿所进行过登记。在博尔顿，《查利法》也是一纸空文，虽然法医罗兰·泰勒先生说，在他面前从来不曾有过托儿所阿姨玩忽职守的案子。

诺丁汉的布朗先生所作的几个声明已经补充到了他的信件里，然而却是如此地令人瞠目结舌，以至于我必须得无删节地摘引如下

---

　　* 一定要弄清楚这样一点，任何系统或者广泛的调查都没有开展过。我找不到任何有关伦敦或者上面未曾提及的任何其他城市的信息。不过，我得到的答案足以让我们了解案例的状况。——原作者注

的几句话。*他说：

　　"你们知道，在婴儿死亡的问题上，我们的死亡率非常高，
而我则在很大程度上将这种情况归咎于年轻妇女在仓库、工厂
等地方就业，并且归咎于她们几乎不懂或者全然不懂得作为妻
子和母亲所负有的责任，婴儿们因此令人悲伤地承受了因疏忽
而导致的一切类型的伤害，从而为数众多的婴儿死于不恰当的
喂养。年轻母亲（无论已婚的，还是单身的）都有一个常见的
做法，就是在白天把她们的婴儿寄托给其他妇女来照看，而我
则总是不厌其烦地向她们说教，我在这样的案例中普遍发现的
总的不当之处。……几年前，我对一个幼小的孩子进行过一次
调查，其父母每周的收入为 50 至 60 先令，不过，他们将自己
的婴儿送到外面去喂养，因为，婴儿的母亲告诉我，她无法亲
自照看孩子，她不得不去仓库做工。那个保姆非常冷静地承
认，她照看的孩子有 18 个（其中五个是她自己的孩子），而现
在依然活着的只有一人！"

　　我丝毫不怀疑，只要进行恰当的调查，此种类型的事实就可
乎成倍地增加。事实上，几乎不需要进行什么调查。在所涉及的
地区，情况都是明摆着的，都是确认无疑的。那些在 10 年前提交

---

　　* 布朗先生的看法远非那种即兴之作，显然是以他在信中和对那些被发现已经
死亡儿童的调查结果所作的表列声明中所表达的类似看法的事实为依据形成的看法。
对已经死亡儿童的调查结果发表在《1861 年枢密院医务官的第四次报告》，第 192 页
上。——原作者注

给保护婴儿生命特别委员会的证据，完全有可能像从前一样，或者近乎于一样地适用于现在。不管怎样说事实都是如此，婴儿们现在几乎仍像十几年前一样被快速"谋杀"了。作为最后一部分的重复，我将出示如下摘要，它是是从一份曼彻斯特报纸*上精选出来的，这份报纸声称是从曼彻斯特卫生局医务官利先生近日提交的一份报告中精选出来的。他向我们通报说 1870 至 1879 年间，曼彻斯特 5 岁以下儿童的死亡人数约为全部死亡人数的 44%，而在其他地方，这一占比不超过 33%。作完这一通报之后，利先生接着说：

> "造成婴儿死亡率畸高的主要原因，乃是年幼儿童在社会的较低阶层所遭遇的疏于照看的问题。在某些情况下，母亲受雇去户外劳动，而孩子又得不到适合的食物。孩子只能留给一个年轻的姑娘去照看，而这个要照看孩子的姑娘太过年轻，就连能否照看自己都还是个问题。所以，那个身着很少衣服的婴儿便因此被暴露在恶劣的天气里。或者将婴儿留给某个年长的女人去照看，这个年长的女人为了让因为寒冷和饥饿而哭喊的婴儿安静下来就一次又一次地给婴儿喂'戈弗雷甘露酒'或者某种类似的混合物品的形式出现的鸦片酊，于是，在一个病例中小小婴儿便因抽搐而夭折，在另一个病例中，因支气管炎或者其他肺部病变而夭折。"

作为为医治这种令人悲痛事态所开出的药方，兰塞姆博士、

---

* 这家报纸在曼彻斯特似乎只印了少数几份报告，所以我没能买到一份这里所说那个报告。——原作者注

T.C.霍斯福尔先生以及曼彻斯特和索尔福德卫生联合会的各种各样的会员都提出倡议，要求建立日间托儿所，让母亲们能够在去工厂上班时把自己年幼的孩子寄放在那里，接受良好的监护。倘若找不到任何其他办法可以改善婴儿的命运，那么这样的托儿所则实在是必不可少的。不过可以肯定，托儿所仅仅是一种治标不治本的药方。而且，倘若这一药方被普遍使用，那么这一药方往往会使它本欲减少的邪恶变得更多。虽然这样的机构在数量上依然还不多见，而且卫生联合会的会员会亲自去对它们进行检查，但是毫无疑问，保健护理和医学科学所能建议的一切事情都会得到贯彻。即使是在最严密的检查下，人们还是担心许多婴儿每天集中在同一间屋子内，会使传染性疾病有了便利条件，可以在婴儿中间传播。在前面提及的向保护婴儿生命特别委员会提交的证词中，对这一问题似乎有确凿的证据，而下面这段摘要就是该委员会在其报告中说过的话：[*]

"关于慈善机构中的孩子们，人们已经清楚地明白了，将他们集中在拥挤的房间内，对于婴儿是如此地致命，以至于我们有必要将他们转移到各种各样的托儿所去。一百年以前的育婴堂医院的情况就是如此。在大科勒姆街的托儿所内也观察到了同样的情况，因此那里的婴儿现在被三三两两地送到外面去，安排在其他地方。在法国也有类似的体制，因为虽然孩子们被集中在育婴堂医院里，但还是发现有70%至80%的婴儿死亡。而现在，这些孩子被安排到外面去，单独与保姆在一

---

[*]　参见《1861年枢密院医务官的第四次报告》，第6页。——原作者注

起，并得到适当的检查，死亡率已经降低至 20% 到 30%。"

因此，事实在频繁地告诉我们，拯救婴儿生命的唯一机会就在于按照卫生联合会意欲安排的做法反其道而行之，也就是说，将孩子们隔离开来。不过，倘若让这样的托儿所能够发挥出其许多优点的话，那么它们的数量就一定要达到数百个，到那时托儿所将不可避免地变成可怕的虐婴场所。法律并未就托儿所的检查或者监管作出任何种类的规定，而为保护和护理婴儿建立的机构，都明确地免于接受《婴儿生命保护法》各项条款的监管。由各委员会的志愿会员进行检查，当然可以在少数几个托儿所内维持良好的管理水平。不过，我们从大量的案例中得知，在病人无法抱怨的地方，这样的管理方式几乎都是靠不住的。

虽然很清楚，《婴儿生命保护法》乃是一纸空文，但是我们却没有证据能够准确地表明该法怎么会失效。当然，这样的可能性会有的，即照看婴儿的保姆知道同时照看一个以上的婴儿，或者在双胞胎婴儿的情况下同时照看两个以上的婴儿乃是一种刑事犯罪，因此她们不再干这种事情。在这样的情况下，《婴儿生命保护法》在彻底镇压该法意在打击的邪恶方面，已经取得了比我所能想到的任何其他法律都大的成功。不过，更有可能的情况是这样的，我们所谈论的这些妇女并不那么了解我们所谈论的这部法律的存在。无论我们留意的是工厂中雇用的已婚妇女人数，还是已经作过估算的超过正常水平的婴儿死亡人数，我们毫无疑问能够看到，我们所谈论的这部法律丝毫也没有触及导致婴儿夭折的真正邪恶。大家还要清楚地了解到，《婴儿生命保护法》所涉及的东西，并不真的适用于我们眼前的这个问题，因为该法中的条款并不能延伸至那些将婴儿置于他们照看之下的**时间长度仅为 24 小时的一部分**的人。一个年长的妇女可能照看着 20 个或者 40 个婴儿，并且根据自己的判断给婴儿喂某种剂量的"戈弗雷甘露酒"。不过，假定那些婴儿是在夜间被抱回自己家里去的，那就不会存在任何违反该法的情况。无论该法还是特别委员会的调查，矛头指向的都是"婴儿群养"这种邪恶。不过，无论婴儿群养问题是否受到了镇压，那个作恶范围更为广阔的、与母亲去工厂做工而将婴儿送到他人家里照看的行为相联系的邪恶却依然还存在。简而言之，《婴儿生命保护法》虽然是以最善良的意图作基础的，但其所起的作用却仅仅是掩盖统治阶级无动于衷态度的一块遮羞布。

不过，我们正处于一个进退两难的境地，婴儿照旧在死亡，而且即便托儿所建立起来了，他们或许还将死掉。我们想要找到某种更为有效的救治办法，而最佳的救治办法或许可以从某种实际上要强制母亲在家里一直待到孩子快要上学的年纪的法律中找到。那些没有这类家庭责任的妇女应当能够最为自由地取得就业，这是非常可取的事情。但是，在家里有婴儿和年幼孩子的情况下，**人民的福祉**就会导致一种全然不同的看法。从所有的角度看，都没有任何一种责任能够比把母亲与自己的年幼子女捆绑在一起的那种责任更重要。野地里的走兽用与生俱来的慈爱照料和守护自己的幼崽。只有人类的母亲会把自己的婴儿孤零零地撇在一边，或者持续疏于给他们提供营养品。

年轻的已婚妇女现在能够将自己的子女撇在一边，到工厂去挣颇为优渥的工资。为此行为所创造的便利条件，强烈地刺激着人们去寻求那种目光短浅的、错误的婚姻。这一点一定也是昭然若揭的。工厂检察官的报告中有许多这样的陈述，其大意是：行为放荡的男子引诱能够胜任工作的年轻女子结婚，这些男子心怀鬼胎，认为妻子可以挣工资，能够让她们的丈夫们悠闲地打发时光。把随后发生的实际上的杀婴行为考虑在内，人们不可能想象出有比这更腐朽，或者可以说，更糟糕的状况了。

因此，人们似乎不能不承认，雇用生育子女的妇女一事导致了众多的虐婴事件，而当这些虐婴事件达到某一点时，它们可以成为授权立法所需的一切条件。至于这样一种立法应当确切地采用怎样的形式，倘若不能通过实验得知的话，那么调查一定可以给我们指明道路。瑞士以及某些外国的法律，即使可以拿来在英国人口众多的城市中实行，那似乎也不够。或许，我们可以不必等到案子成熟到能够提交法医法庭处理的地步，而在那之前就对疏于照料婴儿的事件施行限制和惩罚。将幼小的孩子独自一人关在房子里，或者要不然是将他们抛弃相当长一段时间，当然处于紧急状况的压力下时除外，都理应构成一种须接受惩罚的罪行。不过，我要进而倡议：**将三岁以下儿童的母亲彻底地从工厂和车间里解放出去。**

对这项建议自然而然会有人表示这样的反对意见，即认为没有任何办法能够让这样的法律生效。人们承认，任何如同《婴儿生命保护法》一样的完全没有效力的法律，都是对立法的一种羞辱，而这样的法律，首先以偃旗息鼓不再进行宣传的方式，继之以不鼓励人们为之作进一步努力的方式，所造成的伤害要远大于其所带来的好处。在有关这一主题的任何法律之中，一定要设置某种有效的机制，或者试图发明这样一种机制。如同所有有关工厂的其他立法一样，试点和经验一定要能表现出这种机制怎样才能得到改进并且足以实现其目的。事实上，这种立法历史已经为我们提供了暗示。1867年《车间法》（*Warshops Acts*）的失败向我们表明，在这些问题上任何事情都不能托付给当地或者大都市的政府采取行动。法律赋予的权力一定要由白厅①去行使，正如目前的《工厂和车间法》（*Factories and Workshops*）的情况那样。还有，所有对这件事情不予关注的人们普遍认为，不要把询问一个女人是否履行家庭责任的责任压在企业雇主的肩上，使之成为负担。因此，惩罚的板子一定要直接落在那些与这些责任有最直接牵连的人身上。

我完全能够意识到，要预知提出这类建议的困难会有多少，甚或会有多么荒谬，那是不可能做到的。尽管如此，我还是斗胆建议，对每一个体格健壮的丈夫或者挂名的丈夫而言，倘若他的妻子要负责照看三岁以下的儿童，却又被发现她在依法受雇于某一工厂或者车间，那就应当强制施行适当的货币惩罚。

此外，为受罚者照看婴儿的人，无论其行为看起来是否为了获利，都应当受到同样的惩罚。当然，如果照看孩子仅仅是偶尔为之，譬如是在孩子的母亲外出去将活儿取回家中来做的情况下帮助照看一下，对这样的人就不应施加任何惩罚。只有在工厂的登记簿能

① 白厅（Whitehall）是伦敦中心威斯敏斯特城内一条街道的名字。街名来自英国国王亨利八世一直到威廉三世居住的白厅宫。1698年白厅宫毁于一场大火，只有宴会大厅保存下来。白厅大道的两旁建有许多政府大楼，直至19世纪末期（1890年），这里一直是英国政府大本营所在地，因此，白厅也成为当时英国政府的代名词。1890年英国政府各总部陆续迁离白厅大道两侧的政府大楼，搬到白厅大道西南尽头的唐宁街，唐宁街10号成为英国首相官邸。因此，自19世纪末以来，唐宁街变成了英国政府的代名词。——译者注

够证明一个妇女依据《工厂法》定期地受雇于该企业的情况下，对该妇女进行起诉才是可取的。然而，企业雇主可能不得不拿出证据，来证明该妇女在该工厂上班。此外，受到罚款或者有其他违法行为的妇女将被列入名单，名单会被工厂检察官送给各个城市或者地区的企业雇主，因此，企业雇主倘若雇用一个上了那份名单的妇女，该雇主就应被处以罚款。一个妇女如果提供的是虚假名字或者虚假住址，她应受到更为严厉的惩罚。

执行必要的检查和起诉任务，不可以交由普通的警察去办。所有的经验似乎都能表明，在我们当代错综复杂的社会里，一定要有职能上的区分，也就是说，专门的责任一定要由专门的官员来履行。然而，由于目前的工厂检察官以及检察官的副手负担已经十分繁重，所以他们不可能再承担拟议中的新责任，任命大量的各种类型和各个级别的助理检察官也不会很快得到批准。现在，位于白厅的中央政府与若干警察当局之间存在着脱节与失联问题，这使得任何直接的起诉行动都变得困难重重，或者无法完成。不过，我还是斗胆建议，政府应当依照法律，要求每一个拥有本地警察的区或者地区指派一两名，如有要求甚或指派三名警官，在工厂检察官的指导下，去执行拟议中的法律条文。英国警察已经执行过许多的特别任务，譬如执行过度量衡的检查、卫生检查、对假释许可证持有者的监管等任务。现在，我会产生这样一种想象，一位执行任务的警官很快便能发现有违法的情况，因为有人抱着婴儿，沿着公共街道向托儿所走去，这对于任何一个人来说都是一件明白无误的事情。这名警官只需要一路跟踪那名女子到工厂，并在那里立即拿到所需要的一切证据。也许获取证据并没有什么困难，因为体力劳动者阶级会带着感激之情而不是厌恶的态度来接受这部法律。他们对这部拟议中的法律之所以可能会感到厌恶，或许部分的原因是受到前面已经提及的那些谬论的误导，而另外的原因是那些目前展现在眼前的那些邪恶结果使他们相信那便是该法律将要带来的。倘若体力劳动者阶级带着感激之情接受这部法律，那么他们对执行这部法律的赞同和援助态度可能正是我们所寻求的东西。至于企业雇主的利益，那一定是显而易见的，无论他们在头十年期间可能会因劳动力供给的减少而蒙受多么大的损失，都会因得到了供给充沛的、浑身朝气的年轻工人而得到丰厚的补偿，因为到那时候，这样的年轻工人就开始大量涌现了。

虽然将生育子女的妇女彻底清除出工厂的就业队伍乃是我们瞄准的目标，但我们可以短时间地把变革所引起的暴力缓和一下。个别的大型工厂可以去申领许可证，以便它们能够雇用生育子女的妇女，但须满足的条件是，在本厂厂区内或者附近地区建立**日间托儿所**，托儿所要始终处于医务监管之下，母亲可以在白天做工的间歇时段前来探望自己的婴儿。这样的计划已经被法国一些财大气粗并且乐善好施的制造业商社所采纳，而且据说已经取得了极其有益的结果。*不过，除非是在政府的直接检查之下，否则不得允许任何这样的日间托儿所存在，而且无论如何，这种日间托儿所的存在都应被视作一种过渡性的措施。

寡妇及被遗弃的妻子需要得到善待，倘若她们还有一个人口众多的家庭，她们理应在通过家庭就业所能挣到的微薄收入之外再拿

---

　　* 参见 1868—1869 年的曼彻斯特统计学会议事录，第 10 页。——原作者注

到《济贫法》(*Poor-law*)给予的救济。从长远看,《济贫法》所给予的救济,可以算是国家出钱雇用那些寡妇和被遗弃的妻子做自己子女的保姆。倘若她们只有一两个婴儿,可以允许孩子的母亲白天将婴儿寄放在日间托儿所(这些托儿所是专门为这种情况的母亲建立的,并且仅限于接收她们的子女),或者寄放在刚刚讲过的企业雇主建立的日间托儿所。

在这个只有通过试行才能解决的问题中存在一些困难,人们是不可能看不到的。譬如,这样一部禁止性的立法在挂名的已婚夫妻情况下怎样发生效力呢? 不过,当然不可以预期会有任何一位法律撰写人能够单枪匹马地把立法中的必要细节都预见到。在如此难以对付的问题上每做一件事之前,一定要由一个皇家委员会对如何处理婴幼儿童的问题进行一番细致入微的调查。很奇怪,这样的正式调查从来就没有开展过,只有对范围非常有限的《查利法》的调查是个例外。年龄较大的儿童已经多次地进入国家的视线之内,处于国家的呵护之下。结果,我国有了《基础教育法》(*Elementary Education Act*)和《工厂和车间法》,根据这些法律,五岁以上的年幼人员得到了充分的呵护。那些能够活过婴儿时期的人们,这个时候会相当的安全,他们将会拥有卫生条件良好的教室和车间。但是在五岁以下的时候,他们依然还是被社会所抛弃的,完全要听凭他们的母亲或者更不如说是听凭配有"戈弗雷"的年长妇女的摆布,只有些许的例外。1876 年工厂法的委员会委员们将这一主题短暂地搁置了起来,并且婉言拒绝出台任何限制性的措施,因为在他们看来那样的限制性措施往往会促成杀婴行为。不过,我还是斗胆建言,目前在部分制造业地区存在的高得吓人的婴儿死亡率,与杀婴行为的近似程度，足以让人们料想到的因限制性立法而出现的任何邪恶都相形见绌。

　　毫无疑问，有人可能会表示反对，认为将生育子女的妇女从公营的工厂中排斥出去，不让她们工作，那将是干涉天赋的个人自由的一个新的极端案例。哲学家会大声疾呼，我们正在侵犯抽象的权利，并且在理论上有所突破。人们毫无疑问会发现政治经济学家也同样提出了抗议，认为政治经济学的原则坚决反对对执行合同的自由进行如此的干涉。不过，我还是要斗胆坚持说，所有这一切假定的天然独立存在体、原则、规定、理论、公理以及诸如此类的东西，都顶多只是一些推定或者善行的可能性。个人将会为自己找到最佳的人生路径，并且在放手让他们可以自由地选择自己道路的情况下，他们将会最终成为出色的公民，从总体上讲，这两点的实现几率相当高。不过，几率肯定会被相反的确定性击退或者摧毁。倘若我们发现有了在工厂做工的自由就意味着要毁掉一个舒适的家，并且意味着 12 个子女中要有 10 人死亡，那么这里的邪恶就是任何理论都无法减轻的看得见的邪恶。一个母亲本人在工厂做工的时候，听到了自己的孩子死在托儿所的消息后"无动于衷"，还有什么样的情况能够比这样的行为更有悖于所有的原则、权利、自然、责任、法律或者可以想到的任何其他最不可改变的神圣的东西？社会体制犹如人的身体结构，可能已经病入膏肓，因此必须要有内科医生的干预。

　　说到自由和权利，在此问题上相关性最密切的一方是婴儿，这一点一定也是显而易见的。这些婴儿没有办法掀起一场公众宣传活动，或者倘若他们以自己的方式表示了抗议，那也会立即被人用

"戈弗雷"给平息下来。不过可以肯定，倘若有任何一种权利是植根于事物的天然适应性之中的，那这种权利就是婴儿依附于母亲乳房的权利。母亲独自一人便能够使婴儿免于实质上的饥饿和死亡。她独自一人便可以让婴儿一点点地长大，肌肉变得丰满，大脑变得更强。正是在目前这样一种情况下，权利和原则才能被一些人明目张胆地抛在一边。而且，所有这一切邪恶的源头常常就是某个无所事事、行为放荡的年轻男人，他与一个年轻的姑娘结婚，或者对她进行引诱，他知道此后可以依赖那姑娘的工资过活。

《工厂法》从 1802 年最初时的渺小开端起，一步步地逐渐发展壮大，随之而来的是一次又一次各种各样的反对之声。现在所有的阶级都认识到，这些法律对于维护英国居民不受异常事态的危害是绝对必要的，因为进化还没能来得及使自己对那些危害产生自愈的能力。毋庸置疑，经过几代人的时间，制造业人口将会对自己所处的环境变得适应起来，不过，这种适应只有通过无穷无尽的磨难和死亡才能完成。我们可以借助于进化本身所带来的最高级和最新的产物——科学，来为进化帮忙。当所有的医学学说和社会科学学说都引导我们把母亲离开家抛下婴儿的问题看作是最为严重的邪恶的原因时，我们还能够心安理得地袖手旁观，放任这种邪恶沿着自然选择的进程去为害作乱到最后吗？倘若自然选择的进程真的是在保障适者生存，因此只有虚弱的婴儿才会被杀死，而强壮的婴儿完全可以被养大，那么我们或许还可以讲一些赞成目前以冷漠的态度看待这个问题的话。不过，非常令人担忧的是，那些婴儿遭受了如此冷酷无情的饥饿折磨，从来不曾有一个婴儿能够从实质上的饥饿试验中真正恢复过来。他们维持生命的力量被不可修复地废掉了，婴儿的生长受到了抑制，长成了一个反映人类悲惨际遇的标本，沦为各种各样肉体上和精神上的邪恶的受害者。

当我们从正确的角度来看问题时，工厂立法是在赋予或者维护，而不是在毁灭权利和自由。1878 年的《工厂和车间法》看起来像是一大堆令人伤脑筋的清规戒律，但实际上，那是工人阶级的《大宪章》[①]。那是立法技巧与耐心造就出来的一个最为高尚的产物。《工厂法》总结了 80 年来人们为缓和工厂的生活而取得的经验和进行的正面实验，不过，我们没有任何理由把它看作是此类缓解性立法的最终诉求。毋庸置疑，该法为我们提供了一个喘息的台阶，不过，该法也为我们继续采用若干其他类似性质的措施给予了最好的鼓励。在所有这一切措施中，我要斗胆表示，已婚妇女就业的问题，尽管范围广、难度大，但还是应当摆在优先的位置。联合王国不断增大的财富以及永远前进的机器力量，让我们现在能够做到以前可能做不到的事情。未来的五六年会比以往任何年份都更有利于我们去实现这一目的，因为这几年很有可能处在商业周期中的繁荣阶段。有关这一主题的一部精心设计的法律如果能够成功地搞出来，虽然毫无疑问会在几年时间里造成一些麻烦或者不幸，但在几年之后，接踵而至的将是几乎令人难以置信的人民的福祉以及王国的福祉。许许多多的家庭都会成为目前我们还没有资格使用的那个甜蜜名称所指的家庭。妻子将不再仅仅是衣冠不整的工厂工人，而

---

　　① 《大宪章》（*Great Charter*）是英格兰国王约翰于 1215 年 6 月 15 日与一些造反的贵族达成的协议。英美现代意义上的陪审制度据认为就发轫于《大宪章》。《大宪章》保护个人自由，被用来反对英国国王的神圣权利，对美国 1787 年的《美国宪法》产生过影响。——译者注

会变成一位真正的母亲和一位管家，而围绕在许许多多圣诞餐桌旁的，将是成群结队的、幸福的、胖乎乎的孩子，他们将取代我们现在看到的那些像"干瘪的小猴子"一样的小姑娘，以及像"小老头"一样的小男孩。这些孩子现在的样子就是悲惨家庭幸存者们的样子。

注：在我丈夫生命的最后几周里，他常常萦怀不忘的是婴儿死亡率的问题，因为他承担了为社会科学联合会会议准备一篇有关这一主题的论文的任务。这次会议已在诺丁汉市举行。但那篇论文却永远都未能完成，而他花费了许多个小时的辛勤劳动所取得的成果也因此丧失了。在此，我只能说，他曾经极其认真细致地审查过英格兰和威尔士所有郡的每一座城市的婴儿死亡率的统计资料，而且还告诉过我，他认为通过这次详尽无遗的调查，应当能够拿出极具说服力的证明，证实母亲因去做工而不在婴儿身边对儿童死亡率的影响有多大，而且还能证实就这一主题进行立法的必要性有多么迫切。

哈丽耶特·A.杰文斯

与当今问题相关的统计学会工作 *

作为曼彻斯特统计学会主席在统计学会开幕式上的讲话

一、贸易停滞问题

二、商业波动问题

三、贫困以及减少贫困的手段

四、医疗以及其他慈善行为

有人向我提出建议，让我就一些有益于引起我们注意的主题讲几句一般性的话，认为借此来开启我们学会目前这次会议的讨论可能比较适合。一个统计学会主要的目标就是收集和公布关乎国家或者人民生产和生活条件的信息，而我们的学会会议议事录显示，我们并没有玩忽职守，无视这一目标。不过经验证明，我们的会议为我们以一种不带任何偏见的精神，去讨论重大并且直接关系公众利益的问题，提供了一次绝佳的机会。由于并没有先前所得出的结论要我们给予支持，也没有任何清规戒律为我们进行公正并且心平气和的讨论设置限制，所以我们在此开会可以不考虑其他与会会员

---

　　* 本篇讲话发表于 1869 年 11 月 10 日。——原作者注

属于哪一个宗教派别或者哪一家公众党派。从为今晚准备论文的作者那里，我们收到了以系统的形式或者科学的形式综合在一起的统计数据。要说在哪里真理可以因其本身所固有的力量占上风，那就是在我们这里。在过去的 36 年里，曼彻斯特统计学会一直在奉行一条不设障碍（或许是过于不设障碍）的职业做法。不过，只要略作调查就会显示出学会的这一职业做法一直有很大的用处。这一职业做法引发了关于许多主题的新看法和真实看法。这一职业做法或是为公众讨论各种各样现在已经为国家或者很有可能为国家带来利益的问题开了先河，或是为这样的讨论提供了动力。而且，在一个一直以来都被认为是伟大并且新颖原则的生长沃土的城市及郡里，这一职业做法也并非完全不符合其地位。

一

我们是在贸易已经毫无疑问地出现了相当严重的停滞的时刻召开此会的，而且还有不少人在竭力向国外散布自由贸易是一场失败的观念。我们被告知，一定要对英国目前商业政策所造成的后果展开调查，而且很有可能采用一种对等贸易条约的体制来取代完全的自由贸易。我们虽然依旧还生活在实行自由贸易的大都市以及自由贸易的堡垒之中，但是我们不能对如此一些观念的存在全然置之不理，而且我们有必要考虑一下我们理应去做些什么。为了不折不扣地坚持一种不偏不倚的精神，我们不可以拒绝讨论那些由恰好赞同前述观念并希望用整理得井井有条的数据来支持那些观念的任何会员向我们提出的问题。倘若有哪位"曼彻斯特制造商"或者其他鼓吹这一主题的匿名煽动者相信自己搜集到的数字，并且乐于将这些数字提交给大家作彻底的讨论，人们就会发现这里有一群不带偏见的评论家。不过可以肯定，我们最需要做的事情就是秉持不偏不倚的精神去进行讨论。那些提出问题要求进行讨论的人，要把提供证明数据的负担挑起来。而且，我们如若在这个学会内，或者我们的国家如若在议会内，要发起对某一主题的调查，那么这种调查就会使那些他们迄今为止一直引用的数据产生出比这些数据归属于他们时大得多的、不可限量的分量。贸易自由可以被看作是政治经济学的一个基本公理。虽然甚至连公理也有可能存在错误，而且一定不要禁止人们发表与公理相关的不同看法，然而我们也没有必要被吓得要对我们自己信奉的公理产生疑问。有人要对贸易状况以及当前经济萧条的原因进行真正的调查，我们对此可以表示欢迎。但是我们不要有更高的期待，以为这样一次调查会使我们关于自由贸易的看法发生改变，就像我们不要期待数学学会会在求解一道错综复杂的难题时去证伪欧几里得的公理一样。我们所要讨论的不是自由贸易原则，而是政治事件，是棉花或者玉米的供给中为什么会出现巨大的波动，尤其是与贸易相关的各个阶级中一部分人胆大妄为甚或犯罪的行径给经济生活带来的影响。这些人的行径打乱了缺乏约束的工业的行进路线。

　　一次短暂的贸易萧条之所以会发生，一些极其显然的原因，轻而易举便能对之作出解释。但为了诋毁英国施行的那项伟大和永久政策的声誉，"曼彻斯特制造商"不惜采用某种荒唐可笑、不合逻辑的手法来确定引发贸易萧条的原因。撰写这种文章的人所依赖更多的是健忘症。从此人的撰文手法上人们会推测，贸易萧条以及就业机会不足的现象，在我们国家都是全新的经历，在皮尔[①]的时代之前是闻所未闻的事情。不过，只要略微翻阅一下过去几年的记录，人们就会相信，仁慈的自由工业原则使反复出现在每一次金融体制发生更替的空档期内的贫困问题，在严重程度上得以缓解，对此我们是应当心存感激的。1817—1819年间发生了极其严峻的民生凋敝问题以及由此引发的麻烦，这些现象是在限制性体制运行了很久之后出现的，而那个时候自由贸易的概念还几乎没有人提起过。提醒人们去关注这样一些事件的每一个细节，会令人感到枯燥和乏味。倘若有人不赞成我们说是长期的战争使当时的英国工业变得虚弱了，那我愿意换种说法，谈一谈1826年发生的贫困。这次贫困发生在联合王国的投机能量还没有蛰伏的时候，而且那时英国还几乎没有向自由贸易的方向迈出过任何重要的一步。不过，我更倾向于将人们的注意力引向1841—1843年，因为这段时期会使我们更接近于目前的秩序，并能显示出一次短暂工业萧条的发生如何与征收关税与否是全无联系的。希望我们每个人都能找来一本1842年的曼彻斯特报纸汇编读一读。在那年年初的一段时间里，我们会发现报纸的每一页上都有有关"那场令人毛骨悚然的、无与伦比的贫困"的证据，引号中的形容词就是人们对这场贫困的描述，这场贫困当时遍及这个制造业地区的西部和北部。在某些地方，尤其是在佩斯利，当地居民据说是因为找不到就业机会而饿肚子，他

---

① 罗纳特·皮尔爵士（Sir Robert Peel）于1841年当选英国首相。尽管皮尔爵士在竞选英国首相的过程中表示反对征收不得人心的所得税，但就任首相后，面对空虚的国库和不断增长的财政赤字，他还是食言了，突然决定重新征收所得税。皮尔的另一重大决定，是在1846年宣布取消《玉米法》。——译者注

们恳求政府给他们送些食物。政府并没有送食物过去,不过政府的确坚持采用镇压的办法去平息在几乎绝望了的人们中间掀起的严重骚乱事件。1842年下半年,在我们这座城市里发生了面包动乱事件,这样的事件几乎不可能从我们今天所有在座各位的记忆中消失。

　　让我来提醒一下诸位,此事发生的时候,征收关税一事依然停留在以书籍的形式发表出来的阶段,该书附有一个里面包含了数目众多的商品的索引。此事发生的时候,一个按比例增减的巧妙办法使节俭安排食物供给的工作得到了改进。此事发生的时候,英国企图对煤以及其他某些材料的出口施加出口关税,希望以这样的做法对邻国的工业实行压制,而对棉花、羊毛、亚麻织物、铁等制造业产品的进口则企图施加普遍的从价进口关税,税率是从每100英镑价值的进口商品中征收5英镑至30英镑不等的进口关税,企图以此办法来促进英国自己的制造业产品。正是人们在那些经济不景气的岁月里积郁而生的不满情绪和躁动不安,最终让国家下定决心对自由贸易采取支持的态度。而且,这是一次特殊的机缘巧合,洛先生[①]刚刚宣布取消玉米关税,人们在这一年里见证了贸易保护主义的最后一点残余——小额玉米关税被取消,这一年应当为那项伟大工作的东山再起进行一次造势运动,无论这一运动的影响多么的有限、多么的让人感到不屑。

---

　　① 罗纳特·洛先生(Mr. Robert Lowe),1811年12月4日生,1892年7月27日卒,英国著名的政治家,曾在19世纪后半叶对英国政治产生过举足轻重的作用。1868—1873年,洛先生担任过英国财政大臣。——译者注

二

就我而言，当我去分析那些在不久前曾共同发挥作用，造成英国贸易发展进程被打乱的原因究竟有多么大的时候，我为我们能够如此轻而易举地克服诸如棉花饥荒以及 1866 年的经济崩溃那样的经济危机而感到极度地庆幸。我们统计学会的议事录中收纳了丰富的信息。这些信息足以让每一个人都能弄懂我们目前所处的位置，以及造成贸易停滞的真正原因是什么。据我所知，没有人能够像约翰·米尔斯先生那样把造成商业波动的原因如此严密，并且在我看来，也是如此合理地详细阐述出来。他关于《信贷周期与商业恐慌的起源》的论文，以最为透彻的方式向我们表明，那些周而复始的萧条时期并不能归咎于任何人为的原因，也不能要求国家和货币的调节行动对萧条时期的出现承担责任，萧条时期在不可兑换的纸币体制下周而复始地出现，在可自由发行的可兑换纸币的体制下周而复始地出现，在以金属货币为基础、有管制的货币发行体制下也要周而复始地出现。我可以作个补充，在采用纯粹的金属货币，而银行票据并不为人们所知的其他国家，类似的经济恐慌还是在发生。正如我已经讲过的那样，萧条时期还周而复始地出现在各种形态的关税体制下面。在我们这个国家里，本世纪甚或更早一些时候，关税都一直存在。米尔斯先生已经证明，这样的贸易波动有一个更为深层的原因，我们只能把这种更为深层的原因描述为从事贸易的各个阶级的**心理倾向**。有这样一个事实，即每隔十年或者十年左右的时间，就会出现一次希望和信心大喷发的现象，这种现象会导致投机计划的无度产生，致使负债大量增加，巨额流动资本被用于投资，临时性贸易活动变得频繁和密集起来。我们都非常清楚，一种与之相对应的反作用力不可避免地会接踵而至，而我们现在则正处于米尔斯先生非常精当地称之为"后经济恐慌时期"的第三个年头。我相信不久之后，米尔斯先生将惠赠我们一部他的那篇令人叹为观止的论文的续篇，他在续篇中将指出事情的发展轨迹多么全面地证实了他所说过的话。

目前有迹象表明，商业活动的拂晓已经到来。预示白日即将返回的第一缕霞光正开始显现出来。各公司的促销人员又开始以一种怯生生的、欲罢不能的态度提出自己的建议。因为在深海电缆的问题上并不存在任何与之相关的不幸记忆，所以那些促销人员选择以深海电缆作为首发项目，而我则并不怀疑，不出两三年我们就将再一次要为过度膨胀的信心以及偶尔出现的项目设计人员缺乏正直品质的问题而担忧了。有这样一个意味非常深长的事实，即制铁行业在经过若干年的经济萧条之后，现在正变得活跃起来。倘若该行业的工厂主以及工人只愿意让该行业按部就班地发展，那么很快就不会再有任何可以抱怨的事情了，而倘若他们过早地要求涨工资和抬高物价，那事情就将变得真的很不幸。许多人都认为涨工资和抬高物价将是南斯塔福德郡①的这一行业近期内将要作出的决定。经济繁荣或许只是一个短时间的问题，而在对于铁的需求与将要投入的固定投资金额之间存在着密切的联系，两者间的这种密切联

---

① 南斯塔福德郡（South Staffordshire）是英国中西部地区的一个郡，郡境内并无规模较大的城市。——译者注

系似乎才为铁的价格是该上涨还是该下落提供了最灵敏的商业晴雨表。

近期发生的经济崩溃尚不足以解释清楚本地区贸易中可能存在着怎样的问题，但存在的这些问题肯定可以归因于依然阴魂不散的棉花饥荒所造成的影响。在 E. 赫尔姆先生所著的 1862—1868 年间的《棉花贸易评论》(Review of the Cotton Trade)一书中，本统计学会为公众提供了或许是编排得最精当的数据，这些数据反映出棉花以及某些相关的分支制造业所处的位置。赫尔姆先生编制的表格，构成了一本有关这一主题的小巧玲珑的手册，而且没有人能够怀疑，他所证明了的本地的棉花加工制作能力与棉花供给之间存在的发展失衡问题，可以对当前的事态作出非常充分的解释。而且，我们一定还要记住，贸易利润率以及就业机会的普遍下挫，不幸与目前材料价格的高涨联合起来，使国内和国外对于棉花产品的需求都受到了抑制。因此，棉花制成品受到了几乎所有不利因素的困扰。在此情况下，有人反转过来，将所有的责难一股脑地甩到对外商务自由政策的头上，这的确是荒谬的，因为仅仅靠施行对外商务自由的政策我们就能每人得到一磅重的皮棉。

现在我要就对等贸易条约问题讲两句话。有些人一直在喋喋不休地散布这一观念，因为他们拿不出任何其他的办法。这些人忽略了这样一个事实，即每一次商业行动都是一项对等贸易条约。我们如若不出口相等价值的商品，就无法实现进口，而我们如若不进口，也就无法实现出口。当我们沿着英国自己的海岸线将贸易壁垒拆除的时候，我们不可能在刺激了贸易潮流向国内涌入的同时，不对向外涌出的贸易潮流也产生刺激作用。如若沿着他国海岸线修筑的贸易壁垒被拆除了，那么毫无疑问贸易潮流就会变得更为强劲。不过，如果我们有等待他国，直至它们都做好准备，要伴随英国同步前进的习惯，那我们今天就应当依然还处在1819年我们所站的位置上。

三

我很高兴地看到，当前的贸易萧条带来了这样一个后果，即人们的注意力已经被导向了我们国家存在的堆积如山的贫困问题。的确，工业萧条的临时状况要为过去几年间刚刚出现不久的贫困现象增多的问题负全部责任。只要经济的繁荣时期能够持续几年的工夫，那么毫无疑问，情况就将恢复到原来的状态。不过，在本世纪内，我们还会有根据英国的《济贫法》向穷人发放救济物资的举动又不留悬念地回来的时刻，还会有我们可以说这些举动的回归并非源于悔恨和忧虑的时刻吗？当我们国家在科学、机械发明、制造业领域以及贸易中所取得的全部胜利，依然没能使100万英国人摆脱悲惨无助的状态，还须仰赖他人施舍过活的时候，我们还能说我们处在一种健全的社会状态之中吗？

诚然，造成如此严重的悲惨景象的责任并不能由当前这一代人承担。贫困乃是过去五百年以来所有坏的东西以及所有立法上的缺失所带来的总的后果。我们无须用我们先辈的不足来责骂自己，就已经有足够多的问题要自己来承担责任了。需要我们自责的事情当中一定要包括这样一条：即我们享有比以往任何一个国家命中注定所能够享受到的都更为巨大的财富和更为众多的机遇，然而我们却未能做出更大的努力去纠正由于先前的疏忽而造成的后果。不过，我理解我们所要做的事情主要还不是去完成消除贫困的工作，而是在采取什么样的方式去消除贫困这一问题上达成一致。因为贫困乃是英国社会安排中一切错误做法的总的后果，所以采用任何单一的措施都无法将贫困消除。只有通过像提高人民的智力水平、培养人民的勤俭节约习惯这样一些努力，才能够使贫困现象得以减少。比较而言，物质上的富有几乎没有什么作用，因为一个工匠无论其工资水平有多么高，他的那些收入都可能会被无节制地花掉，而当命运稍微逆转的时候，他的家人或者本人就可能要进贫民收容所。在曼彻斯特的四周，我们可以发现这样一些居民，他们总体来讲或许也像世界上任何地方的居民一样，控制着大量的美食，享受着生活中一切给人带来舒适和安逸的东西，但是他们却没有任何可以仰赖的后备，没有任何应对紧急情况的储蓄，因此每当灾难出现，这些人马上就需要依赖公共基金的帮助，看到这样一些情况使人感到难过。任何人都不可能变得真正富有起来，除非他们在自己物质上的富有之外还能够养成勤俭节约和有时想着无时的习惯。这样的良好习惯将会引导他们为自己筑起一座能够保住自己曾经取得的地位的堡垒。

　　毫无疑问，普及教育乃是消除英国当前存在的邪恶的最为靠谱的万应灵药和手段。倘若我就这一主题所讲的东西并不很多，那并不是因为我感到没有很大的必要，而是因为我对这一主题的详细情况懂的并不很多，我没有资格对许多已经十分清楚并实际上很了解这一问题的本会会员大谈普及教育的意义。我只想建议本学会能够像其在建立之初时所做过的那样，在与本主题相关的调查活动和讨论活动中起个带头作用。本学会当初进行的那些调查活动和讨论活动已经引导公众舆论进入到目前这样一种健康有益的境地。本学会现在可以恰如其分地将自己的注意力放在立法所需的纤毫毕现的细节上面。我们一定要有强制性的学校就学率要求，而且我还希望，我们学会的某些会员能够作个调查，了解一下未来法律的实施可以采用哪些最有效的手段。

斩断贫困反弹现象之弹簧的另一个显而易见的方式乃是抑制酗酒问题。这里，我们又遇到了一个公众舆论以笼统的方式来表达自己态度，而在具体的细节之处却依旧还是完全持怀疑态度的问题。我非常高兴本会会员施泰因塔尔牧师在一篇论文中把执照法这一主题提交给我们。他的这篇论文让人一览无遗地看到了他对于立法细节以及对于近来公众关于这一主题的讨论情况的完美了解。不过，我要非常遗憾地说，我无法接受他所得出的结论，他认为联合王国联盟所提出的宽容性法案，乃是抑制放纵行为的最佳措施。该法案所瞄准的目标，是将一种不可能完全消灭的酒品交易行为或多或少地予以全面的禁止，而我则还有这样一个念头，即认为这种酒品交易行为也并非理应被全部消灭。依我看来，该法案并没有准确地找到正确的目标，而且我也无法说服自己去相信在实践上该法案的这一目标能够实现。没有人能够怀疑，如此强有力的一个学会通过将人们的注意力集中到社会中存在的邪恶上面会给社会带来很大的益处。不过我希望，我们可以将同样有力的支持给予我们这座城市的执照修正联盟所倡导的那些极其有意义并且还极为实用的措施。在我看来，我们所需要的乃是一个受到严密监管的、有限度的酒品交易行为，这种交易要由能够有效执行的法律来进行管控，由一个地方法官群体或者可以完全置税收官员的利益于不顾的其他人来进行管理，这些人的眼睛会紧盯着公共利益这一目标不放。

在那些为减少贫困问题可采取的次要手段中，我可以提一提巴威克·L.贝克先生在一篇极有价值并且还很实用的论文中所倡导的那些措施。贝克先生的这篇论文在本学会上次举行的会议上作过宣读。在实行济贫法的情况下，如若不能极其小心谨慎地对该法的实行予以管理，则肯定会滋生出流民乞丐这样一些滥用济贫法的问题。而我则相信贝克先生的经验可能会得到《济贫法》委员会的恰当关注。我们这个学会能够拿出像贝克先生的论文中所包括的那样的实用信息，这是值得称赞的。

在我们这座城市里，为了减少贫困人们目前还在努力进行着另外一项重要的工作，我的意思是把贫困儿童放在体面的工匠人家去抚养的做法。我们学会的一位会员查尔斯·赫福德先生是最先开始从事这项事业的人。众所周知，那些在济贫院里长大的儿童迟早总是要再回到那里去，于是这些人便形成了一种带有严格遗传特点的贫民阶级。因此，要截断贫困溪流上的分支，就要在孩提时代阻断贫困的遗传，不可能有比这种方式更为直接的减贫办法了。这个方案刚刚开始实施，根据我的所见所闻来判断，该方案的作用令人称赞，而且我相信，赫福德先生不久就将为我们提供他在这个问题上所得到的经验和成果。

四

　　我现在要转向一个我认为人们迄今尚未给予应有关注的主题。我所指的是这样一种趋势，即用于医疗目的的慈善捐款以及根据济贫法提供的医疗服务有成为培育贫民精神的温床的趋势。在一些教区内发生了患病的穷人无人问津的问题，这一问题引发了相当强烈的愤怒，而且还爆发了一场要求从总体上统一改善对穷人的医疗诊治工作的运动。每个人都一定按照最高的标准作出了判断，认为大家会像《社会责任》一文的作者那样，将自己的聪明才智最大限度地奉献给这一类的工作。而凡是读过这部作品的人几乎没有谁会对作品中所提出的仁爱观点不采取默认的态度。然而我却认为，我们一定要小心谨慎，以免我们对人道主义冲动所作出的退让，使我们做出弊多利少的事情。我担心我们可能使工会医院的收治门槛变得太低、太吸引人了，以至于这种情况可能会使工会医院本身也距离变成济贫院不远了。每当我看到本学会会员沃辛顿先生在威辛顿 ① 所盖的那间令人赞叹不已的医务室，以及本学会的议事录中有关该医务室的那些描述，这样的想法便会冒出来：威辛顿医务室便是我们应当效法的东西。不过，我感到有责任再深入一步，对

---

　　①　威辛顿（Withington）的全称叫做"威辛顿社区医院"，建在曼彻斯特市的城南。1854—1855年初建这所医务室时，它的目标是作为一家济贫院，按照英国的《济贫法》收治生病的穷人。1859年，该医务室收治的住院穷人成人为458个，儿童为195个。1864—1866年，该医务室被升格为给穷人治病的医院，并配有一位大名鼎鼎的护士弗洛伦斯·南丁格尔。2002年这家医院彻底关门。——译者注

我国医疗慈善捐款的整体政策，包括所有的免费公共医务室、药房、医院以及数额巨大的私人慈善捐款中的很大一部分提出质疑。我的意思是，所有这一切慈善捐款，都在使最贫困的阶级中间滋生出一种满足于在普通的生活需求方面也要依赖较富有阶级的自鸣得意的意识，而这些最贫困的阶级理应被引导到自力更生、自给自足的道路上去。医疗援助或许是所有慈善捐款形式中遭遇反对意见最少的一种形式，不过尽管如此，还是会有人反对医疗援助。任何一类居民中都会有一定百分比的人群随时随地遭遇健康问题或者染上疾病，天下没有比这件事更能让人确信无疑的了。我们几乎可以肯定，每一个男人、每一个女人以及每一个儿童都将要求得到某种医务治疗，而且任何一个家庭如若不是做好了准备，积攒了应对医务治疗所需的平均费用，都不能真的算是手头宽裕的家庭。每家医院和免费药房往往都会使人们丢掉节俭的习惯，而这种习惯理应用最认真的态度来进行培养，最有利于这种习惯形成的时机莫过于因病患而产生的紧急开销需要。不久以前，《泰晤士报》(*The Times*)上发表了一些引人注目并且齐全的统计资料。搜集并整理这些统计资料的是希克斯先生。这些资料显示，仅伦敦一地的已确立的慈善机构的年收入就达到了每年 200 万英镑。我担心这笔收入中的很大一部分不仅浪费在了开支过大的管理费用上面，而且还有很大一部分浪费在了使最为宝贵的自力更生品质遭到败坏的行为上面，并且因此还形成了一种鼓励人们养成乞丐和穷人习性的趋势。大约 40 年前，一些当时的国务活动家显然已经意识到，当时执行的《济贫法》正在给社会造成巨大的伤害，因为该法律允许将公共的钱财拿来进行分配，用于帮助提高工资，并且鼓励每一个人都去依赖公共基金维持生计。我担心我们现在正面临重蹈覆辙的危险，因为我们正在将较贫困阶级的全部医疗费用都压在纳税人或者慈善捐款人的肩上。这样一种状况真的没有任何一点理由再存在下去了，而这样一种状况不应当继续存在的理由却有许多。目前，几乎所有慈善性的努力所带来的结果，都是使穷人每每在遇到生活中需要紧急开销的情况时就会把依赖援助当成一种正确和天然的选择。倘若他们仅仅需要一点药品，那么这里有免费的药房。倘若他们的眼睛坏了，或者耳朵出了毛病，那么这里有适当的医疗机构。倘若任何一个人身体虚弱，健康欠佳，那么他可以寻求一个免费入院许可，入住绍斯波特医院①或巴克斯顿医院②。而当一个贫穷女人生命中最自然的危急时刻迫近时，她会期待圣玛丽医院③能够给予她援助。现在我要发问，为什么较贫穷的阶级在生活中遇到一些最常见的需要时人们会鼓励或者指点他向较富裕的阶级寻求帮助呢？倘若他们绝对地没有能力自行提供所需的东西，那么这个理由就是一个强有力的、可以理解的理由。不过，我并不相信那些人真的已经到了那样一种毫无希望的贫困地步。正相反，相当大一

---

①　绍斯波特医院（Southport Hospital）是泛指建在英国西部沿海城市绍斯波特的医院。绍斯波特市在利物浦市北面26.9公里处，西濒爱尔兰海，有大片的沙丘和湿地，是英国最受欢迎的海滨疗养胜地。体弱多病的人被送到这里的医院，一般来讲疗养的成分要大于治疗。——译者注

②　巴克斯顿医院（Buxton Hospital）是泛指建在英国中部城市巴克斯顿的医院。巴克斯顿是坐落在英国德比郡的一个水疗之城，有丰富的地热和矿泉水资源，也是英国的一个内陆疗养胜地。——译者注

③　圣玛丽医院（St. Mary's Hospital）是曼彻斯特的一家医院，建于1790年，提供一系列专门治疗妇女和儿童疾病的医疗服务。医院每年接生的婴儿近万人。——译者注

部分工人阶级（而在这些地区，几乎是整个工人阶级）的工资，倘若能够精打细算地花钱，或许都可以满足生活中一般灾病和紧急情况下的用钱需要，而且如果能够在小事上把精打细算作为规矩，那么极其慷慨大方的援助就可以恰当地用在更难以预料和更为严重的事故以及贫困救济上面。

　　不过，如果找不到某种应对灾病的补救办法，那么面对灾病而空悲切则是没有什么用处的。要发现可用于补救医疗慈善捐款的唯一办法也并无多大困难。没有人会真的以为我们要废除那些慈善捐款。不过，为什么不应当要求工人阶级向那些主要为了工人阶级自身的利益而建立起来的机构捐款呢？在许多地方都有自给自足的药房存在，这些药房向任何一个每周仅缴纳 1 到 2 个便士的人员提供一切必要的救援。我听说伦敦的一些医院已经在考虑采用这一体制，并且拒绝向一切只有小毛病的患者提供救援，除非是本院的会员。没有必要要求医院也做到自给自足。捐款和公共认捐款通常会使每一家医院或者每一家药房都有能力以医疗救助的方式，以数倍于自己所收到的小额捐款的价值回馈社会。实行会员制的目的主要并不在于筹钱，而是为了避免人民群众将自己精打细算的习惯丢弃。没有参加认捐活动的人也依旧可以得到救治，只不过要支付一笔罚金罢了。当然，遇到严重事故、急重病人或者患者一贫如洗的情况时，当事人还是会像目前一样得到免费的救治。

　　我们还不能设想我们已经进入了一个可以将某个阶级的公共善款或者私人善款分配给另一阶级使用的阶段，不过我确实认为，我们理应期待这样一种状况的出现。真正的进步往往会使每一个阶级都能做到自力更生、独立自主。自助乃是一种最为真实的帮助。而当你能够诱导另一个人或者由一群人所组成的一个阶级，在不需要你援助的情况下去开创未来的时候，你就是在给他们带去最大的利益。花在青年人教育上面的钱就具有这样一种慈善的作用。用在绝大多数其他方式的慈善捐款上面的钱，一般来讲，都具有相反的作用。因此，我斗胆提出我的看法：花在青年人教育上面的1个英镑等于用在绝大多数其他慈善捐款上面的50英镑。

我几乎不大可能忽略或者低估工会所犯下的错误，不过，我们能够否认在他们的身上所体现出来的真正的自助精神吗？只要工会的基金用在救治病人上面，用于支持那些真正失去了就业机会的人，或者用于援助那些因事故而伤残的人，那么这些基金就代表着最真实形式的精打细算，而且这些基金就已经变成了抵御贫困这种洪水猛兽的坚固堡垒。这些社会团体终究会在某一天弄明白它们为反对资本而进行的斗争具有怎样的危害性质和毫无希望的性质。这一天一定会到来，对此我并没有感到过绝望。当这一天来临时，而且当工人为了自身的利益要将自己献身于资本的积累并甘心为资本所利用时，一种新的并且更有希望的万物秩序就将不会太远了。

我已斗胆发声，表示反对滥用医疗慈善捐款，所以我想我有必要对为数众多的其他慈善捐款说上几句话。那些慈善捐款没有丝毫的可取之处。我所暗指的是一些少量的货币救济金，以及如面包、煤、毯子和其他物品之类的少量救济物资。这些东西在英格兰的几乎每一个教区都主要是通过教士之手，按照遗嘱立嘱人仁慈但却错误的用心，每隔一段时间向外发送一次。在曼彻斯特，我看到过大教堂被一群没有作过分类的穷人挤得水泄不通的样子，那里的每个人都是被召唤来领取一条毯子或者床罩的。当然，每个人都一定知道自己会因此而可能得到一定量的肉体上的舒适感。不过，这种如此随意发放慈善物资的做法，会对接受救济物资的人、对他们的精神以及对他们培养精打细算的习惯造成怎样一种影响呢？我要毫不迟疑地说，这样的慈善捐款是一种**彻头彻尾的麻烦**，因为钱不仅打了水漂，还会给人造成伤害。因此，如果能够把这些用错地方的基金挪用相当大一部分，将之改作促进教育的基金，那么这种做法就会是一个具有极佳效果的措施。这样的基金乃是真正的公共基金而不是私人基金。当国家在《济贫法》中承认，在一定的、极其必要的条件下维持生活，是每一个人都拥有的一项不可废弃的权利，并在随后每一年都要花费巨款对这一权利予以保证的时候，国家就有了充分的权利和职责，要对因其他公共基金的使用而造成贫民队伍扩大的情况展开调查。

　　1832 年的《不列颠济贫法》是所有历届政府有史以来协调成功的最为明智的措施之一，而我们这一代人还几乎未能意识到这部法律究竟使我们免于遭受了怎样一些灾难。不过我很担心，生怕任何错误的人道主义情感会引导我们放松对应用这部法律的严格要求，并且允许这部法律被人以这样或者那样的方式绕过去并且产生副作用。如果会发生这样的情况，那么我就要说，不列颠的贫困问题完全是一个不可救药的常态化的问题，而且或许还会成为对于英国文明的一个愈益增大的耻辱。毫无疑问，目前的情形要比 1832 年之前的情况多少好一些。不过，考虑到自那时以来所实行的多项改革的性质、已获得的财富数量以及社会其他阶层的人们所普遍得到的改善，我要斗胆地说，那些已经成为或者有可能变成穷人的最贫困阶级,其在人数上和前景上所得到的改善,真的是微不足道的。因为我国未来的进步会遇到各种严重的障碍,譬如长期连续不断的战争、与其他国家展开的竞争或者比较而言英国自身物质资源的枯竭,当想到这些严重的障碍可能产生多么大的影响时,我就会感到不寒而栗。

科学进步联合会经济学和统计学分部第 40 次会议的开幕辞

1870 年 9 月于利物浦 [*]

在这个分部里，我们所耕耘的知识田野是如此的辽阔，以至于没有任何一篇导言性质的讲话能够涵盖得了在当前时刻值得我们予以关注的哪怕仅仅几个重要的问题。

统计学这个名字，就其真实的含义来讲，是指与国家或者人民所处的环境相关的一切知识。的确，我很遗憾地作出这样的评论，即现在有许多人在使用"统计"一词的时候，把这个词汇当成了"数字"一词的同义词。不过，我们所处理的信息时常是通过数字和表格的形式表达出来的，这仅仅是一种偶然。随着其他科学的进步，那些科学都更多地变成了一种数量和数字的问题，我们这个学科也是如此。不过，我们一定不要认为，统计信息的标志就是以数字方式进行陈述这一做法的出现。

---

[*] 本讲话稿刊登在《统计学会杂志》1870 年 9 月号上面。演讲人以经济学和统计学分部主席身份在本次会议上致开幕辞。——原作者注

　　然而，为了使本联合会的某个分部能够以适当的方式对任何一个主题展开讨论，那么这个主题应当是能够经受得住用科学的方法进行处理的。我们不仅一定要有事实，无论是数字的还是其他形式的，而且还要有必须经过了分析、整理并采用过归纳程序或者推理程序对之作出了解释的事实。这些事实要尽可能地与已经引导其他科学分支取得了毋庸置疑的成功的那些事实完全一样。我对本联合会的创始人总是怀有一种深深的感激之情，因为他们并没有以任何狭隘的观念来限制本联合会对自然科学范畴内的事物进行调查和讨论。人们所处的环境要受到一些确定的规律的支配，无论这些规律有多么错综复杂，也无论这些规律多么难以被发现，我们这个分部的存在，就是对这一真理的一种长期不变的承认。有人指责我们说，我们无法像化学家或者天文学家那样对本学科进行精确的测量、作出精确的解释和预测，这样的指责是站不住脚的。实验主义者在对大自然进行调查时所遇到的问题，其困难程度与人类在大自然中遇到的问题是很容易进行类比的，对于人类世界的这些问题我们一定要试图予以解决。我承认，我们对于正在发生作用的原因的了解常常是不确定、不准确的，所以才使我们这个学科看起来不像是一种真正的科学。

　　政治经济学家所拥有的社会地位是任何一个人都无法企及的。政治经济学家所耕耘的土地，是介于某种已知和揣测之间的边疆地带，他们所做的努力和给出的忠告，被各个方面的人士嗤之以鼻，并遭到拒绝。倘若政治经济学家们找到了一条确定无疑的大自然的规律，并且指出如果无视这一规律将会产生怎样的灾祸，那么这些政治经济学家就会遭到大批自认为常识已经足以应对可能出现的问题的人们的攻击。人们会指责政治经济学家的推断太抽象，指责他们忽视了人类心灵的居心叵测程度，指责他们低估了关爱的价值。无论政治经济学家出于多么高尚的动机，他们都须为自己感到庆幸，倘若他们能够逃脱被各方面的人们看作是没心没肺的、厌恶人类的人，并以这样的恶名被人记入史册的厄运。这种情况实际上正是一位最高尚、最杰出人士——已故的马尔萨斯先生的厄运。另一方面，只有那些有见识并且胸襟开阔具有科学头脑的人士才会以诚挚友善的态度对待政治经济学家。我很担心，随着自然哲学家取得愈来愈多的成功，他们往往会变得与其他的征服者一样，傲慢自大、自私自利。这些人会忘记他们自己的真知灼见也是从荒谬的理论中，从不可思议的错误里，从旷日持久的辩论中脱颖而出的。这些人对我们的经济科学、统计学或者我们依旧还比较模糊不清的、被人称之为社会科学的知识体嗤之以鼻，因为我们依然还在为克服远比他们迄今为止所遭遇的大得多的困难而斗争着。不过，我还是要把我们这个分部的存在看作是一种令人满意的社会承认。社会承认我们绝对有必要尽自己最大的可能，以一种科学的精神去耕耘与经济相关的各个主题。

自然科学给人类带来的伟大和持久的利益，已经得到方方面面的鸣谢，然而这些伟大和持久的利益却只是人类所需知识中的一小部分。人类在科学的艺术作品以及制成品方面所取得的最高成就，与人民大众中存在着的水深火热并且几乎没有解决希望的贫困并存，这一现象正日益明显起来。我们能够征服物质世界的大自然。我们能够纺线织布、熔炼铁水和铸造产品，用最少的劳动创造出最多的成果。然而，大自然依然还有待于我们去征服，而且在英国居民中依然还有很大一部分人因为太无知、粗心、不知精打细算或者恶习太多而无法欣赏科学所给我们带来的财富或者不知应将这些财富积累起来的时候，前面所列举的这一切成果又有何种优势可言呢？化学分析不出人心的好坏。化学无法向我们表明，怎样才能控制住激情或者塑造出某种习惯。社会科学是自然科学的必要补充，因为只有通过社会科学的帮助，我国居民的主体才能成为诚实、节制、精打细算、头脑聪明的人民。

在过去的三四十年时间里，我们在联合王国内试行过一个规模浩大的实验，而在很大程度上这个实验已经失败。艺术作品和工业制成品的增长以及自由贸易机制的确立，已经为就业开辟出了最广阔的天地，并且带来了之前闻所未闻的财富增长。国家频繁减免税收，使工人阶级能更充分地享受他们挣到的工资。政府对《济贫法》实行了改革，对该法的管理也更加完善。人们很容易便可以料到，数以百万计的海外移民将给那些留在英国国内的人们留下生存空间。尽管如此，在过去的几年里，我们还是看到贫困现象几乎依然随处可见，而且只要贸易的萧条现象稍一复萌，整座城市和整个阶级就又会被抛入一种近乎于饥荒一样的贫困境地。这样一种令人忧虑的事实，是不可以怪罪到政治经济学家头上的。这种情况反倒是在证明，不理会政治经济学家的警告将出现什么样的后果。这种情况分毫不差地印证了马尔萨斯所作出的预言。马尔萨斯说过，一国的居民如果轻而易举便能够得到财富，那他们便会被剥夺受教育的机会，并且会在较富有阶级用错误的乐善好施行为的贿赂下，陷入一种无视未来的境地。许多人依然还在信奉这样一句谚语，即"凡是上帝造人的地方，它也会送来食物"，而且还有更多的人依然在根据这一谚语行事，在这样的情况下，我们又能期待一些什么呢？

　　我很高兴地说，尽管有各种各样的反对者，但英国还是有了一部《教育法》。300 年前，国家承认了这样一条原则，即不应当允许任何人因缺少面包而死亡。300 年以来，我们国家却一直在允许人民因缺少思想和知识而死亡。现在国家终于承认了这一最伟大的社会需要，让我们对这项姗姗来迟的承认寄予厚望吧！不过，我们还不能将我们的注意力从那些造成目前仍在全面肆虐的灾祸的其他原因上面转移开来。我尤其想要指出，目前的《济贫法》所具有的明智的预警作用，已在很大程度上被那些慈善人士的错误人道主义做法给抵消了。如果我们能够把上流阶级以这样或者那样的方式向底层阶级提供的援助款金额全部加在一起，其数额之大几乎是令人难以置信的，而且或许会远远超过根据《济贫法》所提供救济物资的费用。不过，我遗憾地认为，无论那些善款因此而做成的好事有多么伟大，它所带来的灾难性后果或许都要更大一些。**不加区别地滥施慈善救济，往往会造就一个毫无希望地生活在贫困之中的阶级，并使这一阶级永久地存在下去**，没有比这更肯定的结论了。众所周知，慈善机构和仁爱之人数目最多的那些城市恰恰正是那些无助穷人人数最众多的地方。这一现象甚至反映在了查尔斯·特里维廉爵士最近出版的一本小册子里面。特里维廉爵士写道，不定期领取救济金的穷人有自己的伦敦季节和乡村季节，他们跟随那些他们赖以取得施舍的人们迁移。戈申先生以及《济贫法》执行当局近来开始意识到，他们为救济款管理工作所进行的一切操劳，都被个体私人或者宗教协会过于丰富的慈善捐款给化作徒劳。同一个家庭时常把教区的救济款与一位或者多位女士访客以及传教士提供的捐款合在一起。因此，这不仅使挥霍浪费的行为得到了鼓励，而且还助长了赤裸裸的作弊行为。人们知道这样的事情就发生在穷人访客被骗来对那些已经秘密地拥有了足够多的生活手段的人给予帮助的地方。

然而，远比私人慈善捐款的情况更糟糕得多的，是由好心办错事的遗嘱立嘱人留下的遗赠物所建立起来的无数小规模的慈善捐款。几乎每个教区的教堂都有自己的善行登记表，里面记载着对那些将自己的田地捐赠出来，或者每年捐赠一定数额钱财的人所表示的永久感激之情，这些捐赠物品和钱财将被奉献给使教区居民永远贫民化的进程。捐赠的毯子、煤、面包或者钱财会每年一次或者两次地分发出去，分发慈善物品通常是由教区牧师和教会执事负责。这些教区的慈善捐款或多或少地起着一种诱饵的作用，这些诱饵在名义上把居民中最无助的一部分人笼络在教堂的羽翼之下。持异议的人会在自己势力足够强大的地方采取报复行动，他们的报复行动就是通过自己的传教活动与对手争夺拥有穷人的数量，并且指责罗马天主教教会在豢养乞丐。他们的这种指责恰好极其真实地反映了英国目前的教派争斗情况。因为任何法律都不可以对私人慈善捐款进行干预，所以我们对之也无能为力，只能呼吁个人自行掂量。遗嘱性的慈善捐款则是另外一种情况。

如此有益的一项措施何时才有可能为人们所接受？我们距离那一时刻的到来依然还很遥远，不过我相信我们正在迅速地接近那个时刻，到那时所有这些有害的慈善捐款将会被一扫而空。在这个国家里，我们非常尊重以往几代人的意愿，这种尊重简直达到了非理性的程度。财产法就是一个纯粹显示人类特有弱点的机制，而且因为这些法律有利于社会利益，所以恰好在这一点上我们还是可以为之作出辩护的。然而，我们对于这些法律的维护要以不超越这样的程度为限，即我国的土地和财富不能有哪怕是微不足道的一点浪费和滥用。所有的小额教区慈善捐款是否可以不转移给穷人的监护人来照看，而是将这些捐款交由《济贫法》委员会监管，并由该委员会按照合理的原则对捐款进行分配？我认为这个问题很值得引起戈申先生的注意。我不想看到在所有这类公共捐赠中还有任何私人财产的权利，而且承担着向穷人提供最后支持任务的国家，一定要防止其自己作出的减少贫困的努力也像目前的情况一样遭遇挫折。

还有，在谈到慈善捐款问题的时候，我们不可能避而不谈医疗慈善捐款所产生的影响。任何一个人都不可能提出将医院以及为数众多的、对于救治意外伤病绝对必要的机构关闭哪怕只是一小会儿的建议。不过，严重的意外疾病或者伤害，与几乎每一个人在其一生的各个不同时期都会经受的普通疾患之间还是有很大区别的。任何一个工人如果不将他工资中相当于他或者家人命中注定要在生病时花掉的平均医药费部分储存起来，他就有可能遇事拿不出钱来。倘若确定这笔平均费用的数额是多少并非一件易事，那么患者俱乐部或者可以找患者俱乐部提供帮助，该俱乐部将会使一个人一生的不均等的医药花费平均化。只要工会赞成成立这样的俱乐部，工会显示出来的就是自力更生的精神，这种精神乃是救治贫困的真正良药。

不过，出于最善良的动机，富有的阶级却正在竭尽全力抵消工匠所显示出来的健康倾向。富有的阶级不停地增加医院的数目和资金，而这些医院则相互竞争，竞相为一切前来就医的人提供最大限度的免费医疗援助。各家医院博取公共支持的吸引力大小要通过医院所吸引的就医者人数来衡量，因此，如若不作出某种总体安排，就不可能形成一个较为健全的体制。医院并不需要做到经费自理，而且在真正遇到严重并且始料不及的伤病案例时，医院会给予患者最为慷慨的医疗援助。不过我考虑，医院不应当免费救治那些仅有小毛病和普通疾患的就诊人员，除非受益者参加了认捐活动或者缴了费。正如人们会料到孩子上学要带学费一样，虽然孩子所缴的学费并不足以支撑学校的运营，而且也正如政府已经非常明智地拒绝批准普遍建立免费学校一样，我也认为各家医疗机构都应该收取医疗受益人员定期缴纳的小额捐款。此类安排远非什么稀罕的事情，社会上还有许多资金自给的药房，不过，来自免费医疗慈善捐款方面的竞争，已经在很大程度上使那些免费药房败下阵来。

希克斯先生整理了有关伦敦慈善捐款的统计资料，并在1869年2月11日的《泰晤士报》上将这些统计资料发表出来。我正在着手进行研究的这一主题究竟具有什么样的重要意义，只能由那些研究过伦敦慈善捐款统计资料的人来进行评估。人们非常渴望希克斯先生，或者其他一些统计学家能够将类似的调查扩展到联合王国的所有地方去，并让我们能够对为穷人提供免费救治援助所花的钱金额有多大形成某种概念。

与这一主题密切相关的另一主题是根据《济贫法》提供的医疗服务。一切达到贫困标准的人都可以要求得到医疗援助，而为了改善医疗援助的质量，人们已经做出了值得赞扬的努力。一些工会组织已经建立起在舒适程度和有益健康方面堪称完美的医院。每一个人都会接受这样一种情况，即那些由公款来承担其医疗费用的病人理应得到精心和人道的治疗。只要是在提供医疗援助的地方，这种医疗援助就理应是优质和充分的。不过在我看来，这一主题已经为重重的困难所包围，我无法找到走出困境的道路。我们把《济贫法》医疗服务工作做得越好，就会把一种已经过于流行的错误信念扩散得越广，使这种错误的信念影响越深远。这个错误信念便是，穷人可以趁着身体强壮的时候利用自己的工资去及时行乐，因为当穷人生病和老去的时候其他人会来照顾他。就这样，我们往往会使缺乏自力更生精神，缺少精打细算习惯的人越来越多，其社会地位被永久地固定下来。较贫困阶级的头号缺陷便是缺乏自力更生精神，缺少精打细算的习惯。在这件事情以及许多其他事情上面，我们的人道主义冲动应当被严格地引导到注重我们的行动所产生的实际结果上面来，这一点似乎仍旧是必要的。

　　我现在要转向一个我们这个分部一定要将之摆放在突出位置上的主题：我指的是我们联合王国未来的金融政策。我们现在正处于英国金融历史上的一个最特别、最快乐的时代。一场关税改革已经进行了 30 多年。而且，仅仅过了一年的时间，贸易保护主义的最后一块遗物也因洛先生取消小额玉米关税的行动而被清除了。一项伟大的方案就这样被制定出来。从此以后，倘若再出台关税豁免的举措，其出台的根据一定是全然不同的，再出台关税豁免举措的根据将如同简单取消税收的根据一样，而不是像取消贸易保护主义的关税那样让某些人受益而让另一些人受到伤害。人们可能会认为，出于增加财政收入的目的而征收的税与出于贸易保护主义的目的而征收的税之间差异非常明显，很难被人忽略。然而却有为数不少的人似乎看不出两者之间有什么差异。我们依然能听到有人讲，根本不存在自由贸易这一回事，而且在所有的海关关防大楼都被拆除之前，我们是不可能有自由贸易的。然而，这样的理论却是建立在对于"自由贸易"这一表述所作出的一种新的解释上面的，信奉这种理论的人悄悄地用这种新的解释替换了"自由贸易"一词中原有的意思。无论他对于直接征税给予了多么大的支持，科布登还是费心地对他所理解的自由贸易下了确切的定义。他说：

> "什么是自由贸易？自由贸易并非像一些反对我们的人试图去说服农业劳动力相信的情况那样，把所有的海关关防大楼全部推倒。我们的孩子们，或者他们的子孙后代，可能会有足够的智慧将海关关税予以免除。他们可能会认为通过直接征税来募集财政收入会更谨慎，也更经济。"

> "我们所说的自由贸易，是指取消一切贸易保护主义的关税。"

> "我们并不打算仅仅为了财政收入的目的去触动关税，不过我们打算阻止某些方面为了能够使自己受益却不利于任何其他人而获取财政收入。我们会谋求使女王陛下的财政收入状况得到改善。"

因此，我们坦率地承认，科布登所理解的自由贸易实际上已经实现。任何一个不大熟悉英国财政收入体制的人，都会知道皮尔、格拉德斯通以及洛都采用了什么样的技巧来调整我国的关税，以便被课税的商品应当全部都是由外国所生产的，否则海关关税就应当完全被一种消费税所抵消。我们国家现在拥有非常庞大的财政收入，数额约为四千万英镑，这些财政收入是通过对为数不多的一些商品征收海关关税或者消费税募集到的，这样做会使税收对英国贸易造成的干扰减少到最低限度。还有相当大一部分财政收入是通过对烈性酒征税募集到的。因为其他一些理由，我们希望这一类商品的消费能够被压缩而不是受到鼓励。

因此，在未来，取消海关关税的动机将会与过去时常带有的那些动机不一样，而是出于另外一些动机。是否还有其他一些财政收入的分支领域更值得我们注意，这已经成了一个有争议的问题。人们一定不要作这样的假定，即以为对外贸易应当优先于所有其他事情率先得到鼓励。我们国家的国内贸易以及国内工业，至少值得人们给予同样的注意，而且可能还有这样的情况，相对于印花税、执照税、税费或者其他税种所退还的财政收入，这些税收对贸易所造成的伤害要比目前依然还存在的任何海关关税所造成的伤害都更大。譬如，见习代理律师入行时须支付沉重的印花税，而为这种印花税的存在作辩护是不可能找到任何理由的。还有，倘若我要深入到具体的细节之中，那么我会轻而易举地指出数十个需要英国财政大臣注意的案例。

我想把地方税收作为一个尤其需要给予关注的主题点出来，对于这个主题的关注程度要高于我们对一般财政收入的任何一个分支部门的关注程度。直至前几年，地方税费所具有的重要意义还在很大程度上都被人们所忽视，因为找不到任何足以说明地方税费的数额究竟有多大的记述。英国政府近来弄到的统计表，即使到目前还依然远达不到完整的程度。不过显而易见，联合王国的全部财政收入中至少有四分之一是通过这些被人忽略了的税收和路桥费募集来的。这些税费的总额比我们对海关关税进行改革以来的30年间所取得的全部海关关税收入还多。尽管如此，英国大体上仍在继续遵照伊丽莎白女王统治时期通过的一部法律，允许地方征收这些税费。一个由精选人员组成的委员会近期作了一个部分的调查，该部分调查主要是为了证明所需进行的改革应在多大范围内进行，以及改革的难度会有多大。那些在300年前不需缴税的整个有产阶级，现在还不用缴税。而且，以一种公平的方式去矫正人们已经容忍了如此久的不公平现象，这将是一个极其棘手的问题。这个主题所具有的意义比较重大，因为可以肯定，地方的税收将持续增加。我们可以期望，总的开支将会减少，而且我们还可以预期关税的负担将减少。不过，一切更为直接的社会需求，如建立健康委员会、设立医务官员、建设公立学校、感化院、免费图书馆、公路委员会、实行主要的下水设施方案、建设自来水厂、河流净化工程、改善警察的工作条件、让《济贫法》医疗服务更趋完善，所有这一切以及数十项其他方面的耗资靡费的改革，必须主要由地方税收给予支持。这个主题将要遇到的困难，会比它现在所面临的困难更多。在这种情况出现之前，我认为，地方征税的原则和地方征税的机制都应当得到人们的彻底考察。目前，与贫民救济税相关的法律错综复杂，其复杂性达到了让人惊愕的程度。而或许正是所需改革具有的这种艰巨性质，才使金融改革家失去了向地方税收发起攻击的兴趣。然而，统计学会中若干最有才干的会员，尤其是弗雷德里克·珀迪先生、J.E.T.罗杰斯教授以及达德利·巴克斯特先生，都已经对这一主题作过处理。

我很高兴能够将本分部的注意力吸引到下面这样一个事实上

面来：伦敦统计学会收到了会员威廉·泰勒先生所捐赠的一笔50畿尼的奖金，该学会准备将这笔奖金奖励给论述联合王国地方税收的最佳论文的作者。

我们对海关关税以及消费税都提出过相当多的反对意见，因为这两种税都属于间接税。不过事实却是，直接征税在实践上是做不到的。只要做一番认真细致的审查，人们就可以发现，从某种意义上讲，要在不同的税种之间任意划出一条清晰的界限是有困难的。仅仅由那些缴税的人承担的直接税几乎没有，或者说完全没有。譬如，地方税的发生率就是一个未确定的问题，不过，我并不怀疑地方税在很大程度上会间接地下降。印花税的发生率几乎全部都是间接的，不过无法对之进行调查取证。毋庸置疑，所得税与直接税的特性很接近，不过，这种税会使诚实的人在缴税时遇到不便，而无赖却可以偷税漏税。我倾向于把普遍的直接征税方案看作是为有趣的投机行动提供了很大的活动范围，不过在实践上那些方案简直是不可能实现的。

我还有另外一个问题要鼓励大家讨论。取消各种税收，即我们可以恰当地不再把这样一种税或者那样一种税作为我们的一个主要目标的时刻到来了吗？在未来的年份里，财政收入的结余毫无疑问将不仅足以使英国的财政大臣有能力对那些国内税收的细小分支进行改革或者将之取消，而且还会有剩余。国内税收中的细小分支会引发许多的不便并对贸易造成伤害，这些不便和造成的伤害要远比它们所带来的收益大得多。如果我们可以皆大欢喜地避免战争，我们就仍能保持相当大数量的结余，那时我们的面前就会出现这样一个紧迫的问题：是把这笔财政收入拱手让人，还是应当利用这笔财政收入来减少国债?

　　在对这一主题进行分析时,我想首先指出,英国或许并不存在税收方面的重大压力,而且就若干阶级的人群来说也不存在相当严重的不平等问题。我们现在有能力以比较高的准确性来估算不同收入的人们所支付的所得税的实际比例是多少。现在,由政府发布的报告以及由若干著名的统计学家,尤其是莱昂内·利瓦伊教授、达德利·巴克斯特先生,贡献出来的劳动成果,让我们能够进行这样的计算。在1869年1月召开的统计学会议上,巴克斯特先生宣读了一篇内容翔实的论文,论文中收入的资料对我们的信息作了最新的补充,此后,该论文以单行本著作的形式发表出来。巴克斯特先生兢兢业业,手法高超,搜集了大量与分属社会不同阶级人群的习惯相关的信息。巴克斯特先生将这些信息与业已发表的财政收入账目,以及他本人与莱昂内·利瓦伊先生先前估算出来的所得税统计表合编在一起。巴克斯特先生以及利瓦伊教授都得出了这样一个结论,即只要工人阶级是在有节制地享用烈性酒和烟草,那他们就是在将自己收入中明显较小的部分缴纳给了国家,而即使工人阶级放纵自己,无度地消费烈性酒和烟草,他们所缴纳的税金,从比例上讲,也不会大于富人所缴纳的税金。

　　事有凑巧,在我得知巴克斯特先生所进行的内容翔实的调查之前,我也作了一个规模很有限的类似调查。通过调查我了解到,每年花销40英镑、85英镑以及500英镑的家庭缴纳税金的平均情况。人们可能会料到,我所得出的结论既不能与巴克斯特先生所得出的结论完全吻合,也不能与利瓦伊教授的结论完全吻合,不过偏差并不很大。我设想,分属上面所说不同阶级的家庭,因为都消费了中等数量的烟草和烈性酒，所以都将自己收入中约十分之一的部分以一般税或者地方税的形式缴纳了税金，而最近下调的食糖关税以及玉米关税的取消则都成了对纳税家庭所给予的补贴。不过有这样一个特别的情况需要予以注意，中产阶级几乎不可避免地要缴纳税金，相反，贫困阶级缴纳的税金中至少有一半要取决于他们所消费的烟草和烈性酒的数量。工匠家庭或者劳动者家庭，因为并不享用这些含有兴奋剂的商品，所以要缴纳的税金很少，大概所缴纳的税金不超过各自家庭收入的 4% 或 5%。现在，虽然有许多人是完全戒酒或者戒烟的，但还有许多人是吸烟喝酒毫无节制的，因此我认为我们不能像对待其他税种那样对待对含有兴奋剂的商品所征收的税。缴纳税金是自愿的，而且我认为也是纳税人毫不犹豫地缴付的。因此，我们对目前的税收发生率调查得越是深入，继续进一步下调海关关税和消费税的做法似乎就越是不妥。其后果将是，迄今为止很大一部分人民大众，除了还要继续缴纳地方税外，将几乎被完全免除一切税收，而政府的全部费用都将甩给较富有的阶级尤其是那些拥有有形财产的阶级来承担。

不过，我要斗胆提出另外一个问题：我怀疑现在就取消税收是否会像在未来的某个时候取消税收那样带来同样多的好处。比较而言，几乎没有任何迹象可以表明，工人阶级的工资，即使是在足以应对日常生活需要的情况下，被节省了下来并真正地用来提高工资接收者的生活条件了。他们的工资全部都花在了更高级的生活水平上面，所以工人阶级工资收入的增加几乎不能产生任何长久的好处，而当糟糕的贸易形势再次来临时，他们的贫困程度会一如既往，没有改观。只有在提高了受教育程度并懂得了要有节制地生活的情况下，事实才会证明增加工资具有实实在在的好处。因此，当真正具有伤害作用的税收被取消时，我们决不可以推论说，进一步减免税收会使人们能够更为有利地支配自己的收入。钱可以以一种对整个国家都更为有利的方式花掉，这样花钱要远比让那些被免掉税赋的人将钱花掉有利得多。

出于这一方面以及其他许多方面的考虑，所以我很高兴人们已经开始相当普遍地认识到减少全国性债务乃是恰当的举措。兰伯特先生在最近举行的一次会议上，曾巧妙地提出了这个问题，而无论是在英国议会下院还是在报纸上，都有许多人表示了支持减少债务的强烈意见。事实上，举国上下几乎都有这样一个的感觉，即认为洛先生为减少债务所施行的小规模措施与我国所面临的机遇以及摆在我们面前的意义重大的任务相比较，完全是微不足道的。在每一次间歇出现的和平时期内，我们理应将上一次战争期间所产生的费用全部清零，否则我们就要犯下将本该由收入来承担的费用转而要资本来偿付的错误。倘若一家铁路公司需要定期对其设备进行更新，并将所需更新费用全部交由资本来偿付，那么这家铁路公司最终一定会变得资不抵债而破产。所以，倘若我们每隔一段时间便提出要求，对我们这个国家的安全和独立，或者对英国因战争而取得的财产进行一番维护，而且是通过举债来完成这一切，那我们就是在把维护英国优势地位的整个花费都甩给了我们的子孙后代。的确，倘若一场大战能够让我们免除未来的一切危险，那我们是可以将这种费用资本化的，即把这些费用当成是以国家的财产作抵押所得到的一笔无期限的抵押贷款。不过，倘若任何一场战争的作用都有消耗殆尽之时，而我们又很容易时不时地卷入一些新的战争之中，那我们就不能继续理直气壮或者毫无风险地以我们国家的财产作抵押无限期地追加抵押贷款了。本世纪伊始时进行的几场战争，确保英国得到了50年甚至更长时间的不间断的和平，然而在这个财富不断增长时期的末尾，巨额债务的数目几乎还是与本世纪伊始的数目一样庞大，并无变化。我们在享受和平，却让我们的子孙后代来为维护和平所付出的代价付账。

倘若有人说，我们国家现在比以往任何时候都要富得多得多，而且也更有能力承受每年的偿债负担，那么我则要指出，战争的花费也同样大大地增加了。倘若我们能够考虑一下阿比西尼亚远征军①所消耗的费用，或者其他国家近年来产生的以及目前正在产生的巨额债务，那么显而易见，一场大战下来，我们就可能发生数亿英镑的债务，否则，英国就将不得不放弃自己的显赫地位。让我们企盼这样的灾难不会降临在我们的头上。不过，我们还是不要设想对这样的灾难毫不理会，不做任何准备，就可以躲得过去。就在几个月前，洛先生宣布说，我们一定要将英国的税收体制大体上维持在现有水平，以便英国能够得到足以应对可能发生的紧急情况所需的财政收入。他的先见之明已是显而易见的了。不过我坚持认为，他还应当再进一步，通过一种与他的大胆风格相称的削减债务措施

---

① 阿比西尼亚远征军（Abyssinian Expedition）是指1868年大英帝国派远征军赴埃塞俄比亚帝国（古阿比西尼亚）进行的一次救援和惩戒行动。当时的埃塞俄比亚帝国皇帝西奥多二世将若干传教士和两名英国政府代表投入监狱，试图借此事件引起英国政府的注意，向英国政府索要军事援助。英国政府派遣英国陆军元帅罗伯特·内皮尔率领的远征军开赴埃塞俄比亚，打败西奥多二世的军事力量，攻陷首都，解救了被关押的传教士和英国政府代表。西奥多二世兵败自杀。——译者注

使我们的双手变得强壮有力，并且在他的指挥之下实现财政盈余。不过，事实却是这样，在这样一个问题上，任何一位部长如若不能得到强有力的公众舆论支持，那他几乎不可能有任何作为。

我最想要说的话现在已经讲完了。所剩下的只是一到两个次要的话题，对于这些次要话题我将更为扼要地作一点提示。

大型城市中所发生的死亡率过高的问题，似乎要求人们给予更为密切的关注，这一问题目前所得到的关注尚不能达到其应有的程度。许多年来，利物浦在死亡率方面一直高居榜首或者排名前列，不过，经过不断努力，该城市已经变得比较健康了。另一方面，曼彻斯特虽然被时常看成是英国街道修得最好，供水质量最高，并且在其他一些方面也管理得最好的城市，但是近年来死亡率却居高不下。同样，在索尔福德市，死亡率近年来也在稳步上升。情况似乎表明，所有的错误好像都是我们造成的，而且英国所有的卫生官员、卫生委员会委员以及科学的进步和文明的进步，都没有能够阻止高于健康状态下和自然状态下正常死亡人数近一倍的人死亡。

在过去的几个月里，《曼彻斯特卫报》上展开的一场漫长讨论，将人们的注意力吸引到了这一主题上面来。这场漫长的讨论是由巴克森德尔先生引发的，他给曼彻斯特文学和哲学学会送去了一些统计资料，这些统计资料告诉人们，曼彻斯特死亡率过高的问题并不能归咎于任何婴儿死亡率畸高的情况。有这样一种陈旧的观点认为，在像曼彻斯特这样的制造业城市里，孩子的母亲疏于对孩子的照看，因为她们要在工厂里做工。不过，巴克森德尔先生向我们表明，曼彻斯特五岁以下婴儿的死亡人数在全部死亡人数中所占的比例，实际上要低于任何其他大型城市的婴儿死亡人数在总死亡人数中的占比。这一结论遭到了索尔福德卫生部门的医务官员以及曼彻斯特卫生联合会的兰塞姆博士和罗伊斯顿先生严厉的批评。这两位绅士指出,正确的计算方式应是将婴儿的死亡人数与婴儿的存活人数进行比较,将成人的死亡人数与成人的存活人数进行比较。不过,即使是在按照他们所说的计算方式进行了计算之后,结果依然如故,曼彻斯特成人死亡率过高的问题还是和婴儿死亡率过高的问题一样严重。曼彻斯特的母亲们却因此被免除了对自己婴儿疏于照看的罪名,不过与此同时一个极其重要并且充满奥秘的难题便全然无解地遗留了下来。

在分析利物浦和曼彻斯特两座城市的情况时,我们的困惑一定会增大,因为两座城市虽然都很不利于健康,但它们所呈现出来的就业形势和就业种类却迥然不同。倘若我们将利物浦与其他海港城市,譬如布里斯托尔 ①、赫尔 ② 以及伦敦,进行比较,我们会发现利物浦在人口死亡率方面大大超过了所有那些港口城市。在博尔顿 ③、贝里 ④、普雷斯顿 ⑤、斯托克波特 ⑥ 以及其他一些城市,比较而

---

① 布里斯托尔(Bristol)是英国西部的一个港口城市。——译者注

② 赫尔(Hull)是英国英格兰东北部的一个港口城市。——译者注

③ 博尔顿(Bolton)是英国大曼彻斯特郡的一个城市,自 14 世纪佛兰德(比利时西北部讲荷兰语的部族)人纺织工在这一地区定居下来之后,这座城市就成了英国的纺织工业中心。——译者注

④ 贝里(Bury)是英国大曼彻斯特郡的一个城市,历史上曾属于兰开夏郡,英国工业革命时期作为一座纺织工业城市兴起,后来并入大曼彻斯特市。——译者注

⑤ 普雷斯顿(Preston)是英国兰开夏郡的一座城市,坐落在里布尔河北岸。——译者注

⑥ 斯托克波特(Stockport)是大曼彻斯特郡的一座大型城市,曾是英国制帽工业的中心。——译者注

言，就业妇女的比例比曼彻斯特还要高，然而那些城市却都更有益于健康。还有，城市规模的大小并非决定一座城市是否有益于健康的主要原因，因为伦敦虽然居民人数要比任何一座其他城市多许多倍，却毫无疑问是座有益于健康的城市。城市所处的位置并不能为解决这一困难提供任何更好的办法，伦敦所处的位置或许像任何其他大型城市所处的位置一样不利于健康。

令我感到惊讶的是，人们并没有将更多的注意力放在贫困的爱尔兰人口可能会对英国城市的死亡率上升产生怎样的影响这个问题上面。我突然想到，那些极不利于健康的大型城市都具有这样一个共同点，即在那些城市里都聚居着占有很大比例的爱尔兰人，除此之外我没有发现那些城市之间还有任何其他的共同点。为了验证我的这一想法，我根据 1861 年的人口普查统计表，对居住在所有大不列颠较大城市中出生于爱尔兰的成年人口在当地居民中所占的比例进行了计算。于是，情况立刻一目了然。不利于健康的城市如利物浦、曼彻斯特、索尔福德、格拉斯哥 ①、敦提 ② 等等，都有一个鲜明的特点，即拥有大量的爱尔兰居民。相反，那些有益于健康的城市，如伦敦、伯明翰、布里斯托尔、赫尔、阿伯丁 ③ 等等，拥有的成年爱尔兰居民在城市居民中所占的比例都还不到 $7\frac{1}{2}$%。在用

---

① 格拉斯哥（Glasgow）是英国苏格兰地区的最大城市，也是联合王国按人口多少排座次的第三大城市，英国最大的海港，英国发展跨大西洋贸易的中心。——译者注

② 敦提（Dundee）是英国苏格兰东部的港口城市。19 世纪时，敦提成为全球的黄麻工业中心。它的这一产业以及其他主要产业为敦提赢得了"黄麻、果酱及新闻业之城"的美誉。——译者注

③ 阿伯丁（Aberdeen）是英国苏格兰东北部的港口城市。——译者注

归纳法进行的推理过程中，谢菲尔德是唯一一个突出的例外。为了确认这一结论能够成立，我似乎应当拿出证据表明都柏林[①]的死亡率的确非常高。在我们向爱尔兰总注册官[②]的报告求助时，我们发现都柏林的死亡率是低的，不过，我们又发现按比例计算都柏林的出生率甚至更低。事实上，爱尔兰的注册体制使其每个方面的注册结果都要远低于大不列颠的注册结果，以至于我们要么必须得作出这样一个结论，即那里的人口状况完全不同于我们这里的情况，要么我们一定得假定那里的注册体制非常不完备。倘若在作了进一步的调查之后发现，我们的这一假定可以对大不列颠的许多城市为什么会有很高并且很神秘的死亡率作出解释，那么我想，这个假定就会让我们免除一些困惑，使我们对英国的卫生保健措施变得更有信心，而且我们还可以确切地指出哪些地方需要我们给予最大的注意。

　　未来两三年将是统计学家非常感兴趣的时期，因为 1871 年的人口普查活动正在临近。我们很快就可以拥有能够在我们所进行的许多调查工作中提供帮助的数据，而且这些数据肯定能够使我们对许多正在发生的变化作出评估。

　　关于 1871 年的人口普查，我突然想到我只有这么一个建议要提出来，那就是，在联合王国的所有三个组成部分内，人口普查工作理应尽可能地做到步调一致，按照统一的模式来进行。我们几乎没有必要指出，统计资料的价值几乎完全取决于统计资料是否准

---

　　① 　都柏林（Dublin）是爱尔兰的首都和最大城市。1922 年爱尔兰从英国治辖下独立出来之前，一直被认为是大英帝国的一部分。——译者注

　　② 　爱尔兰总注册官（Irish Registrar-General）是爱尔兰政府负责出生、婚姻以及死亡人数统计的最高官员。——译者注

确，以及统计资料在我们对几组不同的事实进行比较时能够为我们提供多大的便利。因此，人口普查的计数方式上或者利用表格来展示人口普查结果的方式上哪怕只有非常微小的变动，都将导致错误的发生，要不然就是使不同组的事实变得无法相互比较。

这些原因的影响力究竟有多大，我无法作出估计，但是这些原因已经导致爱丁堡①和都柏林②都建立了独特的注册办公室。负责英格兰、苏格兰以及爱尔兰的若干注册办公室不仅要独立草拟有关出生率、死亡率以及结婚率的普通报告，而且甚至还让三个王国分别独立的权威机构去进行人口普查工作。于是，我们便真的有了三次单独的人口普查和三份单独的人口普查报告，而且至少是在1861年，这些人口普查报告中的表格在很大程度上是按照不同的方式制作的。因此，我们亟需统一和协调一致，从科学的角度看，这种统一和协调一致是不可或缺的。倘若世间有什么事情要比其他事情更需要完美的统一和集中化，那么这件事情就是人口普查工作以及登记办公室的工作。不过，倘若我们无法做到只拥有一个中央登记办公室，那就让我们期盼若干个总注册官能够携手合作，以便能够在人口普查工作中以最近似的方式实现协调一致。不同的领土划分以及不同的领土安排，可能需要在计数的方式上作一些修正，不过除了需要在这一方面进行一些修正外，其余的方面都应当做到完美的一致，分毫不差。

---

①　爱丁堡（Edinburgh）是英国苏格兰地区的首府，因此也是苏格兰的代名词。——译者注

②　都柏林（Dublin）是爱尔兰的首都，因此也是爱尔兰的代名词。当时的爱尔兰尚未独立，是英国的一个属地。——译者注

　　我想利用一小会儿的时间把你们的注意力引向浩如烟海并非常卓越的统计学出版物上面去。英国政府现在为我们提供了如此多、如此好的统计学出版物。部分地因为人们对蓝皮书[①]抱有偏见，部分地因为（或许是这样）出版物的出版方式缺乏效力，公众普遍不知道只要花上 8 个便士，任何人就都可以得到一本贸易委员会出的统计摘要，这里面包括了令人击掌叫好的、从英国此前十五年间发表的主要统计资料中精选出来的数据。还有，只要花上几个先令，人们就可以拿到贸易委员会的各种统计资料荟萃，里面提供了有关近三年事实数据的出色汇编信息，虽然我仍希望这些信息能够更新到更接近于资料的出版时间。

　　渐渐地，大量的统计信息体系已经被引入到英国议会的文件中去。这些统计信息总是浩如烟海，令人目不暇接，而且事实上更不如说是太冗长了。不过直至上一个二十年，这些统计信息主要地还是一些并不相关的、偶尔发表的统计报告，对于统计学家来说，这样的统计信息是极其令人厌恶的，而且时常是没有任何用处的。让我们得到最为有用信息的是定期出版的年度出版物，这些年度出版物上以统一的模式刊载了统计信息，这样的统计信息能够让我们对之进行比较和消化。由各个政府部门在某些年里发表的年度报告，乃是最好的统计资料源泉。因此我想向大家暗示，还有若干个公共部门，譬如说铸币厂，迄今尚未提供任何定期的年度报告。

　　我尤其还想把国内税务部上次发布的报告作为我们渴望其他部门可以效仿的一个报告范本。除了通常的年度报告外，国内税务

---

　　① 蓝皮书（Blue Books）是英国政府定期发布的官方报告。——译者注

部上次的报告中还包含此前十年间的年度报告摘要，以及更为有价值的东西——有关国内全部税收的完整表格，这里面有从那些税收最初设立时起一直到目前的表格，一些报表甚至可以追溯到19世纪伊始时期。因此，我们得到了一部有关国内税收的完整历史。我不能不认为，许多其他部门也可以按照类似的做法，花费很少一点钱，将许多很有价值的信息提供给公众。

在另一些场合，我应当已经对你们讲过一些有关国际货币的事情。就在目前这一场令人不快的战争爆发之前不久，一个在巴黎的委员会作出报告，显示在大英帝国和美国，条件极其有利于我们采用一种国际货币。与此同时，他们还准备在柏林召开一次大会，会议或许会产生一些关于普鲁士的重要措施。简而言之，所做的每一件事情都对尽早采用一种共同的货币有利。不过，几乎不必说，对于这样一场伟大改革所抱有的一切希望都一定会被推迟到当和平再一次被人们坚定地建立起来之时。

自本联合会上次开会以来，将电报业务转由政府来管控的伟大实验已经展开。实验的结果在某种程度上是令人失望的。经营电报业务的企业主在与政府进行谈判的时候，发现自己的财产比之前对财产进行分析时的估值高出约一倍。企业主通过出售企业财产，赚得了巨额的利润。在我看来，企业主赚得的巨额利润似乎将给未来进行的任何类似的转让设置巨大的困难。譬如，仅设想政府能否收购铁路，就成了完全异想天开的事情，因为铁路资产的价值大约是电报业务的250倍，倘若以同样的估值方式收购，那么购买铁路的费用就将比全国的债务总额还要大得多。还有，电报部门的运行情况也证实了人们的这样一种预想，即我们一定不要指望政府收购电报业务会产生任何像建立了便士邮政①之后所产生的那样的结果。许多人已经在期待着发一封电报统一收费 6 个便士时代的到来，不过，我相信他们将会失望的。他们忽略了这样一个本质上的差异：数量很大的信件可以几乎像发送一封信那么便宜地发走，而发送每一封电报所发生的线路占用时间却都是一定的，并且一般来讲，都要求通过一个特殊的信差将电报递送出去。因此，倘若我们准备快速地将电报发送出去，那么经营电报业务的部门就必须在财产和人员当然还有部门的开销方面以与业务规模近乎同比例地扩大开支，因为在我看来如果不能快速地递送电报，那么电报就近乎于毫无价值。通过增加大量的工作，把发送电报的资费降低到 6 个便士，这样做会极大地增加电报业务部门的开销，并会将亏损强加给国家。

附录 A

按平均每个家庭由一个男人和一个妻子带着一个 10 岁以上的孩子和一个 10 岁以下孩子的情况考虑，我对每个家庭所缴纳的一般税或者地方税在全部家庭开支中所占的比例进行了估算。这里假定，不同阶级的家庭要分别花费总计 40、85 以及 500 英镑的生活开支，所列数字分别代表了劳动力阶级、工匠阶级以及中产阶级人士的开销。我假定每年开销 500 英镑的家庭要雇用三个仆人。

---

① 便士邮政（Penny Post）是指在英美两国实行的低资费邮政体制，寄信人只要花费一个便士便可以将信发走。这是一种简单的、固定资费的邮政体制。——译者注

	每个家庭每年的开销		
	40 英镑	85 英镑	500 英镑
	百分比	百分比	百分比
在生活必需品上缴纳的税金：茶、糖、咖啡、水果 …………………	1.0	1.1	0.6
地方税 …………………………	2.5	2.4	1.9
所得税、住房和遗产税 ………	—	—	3.4
含有兴奋剂的制品：啤酒、烈性酒、葡萄酒、烟草 …………………	5.5	4.1	1.8
在收入中所占百分比的合计……	9.0	7.6	7.7

上面所列的税收中没有包括印花税、执照费用以及小额海关关税或者邮政局的净收入，所以还有六、七百万英镑的税收收入仍然无法计算在内。这些税收主要落在了比较富有阶级的头上，而且倘若可以对这些税收进行分摊，那就会使中产阶级家庭和工匠家庭的缴税开支比例提高到10%，劳动力家庭的缴税开支比例仍将多少还维持在10%以下。这里丝毫没有考虑如果一个家庭毫无节制地消费烈性酒和烟草的情况。许多执照税在计算海关关税的影响时作过考虑，已将20%的折扣费用加在了初级产品税上面，以涵盖那些提高关税的经纪人所收取的利息。

附录 B　关于爱尔兰居民与英国城市人口死亡率之间的联系

我对文中所提出的假定进行过多种多样的验证。我在几乎每一个案例中都找到过肯定性的证据。

在对任何一座英国城市内爱尔兰居民所占的百分比进行计算时，我只采用了年龄在20岁及以上居民的人数，道理很显然，倘若一个爱尔兰家庭在英格兰居住了几年，他们就有可能让自己的孩子注册为"在英格兰出生"，虽然这些孩子生活的卫生条件与他们爱尔兰父母生活的卫生条件是相同的。

下面的说明将英国某些主要城市中的爱尔兰居民的比重与这些城市的人口死亡率进行了对比：

	根据1861年的人口普查数字 爱尔兰居民所占的比重	1851—1860年间 每1,000人中的 平均死亡率
利物浦 …………	34.9	33.3
曼彻斯特 …………	20.6	31.6
索尔福德 ………	12.7	26.1
纽卡斯尔 …………	9.0	27.4
布拉德福德 ………	8.6	25.7
利兹 …………	7.5	27.8
伯明翰 …………	7.3	26.5
伦敦 …………	5.7	23.6
谢菲尔德 ………	5.2	28.5

利物浦和曼彻斯特的高死亡率在这里与两座城市拥有大量的爱尔兰居民惊人地吻合，而且更近期的索尔福德死亡人口统计表也展示出了这种一致性。谢菲尔德是唯一一个重大的例外。

在另外一次计算中，我以1861年的人口普查数字为依据，将18座英格兰城市的人口死亡率列出了一个名单。我按照各城市死亡率的高低，把这些城市分成了三组：

1. 每1,000人中死亡人数为28的一组。

2. 每 1,000 人中死亡人数在 24 和 26 之间的一组。

3. 每 1,000 人中死亡人数为 24 及以下的一组。

于是，我们发现了如下这样一些情况，即每一组中爱尔兰居民所占的总的百分比，以及该组城市的平均死亡率：

	爱尔兰居民所占百分比	平均死亡率
高死亡率城市： 　利物浦、曼彻斯特、纽卡斯尔、普雷斯顿 ……………	21.9	29.8
中等死亡率城市： 　莱斯特、阿什顿、奥尔德姆、布莱克本、谢菲尔德、利兹 …………	7.0	26.0
低死亡率城市： 　布拉德福德、诺丁汉、伯明翰、达德利、斯托克、伍尔弗汉普顿、斯陶尔布里奇 ………………	5.6	22.9

通过上面的表格，我们可以对伦敦的情况进行比较。1851 年至 1860 年伦敦的爱尔兰人口比重平均为 5.7%，死亡率平均为 23.6%。

在另一个名单中我们可以观察到奥尔特灵厄姆、贝克韦尔以及沃里克的情况，这些城市属于低死亡率地区，其死亡率鲜有超过每 1,000 人中达到 20 人的。我计算了一下那里的爱尔兰居民的占比，结果如下：

	百分比
奥尔特灵厄姆 　………………………	6.0
贝克韦尔 　…………………………	2.2
沃里克 　……………………………	2.0

或者用三座城市的人口总数计算，我们会发现爱尔兰居民在三座

城市的总体占比为 2.2%，或者不到整个英格兰和威尔士的爱尔兰居民的平均占比的一半，英格兰和威尔士的爱尔兰居民平均占比为 4.52%。

　　这些事实本身在我看来几乎具有一种令人信服的性质。不过，在我将这种比较扩展到苏格兰的城市之后，我们得到了最强有力的证明。八座苏格兰的主要城市恰巧可以被分成截然不同的两组，两组城市的具体数字展示在下表之中：

	根据 1861 年人口普查爱尔兰居民所占比重（%）	根据 1855—1863 年的平均数每 1,000 人死亡率（%）
爱尔兰居民人数众多的城市		
敦提　………………	23.8	27.3
格拉斯哥………………	23.0	29.8
格里诺克………………	22.0	31.1
佩斯利　………………	18.1	26.5
爱尔兰居民人数稀少的城市		
爱丁堡　………………	7.4	24.7
利斯　………………	6.6	22.6
珀斯　………………	6.4	24.9
阿伯丁　………………	1.8	23.1

　　对上述数字取一个平均值，我们得到了如下数字：

	爱尔兰居民的平均占比（%）	平均死亡率（%）
爱尔兰居民人数众多的城市	21.7	28.7
爱尔兰居民人数稀少的城市	5.5	23.8

　　在最不利于健康的城市，如利物浦、曼彻斯特、索尔福德等，爱尔兰妇女的人数超过了爱尔兰男子；而在最有益于健康的城市，

如赫尔、利斯以及阿伯丁，爱尔兰妇女的人数甚至比爱尔兰男子还少；这种情况可能并非不值得注意。下面是爱尔兰妇女在那些有益于健康地方的妇女总人数中所占的比重：

		百分比
利斯	……………………………	5.3
阿伯丁	……………………………	1.5
贝克韦尔	……………………………	1.4
沃里克	……………………………	1.9
奥尔特灵厄姆	……………………………	4.7

我们应当很自然地要转而去搞清楚爱尔兰的人口死亡率是否也具有在英格兰的爱尔兰移民那样明显的影响。以反映都柏林几年间的出生人口和死亡人口的统计表的平均值为基础，我发现在两个案例中出生率和死亡率几乎是完全相同的，也就是说，每 1,000 人中有 26.1 人出生或者死亡。在一份统计表中，死亡率为 33.6%，而出生率只有 24.7%。因为在英格兰以及其他进步的国家里，出生率远超过了死亡率，所以我们要么必须把爱尔兰移民的情况看成是一种非常不正常的状况，要么必须把那些统计表看作是完全不可以相信的东西予以否定。

《统计学杂志》(*The Statistical Journal*)的编辑时常要给爱尔兰的出生、结婚和死亡统计表附加一个注释，要人们注意那些统计表显然是不可以相信的。在我们搞清楚这些统计表所存在的瑕疵究竟有多么严重之前，那些统计表完全是具有误导作用和恶作剧性质的。不过，倘若那些统计表很接近于真实的情况，那么它们就可以为我的这个假定，即爱尔兰移民对英国的死亡率具有重大影响，提供强有力的佐证。

残忍对待动物

——一项社会学的研究[*]

　　某些哲学家坚持认为，我们在良心上感觉是正确的任何事情都是正确的。另一些人声称，能够获得批准的做法显然是一种可以导致愉悦与痛苦达到最大平衡的做法。在对这一贷方账户和借方账户进行加和计算时，我们可以恰当地不仅把全人类的愉悦和痛苦都包括进来，还可以恰当地把低等动物的愉悦和痛苦也包括进来，只要它们的愉悦和痛苦可以估算出来，并可以与人类的感觉进行比较。无论这些伦理学的基本问题可以怎样解决，有关什么是"正确的"两种标准，事实上，几乎并不一致，考虑到这些还是让人很好奇的。在可以指出的大量事例中，公众的情绪会谴责并严厉地压制一种具体形式的伤感情的行动，而与此同时，公众的情绪却又会宽容或者同意一种性质平行，同等反对最大快乐原则的行为。流行的伦理情绪似乎被建立在并不对比较邪恶和比较善良的欣赏上面。

　　英国人对于自己的民族美德怀有某些误解，这使我常常感到惊讶。很早以前，英国人就废除了公共博彩活动，而现在又把博彩转盘看作是一种邪恶和使人意志消沉的东西，除非这种博彩转盘能

　　* 参见《双周评论》（*Fortnightly Review*）1876 年 5 月号，第 19 卷，第 671—684 页。——原作者注

与艺术作品拍卖建立起不吉祥的联系。不过，虽然博彩转盘被废除了，但英国人却容忍了一种与曾经举办过的任何一种博彩活动一样使人意志消沉的赌博体系的存在。诚然，反对公开赌博的法律是有的，这些法律在某种程度上拯救了民族的良心。不过，每个人都清楚，这个民族在有意识地无视自己的贵族总督中间的赌博圈子的存在，并且并不真心实意地努力去压制这种做法。

　　还有，英国人感觉自己在奴隶制问题上的美德是优越于他人的。他们在取消这种令人作呕的东西方面为全世界树立了榜样。奴隶制这个称号本身在英格兰是不可容忍的。当人们得知某些南海岛国人偶尔遭到绑架，并在昆士兰被当成了某种奴隶时，英国政府采取了果断并行之有效的措施反对这种可恶的做法。不过，当人们说在昆士兰北部的澳大利亚原住民被人像袋鼠一样地枪杀，或者被人用番木鳖碱成批地毒杀时，一位独立的英国议会议员竟向前进逼，问政府这样的事情是否是真的。政府回答说，他们并不知道，不过会对此进行调查，但直至今日也没有听到更多有关这一问题的消息。我所听到的在昆士兰边境地区举行的诉讼的报告，简直令人惊悚。这些报告可能是真的，也可能并不真实，*我不想为这些报告的真实性打保票，不过问题在于，虽然美国社会会因把一个逃亡的

---

　　*　自从撰写了上面这篇文章后，我发现此文中陈述的那些观点在很大程度上都被一本刚刚出版的有关昆士兰的著作所证实，该书的书名为《殖民地的女王》（*The Queen of the Colonies*）。一个擅自占用土地的人，给了一个黑人部落一袋子掺了番木鳖碱的面粉，使整个部落被毁灭。这一罪行的恶劣程度堪比托马森案件。人们没有看到任何试图惩罚擅自占用土地者的举动。还有另外一个案件，案件中两名黑人被人故意用番木鳖碱毒害。这个案件也在该书中提及。据说，在过去的几年里，枪杀和毒杀当地人的行径已经销声匿迹。不过，我们是否应该满足于当局在这类事件上仅作一些语焉不详的、没有证据支持的声明呢？——原作者注

奴隶交给奴隶主的做法而大为愤怒，但英国社会就从来没有在意甚至要去弄清楚是否有几十个澳大利亚原住民被人像几十只袋鼠一样枪杀，或者像当地的狗一样被人用番木鳖碱毒死。

　　然而，最著名的这类失衡的伦理情感案例却是在对待动物的残忍案例中发现的。还有，在这一方面，英国人是鹤立鸡群的道德高尚民族。欠发达或者有可能是颓废的民族，依然还沉浸在野蛮的运动（如斗牛）之中。我记得有一次报纸上报道了欧也妮皇后 [①] 出席一次斗牛表演，一种令人惊恐的战栗贯穿整个报纸版面。很早以前英国人便废除了斗牛这类的野蛮运动，这样的做法在英国已经成为了历史。我们很欣慰地听说，各个地方的警察运用自己的智慧和情报，成功地找到了斗鸡者们的踪迹。一伙人不得不在乡下最隐秘的沼泽地里聚众斗鸡，否则警察在"激烈斗鸡"刚刚打了几场之后就会抓住他们。预防对动物残忍学会所作出的努力是值得称赞的，他们的这种努力一直没有停息过。一个男人把鞭炮绑在鸽子的尾巴上，想让鸽子飞得更好。这个男人被带到地方法官的面前，接受了罚款的惩处。一个很有天赋的小动物园管理员让鬣狗去跳火圈。法官谴责这种粗俗的残忍行为，有证据表明，鬣狗是非常怕火的。不过，法官最终还是撤销了指控，理由是鬣狗并非家养的驯化动物。在过去几天里，一个男人因为用电击驯服一匹马而受到罚款。还有，人们认为在一个封闭的空间里用兔子或者其他动物作诱饵是件非常残忍的事情，而且时常会有啤酒馆老板因这样的残忍做法而受

---

　　① 欧也妮皇后（Empress Eugenie）生于 1826 年 5 月 5 日，卒于 1920 年 7 月 11 日，于 1853—1870 年成为法国皇帝拿破仑三世的妻子，是法国的最后一位皇后。——译者注

到法律的制裁。不过，奇怪的是，倘若你只是让动物在一个开放的空间内奔跑，然后放狗将它们杀死，这就不算残忍，而被称为**追逐**，就像与之相对应的活动被称之为**投饵**一样。也就是说，倘若你让一只动物忍受一小会儿的死亡恐惧，并且令其作无谓的逃脱挣扎，使其体力耗尽，然后再对其实施真实的死亡痛击，这就不是残忍。

不过，我几乎没有必要赘述，来表明在对待动物的残忍问题上，公众的情感完全处于一种混乱的状态。无论什么事情也没有比这更接近于实用主义标准的了。几乎没有穷尽的毫无必要的痛苦每天都要降临到低等动物的头上，然而，因为这样的事情是以一种见怪不怪的方式完成的，所以学会的检察官能够将之放过，而且的确，法律并没有对这种情况作出认定。进行狩猎活动的人和捉老鼠的人会无情地让动物慢慢地、备受折磨地死去。不过，倘若有人把鞭炮绑在鸽子的尾巴上，那么对那些人所作所为的定罪事实就会被用电报传播给乡间的每一份日报，并以耸人听闻的大标题《残忍行为的新阶段》见诸报端。

然而，截至目前，最不合理的伦理轰动事件乃是由显示活体解剖所激起的。如果说公众几乎全体一致地被实验的细节描写所震惊，那是不会有过分之嫌的，废除活体解剖学会负责将活体解剖的细节广而告之。一些医务人员应当已经在诺里奇① 开过会，这些人表情冷漠地站在一旁，见证马尼安先生把两条狗一样的东西剖开胸腹，并把酒精和苦艾注射进去，这种场景令许多人几乎因愤怒而疯狂。1873 年，当《生理学试验室手册》（*Handbook of the*

---

① 　诺里奇（Norwich）是英国英格兰地区东部的一座城市，2012 年被联合国教科文组织指定为第一座 "联合国教科文组织" 的文学之城。——译者注

Physiological Laboratory）的作者们将他们的这本不走运的书籍发表出来，并把活体解剖手术台上的秘密揭示出来时，一部分公众似乎因愤怒而变得几乎语塞，他们感到这样的事情竟能被允许在一个基督教的国家，在英国发生。

人们似乎需要找到有足够力量的词语才能表达他们反对活体解剖的强烈情感。"极端残忍""魔鬼一般""令人厌恶""糟糕透顶""令人震惊""邪恶的""恶魔一样""阴森可怖""作孽的""缺德的""可憎的""凶恶的""残暴的""不可名状的""声名狼藉的"——这些不过是人们用来形容这种行为的、最常见的一些形容词罢了，而且人们似乎很难再找到具有更强意味的形容词了。然而，从该书作者罗列出的那些垂死挣扎情形的方式看，他们显然认为他们为描绘这一场合所使用的语言并不足以表达他们的思想。我留意过一封信，该信占了小印张报纸的半个栏目，是伦敦的一张晚报。可以这样形容该信，它从头到尾发出了连续不断的愤怒呐喊。废除活体解剖学会的乔治·达克特先生提供了一份能够描写出许多人所具有的受到压制感觉的表格，他把活体解剖行为形容为"极端残忍""糟糕透顶"以及"魔鬼一般"，作为"一种从欧洲大陆输入的卑劣行为"，以及"与无神论者携手并肩的一种行为"。*

人们会注意到，做过活体解剖，或者对活体解剖的结果具有直接兴趣的著名人物中有不少表示了几乎同样强烈的情感。达尔文先生在被问及如果不使用麻醉剂便试图进行一次疼痛难忍的实验，

---

* 参见《皇家活体解剖问题委员会的报告》（*Reports of the Royal Commission on Vivisection*），第 326 页。——原作者注

而这种实验本可以在使用麻醉剂的情况下很好地进行时，他用加重了的口气回答说，"人们对之应当感到憎恶和厌恶。"[*]沙比博士在谈及他少年时代看到过的马金迪的一次实验时，他将这次实验形容为，"他那著名的，或许更不如说是臭名昭著的实验。"[**]其他一些名气并没有那么大的见证人几乎以一种类似的口吻谈到过这样的做法，这些人也是对活体解剖实验深感兴趣的。

我希望我能成为最后一批对此种做法说"不"的人。我要告诉人们，让那些低等动物蒙受毫无必要的痛苦，是极端残忍、声名狼藉、可憎可恶以及诸如此类的其他形容词。不过我想发问，倘若人们真的认为那样做是残忍的，那么社会，尤其是英国社会，为什么还会继续允许如此残忍的施暴罪行存在，允许这样的犯罪行为依然以无以复加的巨大规模在这个社会中发生呢？为什么英国社会还会允许将如此残忍地描述此类活动的做法当成是上流阶级自以为时髦的娱乐活动呢？为什么这样的做法能够得到皇家的赞助，令他们不惜为之花费巨资，在所有的日报日刊以及为数众多的专门杂志上连篇累牍地发表评论，就好像这些娱乐活动对于人类来说要比所有的科学和艺术加在一起还更重要呢？有谁能够否认，被人们认知为"消遣运动"，或者"高尚科学"的活动，包括狩猎、追逐、围捕鹿、枪杀猎物、轰赶狩猎、射杀鸽子、钓钩捕鱼等活动，由始至终都不过是建之于让低等动物蒙受毫无必要的痛苦之上的消遣活动而已呢？为了科学的进一步发展以及为了减少疾病死亡率的崇高目标

---

[*]　参见《皇家活体解剖问题委员会的报告》，第4,672个问题。——原作者注
[**]　同上，第474个问题。——原作者注

而去施加比较少量痛苦的行为，为什么会激起如此强烈的厌恶感，而在无足轻重的纯粹娱乐活动中施加几乎无以复加的痛苦，却并不能激起同等强烈的厌恶感呢？什么样的社会学或者心理学原理可以对此现象作出解释呢？为什么我们这个国家可以因为对有关斗鸡，或者人与狗之间的一场撕打，或者用电棍电击一匹马的报道而被煽动起强烈的厌恶感，弄得群情激愤，却可以容忍英国报纸将自己的专题记者派往印度，向他们描绘英国未来的皇帝在杀猪方面所取得的成就呢？

在处理这样一类问题时，先制定出某种清晰的定义，表明怎样算是残忍，怎样不算残忍，这似乎是必不可少的步骤。不过，任何想用这个词的单一定义去涵盖民众情感的企图都将完全是徒劳的。为了能够从施加痛苦中取得乐趣而施加痛苦，毫无疑问是残忍的，而且是一种恶毒的残忍。因粗心大意以及不带任何目的而施加的痛苦，譬如当一个已经习惯于屠宰动物的屠夫对于是否应缩短屠宰对象的挣扎时间几乎毫不在意时，那也是残忍的。不过，施加痛苦似乎并不总是被看作是残忍的一个必要组成部分。很大一部分公众强烈谴责射杀鸽子的做法，认为那是一种残忍的、野蛮的娱乐活动。不过，当一只鸟被以恰当的方式射杀时，它会在瞬间死去，来不及感到疼痛，而且当这种生意得到妥善经营时，任何一只鸟都不需要在疼痛中煎熬许多时间，它们转瞬即死。但是在枪杀野禽和野兔时，毋庸置疑，相当大比例的动物是被射伤的，因而痛苦不堪，而且这些受了伤的动物还逃到了猎人捕捉不到的地方。温德姆在一次主张进行诱牛活动的著名演讲中坚称，在射杀活动中，每杀死一只鸟，就会有10只鸟被射伤。我认为，或者至少是希望，这是一个被极度夸大了的说法。在找不到任何数据的情况下，我权且假定每完全杀死10只鸟或者兔，就会有一只鸟或者兔被射伤，因而痛苦不堪。现在，要我们来假定我们这个王国内每年被射杀的鸟和兔的数目不足3,000万只几乎是不可能的。由此，我们可以得到这样一种令人不寒而栗的结果，每年至少有300万只小动物要遭受严重伤害，痛苦不堪。让那么多的小动物蒙受痛苦，一部分是为了给富豪提供食物，但更主要的是为了给他们找乐趣。让我们假定，为了取乐的目的，这些小动物中只有半数是被人用下网的方式让它们毫无痛苦地被捕捉到的。于是，我们必须承认还有150万只被射伤的小动物仅仅为了狩猎阶级的消遣而要蒙受极大的痛苦。令人百思不得其解的是，如此大规模地施加毫无必要的痛苦的现象却很少被人认为是残忍的。真正的狩猎运动被看作是一种有益于健康的、具有男子汉气概的锻炼。射杀鸽子的行为是残忍的，虽然这些小动物死得很快并且确定无疑地死掉了。射杀兔子的行为并不能算是残忍，因为很显然，那些可怜的、逃之夭夭的受伤小动物是在人们的视野范围之外苟延残喘地慢慢死去的。

可以这样说，喜爱狩猎活动的人不过是在遵从自然法则的旨意行事而已。他们通过最为直接的进程去获取食物，以一种迅雷不及掩耳的无痛方式射杀动物。不过，并非所有的狩猎活动都是这样一种情况。就我观察到的情况来看，我可以断言，许多喜爱狩猎的人，除了一切不可告人的目的之外，都具有直截了当的无端杀生嗜好。假如一只动物只会给喜爱狩猎它的那些人提供一个良好的移动靶子，那么这些人就会拿这只猎物当作射击的靶子，无论他们是在海上，还是在丛林里，还是在他们绝无可能将这只猎物收入囊中的根本无法进入的地方，或者是在即使当他们的猎物受到了严重的枪伤他们也无法为受伤的猎物解除痛苦的无法抵达的地方。在挪威和澳大利亚，我常常可以看到英国人的狩猎本能得以无拘无束地发展，而我则只能得出这样的结论："狩猎活动"乃是热衷于以聪明的方式去消灭生灵这种行为的同义语。

我们不应当把喜爱狩猎的人都说成是似乎完全一模一样的。而且我丝毫都不怀疑，他们当中的许多人会对如下行为表示憎恶：那就是在他们有可能为一只陷入痛苦之中的动物提供帮助的时候有人置之不理。不过他们也并非在每一种场合下都有如此表现。我听人给我讲过这样一份讼状，说的是一个从事时髦娱乐活动——轰赶猎物的狩猎活动的上流贵族人群。当一只受伤的小鸟跌落在一伙乡下人的旁边，这伙人眼睛望着自己的上司，未采取行动。这只可怜的小鸟趴在地上极度痛苦地来回翻滚，此时一个旁观者几乎是出于本能地迈步向前，使小鸟从痛苦中解脱出来。这伙贵族人群中的一些人责骂那个旁观者行事鲁莽无礼。那些人对他的责骂，是这个旁观者迄今都不能忘记的，而且很有可能永远不会忘记。

想要宣判妇女尤其是那些名望地位颇高并很时尚的妇女没有间接地参加过与残忍行为相关的范围极其广泛的活动，这似乎是办不到的。我并不想像某些人那样过多地强调妇女参加射杀鸽子的赛会的行为。有许多举止高雅的女人哪怕一提到为了给自己的餐桌上增添些美食而要看着鸡鸭鹅被宰杀，就会感觉不舒服。但她们却会坐在一旁，对那些用子弹把各种鸽子的身体打得像筛子一样的男人的枪法赞不绝口。关于此类事情，人们作了一些细微的区分。而我所指的则主要是这样一种不可抗拒的趋势——女人们用各种鸟的羽翼来装饰自己头顶上的帽子。我们常用"像鸟一样欢快"一语来形容人们愉快的精神面貌。然而，女人，尤其是那些看上去可能受过良好教育、多愁善感的女人为了自己的虚荣，却让这些世间存在的最欢快、最靓丽的小东西在世界各地遭受令人发指的捕杀。有些女人似乎一听到活体解剖这个名词就会变得歇斯底里起来。她们可曾有过放弃使用鸟的羽翼和翎毛作装饰的念头，那样就会使不止几十、几百、上千，而是使数以百万计的敏感动物免于持续不断、痛苦难忍地死亡。我们应当时刻牢记，每枪杀、宰杀和捕捉 100 只鸟，就会有 10 只、20 只，或者更多只鸟遭受致命创伤，躺在那里苟延残喘几个小时甚或几天才死去。

与残忍这个话题相关联，我须坦白，一直有这样一个令人不快的真相持续不断地在我的脑海中浮现，那就是下层阶级的娱乐活动会毫无悬念地被指责为残忍，而乡绅贵族的嬉戏运动则会被视作高雅，尽管后者会让各种动物蒙受多得多的痛苦。一段时期内，一些庄园推出了一些地方法规，规定公牛在没有被用作民众的娱乐工具之前不得被宰杀。但是在 19 世纪初，当庄园制度已经分崩离析的时候，人们发现折磨公牛的娱乐活动是一种野蛮和令人道德沦丧的表演，于是即刻遭到了废止。然而直到今日，放出一只牡鹿，让人追逐数小时，令其在致命的痛苦中挣扎奔逃，然后再将其关回笼子里以备下次再放出来追逐，却被认为是件高雅的事情。几年前，如果我的记忆无误的话，我在文献中看到过这样一篇令人作呕的描述。文章对约克郡的一些乡绅以类似的方式狩猎河狸的情形进行了描绘。然而，当我们转念对此事思之再三之后，我除了感觉此种活动非同寻常之外，并不能看出这样的狩猎活动要比被人们称之为

"高雅科学"的普通猎狐活动有任何低贱之处。我很想弄明白，除了有许多"高雅的贵族"在热衷于这项运动之外，猎狐活动还会有什么高雅之处？二三十个壮汉，骑着奋蹄飞奔的快马，带着一群训练极为有素的猎犬，追逐一只可怜兮兮、心惊肉跳的小动物。诚然，纽曼教授在其近来所作的一篇有关"残忍"的有趣文章中，竭尽全力想要非常巧妙地表明，被狩猎者追逐的动物并没有遭很多罪，体力上的消耗赶走了因恐惧而产生的痛苦。他思忖，动作敏捷的动物天生就擅长奔跑。他认为，对于死亡的真正恐惧要待到我们陷入了埋伏和听到了我们的敌人对我们发出死亡限令时才会感觉得到，正如伊多梅纽斯①在《荷马史诗》②中所说的那样。但是可以肯定，被追逐的狐狸在逃进藏身之所，并且听到猎犬在它的四周用鼻子嗅味的时候，或者当狐狸虽然逃进了土洞里但却注定会被刨出来的时候，它一定也会遭受这样的恐惧。我也听人讲过，一只被猎杀过的动物，假定它能够死里逃生，也会因肌肉绷得过紧而出现非常严重的抽筋问题。在我看来，猎狐活动除了极其残忍之外一无可取，只有一点除外，那就是"高雅"。我还担心，如果要在用猎犬追逐猎物的狩猎方式与放狗袭击猎物的狩猎方式之间找出主要区别的话，那

---

① 伊多梅纽斯（Idomeneus）是古希腊神话中的战神和克里特王。在《荷马史诗·伊利亚特》篇中，伊多梅纽斯是众多希腊将军中最杰出的人物之一，也是阿伽门农最信赖的高参。在特洛伊战争中，他率领克里特军队与希腊人共同攻打特洛伊，并战至最后胜利。他还是埋伏在"特洛伊木马"中，最后向特洛伊发起攻击的希腊勇士之一。——译者注

② 《荷马史诗》（Homer）是古希腊盲人诗人荷马所著的长篇叙事史诗，共有两个部分，《伊利亚特》和《奥德赛》。该史诗记述了公元前12至前11世纪的特洛伊战争，以及古希腊人的海上冒险故事。荷马的杰作在很长时间里影响了西方的宗教、文化和伦理观。——译者注

就在于后者极有可能是下层阶级力所能及的一种运动形式。

　　从信手拈来的这些以及其他许多事例中，我们可以得知，民众关于何为残忍的见解，只在较小程度上取决于实际承受痛苦的强度。加害者的思想方法、施加伤害时所处的境况、所造成痛苦的表现程度或者所造成痛苦的流露方式，尤其是在过去的时光里加害行为的施行频率，或者那些通常施行加害行为的人们的社会等级，所有这些因素都要被考虑进去。

　　事实上，"残忍"是一个极其复杂的概念，它涉及若干个有明显区别的元素，这些元素以一种极其微妙的方式纠合在一起。我们只有借助于社会学和人类学这样一些新的科学，简而言之，只有在斯宾塞先生或者泰勒先生的指引下，才可以试图去解释我们在这一类道义问题和社会问题的各个方面所遭遇到的显而易见的矛盾是怎么一回事。但是，我们或许可以把"残忍"的元素按如下主要标题作个分类：

　　第一，肉体上所遭受的真实的痛苦。

　　第二，施加痛苦，或者更不如说是采取制造痛苦的行动的动机或者目的何在。

　　第三，这里所说的行动的强度，是人们习以为常、熟知于心的。

　　第四，痛苦表现出来的方式，以及施加痛苦时所处的境况给人们的想象所打上的烙印。

　　我们可以把构成"残忍"的这些元素分别称之为**肉体元素、精神元素、社会学元素、心理学元素**。在不同的残忍举动中这些元素的占比是不相同的。当人们驱使鬣狗去跳燃烧着烈焰的火圈时，这一举动立刻便被判定为不折不扣的残忍，因为这种行为有悖于我们习以为常的和认可的观念。在苏格兰，当一个男人因在训练猎狗的过程中粗暴地鞭挞它们而受到起诉时，司法长官却坚持认为这种行为不属于残忍，因为不经过训练，人们便不会得到猎狗。在这里，约定俗成这个元素发生了作用。为了人们的娱乐活动，猎狗是需要的。而钻火圈的鬣狗也是被用来取悦于小动物园的游客的。那么，两者间除了人们所熟悉的娱乐功能外，还会存在什么差异呢？的确，除非我们还记得，需要猎狗的人主要是贵族阶级。

现在，举国上下因听说约克郡偶尔有用电击方法驯马的情况而为之感到震惊。在这里，社会学元素再次占据了主导地位。驯化马匹的方法，可以是得到过我们祖先认可的任何一种，虽然人们拿不出证据能够证明那些方法不那么痛苦。然而，用电击的方法来达到驯化马匹目的的观念却在道义上给了举国上下一次电击。我们可以以同样的方式来说明，为什么那篇引人注目的著作《未曾见过的宇宙》(*The Unseen Universe*)中所提出的用电池来惩戒罪犯的建议，是一项怪诞的建议。人们可以不给罪犯饭吃，可以把罪犯囚禁在黑暗的牢房里，或者可以纵容猫去抓挠罪犯的后背。然而，人们在借助于科学的手段时也一定不要去做任何与我们观念中的得当行为和习惯行为大相径庭的事情。电击的方法可能会以最小的永久性伤害取得最强的威慑效果。但从社会学元素角度看，这种方法还是残忍的。

"残忍"这一观念中的心理学元素所关注的是，当一只动物受到虐待时，它的痛苦给旁观者留下的印象有多么深刻，以及对旁观者的想象会产生多大的冲击。在《威廉·罗斯科生平》(*The Life of*

William Roscoe)*一书中就有一个大致如此的有趣例子。他告诉人们，在他的早期生活里，他会花上好几个小时沿着默西河①岸边散步或者钓鱼。但是有一次，用他自己的话来说，"我下定决心要变成一个狩猎者。我买了一杆枪，并且发现一只倒霉的画眉鸟正落在一根树杈上面。我瞄准那只鸟，给了它致命的一枪，将它打掉到了地上。然而，当我看到小鸟临死前痛苦挣扎的情景时，我感到了极其强烈的惊恐和厌恶，以致自那以后再也没有重复过这样的实验。"此后，威廉·罗斯科便在钓鱼与打鸟之间划上了一条"残忍"的分界线。被鱼钩钩住的鱼在无助地扑通和挣扎，但这并没有让罗斯科感觉到鱼的痛苦，钓鱼成功的满足感压倒了对鱼所承受痛苦的感知。但是，一只被蹂躏得满地打滚的鸟所表现出来的痛苦状况则是太强烈了，以致人们无法忍受。我相信，人们因误解而极端错误地对费里尔博士进行的诽谤谩骂，大多都是由于他给猴子做手术一事所引起的。正如费里尔博士所描写的那样，手术台上那些猴子的痛苦表情，与人的表情太接近了。如果是这样，我们或许可以从人们对一个美国医务人员在一位不幸的患者身上做实验的案例上表现出来的愤怒中作出一些推断。《旁观者》（*The Spectator*）在其1875年3月20日一期的报纸上对上述案例作过描述，并在随后的若干期报纸上连载过关于案例的讨论情况。这位不幸的患者是一位女士，因患致命疾病已经奄奄一息。她的大脑已经暴露出来。她同意

---

   * 《威廉·罗斯科生平》一书，由其儿子亨利·罗斯科撰写，出版于1833年。参见该书第1卷，第11页。——原作者注

   ① 默西河（Mersey River）位于英国西北部，由戈伊特（Goyt）和塔姆（Tame）两河在斯托克波特（Stockport）汇合而成，流经兰开夏和柴郡平原的大部分地区以及曼彻斯特市的南郊，最终注入爱尔兰海，全长110公里。——译者注

拿自己做实验，而且这些实验也是无痛的。然而，人们一想到用针刺进她的大脑并刺激她产生痉挛性的运动，以及因电击而显现出来的痛苦表情，就会认为这种实验尽管是无痛的，但还是太残忍，于是做手术的人不得不离开美国。因此，"残忍"并不一定要与所蒙受的任何可以察觉的痛苦相关联，它可以存在于产生出某种表达方式的活动中，这种表达方式仅仅暗示了有关痛苦的念头。因此，"残忍"的心理学元素可以变得非常重要，因为这一元素本身就几乎能够构成"残忍"的全部。以一种合乎逻辑的方式来讲，人们并不知道那些低等动物蒙受了多少毫无必要和不加节制的痛苦，只知道这样的行为才激起了民愤，否则为什么狩猎精神能够得到人们的拥护而不是厌恶呢？根据民众的看法，残忍的行动就是指那些造成了令人难以想象的痛苦事实和感受的行为。这与下面所说的那种情况类似，即当我们听说有一个人在半英里以外的地方遇害时，我们所受到的震动要比听说有一万人在南美洲一个不为人知的角落正濒于死亡时所受到的震动要更强烈。

　　同样令人困惑不解的感伤差异，还可以在捕捉老鼠的行当中发现。众所周知，社会上存在着一种常规的活鼠贸易，有人用诱鼠笼子诱捕活鼠，然后再按照例行的市场价格将活鼠提供给热衷养狗的狗迷们。狗迷们买来活鼠要么想用于培训他们的低龄狗学习捕鼠技能，要么想展示一下自己宠物的捕鼠能力。有相当多的人会把这种倒卖活鼠的交易说成是一种龌龊、残忍的事情，然而这种说法却几乎无法在活鼠所承受的肉体痛苦中找到根据。那些活鼠在诱鼠笼子里会遭一点罪，但很少。而一条技能娴熟的捕鼠狗只消叨起来一甩，活鼠就会毙命。那些谴责捕鼠活动残忍的人，从来就没有在脑海里闪现过一丝这样的念头：那些可怕、边缘布满锯齿的钢制鼠夹，由一根力量强大的弹簧启动；倒霉的动物只要身体的任何部位，无论是头、躯干、腿还是尾巴碰巧进入了鼠夹的捕捉范围，都会被夹住。通常情况下，被这样的鼠夹夹住的老鼠一定要遭数个小时甚至几天的罪。它们所受到的折磨完全不亚于那些被放在活体解剖床上，不使用氯仿麻醉，还要忍受饥饿痛苦的小动物。在发明创造进步很快的这些日子里，要设计出可以将老鼠立马杀死，确保不给它们苟延残喘机会的灭鼠装置，是非常容易的。倘若防止虐待动物学会已经悬赏资金，鼓励人们去发明这类捕捉工具，或者已经采取任何措施，意在减轻目前的捕捉工具所造成的巨大痛苦，那么这一类的努力还没有为我所知晓。

现在让我们讨论一下《皇家活体解剖问题委员会的报告》。报告的大意是说，没有证据表明活体解剖作法存在着被滥用的任何重大问题，我个人对此说法的印象非常深刻。关于学生们经常私下里进行活体解剖的传言和道听途说的证据，通常是经不起仔细盘查的，虽然有一座城市内显然存在着一种从事这一实验的小型学生俱乐部。那篇关于一所兽医学校将老马保留下来用作实习解剖之目的的报道，也是一个令人不快的案例。*但是，倘若我们承认，在这唯一的案例中存在着某种残忍的话，那我认为也没有任何必要对之表示过多的愤怒和伤感。那位将这一案例公之于众的证人也不得不在回答其他问题*时承认，他本人也曾经在马的身上做过更为痛

---

* 参见《皇家活体解剖问题委员会的报告》，第 5,037—5,043 个问题。——原作者注

苦的手术，也就是说，不给马注射氯仿麻药就用火去烧烤它们。同一位证人谴责某些学生以"令人恐惧的残忍"来对待狗。然而，审查结果表明**，学生们的意图是采用通常被认为最不易引起反感的方式，也就是说，施用氰化氢将那条狗杀死。或许是因为使用的氰化氢剂量不足，那条狗中毒后不久又显示出了生命迹象，于是一些学生又尝试着使用了一点氨水作为解药。鉴于那条狗已经快苏醒过来，学生们击打狗脑袋，将它很快杀死。那条狗很可能并没有遭受任何痛苦，或者只遭受了微乎其微的一点痛苦。而且在我看来，与狩猎人向小鸟开枪，然后甚至都不屑于弄清那只小鸟是被击毙了还是仅仅受了伤就转身离开的行为相比，这个案例里面没有丝毫的残忍可言。

有这样一个案例，一条狗被人当着医学院学生的面用番木鳖碱给毒死了，目的是要表明那种可怕毒药的作用。这个案例引起相当多人的注意。关于这个案例中狗所遭受的肉体痛苦，我认为没有丝毫理由可以抱怨，因为在昆士兰①，擅自占用空地的人是被允许使用番木鳖碱来大量毒杀当地的狗的。倘若使用这种毒药本身被认为是残忍的，那么防止虐待动物学会就应当采取措施，禁止普遍使用这种毒药。因此，如果有任何必要去反对展示这种毒药的药效，那也是基于道义上和心理学上的考虑。但是，任何人都不能否认，一

---

　　*　参见《皇家活体解剖问题委员会的报告》，第 5,052—5,054 个问题。——原作者注

　　**　同上，第 5,009—5,030 个问题。——原作者注

　　①　昆士兰（Queensland）为当今澳大利亚的一个州。但在澳大利亚联邦建立之前，昆士兰是大英帝国在大洋洲所建殖民地新南威尔士的一部分。——译者注

个医务人员应当了解番木鳖碱在发挥毒性作用时的症状，这些症状不仅会在行医时遇到，而且在其他方面也是有指示意义的。若干高层权威都拿出证据表明，如不亲眼目睹番木鳖碱的使用，任何人都无法充分地想象出该毒药是怎样发挥作用的。于是，这个问题确实就变成了是否要阻止医学院的学生以最为有效的方式获取知识的问题，因为为达到最有效地获取知识的目的，学生们要看到动物是怎样被杀死的，这会使他们的道德秉性变得铁石一般并受到煎熬。

作为一个在实践上并不熟悉此类问题的人，我要说在我看来倘若展示狗是如何被毒死的很令人反感的话，那么对医学院学生所作的临床指导中有相当大一部分都是很令人反感的。譬如，要不要允许学生去研究身患狂犬病或者其他可怕疾病，已经奄奄一息的病人？允许一般公众漫不经心地观看那样一种痛苦场景，会令人呕吐，那完全是因为这样的场景会在人们看到痛苦时激发出一种病态的快感。但对于一个学医的人来说，这是他所受教育的一个必要组成部分，他不仅要了解疾病的性质，还要使自己的神经变得坚强，要获取与人类所遭受的最可怕疾病打遭遇战而不丧失清醒头脑的力量。正是通过临床实践，学医的人才能获取这样的力量，而且在我看来不容置疑的是，学医的人在头脑冷静地仔细观察了所有最凶险阶段的人类疾苦之后，他的道德禀性就会因看到了狗被毒死的过程而被摧毁。对于病痛的长期实际观察需要持续多久才能使学医者的道德禀性变得麻木起来？毫无疑问，这是一个应当允许讨论的问题。然而，根据我对我所熟知的学医人士的观察判断，他们的道德禀性并没有受到任何伤害。正相反，他们总体上讲都属于极富仁爱之心的人，而且他们的所有关爱和怜悯之情也未因他们长期看到痛苦的场景而有丝毫减弱。那好，倘若情况就是这样，则我就完全无法看出，把在低等动物身上所做的实验（这些实验是在实验性质允许的范围内尽可能无痛的情况下进行的），以一种合理的方式，进行必要程度的展示，怎么会产生反活体解剖运动分子所指责的那些可怕的道义上的后果呢？至于说"残忍"的肉体元素，学生们可能还清楚地记得，层出不穷的大量痛苦事例被狩猎者和捕鼠者日复一日地制造出来，它们得到了社会的认可。至于说"残忍"的道义元素，学生们可以放心，一名有才干、有经验的教师是不会将毫无用处的实验拿出来展示的。

在这场激烈的讨论中，有一件事让我感到很后悔，那就是那些出于研究目的而进行活体解剖的人们，他们的动机受到了人们的错误质疑。与绝大多数狂热的党同伐异人士相仿，反活体解剖运动分子在被他们穷追猛打的人士身上看不到任何善良，而且由于不能说服人们相信那些在动物身上进行的实验是没有用处的，他们于是想根据第二条理由，或者道义上的理由，让人们感觉那些动物实验者是残忍的，也就是说，进行那些实验的目的仅仅是为了博取名声，或者如他们在责难中所使用的词汇"不择手段"一样。他们想要我们相信，像费里尔博士或者迈克尔·福斯特博士等一类人，尽管可能已经发现了一些对于正在受苦受难的人类有某种重要意义的真理，但却并非真正出于仁爱的动机在做那些实验。然而，世上还会有比这更无端、更不公正的指责吗？在没有任何特殊理由的情况下，我全然怀疑我们是否有权利去窥探人家私下里的动机。倘若那些实验是中规中矩地完成的，而且占相当比例的一部分实验结果对于人类是有用的，或者可能会有用，那我就认为实验者的私下动机并非一个要受公众责难的问题。法律显然接受了这种观点，允许人们对一个作者的作品进行充分自由的批评，然而法律在对待有关作者道德特点和私人事务的评论时，态度却是迥然不同的。

但是，假定我们必须讨论动机的问题，我们对搞活体解剖者的纯粹意图提出质疑，而将物理学家、化学家、地质学家以及所有其他类别的探索者置于一旁不去质疑，那么世上还有比这样做更无道理可言的事情吗？难道自私自利地追求名利，会成为那些人发奋用所有的科学和艺术进步来为人类造福的跳板吗？看到皇家活体解剖问题委员会面前的一位证人，我惊呆了。这位证人本身就是一个地位极高的科学家。他坚持认为，一切原创的研究都是自私的、伤风败俗的。他在谈及活体解剖问题时说[*]："在被用于研究的目的时，它（活体解剖）很容易被滥用，而且，我一定要说，就一切引人注目的研究论文来讲，它们所易犯的毛病就在于此。而就原创研究而言，这些研究使一个人完全脱离了其每日职责的一般范围，以致受到诱骗成为一个自私自利、肆无忌惮地玩忽职守的人。"而且他还说："我的意思是说，活体解剖在应用于研究时或许会比其他种类的研究奉献具有更多一些的伤风败俗影响。每一种原创研究作为对自我的一种满足，很容易发展成为自私自利的东西，这种东西当然是一切无道德底线行为的根源。"有哪位科学家曾对自己所从事工作的道德方面产生过如此奇特的看法？从前，我一直有过这样一种印象，即在各行各业当中，科学探索者的劳动是最不容易招致自

---

[*] 参见《皇家活体解剖问题委员会的报告》，第1,287个问题。——原作者注

私自利罪名的指责的。工程师、律师、银行家、商人的劳动虽不特别的自私，但他们的劳动结果常常表现为获取了如此多的财富，以致他们个人可以合乎情理地去渴望得到用自家的鹬鸪练枪法，甚或租一片饲养松鸡的沼泽地的快乐。然而，我却很想知道，一位能够以自己娴熟的手法解剖猫狗的实用生理学教授所拿到的工资，在缴完了家庭开销之后还能够买到多少以时髦的方式屠杀小鸟的特权。搞活体解剖的人，同绝大多数在纯粹科学领域内进行探索的人一样，一定是在以追求知识本身为目的，或者以让数以百万计的人在未来能够因自己的发现而受益为目的的快感中找到自己的酬劳。当然，我的意思并不是说，搞活体解剖的人在每次做实验时脑海里总会清晰地浮现出为人类福祉而工作的念头。驱动人们为实现一个崇高目标而工作的动力往往是某种本能的偏好、采取这种行动所带来的某种快感，或者某种次要的动机，就像蜜蜂采集大量的蜂蜜，并不是因为蜜蜂意识到蜂蜜在未来有什么用处，而是因为采集蜂蜜让蜜蜂感到快乐。我们赞许蜜蜂的勤奋行动，因为这样的行动会导致一种有意义的结局。活体解剖者的劳动有可能导致疾病以及病痛的减少，这一点就完全足以为活体解剖者的个性作出辩护。

此外，即使我们假定搞活体解剖的人是在有意识地为追求名声或者声誉而工作，我也尚未听说这种追求里面有任何不道德或者自私自利的东西。弥尔顿①把热衷于名声的追求描绘成"高尚头脑里的仅存疾病"。把活体解剖说成是热衷于不择手段地追逐名利，这

---

① 弥尔顿（John Milton）生于 1608 年 12 月 9 日，卒于 1674 年 11 月 8 日，是英国的一位著名诗人、文学家。其在英国文坛上的地位，仅次于莎士比亚。弥尔顿最著名的作品是史诗《失乐园》。——译者注

是在玩弄一个想当然的词语，即假定活体解剖就是一种残忍的、道义上卑劣的做法。不择手段地追逐名利，是指人们采用卑劣的，或者会对社会造成伤害的手段博取名声。声誉，是指人们采用正当的，或者会给社会带来益处的手段所取得的名声。在我们用"声誉"一词来形容伟大的政治家、演说家、艺术家、工程师的时候，我们没有丝毫理由可以允许我们用"不择手段地追逐名利"来形容活体解剖者。而且，对于名声的渴望，可能也仅仅是渴望找到实现一个大公无私目标的手段而已。那些立志要重做某位哈维、詹纳或者辛普森已做过的劳动的人们，很能接受丁尼生①通过默林的嘴讲出来的那些话：

> 声誉对于人而言，
>
> 不过是他足以为人类服务的手段而已，
>
> 而工作则犹如那种更大追求的奴仆，
>
> 在高山一样的更大追求面前对奴仆的追求只能算是伏地的尘土。
>
> 初时功能给我声誉，继而声誉增大，
>
> 反过来给我功能。瞧，我的快乐就在于此！
>
> 其他人在做什么？人们试图证明我无用。
>
>
> 我很清楚声誉是半个耻辱，

---

① 丁尼生（Alfred Tennyson）生于 1809 年，卒于 1892 年，是英国的一位著名诗人。——译者注

但仍需要做好我的工作。

在审视了所有的情况之后，我们应当得出这样一个结论，这场反对活体解剖行为的鼓噪，就是一种感情用事的疯狂宣泄。这种狂躁的情感，是由一些详尽描述了活体解剖过程的小说，以及一些实用生理学书中对痛苦手术的那些描述，而在一些感情特别脆弱的人身上激发出来的。实验动物实际上所遭受痛苦的大小，并不会真的成为反活体解剖鼓噪的理由，因为根据任何一种假设，由狩猎者、捕鼠者以及其他人给动物所造成的毫无必要的肉体痛苦，都要远大于活体解剖。正如我已经坚持认为的那样，"残忍"中的道义元素在活体解剖问题上（只有极少数案例除外）完全是欠缺的。留在人们脑海里的只有对活体解剖的新鲜感，只有显而易见的邪恶行为和将活生生的动物开膛破肚的冷血举止，正是这些印象激发了人们的想象。社会学和心理学能够让我们完全理解为什么反活体解剖学会会那么狂躁，然而科学和常识则会教导我们懂得如何去承受我们的恻隐之心上所受到的一点点创伤，以便我们可以确保未来的世世代代一定会洪福齐天。接种疫苗所拯救的生命，已经超过了拿破仑在其发动的一切战争中所毁灭的生命。氯仿已经使难以想象的、数量巨大的痛苦得到了遏制。不断地把实验结果应用于生理学之中，我们还可能在上述成果之外找到其他礼物。"在追求科学真理的活动与共同的恻隐之心发生碰撞的地方，在我看来，就需要我们用道德的目标或者更高级的原则，去对文明的目标（丝毫不比道德的目标次要）进行指导。"作为皇家活体解剖问题委员会的成员，赫顿先生在他单独提交的一份报告中如是说。然而，追求科学真理的活动，是一个人所能从事的最高级、最文明并且最富同情心的工作。倘若他坚持认为，即使我们通过对一条狗所做的实验能够让我们使一千个人免于更大的痛苦，也不可以给狗造成痛苦，那么进一步的争论就将是没有意义的。赫顿先生似乎还认为，以一种有可能使其他绵羊受益的方式在绵羊身上做实验，要比我们纯粹为了人的利益做实验更合情合理一些。我们可以为了其他同一等级生物的利益去伤害某一敏感的生物，但却不可以为了较高等级（或者，我猜想，也不可以为了较低等级）生物的利益去伤害某一敏感生物。倘若这就是他的意思的话，那么我只能承认，他所怀有的那种道德情感对于我来说是全然陌生的。

我认为，就这个问题立法没有任何必要性。学生们私下里进行活体解剖的做法是不可取的，最需要做的事情是，应在最大限度内利用麻醉剂。然而，在公众的注意力已经聚焦到这个主题上之后，业已曝光的过往滥施活体解剖的问题已经几乎不大可能再次出现。实用生理学的教授完全有理由坚持进行监督，而且他们要比警察或者各种学会更有可能去有效地约束自己的学生。但是倘若类似M. 马格南那样的起诉案件再次出现，那么通过立法的方式，对活体解剖做法实行保护就将是必要的了。譬如，向有适当资质的解剖者颁发作活体解剖实验的从业执照（多少类似于普莱费尔医生法案中那样的规定）。

从这项已经很晚才将真正科学的方法应用于生命现象的实验中，我们可以信心十足地预料到，活体解剖实验将给人类以及低等动物带来无穷无尽的好处。有鉴于此，我们是否应当试图去压制或者阻挠活体解剖行为就是一个完全不值得讨论的问题。立法行动应当被引导到这样一个方向上去，即站在那些最有可能以有益、娴熟而且只要条件允许就会采用无痛的方式进行活体解剖的人们一边，将活体解剖的做法合法化。

论联合王国联盟及其获得成功的前景 *

一、否认联盟有成功可能性的论据

二、预测地方纳税人在拟议的法令下会采取何种行动的不可能性

三、通过顺从性法案并付诸实施所需要的相对选民人数

四、一项烈性酒禁酒法案的作用

五、议会下院在顺从性法案问题上的表决结果

六、关于联盟作用的总体印象

七、联盟对其他机构的态度

八、联盟被误解了的总体政策

九、减少放纵行为的切实可行措施

一

去年 10 月，曼彻斯特主教在英格兰教会节欲学会的年会上发表了一个演讲。他在演讲中表示，倘若顺从性烈性酒禁酒法案能够呈递到议会上院，他有意对之投赞成票。倘若有关这位爵爷的报道

---

* 本篇论文于 1876 年 3 月 8 日在曼彻斯特统计学会会议上宣读。——原作者注

属实的话，他告诉我们，"毋庸置疑，当今时刻人们所提议的最为有效的补救办法就是这个顺从性法案"。然而，他又继续解释说，"在可预计的时间内一定不要期待该法案变成法"。而且他还补充道，他的看法是，倘若该法案真的变成了法，那该法一定会为吵闹和无政府状态创造出一种长期存在的条件。*人们很有理由提出这样的质疑，一项不可能在任何可预计的时间内变成法，而且又将为引发长期吵闹和无政府状态创造条件的法案，怎么可能被认为是当今时刻解决纵欲问题的最有效补救办法呢？一项有效的补救办法当然意味着是一项可以使之生效的措施，然后再去实现该措施意欲达到的目的。

　　这位主教的演讲使我印象深刻地想起了一个反对联合王国联盟政策和行为的论点。在此之前的几年里，我常常思考那个论点。在联合王国联盟能够使其乐善好施的意图生效之前，联盟必须完成三件事，这三件事在我看来实质上是分开的、独立的。第一件事，联盟必须通过自己的法案。第二件事，联盟必须划定接受法案的区域。第三件事，联盟必须在那些区域内贯彻法令的规定。在这些步骤中的任何一个或者两个步骤上取得成功，而没有在全部三个步骤上都取得成功，那是没有意义的，而且更糟糕。但另一方面，任何

237

---

　　*　下面是一段从《曼彻斯特卫报》有关曼彻斯特主教演讲的报道中摘录出来的引文："假定该法案通过，他会极度忧虑地去审视这种为吵闹和无政府状态长期存在所创造的条件。要在人口众多的大型社区内贯彻这项法令，吵闹和无政府状态一定会在那里盛行。他想象不出还会有比因实行该项措施所引发的冲突更为可怕的事态。他认为，公众舆论一定要比以往变得更加成熟得多的时候，该顺从性性烈酒禁酒法案才会有机会成为一项有效力的法，而且他相信威尔弗里德·劳森爵士本人也有这样的感觉。"——原作者序

一种做法的成功概率都变得越来越严峻，于是成功概率又牵涉若干独立的偶发因素。这种情况可以通过一个假想的计算来加以说明。以一个很多人都非常看好联盟的案例来考察，让我们假定，在下一个 20 年里顺从性法案获得通过的机会有 $\frac{1}{10}$。再假定顺从性法案已获通过，在曼彻斯特主教所预言的吵闹和无政府状态间隔期之后，让我们假定该法能够得到各个区域广泛接受的概率为 $\frac{1}{5}$。假如该法令最终得以实施，让我们假定该法令能够令人满意地发挥作用并遏制住过度饮酒的概率为 $\frac{1}{2}$。倘若这些事件都是独立并相互分开的，则我们通过把各个单独的概率相乘的办法，就可以求出这些事件以有利于联盟目的的方式相继发生的概率。计算的结果告诉我们，**获得成功的概率为 1%，也就是说，赞成顺从性法案的好心支持者会按照这样的概率取得自己心仪的结果。**

1875 年 10 月 28 日的《观察家时报》(*Examiner and Times*)上刊登了一封来信，关于该问题的上述看法在信中得到了陈述。这种看法从联盟的一些成员那里引出了若干才华横溢的回复，其中，斯坦索尔牧师先生和威廉·霍伊尔先生的来函是最了不起的。这两位绅士从最根基处入手对我的论点发起了攻击，坚称各种概率之间并非真的相互独立的。斯坦索尔先生说："在英格兰，如若得不到公众舆论的支持，任何措施也无法在立法机构内获得通过。而且，在整个联合王国正继续发生着的支持顺从性法案的骚动，同时也是在帮助各个区域为试行该法案的仁慈规定进行准备。……联盟的行政部门知道，倘若法案能在明年通过，有许多地方都会立即适用该法案。"霍伊尔先生说出了近乎于同样的意思，"除非全国上下普遍受到教育，理解了这个问题，否则让顺从性法案在议会下院获得通过将是不可能的。而且，确保该法案在下院通过的教育工作，将在一个非常大的程度上确保该法案在全国通过。"

虽然我要承认这些联盟的成员选择了满足我的论点的正确的方式，但我还是倾向于认为我的看法在实质上是正确的。我的看法并非凭一时冲动而产生，而是经过了若干年的深思熟虑才形成的。*所以，我要借此机会，向我的批评者们提供一篇比在报纸上发表的一封信里所能提供的东西更为充分的答复。

我不敢说这里讨论的三件事，即顺从性法案的通过、各区域接受该法案以及该法案的顺利实施，是完全和绝对的独立事件。毫无疑问，在绝大多数案例里，那些投票支持该法案的人之所以这样做，是因为他们相信该法案会得到贯彻并且取得成功。然而，一个人建议要做的事情与他所能够做成的事情之间，尤其是在立法方面，存在的差异如此大，以致我还是认为两者实质上是独立的。

在我看来，顺从性法案的条款坦承了这种独立性，甚至还要对之加以利用。倘若在人们尚未得到教化，不肯接受该法案的情况下，该法案不能被通过，那么使之成为顺从性的法案并且对地方纳税人的投票进行干预又有何用？有人明显反对部分地适用这样一

---

* 自从在《观察家时报》上发表那封信以来，我已经熟悉了约瑟夫·利夫西先生有关同一主题的出版物。这些文章的标题是：《有关"顺从性法案""节欲立法"以及联盟问题的无拘束和友善评论》，普雷斯顿1862年版、《真正的节欲教学——指出联盟和"顺从性法案"的错误》，伦敦、曼彻斯特以及普雷斯顿1873年版。

我很欣慰地发现，我的有关联盟的看法，虽说是独立自主地形成的，但却与这位联合王国内最受尊敬的节欲改革家的那些看法不谋而合。——原作者序

部法令，而且一个保有自己酒吧的教区，会在很大程度上挫败相邻教区因施行禁酒令而带来的好处。那么为什么不像联盟初期时那样，把该法案变成一项强制性的禁令法案呢？原因在于，这一点联盟非常清楚，这样一项法案不会有通过的机会。顺从性法案通过之后，会出现一种令人愉快的不确定性，那就是会发生些什么事情或者不会发生什么事情是不确定的，而且许多人是带着一种模糊的想法，即促进节欲的想法在给联盟基金捐款，他们的头脑里并不真正清楚他们自己所在的自治镇或者地区内的酒吧会受到什么样的直接镇压。

二

我现在来谈一谈目前起草的顺从性法案在议会下院最终获得通过的概率。不过我并不认为，倘若法案通过，我们就至少能预测纳税人的行动。没有比民众的投票，尤其是大量居民的压倒性声音能够起作用的投票，更难以捉摸和令人费解的事情了。甚至在民意调查结果公布之后，还是无人能确定地说明为什么选举人会如此投票。从来不曾有人指出，格拉德斯通先生的政府1874年确切地受到了什么因素的影响而被赶下了台。这有可能是一次纯粹的保守党人的反应，或者是对突然解散议会行为的厌恶，或者是因为酒馆老板的联合，抑或更有可能是因为这些以及其他一些原因的合力作用。然而我要指出的是，任何人都不可能掐算出这件事情。在民众的投票中，我们所能确定的一切，仅仅是不能对发生作用的动机，或者将会看到的结果妄加估计。联盟说，他们通过挨家挨户的调查，已经可以肯定，在某些地方，$\frac{2}{3}$ 或者更多的一些地方税纳税人愿意投票支持禁酒规定。然而我却不大看重这样的调查。一个人，倘若知道他所签字的东西是什么，那一定明白该法令通过之后不会有实际的结果，那在一张选票或者请愿书上签字要比拒绝签字少些麻烦。以布里斯托尔为例，酒吧老板表明他们也随时能够征集到签名。在目前这一代人的岁月里，在不会有任何（或好或坏）作用的文书上签字，是一回事；而倘若在这样的文件上签字，会招致如曼彻斯特主教所言之凿凿那样的直接后果——在邻里周边造成吵闹和无政府状态的可怕局面，那签字就是完全不同的事了。

我倾向于认为，在这一点上曼彻斯特主教恐怕是对的。毋庸置疑，英国居民中存在着一个只要能够找到任何一点借口就随时会发生骚乱的下层阶级。那么还会有什么比查封他们的酒吧更好的借口呢？正是酗酒者的庞大人数，成为了阻挠突然实施禁酒令的主要障碍。世界上最容易做到的事情，就是让酒吧老板们在采取了禁酒令的自治镇或者教区内，煽动起一场能够有效威慑其他教区的地方税纳税人不敢投票支持禁酒令的游行。倘若禁酒法令的实施，引发了游行和无政府状态，曼彻斯特主教当真还会认为，人们能够发现有 $\frac{2}{3}$ 的地方税纳税人愿意继续对少量出售烈性酒的规定行使否决权，从而使无政府状态变得无止无休，而较富裕的选民在大多数情况下会以其独有的自由方式去饮用烈性酒吗？适用这样一部法律，会给企图制造骚乱的人提供一个极好的借口，因而我全然否认，联盟所作的逐户调查能够为预测选举人在面临可能发生的各种各样事件时将采取何种行动提供任何根据。此外，该法案获得通过之后随之可能发生的事件，或许会诱使议会迅即将该法令废止，就像威尔逊·帕顿上校的《星期日关门法》的案例那样。过于严苛的禁酒措施施行之后，接踵而至的是一种灾难性的反应，此类情况我们可以举出多种多样的例子。而且，为了辩论方便，我们可以想象顺从性法案获得通过，几乎可以肯定，公众舆论和立法机构会对之作出反应。

三

另一方面，通过一项法案与执行一项法令之间存在着巨大的差别。联盟说，他们必须在该法令通过之前让全国都受到教化。然而该法令却是以微弱多数赞成票通过，我们国家的全体地方税纳税人中仅有一部分人投了赞成票。要想让该法令得到适用，就需要获得 $\frac{2}{3}$ 地方税纳税人的赞成票。近几年来，联盟采取了一种在我看来后果极其严重、理应受到指责的政策，即联盟向其追随者建议只把选票投给愿意承诺支持该法案的议会议员，不管他们在其他社会或者政治问题上持何立场。那么很显然，倘若联盟在联合王国的一多半选区内赢得了多数的支持者，他们就能够让自己的法案获得通过。由此可以断定，全体选举人中只要有 $\frac{1}{4}$ 的人如果被以一定的方式安排在各个选区内，他们就肯定能使该法案获得通过。一方面，我们不能不考虑到联盟的支持者已按照各式各样的比例分散在联合王国的所有选区内这样一个事实。另一方面，我们还要考虑到为数众多，不参加民意测验的投票人，以及那些并不赞成顺从性法案但因为其他理由而投票支持法案拥护者的人。对有关这一主题的任何计算都不可以提出哪怕最低的精度要求。然而，就我所能作出的最准确的判断而言，我应当说，有占总数 $\frac{1}{4}$ 的选举人在背后撑腰，联盟能够让自己的法案获得通过，或许选举人人数再少一些也足够了。然而，把一项法律变成普遍的行动，那就要求在每一个教区或者选举区获得 $\frac{2}{3}$ 的多数。注意，$\frac{2}{3}$ 可是 $\frac{1}{4}$ 的 $2\frac{2}{3}$ 倍，而且归结起来无非是，联盟必须让二至三倍于这个数的人民受到教化，才能像让该法案获得通过时那样使自己的法律被付诸于行动。这就是我不同意斯坦索尔先生和霍伊尔先生的看法而坚持认为累积的概率对联盟不利的许多理由之一。

四

一项禁止性法律，倘若真的已被付诸实施，是否会顺利地产生效果并极大地减少纵欲现象？对于这个问题，我想谢绝讨论。在本篇论文的必要篇幅限度内，要想就这样一种结果的概率拿出肯定或者否定的证据，那是根本不可能的。我认为任何人都理所当然地有理由对这一主题抱怀疑态度。而且我还认为，指定50%为禁酒令可以将酗酒问题压制下去的概率，这对联盟是非常有利的。从美国或者大英帝国殖民地找到的有关这一题目的证据具有极其矛盾的特点，即使我们承认在美国的一两个州内以及在英国的许多农村教区内关闭酒吧是一件好事，那也丝毫不能得出结论说，同样的措施在大型城市以及在秉性截然不同的居民中间也将是可行的和有益的。在那些人民的教化程度已经提高到绝大多数人都能够接受禁酒令的国家里，禁酒令或许会很有成效。但是我不能承认英国人民的主流部分已经距离那一高度不远了。联盟喜欢或者要尽可能地教化人民，对此人们可能没有任何反对意见。我所反对的是他们给实行更为可行的措施所设置的那些障碍，而他们所争取的却是一个"在任何可预计的时间内"都无法完成的目标。

五

议会下院通过顺从性法案的概率有多大？为对此作出判断，我们一定要看一看已经产生的分组表决结果。投票情况如下：

就顺从性法案表决的票数情况

	不分组无计票员		两人一组有计票员	
	赞成	反对	赞成	反对
1864 年 ……	35 ……	292 ……	40 ……	297
1869 年 ……	87 ……	193 ……	94 ……	200
1870 年 ……	90 ……	121 ……	115 ……	146
1871 年 ……	124 ……	196 ……	136 ……	208
1872 年	—	—	—	—*
1873 年 ……	81 ……	321 ……	90 ……	330
1874 年 ……	75 ……	301 ……	92 ……	318
1875 年 ……	86 ……	371 ……	94 ……	379

或许衡量该法案反对者票数优势的最公平方式，就是去计算一

---

    * 1872 年该法案得到了透彻的讨论，但没有进行过分组表决。——原作者注

下所有对该法案投了反对票的人与那些投了赞成票的人的人数比率为多少。这一计算得出了如下结果：

反对者与支持者的人数比率

1869 年	2.13	1873 年	3.67
1870 年	1.27	1874 年	3.46
1871 年	1.53	1875 年	4.03

最后三年，尤其是最后一年的分组投票票数，在我看来已经表明，议会下院的绝大多数议员非常强烈地想让联盟明白他们的造势煽动是没有希望的。直至 1871 年，或许也包括 1871 年在内，成功获取法案最终被通过的前景一直是令人满心欢喜但却具有欺骗性的。支持该法案的人数在持续上升，而他们对立面的人数则处于停滞或者波动状态。然而在 1873 年、1874 年和 1875 年里，我们发现支持该法案的人数却减少到了早几年的水平，1875 年的支持者人数几乎与 1869 年完全相同，而 1874 年的支持者人数则实际减少了 12 个。与此同时，该法案的反对者人数则表现为比其先前的数目差不多翻了一番。

倘若一位已习惯于审视错综复杂的现象而又不带偏见的统计学家或者气象学家来检查这些数字，他会毫无疑问地得出结论说，联盟是一种已经过了峰值的现象并正在逐渐衰落。根据联盟自身机构的声明，在将近 23 年的时间里，联盟一直都在进步。然而我们却发现，1871 年至 1873 年，其在议会中的支持者减少了 30%，而反对者则增加了 90%。最后三年，尤其是最后一年的分组表决结果表明，议会下院的绝大多数议员已经铁了心不让该法案通过，而且他们还不允许任何可能诱发联盟幻想该法案终究会有被通过的一天的信号流露出来。鉴于本人已注意到联盟的有意设置障碍的立场，我想斗胆表示一下这样的希望，即下一次的分组表决将会更加明白无误地表明议会下院在这个主题上的意见。

六

即使联盟的法案永远也得不到通过，人们也还是可以对联盟为让这项法案获得通过所作出的努力表示赞许，这些努力引起了节欲事业中许多人士的兴趣，并且导致一些限制烈性酒贸易的次要规定获得通过。毫无疑问，总体来看，联盟已经将自己打造成各种节欲团体的首领和前锋。它是一个集合点，所有热切渴望使我们国家的主要邪恶原因得到纠正的人们向那里集合。那些实际上并不会投票支持顺从性法案的议会议员甚至各级政府，却有可能在通过一些反对酒吧老板的重大措施时被诱使去作出一些让步，而酒吧老板本身出于对联盟这样一类如此难于对付的团体的畏惧，会更乐于接受立法的约束。但是，联盟所坚持不变的煽动造势做法是否不会再以对立的方式进行，在我看来这确实还是个问题。

当然，对于酒吧老板来说，联盟的行动是极其不幸的。联盟的行动教育酒吧老板把一切主张节欲的改革者都看成是自己的绝对敌人，与之只能进行毫无怜悯之心的斗争。联盟很想以一种突如其来的专制方式将酒吧老板的售酒贸易镇压下去，他们没有向酒吧老板提出任何补偿条件，而酒吧老板在很多情况下为开设酒吧的房子和做生意用的固定设施，以及从事一项须由政府颁发执照的买卖花了大笔的钱。诚然，如果有不法行为的证据，营业执照是可以被没收的，而且营业执照只能一年一续。但是，营业执照到期终止与联盟提议吊销执照两种方式之间存在着天壤之别。毫无疑问，既得利益是一切改革的极大障碍，承认既得利益存在并对之提供补偿的任何先例，都会给未来的改革者增添极大的压力。不过我担心，业已形成的先例已经足够多了。在英国各殖民地，把大把的钱付给奴隶主，正是这一问题的鲜明案例。军官因将钱投资于购买职位而得到一笔数额非常大的补偿，甚至超出了条例许可的范围。在电报公司被限制发展之前，它们的收入达到了自身财产价值的两三倍，其中很大一部分竟被公然说成是企业信誉所得。注意，酒吧老板可能是好人，也可能是坏人，但无论如何他们都是人，都是女王的臣民，他们有家小要赡养。难道我们能够让他们或者期待他们默认自己被镇压和被毁灭？我必须表明，我很怀疑联盟所提议的不提供某种赔偿就镇压某个行业的做法是否正确和合理。不过，倘若地方税纳税人在投票支持禁酒令之前已经知道禁酒令会让他们多缴六或九个便士的税钱，我则很想知道联盟如何去说服他们所需要的 $\frac{2}{3}$ 多数人。不足一个便士的税钱，在相当多的地方都已经证明足以成为阻挠人们接受那项极其无害的法律——《公共图书馆法》的障碍。在我居住的威辛顿教区，像路灯这样一个如此必要的开销项目就从来没有能够得到表决通过所需要的地方税纳税人勉强多数的赞同。这件事后来还是在地方政府委员会的授权下完成的。不过，我遗憾地讲，地方税纳税人依然不肯为修缮道路支付费用。

但是无论地方税纳税人对顺从性禁止法律可能有什么样的想法，酒吧老板怎样想的却是确定无疑的。对于酒吧老板来说，一旦这样的法令付诸实行，那就将是他们的"世界末日"，而联盟坚持不懈的煽动造势，其结果就是让酒吧老板团结一致地反对所有改革。与其他每一大类人群一样，酒吧老板这个人群中也包含了一切不同性格的人，但是我拒绝认为这些人是完全不可理喻的，不愿承认如果约束不严就会从他们所经营的行当中流淌出来的邪恶的。倘若能够让他们放心，营业执照改革的意图并不是向镇压和摧毁他们迈出的一步，而是意在清除该行业中的品行不端成员，则我就不相信酒吧老板们会普遍像目前这样极其愤怒地反对改革。对出售烈性酒行业进行改革的正确方式是减少竞争，铲除行为不端的酒吧，直至剩余营业执照的价值已经被抬高到执照的持有者不敢容忍滥卖烈性酒的行为，该行业也不再具有足以让执照持有者容忍滥卖行为存在的诱惑力的时候为止。

七

下面是联盟用于阐述其对待酒吧老板以及其他营业执照改革计划的态度时使用的措辞："因为联合王国联盟是为消灭烈性酒非法贸易，而非为禁止和管控这种贸易成立的，所以为了忠诚于人们对联盟的信任，贵委员会不可以参与任何营业执照发照计划，而且为了能够自我辩解和保持行为的一致性，联盟一定要以冷静甚至怀疑的态度看待任何支持下列政策的建议，即无视人民的意愿和请愿，强行向社区颁发营业执照的应受谴责的政策。"[*]这样，联盟便明

---

[*] 《联合王国联盟执行委员会第十九期报告(1870—1871年)》(*Nineth Report of the Executive Committee of the United Kingdon Alliance, 1870—1871*)，第34页。——原作者注

白无误、毫无隐讳地将自己摆放在了不仅与作为一个群体的酒吧老板，而且与一切提议以任何方式制裁烈性酒销售行为的人相对立的位置上。

联盟提出的不把赞成票投给任何拒绝支持顺从性法案的议会议员的建议，更使这件事变得糟糕透顶。采取这样一种政策，一定会被认为是一项孤注一掷的举动，然而无论如何，此举都会饱受一切带有良好愿望、希望文明进步人士的谴责和驳斥。立法变更的精髓就在于妥协，而且随着社会变得更加多样化和更加复杂，妥协也将变得愈来愈不可分割。随着人们品味和看法的逐渐多样化，妥协才是唯一的**生活方式**。几乎用不着讲，倘若每一措施的支持者都坚持让自己的计划最先在议会下院里通过，则一切种类的改革都将极大地推迟。布赖特先生恰巧曾对有人试图让半打公共汽车齐头并进地穿过坦普尔巴地区提出过抗议，[①] 但倘若我们让诸如联盟这样的许多机构都各自争抢路权，其结果就会同上述情形一样。如果第一辆车是台重型、不实用的机器，它既不能向前开，又无法被挪出道外，那就是大不幸了。然而我相信，顺从性禁止法案就属于这类情况，而联盟的一系列行动完全会让我想到那些正是立法过程中**不能如何行事**的最佳范例。

依据这些理由，我坚持认为，联合王国联盟是国内节欲改革的最大现存障碍。它把节欲大军的资源吸引过去，花费在一项希望渺茫的围攻行动上面。因为联盟宣称绝不施怜悯，结果它把敌人驱赶

---

① 坦普尔巴（Temple Bar）是进入伦敦城的主要象征性入口，坐落在从伦敦塔到威斯敏斯特宫的具有历史意义的皇家礼仪性通道上。在坦普尔巴，伦敦城股份公司从前曾设立过路障，管控进入伦敦城做贸易的人。——译者注

到疯狂反对自己的方面去了。联盟已经存在并积极行动了22年或者近23年了。联盟拥有最狂热的领导人以及最忠诚的追随者。联盟已经花掉了巨额钱款，其数额之巨或许比任何此类联合会此前所花的钱都要多，金额高达约25万英镑上下。联盟的出版物被传播到全国各地，其呈递给议会的请愿书不计其数，每一位选举人都为联盟坚持不懈的煽动造势活动而不胜烦恼。然而我斗胆说一句，联盟距离其目标已经越来越远。

八

在我结束之前，我想再进一步，断言像联合王国联盟这样一个机构的全部政策和行动原则都是错误和不明智的。他们在一项法案中提出了一个明确的计划，并且强硬要求要么按计划实行，要么什么都没有。我认为，反谷物法联盟引人瞩目的成功产生了一个恶劣的影响。它导致许多狂热的人们认为，只要他们联合起来，鼓足信心，只要他们发表足够多的演讲，散发足够多的小册子，简而言之，只要他们以充沛的精力进行煽动造势活动，他们就会最终把公众舆论赢到自己一边。但是在这一类案例的类比过程中，我们一定不要信口开河。反玉米法联盟所定立的目标，是一个仅仅让法令获得通过就毫无疑问能够实现的目标。这里面并没有顺从性立法的问题。取消对玉米征收关税的实际结果是什么，就像社会科学中的任何一个问题一样明了，经济学家非常清楚，一切不带偏见、具有一般智力的人也都非常清楚。广大人民群众轻而易举地便被吸引到争取廉价面包的呐喊中来，即使他们并不清楚地懂得怎样做才能确保得到廉价面包。于是，这场斗争就变成了广大人民群众反对一伙以自私自利和错误的眼光看待自身利益的地主的斗争。反玉米法联盟的成功实质上是在五到七年的时间里实现的。

联合王国联盟的案例里每一件事都不同。真正的斗争在该法案获得通过之前并没有开始。广大人民群众在绝大多数情况下会反对这项法律，而该法律的实行情况，如我所坚持认为的那样，一定是个完全未知的问题。现实中有许许多多可能会被通过、肯定会产生或多或少有利的立法变化。当我们了解了这些有用立法变化后，在我看来，把22年时光花在一项不切实际的法案上就是一个极其可悲的事实。查看一下法令大全，人们可以轻而易举地找到证据，证明任何一项立法活动都会有相当高的失败概率，因此我们不应当在任何一项法律上花费 $\frac{1}{4}$ 世纪的时光，或许，除非我们能够得到完全的保证，当该法律获得通过后一定会取得成功。提出一些明确的原则，以便明智的改革型立法人员在选择什么样的法律他应给予支持时得到那些原则的指导，做到这一点并不困难。梭伦[①]在被问及他是否给予雅典人他所能够发明的最好的法律时回答道："是的。他们所能够收到的最好法律。"梭伦常常受到人们的责难，不过社会学的进步正在证实他的观点。我们现在知道，就任何一种恒定不变的标准而言，法律无所谓好或者坏，但是就不断变化的社会和人的性格而言，法律是有好坏之别的。成功的改革者是一个能够

---

① 梭伦(Solon)是古雅典的政治家和立法家，公元前638年生，公元前559年卒。他是古希腊的七贤之一。公元前594年，梭伦出任雅典城邦的第一任执政官，制定法律，进行改革，史称"梭伦改革"。——译者注

发现人民适宜于什么样的立法变革的人，还是一个能够将民众的能量集中于立法变革之上的人。然而联盟成员在每一点上都是错的。他们试图将一种还不成熟的法律强加于我们国家；他们把本来可以部署在直接行动中发挥最大作用的力量吸引过来，而一旦得到支持，一定会很有未来的计划却没有力量去执行。他们承认，他们必须教化人民接受该法案所提出的措施（斯坦索尔先生和霍伊尔先生承认这一点），不过他们完全混淆了煽动造势与教化两者的区别。教育人民为未来的立法变革做好准备是一回事；要求人民在第二年通过那项法律，并且与此同时冷漠地看待所有其他改革项目，则是另一回事。

九

在本文的末尾，试图去详细地讨论那些或许将被通过的措施并无用处，一旦顺从性法案被放到了一边，社区可能会以一致认可的方式通过那些措施。假如那个渺茫的希望——顺从性法案是我们可以希望用来压制酗酒问题的唯一措施，那我应当是该法案最热烈的支持者之一。然而事实上该法案却挡了十多个合理并切实可行提案的路。星期日关门法案倘若获得通过，可能会使酗酒问题减少 $\frac{1}{4}$ 或者 $\frac{1}{5}$，而且不会使任何人应有的自由和便利受到任何可察觉的干扰。在我看来，只要酒吧数量与居民的比例超过了 1∶500，就不再向酒吧或者啤酒店老板签发一切新的营业执照的做法，就是一项非常得当并且可行的措施。该项措施是全国镇压纵欲行为联盟所提提案中的一项。这项规定可能还须根据下列情形调松一些，如在人烟稀少的地区，沿重要公路线两旁的地区以及大型贸易和交通中心；与地区边界的划分，以及估算人口多少的方式相关的五花八门的细节问题也须予以考虑，譬如，是否可以上一次人口普查结果为基础估算人口多少？或者如我所要提议的，以缴税登记簿登记的酒吧数量为基础，每五百个居民允许开设一家酒吧。不过我认为，运用这样一种上限来加强地方法官行使自己签发营业执照的权力并不存在很大的困难。

另一项在我看来绝对不可分离并且要毫不迟疑地接纳的措施，是完全废除杂货商营业执照。毫无疑问，签发这种营业执照的用意是好的。它假定这种杂货店能够让人们买到质量更好的烈性酒在家里消费，从而把人们从酒吧里吸引过来。然而我却担心，每从酒吧里吸引走一个人，就会有20个或者50个人最终被吸引到杂货店去买酒。如此一来所犯的错误之大就会仅次于啤酒馆法所犯的错误。啤酒馆法是另一项出于好意的措施，它想通过开设啤酒馆，让人们得到低度酒的办法，让人们像断奶一样不再食用烈性酒。这就是证明烈性酒贸易行业中的自由贸易和自由竞争会导致灾难性后果的最有说服力的证据。很难想象怎么会有人把分销烈性酒的设施看成是一种减少纵欲行为的方式。所有其他行业内的竞争都趋向于促进该行业的健康发展，以及随之而来的销量增加。然而在烈性酒这个案例里，我们的目标却是要减少销量而不是增加销量，而且我们因此必须反其道而行之，给烈性酒贸易设置障碍，使之更加昂贵，购买更加麻烦。目前，唯一的困难就在于避免人们买到烈性酒，向顾客兜售烈性酒的商店不计其数。值得考虑一下，是否应当不设立无弹性的规定，在出售任何种类的烈性酒的地方，不可以销售任何其他非现场消费的商品。我倾向于认为，应当把这种贸易限制在两类经销商之间，第一类是有营业执照的售酒者和客栈老板，允许他们主要销售（倘若不是专营）当场消费的烈性酒，而且除了向客人们出售通常的食品饮料外，不得出售任何其他东西；第二类是啤酒、葡萄酒以及酒精饮料的经销商，允许他们出售任意数量的非现场消费的烈性酒。

我还可以建议说，进一步提高酒精饮料关税的时机或许已经到来，加税的决定可以安全推出了。上一次变更关税的决定是 1860 年作出的，当时英国酒精饮料的关税和朗姆酒的关税由每加仑 8 个先令提高到 10 个先令，而白兰地的关税则由每加仑 15 个先令降低至 10 个先令 5 便士。我们应当记得，自 1860 年以来，物价总体上上涨了很多，购买者的财富有了相当大的增加，这些情况的确在扩大了的消费规模中充分地反映出来。由于警察队伍执法效率的提高和人员的增加，人们不用担心走私或者非法酿造烈性酒案件出现任何严重增长的情况。对每一加仑酒精饮料增加 2 个先令的关税，会让财政大臣得到一笔数额可观的收入，并且与此同时为压制极其糟糕的酗酒问题提供援助。

曼彻斯特营业执照修正联盟为管控烈性酒非法交易问题所提出的提案，也值得给予极其认真的考虑。

我提及这些措施的目的，仅仅是要表明倘若禁欲改革者的权重能够合在一处，共同支持那些措施，而不是浪费在顺从性法案上面，那我们可以迈出多少相对容易走的步子呀。倘若烈性酒销售范围内的自由贸易导致了酗酒问题，应采取的恰当步骤是禁止销售烈性酒，若代之以鼓吹对烈性酒非法交易进行管控，那目标与措施之间就出现了前后矛盾的问题。毫无疑问，这才是对上述问题的合理回答。然而反驳来得很轻率，联合王国联盟不肯冒险让自己的行动前后一致起来，统一起来。根据联盟自己的原则，他们理应恪守缅因烈性酒法，该法是联盟起家的依据，也是他们为真正禁止烈性酒销售而煽动造势的依据。看样子，他们只敢要求单独的教区和自治镇采取反复无常的行动去镇压公开的售酒行为，而放任一切个人通过在其他地方买酒的方式自由获取烈性酒的补给。因此，我不能不得出这样一个结论，近 $\frac{1}{4}$ 世纪的时光和 25 万英镑的钱财被浪费在了这样一件事情上，即支持一项仅仅完成了向立法机构提交程序的、设计得极其糟糕的措施。我们听说，顺从性法案不会在任何可预料的时间内通过。我斗胆断言，该法案永远也不会通过。

实验性立法与酒的交易 *

一

"埃奇沃思先生 ①，傻瓜是一个从来不做实验的人"。我相信这句话是伊拉兹马斯·达尔文 ② 对理查德·洛弗尔·埃奇沃思讲的一字不差的原话。这些话应当成为谚语一样的语言。它们具有成为真理的广泛基础，而且一针见血，虽然它们忽略了细节上的精确性，但这正是谚语的标志。当然，这种说法立刻向我们暗示了这样一个问题：实验是什么？从一定意义上讲，一切人，无论是傻瓜还是智者，都在永无休止地进行着实验。婴儿所受到的教育，从一开始就完完全全是实验性的，不过是以无计划的、非自觉的方式接受的。在学习走路过程中因身体失衡而摔倒的儿童，正在进行的是万有引

---

* 参见《当代评论》杂志1880年2月第37期，第177—192页。——原作者注

① 埃奇沃思（Richard Lovell Edgeworth）生于1744年5月31日，卒于1817年6月13日，是英国爱尔兰政治家、作家以及发明家。他毕业于都柏林三一学院和牛津大学，一生中有过多种发明。——译者注

② 伊拉兹马斯·达尔文（Erasmus Darwin）生于1731年12月12日，卒于1802年4月18日，是英国的一位内科医生和诗人。世界最著名的生物学家，进化论创立者查尔斯·达尔文是此人的孙子。——译者注

力定律的实验。一切成功的行动都是最广泛意义上的成功实验，而每一个错误或者失败都是一次负面意义上的实验，它会威慑人们不敢重蹈覆辙。我们的精神框架也是非常奇妙地设计出来的，所以它能无止无休地将每一种行动所产生的有利或者不利的结果记录在记忆的便笺上。查尔斯·巴贝奇[①]提议，发明一个自动的国际象棋棋手，该棋手将用机械的办法将因每一种可能的走法而导致的输棋局数和胜棋局数记录下来。这样，自动棋手下棋的时间愈长，通过实验性下棋结果的累积自动棋手的经验就变得愈丰富。这样一部机器能十分精确地表现出我们的神经组织是怎样获取经验的。

　　不过毋庸置疑，伊拉兹马斯·达尔文所说的实验，指的是上述无心的经验堆积以外的某种东西。学会预见我们的行动将会产生怎样的结果，是才智的一部分，学习的途径就是在我们全身心地致力于一系列无可挽回的行为之前进行一些微小和无害的试验。我们理应摸索着走路，并在我们冒着极大的危险踏上冰面之前去试探一下冰层的厚薄。从这种更为特殊的意义上讲，进行一次实验，就是把一定的已知条件作一个梳理，或者，换句话说，就是把一定的偶然动因放在一起，以便弄清楚它们会带来哪些后果或者总体的效果是什么。实验中已知的东西只有它的直接目的；不过正如那位拉丁诗人所说，能够察觉到事物原因的人是真正幸福的，因为得知了事物的原因后，我们就可以立即转入安全的和有利可图的应用阶段。

---

　　①　查尔斯·巴贝奇（Charles Babbage）生于 1791 年 12 月 26 日，卒于 1871 年 10 月 18 日，是英国的一位博学家。他集数学家、哲学家、发明家、机械工程师于一身。他最先提出了数字编程计算机的概念。——译者注

　　无须赘言，人类在过去 300 年里所取得的全部进步，几乎都要归功于人们在自然科学中频繁进行并且细心规划的实验。就连精神和智力上所取得的胜利，也常常可以追溯到其对自然科学发明的依赖上去，追溯到那些自然科学发明给总体活动所带来的刺激作用上面去。当然，政治和军事上的成功，也几乎全部都要依赖于实验科学。至于说勇敢程度，人们很难发现英国在阿富汗、祖鲁兰①、德兰士瓦②战斗的士兵，要比他们所入侵国家的士兵有更为勇敢的表现。但正是来福枪、炮弹以及山炮等方面的科学进步，让可怜、野蛮甚至于勇敢的布尔人在抵抗中没有机会取得最后的成功。持续不断的实验使枪炮科学日臻完善。我们要把这一切归功于实验领域里哪一位肇始者呢？只能归功于伟大的实验者、天主教修士、牛津大学的罗杰·培根③。他是我们最忠实、最伟大的民族英雄。最先提到使用火药，仅是他全部功绩的极小部分。然而英国全国还几乎完全没有意识到罗杰·培根著作的力量和伟大源自哪里，在很大程度上，培根的著作还没有被印刷出来，没有被人研究过。罗杰·培根只是在欧洲大陆的学者中被看作是所处时代和所在国家的奇迹。

　　毫无疑问，世界一般把开启新的归纳法科学时代的奠基人桂冠

---

　　①　祖鲁兰（Zululand）是旧时南非的一个王国，即祖鲁王国，存在于 1818—1897 年。——译者注

　　②　德兰士瓦（Transvaal）是当今南非共和国一个省。历史上，南非在英语中也被称之为德兰士瓦。1902—1910 年，德兰士瓦成为大英帝国的德兰士瓦殖民地。——译者注

　　③　罗杰·培根（Roger Bacon）大约生于 1219—1220 年，大约卒于 1292 年，英国哲学家。他非常强调通过经验积累的办法研究自然。虽然火药最先是在中国发明的，但罗杰·培根却是欧洲记录了火药配方的第一人。——译者注

戴在英国议会上院大法官弗朗西斯·培根[①]的头上。这里并非是想方设法要判明世界是否犯了一个巨大错误的地方。福勒教授在其令人钦佩的批判性著作《新工具论》(*Novum Organum*)中已经就培根大法官在科学领域的权益说过一切可以说的赞美之辞，然而我却坚持认为，培根大法官虽然确实是一个聪明人，但在归纳法科学领域却仅仅是一个业余人士，他完全误解了这一科学的真正方法。长期坚定坚持这一看法的有已故教授德摩根[*]，更不要说还有李比西男爵[**]以及其他一些人。培根大法官充其量不过是把有关科学在向实验主义发展这种趋势的估计以及对将会取得结果的预测，转变成了优美和引人注目的语言而已。科学实验在上几个世纪里的复兴要归因于许多哲学家的贡献，他们当中包括了哥白尼、伽利略、笛卡尔、牛顿、莱布尼兹、瓦特、法拉第以及焦耳等许多人。这样一批人所遵循的程序与弗朗西斯·培根所遵循的程序是迥然不同的。

二

现在我们言归正传，谈一谈我们提出的询问。实验性方法一定要仅限于自然科学世界吗？那些在自然哲学家的手上已经被证明

[①]　弗朗西斯·培根(Francis Bacon)生于1561年1月22日，卒于1626年4月9日，英国著名的哲学家、政治家、科学家、法理学家、演说家和作家。"知识就是力量"这句名言就出自弗朗西斯·培根之口。——译者注

[*]　参见德摩根的著作《充满悖论的预算》第49页。同样参见他的回忆录《论三段论》，第4期，以及《论关系的逻辑》，《剑桥大学哲学议事录》，1860年第10期。并参见托德亨特的著作《关于威廉·休厄尔博士著作的说明及其有关文学和科学问题通信选编》，第1卷，第227页。——原作者注

[**]　参见《关于培根大法官的杂谈》(*Essay on Lord Bacon*)。——原作者注

如此宝贵的方法，我们是否已经充分地运用到精神、社会以及政治的事物上面去了？简而言之，我们的立法者是否迫切地要求过进行实验，从而使他们不会被认为是符合伊拉兹马斯·达尔文定义的人呢？毫无疑问，英国的立法过程往往由大量的公众讨论以及议会争吵鸣锣开道。有时还会有许许多多的统计调查，更确切地说，倘若是那种正确的调查，就应按照真正科学的方法进行。然而，我却斗胆坚持认为，一般来讲，议会忽略了一项真实可靠的方法，即直接要求进行实验。我们的议会委员会和皇家调查委员会把充满信息的蓝皮书摞在一起，书中的信息一般都不着边际。一点点信息，即在小范围内实际试行一下某种新措施的信息在蓝皮书中都看不到，因为议会倘若颁布法律，就是颁布适用于联合王国全国的法律。我猜想，议会习惯于在两眼一抹黑的情况下跳跃，因为摸索着走路，并向全世界宣布自己害怕犯错误，与议会的智慧和尊严有矛盾。注意，我坚持认为，在大多数立法事务中，真的没有任何东西可以妨碍我们在活生生的社会有机体上直接做实验。不仅对社会做实验是可以的，而且在除圣斯蒂芬斯小教堂之外的联合王国的每一角落做实验都是可以的，这是最普通不过的事情，是社会进步的普世方式。社会进步就是进行社会实验，而进行社会实验就是社会进步，这样讲并不会太过分。任何一项重要的议会法令所引起的变化，都如同地震和大灾难一样，会扰动社会生长的连续轨迹。那些事件会产生革命性而不是习惯性的变革。它们有时会造福社会，有时会危害社会，但是无论如何，要预测社会有机体内发生的一种相当大的灾难性的变化将产生什么样的结果，那几乎是不可能的。所以，我毫不犹豫地坚持认为，只要有可能，立法活动就应遵守大自然的秩序，试探着推进。

我已说过，社会进步就是进行社会实验。《伦敦行业目录》（*London Trade's Divectory*）中所插入的每一项新条目，都是应私人个体的要求而写入目录的，那些个体已经试做了某一新行当并且找到了实验的答案。为生存而进行的斗争迫使我们都要放眼去寻找获取利润的机会。在某种程度上，我们或许都是发明家，不过某些人要比另一些人更大胆、更成功罢了。注意，开了一间店铺，或者建了一家工厂，再或者开办了一座新式社会机构的每一个人，都在尝试着进行某种实验。倘若某个人满足了其他人求之不得的需求，他的实验就成功了；也就是说，某种事情要接着发生，或者随后发生，即此人本人以及其他人重复自己的实验。从词源学上讲，"成功"一词是一个最让人愉快的词汇。获得成功，就获得了未来——模仿者的未来。

十分显然，最近各个时期的一切伟大新颖的东西都是以这种试探性的方式制作出来的。譬如说，英国发达且奇迹般的铁路系统是怎样开发出来的？是像全副武装、满身披挂的密涅瓦从朱庇特脑袋里跳出来那样，从议会具有远见卓识的明智筹划中完美地蹦出来的吗？正相反，难道英国明智的土地所有者和现实的人们没有竭尽全力地反对过铁路吗？他们直到后来才发现自己犯了一个多么大的错误。没有人过多地指责过他们。的确，有谁能够从本杰明·乌特勒姆① 那简陋的有轨蒸汽机车线中看到那个将会成长为迷宫一样错

---

① 本杰明·乌特勒姆（Benjamin Outram）生于 1764 年 4 月 1 日，卒于 1805 年 5 月 22 日，是英国的一个土木工程师、测量员、工业家。他率先在英国建设了运河和有轨电车。——译者注

综复杂的铁路线、铁路道岔以及铁路信号系统的萌芽呢？现在，当我们在克拉彭交叉路口或者在伦敦桥上穿过铁路时，已不会感到惊讶了。那个极其复杂的组织——宏伟的火车站，完全是一个不断实验后的产物。"Gradatim"是拉丁语"一步一步"的意思，这句话对任何一个伟大的产业成功来说都会是一个适用的座右铭。在这类事物上，实验既有有心的，也有无心的。关于前者，公众几乎没有听说过，除非当那些有心的实验以某种有利可图的专利形式变成成果时。由于显而易见的原因，初步的尝试往往是以秘密的方式进行的，而且不成功的尝试会被搁置一旁不作说明，并被很快地遗忘。至于说无心的实验，那就多得不胜枚举了。铁路上所发生的每一次事故，都是一次暴露某种设计缺陷、材料中的某种不足、某种未做准备的意外事故的实验。所发生的事故会被调查，然后工程师们开始工作，制订改进计划，所进行的改进将防止类似事故将来再次发生。倘若我们有时间去追溯一下蒸汽机车、煤气灯照明、电报、海底电缆、电灯照明或者任何其他伟大改进项目的历史，我们就应当同样地看到，议会的才智与规划铁路建设一点都不沾边。进步的规则自始至终都如那首古老的童谣所唱的一样："试一下，试一下，试一下。如果开始时你没有成功，试一下，试一下，再试一下。"

　　为了把这个问题置于最高强度的灯光之下，现在让读者考虑一下，自己会对议会仅凭借其自身的才智便武断决定的、关乎一项重大并亟待实行的改进提案说些什么，譬如说，关乎蒸汽机车轨道线和蒸汽机车的改进提案。完全可以想象，蒸汽机车将最终获得成功，并在很大程度上取代马车。然后，所有的主要公路当然都将铺上机车轨道。但是，让我们来想一想，倘若议会要着手一劳永逸地解决一个问题，凭借其才智它会怎么做？议会一定会在搜集了几十本充满证据的蓝皮书后，作出这样一种决定：要么完全不搞蒸汽机车，要么马上将蒸汽机车轨道铺满整个联合王国，将所有村庄都连接起来。议会上院在两届会议之前的确选择了前一种路径，它决定禁止在机车轨道上使用蒸汽机车，理由是蒸汽机车可能会使马受到惊吓。在接下来的议会上院会议上，他们感觉到了反对不可抗拒事物的愚蠢，迅速批准了在机车轨道上**实验性使用**蒸汽机车的提案。

关于由上一代政府着手一劳永逸解决的铁路系统，人们有这样一个看法，即那里是伦敦建设宏伟火车站的合适场所。一个主要由军人组成的委员会作出决定，火车站不应被挪到伦敦市中心来。因此，火车站的位置就被放在了尤斯顿、国王十字、帕丁顿、滑铁卢以及肖迪奇。在付出了极大的代价之后，这些人的决定已经被全盘推翻。

人们或许会不同意我的说法，认为上述都是自然科学和实用工程的问题，在这些领域内，实验的崇高地位早已得到了承认。情况并非完全如此，因为一个系统的成功，就像铁路或者有轨机车系统的成功，在很大程度上要取决于社会的考虑。无论是什么样的社会考虑，我们都不难说明，同样的原则也适用于纯粹的社会机构。更有可能的是，正是企业的社会一面才往往令人极其怀疑其前景，极其需要在条件许可时进行实验。修建泰晤士隧道，在当时是项新颖并且困难的工程，不过要平民百姓使用隧道却并不那么困难。"**大东号**"蒸汽轮船是伟大机械成功的另一个事例，但在某种程度上，却是一个社会和经济失败的案例。可以提及的类似案例还有许多，譬如说不久以前发明出来的真正的滑冰场。

　　任何一种纯粹社会性的机构通常是怎样建立起来的呢？以"志愿军"为例，且不谈更早一些的运动，或者古老的"荣耀炮兵连"。"志愿军"是通过少量孤立的实验而发轫的，譬如说 1852 年成立"埃克塞特来福枪军团"的实验，以及 1853 年成立"维多利亚来福枪军团"的实验。这些实验取得了很大的成功，于是在 1859 年当人们担心遭遇入侵时，依葫芦画瓢的做法迅速开始了。当然，明智现实的人们对假扮士兵的狂热进行了嘲讽，而绝大多数人已经清楚地预见到，一旦志愿者们厌恶了自己的那身新军装后，整个志愿军就将垮掉。但是经验作出了迥然不同的决定。志愿军非但没有衰落，而且还在稳步成长，有了相当大的改进。前不久，一位优秀的军事权威说，志愿军是英国军事体系内唯一健全的部分。在创建这支部队的问题上议会的才智发挥了多大作用呢？我相信，甚至到了现在，政府和军队的人也还是并不欣赏志愿军为我们所做的事情。志愿军解除了国内对安全问题的一切担忧，使常备军可以随时被派往国外。

　　还是以大众娱乐活动为例。议会曾否考虑过以法规的形式确定人们何时以及怎样聚会来使自己享受娱乐吗？当人们对已有的娱乐活动感觉厌倦时，他们还可以做什么？人们难道不可以通过尝试的办法找到自己喜欢和不喜欢的娱乐形式吗？据说已故高级律师考克斯先生为人们发明了售价 1 个便士的"廉价读物"。在他的经营下，那些读物收到了非常热烈的反响，联合王国的各个角落都有人仿制那些读物，最后在世界上的其他许多地方也有人仿制。我认为，"拼字比赛"是一种美国人发明的游戏，该游戏曾有过一段非常活跃但却很短的生涯。最近举行的许多大众科学讲座课程，就是从罗斯科教授在曼彻斯特开始进行的非常成功的实验中发展起来的。*许多人刚刚尝试着为人们提供诱人和无害的娱乐活动,当然,这种努力一定要以试探的方式进行。

的确,人们会看到许多社会性发明被证明是短命的,生长和变化近来变得如此之快,以致人们对新的发明总有需求,这种情况让人感到好奇。坐落在阿尔贝马尔街上的英国皇家科学研究院就是那一时代引人注目的发明,这一发明主要是因为朗福德伯爵的努力。皇家科学研究院的辉煌成功导致它很早便被仿制到利物浦、曼彻斯特、爱丁堡,或许还有其他地方。然而,这样的省级机构要维持其存在的目的和理由是非常困难的。皇家科学研究院之后,涌现出了一系列力学研究院,就其机械元素而言,这些研究院都是完全不成功的,不过,它们以大众学院或者中产阶级学校的形式证明自己都是有用处的。现在,欧文斯学院,作为一家搞教学的机构,正把自己伟大真实的成功引向创办许许多多的类型相似的地方学院。此外,现在是免费公共图书馆的时代,由于其所具有的切实可行性和极高的有用性,免费公共图书馆最先在索尔福德和曼彻斯特建立。一旦当地的居民接纳,可以期待,这类机构将会有很长的职业生涯。不过,一项社会实验要想永久持续下去,砖石和砂浆往往是必需的。当实验如此永不停歇地展开之时,每一种类的研究机构都会以近乎于地质学上的确定性标出自己的时代。从撒克逊人和诺曼人的时代起,我们能够按照时间先后的顺序,把一系列叠加在一起的研究机构岩层查找出来。古老的牛津和剑桥学院、以城市公司

---

* 所有在罗斯科教授于曼彻斯特开讲的 11 个年度系列讲座活动中发表过的讲座,都由曼彻斯特和佩特诺斯特·罗的约翰·海伍德出版公司作了报告并发表。绝大多数讲座的讲义都可以每份一便士的价格买到单行本。——原作者注

形式存活下来的中世纪同业公会、伊丽莎白时代的文法学校、斯图亚特时期的救济院、安妮女王统治时期的商务机构，等等，一直到当今的免费公共图书馆和娱乐宫。就连建筑物的风格也因成功的创新活动（更准确地说，就是实验，然后模仿）而进化，最明显不过的例子就是在约瑟夫·帕克斯顿爵士在1851年博览会上所搞的宏伟实验之后而兴起的模仿风。[*]

　　注意，我的论点是，立法者理应在立法活动的许多分支领域确定无疑地采取这种试探性的程序，那才是社会成长的办法。议会一定要摒弃装模作样的态度，以为自己一颁布法律，法律条款中"下列所含"句子中具体列出的那些社会机构便会被创造出来。毫无疑问，借助于一架精密的行政机器以及一个强大的警察机构，政府在一定程度上能够指导，或者至少是限制其国民的行为。甚至在这一方面，政府的权力也是非常有限的，而且一项不能获得人民团体赞同的法律一定会很快被废除或者变得不起作用。不过，至于说创建机构，议会几乎完全是无能为力的，只能就当时的必要性进行磋商，为这类机构成长壮大提供条件，使之能够如经验所表明的那样获得成功。然而，一种不幸的思想混乱状况依然存在，而且情况似乎应当是这样，即因为出于显而易见的便利缘故，民法和刑法一般来说是统一为整个联合王国而制定的，所以，议会的立法行动必须总是统一和决定性的。举例来说，当有人提议对颁发执照法进行一处重大修改之后，议会要收集大量的信息，这些信息通常都是无定论的；

---

　　[*]　我不记得曾看过哪位作家把社会事务中的这种模仿倾向描写得如此重要，只有法国工程师和经济学家杜布伊特除外，他在他非凡的回忆录中对模仿的重要性作了充分的阐述（参见《桥梁和公路纪事》）。——原作者注

然后，议会要着手给整个联合王国带来某种代价昂贵、不可改变的变化；所发生的变化一般会令当初提倡改变的人感到失望。就拿一般被人们称作啤酒馆法的 1830 年啤酒销售法这个案例来说，那是一个糟糕立法的突出例子。然而，这项法案却几乎是以一致同意的方式被议会通过的，议会下院对二读法案的分组表决结果显示，赞成票为 245，反对票只有 29。该法令源自布鲁厄姆，这是从他 1822 年和 1823 年提交了多少有些类似的法案的意义上说的，该法案被 1830 年的政府部分地批准。该法令的用意是要瓦解啤酒制造商和酒吧老板的垄断，按照自由贸易原则开放啤酒贸易，并且通过提供充足、合乎卫生条件、清纯的淡啤酒的方式吸引工人阶级离开杜松子酒馆。一切看上去都很合理，如同该法令毫无疑问用意是善良的一样。当然，对该法案也有反对的意见，许多人预言该法案将会产生罪恶的后果。不过，所有此类不吉祥的预言都被当成是拥有既得利益的酒馆老板和啤酒制造商所散布的谣言。尽管如此，这项新的法令很快便被人们认为是个错误了。虽然西德尼·史密斯在几年以前还曾恳求给人民饮用朗姆酒加水，或者他们所喜欢的任何其他饮料的自由，*但他迅即改变了立场，对君主的臣民所表现出来的野兽一般的酗酒状态作了一个图文并茂的描述。**

这样讲可能比较保险，即啤酒馆法把人们预料它会带来的所有邪恶都变成了现实，很少或者没有一点优点。***关于酒吧角落里的

---

    *   参见 1819 年的《爱丁堡评论》。——原作者注

    ** 西德尼·史密斯说："新的啤酒法案开始生效。每一个人都酩酊大醉。那些人不是在唱歌，就是四仰八叉地躺在地上。君主的臣民表现出一种野兽般的状态。"——原作者注

    *** "啤酒馆被认为是极其有害的。……类似的陈述在东肯特也讲过。一位地方

吧台，我们很难为它说出任何好话，只有一点除外，那就是吧台要比藏身于街道的某个昏暗隐蔽处的啤酒馆好一些。最初，啤酒馆至少还处于公众目光的监督之下以及地方法官的管控之中；但到了前些年时，啤酒馆极有可能已变成了最下层阶级的不受管控的休闲胜地。尽管现在啤酒馆已经被置于颁发营业执照的地方法官的管辖之下，但要把1830年法令所造成的邪恶彻底清除，那一定还需要许多年时间。因此，这是一个立法机构引人注目的失败事例，一个小心谨慎的立法机构理应永远不犯这种错误。当啤酒销售法还处于讨论阶段时，财政大臣似乎感觉到这是一个需要进行实验性试行的法案，因此当有人反对将该法令的适用范围延伸到苏格兰时，他鼓励说开始时先在联合王国的部分地区试行该法令，然后，倘若发现该法令是有益的，并能够实现其预期的目标，再将之延伸到其他地区，这样做可能会更好。*

　　在更近的几年里，政府颁发杂货商营业执照，允许自由销售一切种类的烈性酒，这种做法很有可能也会被证明是一次在黑暗中的跳跃，也具有同样大的灾难性。出于最美好的善意，基于最合理的理论根据，格拉德斯通先生的政府极大地扩展了葡萄酒和啤酒的自由销售量，所以我注意到，现在在一些大众化的矿泉疗养地，几乎每三家商店中就有一家商店的橱窗里装饰着用啤酒瓶堆成的金字塔。然而，先前的政府却仅仅在把杂货店变成走向酒吧的通道方面

法官在表达他的看法时说，没有任何一项措施能够在如此短的时间里造成如此大的伤害，使劳工们如此意志消沉。阿什福德高级警官的证词非常确凿。"引自《已收到信息摘要：关于糟糕法律的施行和操作》，1833年版，第24页——原作者注

　　* 《议会辩论议事录》1830年4月8日，载于《新丛书》第24卷，第26页。——原作者注

取得了成功。没有人会有哪怕瞬间的念头认为，为在家里享用的目的而自由销售烈性酒的做法已经至少是削弱了酒吧老板对其顾客的控制。倘若我不得不在由因及果的推论基础上设计一个烈性酒非法贸易的计划，那我就应当把与啤酒馆和杂货店营业执照颁发事务相关的现存法律刚好逆向实施就可以了。我会禁止在出售其他商品的任何现场"以外"销售烈性酒，渴望购买葡萄酒、啤酒，或者为了在家里享用的目的而购买酒精饮料的购物者应当去某一个数量相对较少、标志显眼、仅经营这一类商品的商店。另一方面，在那些只为在现场消费而售卖烈性酒的地方，我应当要求卖家提供食品和合理的就座空间。这样做只不过是又回到了关于有营业执照的食品提供者的旧法律上而已，这项旧法律仅在字面上还依然存在，而在实际上它已经获准中止了。那项非常合理的、要求酒吧老板提供一般性娱乐活动的法律，已经很悲哀地被啤酒馆法打败了。啤酒馆法为不吃任何食品、空腹饮用纯粹的啤酒大开方便之门。然而我的论点是，我们一定不要在由因及果的推论基础上继续讨论这类问题了。我们一定要试一下。

或许我们可以这样说，即每一项新的法律都一定是一次实验，并且为其自身的完善，或者，倘若必要的话，为其被废除提供了经验。但是，有两个无可辩驳的理由解释了为什么一项被打造成一般性文件并且一般性生效的法令很少能够被用来做实验。当然，有一大批议会法令在实验中被发现是错误的，因为这些法令从来就没有在相当大的范围内施行过，譬如促进头衔登记的法令，更不要农业私有财产法了。这样一些案例除了能够暴露立法机构的弱点及伪善外，证明不了什么。但是，倘若一项法令总体上已经生效，那它实际上就是不可挽回的了。议会不可能简单地说一声"复原",就去进行一项新的、更有希望的实验。一个社会性的一旦损坏就无法修复的东西,再也不可能修得同它从前的样子一样,即使是女王身边的人也做不到。已经拿到的既得利益往往太难以割舍,所以不能抛诸一边,而且也太昂贵,所以不能全部赎买下来。恰当地推进任何一项重要的立法实验,需要很多年,至少要七年或者十年,所以同一代政治家在其最长的政治生涯内,对同一个科目也不会有超过四次的实验机会。倘若我们把英国分成几份,并在某座城市或者某个县里进行一种实验,而在另一座城市进行另一种实验,那么我们在 10 或者 20 年时间内所要进行的有效尝试数目就有可能近乎于无穷大。但是除了这种考虑外,一项一般性的立法变化完全不是一次真正的实验,因为它提供不了将自己的作用与社会和产业进步所带来的一般成果区别开来的明确手段。统计学的事实往往具有数字或者量化的特质,因此,倘若许多临时的机构都在同一时间行动,它们的作用就会简单地按代数相加的办法汇总在一起,并且无法分解地合并成一个一般性的总数。所以,按救济法领取救援物质的总人数,或者联合王国内因酗酒而被拘押的人数,都是受到贸易振荡、季节性变化、黄金价值的升降等等因素,以及立法机构的法令影响而形成的数字结果。要进行一项有效的实验,我们必须要有一个受某种恒定条件制约的东西,而且我们必须引入一种单一的、确定的条件变化,这个变化了的条件于是就可能是随后出现的无论什么现象的原因。的确,要在不断变化的条件下对一件物体进行实验,那是可能的,如果我们能够找到两个同样变化的物体;然后,我们在一个物体上面做实验,并且观察该物体随后出现的不同于另一物体的变化。事实上，我们需要被化学家称之为"盲目实验"那样的实验。举例来说，假定一位农业化学家或者一位懂科学的农场主希望弄清楚一种新型肥料的肥效；如果农场主把这种肥料撒遍他所拥有的所有田地，他的做法是否合理呢？之后，产量的增加或者减少究竟要归因于肥料还是季节的特性，这不值得提出疑问吗？在这个案例里，农场主邻居的庄稼在某种程度上可以作为盲目实验，用以显示普遍的收成是什么样子。不过，显而易见的工序模式当然是把新型肥料只撒到每块试验田的一部分地里，这样，不同地块里庄稼的不同长势就以一种不容置疑的方式把肥料的肥效展现出来了。从合乎逻辑的角度看，较小规模的实验不仅远比较大规模的实验更好，而且人们还有可能在一家中等规模的农场上同时试行许多的小实验。

我坚持认为，倘若我国的立法者准备理性地行事，他们将会尽可能地去模仿那位农业化学家。举例来说，强迫甚或允许联合王国内所有的行政区在同一时刻接受哥特堡计划的想法，是荒唐可笑和非理性的。突如其来的一场总体实验所引起的成本和思想混乱一定会非常大，实验结果的好坏要等到许多年过去之后才看得明白。倘若那个实验被限定在六七个城市进行，其结果好坏很快就弄清楚了。与此同时，如果其他行政区能够试行其他实验，为我们添砖加瓦，而某些城市则不用改弦更张，可继续沿着尽可能接近他们目前路线的道路前进，通过这种方式他们实际上会为国家做出最大的贡献。具体并有区别的经验正是我们在对饮料行业实行任何进一步的重大变革之前所需要的。

这不仅是理性的工序方法，而且从实用的角度讲，我们在后来

的几年里在立法和行政的改革中所取得的一切更大的成功都要归
功于这种方法。考虑一下《济贫法》问题。在18世纪里，议会颁
布了诸如《吉尔伯特法》等法令，这些法令差一点就毁掉了联合王
国。伟大的济贫法委员会是以最合理方式，从收集一切可以得到的
有关如何对待穷人（无论他们在国内还是在国外）的信息入手开始
自己的工作的。但更为切题的事情是，自从1834年新的《济贫法》
通过以来，受济贫法委员会和济贫法董事会监管的监护人董事会采
取了一些比较自由的行动，这些行动产生了许多实验性成果。埃德
温·查德威克先生和已故的乔治·肖·利菲弗爵士的报告，或许是
我们所能找到的有关行政改革真实进程报告的最佳范本。近几年，
不同的监护人董事会试行了若干非常重要的实验，譬如把贫民的子
女寄养在别处住宿，通过提供单独的流浪者住所、强制劳动试验以
及削减户外救济的办法来镇压乞丐和流浪增多的现象。倘若他们
确实想要尝试把院外救济现象彻底消灭，那就必须首先进行小规模
的试验；毕其功于一役，一下子将此措施推向全国的做法太严酷、
太危险。近来，很多人的注意力被吸引到了所谓的"在埃尔伯费尔
德进行的救济法实验"上面，有关这个项目，W. 沃尔特·爱德华兹
牧师在《当代评论》杂志的一篇文章中作了细致的描述，文章的题
目一字不差，就是《在埃尔伯费尔德进行的救济法实验》。*

　　即使当一项议会法令已经在一般意义上获准通过，并且立即
适用于整个联合王国，那也决不意味着该法令将整齐划一地在每一
个地方实施。地方法官以及其他权力机构非常必要地得到了自行

---

　　* 参见 W. 沃尔特·爱德华兹《在埃尔伯费尔德进行的救济法实验》，载《当代评论》1878年7月第32卷，第675—693页。——原作者注

决定的自由，这一自由时常为他们进行有益的实验提供了足够的空间。自霍华德协会呼吁人们关注他们明确称之为"卢顿实验"的事情以来，几年过去了，该实验取得了非凡的成功，贝德福郡卢顿市的地方法官借助这一实验的成功，实施了《预防犯罪法》的规定。卢顿及其周边地区收监入狱的犯人数量从 1869 年的 257 个减少到 1874 年的 66 个。该实验唯一的美中不足是，窃贼和暴徒有流往他乡的可能，不过，如果该项实验在更大的城市内展开，这个问题并不会很严重。

我们从营业执照颁发法律的实施中所能获得的启示非常少，这主要是因为不同的地方在执行这些法律时存在着相当大的差异。这就是法律所赋予的自由裁量权的范围问题，在此范围内，地方法官常常可以进行非常特立独行的实验。不久以前，格拉斯哥的地方法官有意并且公然进行了一项实验，他们把带到他们面前的所有醉鬼统统关进了监狱。在我最后一次听说这项实验的时候，该实验已经到了失败的关头，因为格拉斯哥的所有监狱都已人满为患，而酒鬼却依然还在进出酒吧。1863 年，利物浦负责颁发营业执照的地方法官开始了一项极其有趣的实验，他们宣布他们打算采取"自由颁发营业执照"的办法，更确切地说，就是向一切提出申请并适合的人颁发营业执照。酒馆老板的营业执照数量从 1862 年的 1,674 张增加到 1866 年的 1,940 张。这一制度直到去年才被放弃，因为法官席的构成出现了一个变化。我们听说，拥护法官席变化的地方法官没有一个人放弃那个制度，而一些支持限制性政策的地方法官则对自由发放执照的结果感到失望。这项真实实验的经验教训已经在 S.G. 拉思伯恩先生所写的一封才华横溢的信中，以及他在议会上院纵欲问题调查委员会作证的证词中作了细致的讨论。*不过，除了他对有关事实的解释表示过反对的意见外，该项实验并没有持续太长的时间，试行该项实验的城市在关于纵欲问题的年报中也太独特，所以并不适合推广。

　　近来，相当多人的注意力被吸引到了所谓的"哥德堡计划"的功绩上面。议会议员 J. 张伯伦先生为该计划被采用进行了非常巧妙的辩解。注意，张伯伦先生根据一项成功的实验想要辩解而不是争论的东西是什么呢？哥德堡市政当局批准在那里试行某种销售烈性酒的办法，而试行的结果显然非常成功，以致瑞典其他城市也迅速采用了同一项计划。这恰恰是试验和模仿的正确程序。不过，倘若张伯伦先生的意思是，因为该计划在哥德堡取得了成功，所以英国城市的市政当局就理应立即尽义务把酒馆买下来加以管理，那就太过分了。我们理应去做的全部就是在有限几座城市内试行这一制度。任何一个人，只要他熟悉那座明亮的瑞典海港小城，并且了解遵纪守法的瑞典底层阶级人口，就不会匆匆忙忙地把瑞典城市的条件与我们巨大、繁忙、混乱的盎格鲁-爱尔兰城市的条件相类比。至少，显而易见的是，我们应当找到一些情况最为接近的城市，在那里进行一些实验，倘若三四座像伯明翰、布里斯托尔、博尔顿、纽卡斯尔-泰恩那样的城市可以用来试行哥德堡计划，那就是一个条件充足的首次实验。即使是在英国的城市之间，各自的规模、种族、职业、地方政府也往往存在巨大的差异，以致同样的计划能否

---

　　* S.G. 拉思伯恩先生所写的信发表在 1877 年 2 月 12 日的《泰晤士报》上。他在议会上院纵欲问题调查委员会作证的证词，收录在委员会报告的"问题部分"第 259—384 页。——原作者注

在所有的城市内都取得同等的成功也决非是确定的事情。英格兰若干行政区之间的纵欲率差异是如此之大，以致议会上院的委员会在这个议题上变得完全手足无措。我或许会借未来的某个机会将大家的注意力吸引到行政区之间纵欲率差异问题上去。在这样的条件下，我们不应假定统一的立法必须是我们立法努力的终极目标。

从我们在这里讨论过的看法考虑，联合王国联盟为镇压烈性酒非法贸易而提出的建议能够在多大程度上获得批准，是一个极其重要的问题。我斗胆坚持认为，那些被曾经被包含在顺从性禁酒法案之内，现在被放弃了的建议，它们就具有在黑暗中跳跃这种立法方式的一切可能的邪恶，而几乎没有什么相对应的优点。四年前，我在一篇向曼彻斯特统计学会宣读的论文中，就给出了我为什么认为联合王国联盟的这项持续多年、代价巨大的进程应当被抛弃的理由，只是那时我没有说，这个事例的警示作用尚可以保留，以防止人们在立法活动中再作类似的、不明智的尝试。我指出，联合王国联盟在对抗三重不可能性：第一重，议会通过该法案的不可能性（正如议会下院的分组表决中不断下降的赞成票与反对票比率所显示的那样）；第二重，倘若法案获得通过，顺从性法案被地方当局广泛接受的不可能性；第三重，倘若地方当局接受了该法令，该法将成功地减少纵欲行为的不可能性。依据用乘法进行概率合成的数学原理，一种耗资 25 万英镑，耗时已经超过 25 年的煽动造势活动，能够带来益处的概率几乎为零。对我的论点给予有效答复的只有斯坦索尔牧师，以及其他一两个人。他们坚持认为，所讨论的各种概率并非是完全独立的，因为议会几乎不可能被迫通过该法案，除非大量的地方民意愿意接受该法案。在这一条反对意见中存在着一定的真理，不过那也不会在很大程度上增强联合王国联盟的地位。他们的原始形态的建议，在我看来，具有要在大范围内进行实验的特点，其范围之大，将意味着把英国所有地方的酒馆老板以及烈性酒商贩的行当统统消灭。注意，那样做也是一种实验，因为人民在完全弄清楚该法令的实施意味着什么之后是否还会容忍这样一种干预他们的习惯的做法那是极其令人怀疑的。我们能够从缅因或者其他已经禁止烈性酒非法贸易的地方得到的信息，其本身就是自相矛盾的，而且几乎无法类比。因此，我很希望看到禁止公开出售烈性酒的实验能够在英国若干大型行政区和地区试行，假如为此目的而设立的必要法令能够在不阻止其他一切有关这一主题的立法活动的情况下获得通过。

在过去的 12 个月里，威尔弗里德·劳森爵士及其追随者们凭借出色的判断力，放弃了顺从性法案，并且以议会决议的方式继续支持"地方选择"。我真的不知道"地方选择"的确切意思是什么。或许联合王国联盟本身也不知道；上策就是不要去知道，更确切地说，就是要保留选择词义的自由。不管怎样，联合王国联盟已经改变了自己的政策，年复一年，连续奋战了差不多平均一代人的时间，最终结果就是顺从性禁止烈性酒法案的十一项条款和一份清单。现在，人们看到的是"地方选择"。即使"地方选择"的意思是选择禁酒，一项决议也是一个比那个著名法案的精确条款更具试探性的工序方法。不过，如我天真地希望的那样，倘若"地方选择"能够被解释成"意味着让地方当局以他们认为最适合当地情况的方式，选择管控烈性酒非法贸易的办法，包括在居民明确提出要求的情况下实行禁酒"，那么这件事成功的希望就大得多了。不仅抵抗这样一个建议的行为会比顺从性法案所遭遇的要少得多，而且当该建议通过后，一些成功的实验将可以执行的概率也会大大增加。事实上，这种"地方选择"正是那种可以为我所倡导的形式多样的实验提供广阔天地的方式。禁酒主义者们可以自由地试行自己的实验，但与此同时他们不会去阻止其他许多实验的进展。其他许多实验当中，有一些可能会在 10 到 15 年的时间内为解决这一棘手的问题找到明智的解决方案。当然，我清楚，烈性酒非法贸易这个问题在相当大程度上是个政治问题。就这个话题我有很多东西要讲，不过，这个话题并不适合我今天所讲题目的要旨。倘若英国的政治条件是这样一种情况，即人民的社会改革并非政府的主要目的，那我们就一定要企望世上会有一块政治态度非常不同的、更加光明的土地。

　　处理烈性酒贸易问题的最佳方式，就是将此事交到一个强有力的执行委员会的手上，该委员会的架构应当大致按照济贫法委员会的轮廓设计。这个机构应当有权审批地方当局提出的计划，并应当监督这类计划的执行情况，收集有关计划执行结果的详细信息。该委员会的工作将完全通过地方当局来进行，无论这些地方当局是指城市和行政区的股份公司，还是指负责颁发营业执照的地方法院法官。在批准进行任何非常重大的实验（譬如废除公开销售烈性酒的许可）之前，地方当局必须拿出证据，证明广大居民赞成采取这样一种措施，而委员会的委员之后可能会向一个适当的地区分派任务，并授权警察执行适合于实验取得最佳试验效果的法规。这种方法会使"地方选择"的想法得到最极致的发挥。自由颁发营业执照的做法可以在利物浦试行，而其他条件类似的行政区也可以冒险试行这样一种风险很大的实验。伯明翰及少数其他城市可以采用哥德堡计划。曼彻斯特可能更倾向于采用比较轻微的措施来严格限制和监管酒吧。星期日酒吧关门和缩短工作日时间的规定，有望得到许多地方当局的支持，而前面建议的关于改变烈性酒贸易结构的实验当然理应试行。我还很想看到约翰·瓦茨博士在社会科学联合会上届会议上提出的重要建议得到某种试验。他建议说，在每一座城市或者地区，都应以公开拍卖或者招标的方式将限定数量的营业执照售出。他的目的显然是要限制营业执照的发放数量，并又能确保垄断给社区带来利润。

十多年时间过去之后，议会应当掌握了数量极大并真正实用的信息，但概率却告诉我们，这些信息仍然会被认为不一定能够让任何一项限制烈性酒非法贸易的重大法令获得通过，而这样的法令是管控随后发生的烈性酒非法贸易问题所必需的。实验效果最佳的计划会不同程度地在具备相应条件的地区仿照试行，就像哥德堡计划在瑞典其他城市被仿照实行一样。我认为在这一类事物上最后的法律并不需要完全整齐划一。从1872年的颁发营业执照法的案例中，人们发现在全国上下规定一个统一的酒吧关门时间的做法并不受欢迎。鉴于习惯上存在的差异，大都市地区获准可以在夜里推迟一小时闭店，并给负责颁发营业执照的地方法官留下相当大的自主决定空间，允许他们变更店铺的关门时间。当然，这类问题在特性上更近似于有关出租马车的规章，或者有关警察的问题，它们长期以来一直交由行政区当局负责。只有在社会或者立法问题背后隐约出现的政治问题，才能让议会决定乡下人要比伦敦城里人早一小时上床睡觉。不过，议会在有关先前内阁的营业执照法问题以及在目前已经失效的顺从性法案问题上所取得的经验，不可能鼓励任何党派去推动议会通过一项更普遍、适用范围更大的营业执照颁发办法改革的措施。至于目前的事态，情况的糟糕程度和荒谬程度都已到了无以复加的地步。面对各种各样、五花八门的营业执照，地方法官的疑虑和担心与日俱增，他们搞不清自己在如下问题上的权力范围有多大，譬如吊销营业执照，限制酒吧扩展门面，警察在指控酒吧老板违法问题上是否存在玩忽职守（这里使用了一种柔和的表述方法）情况，在离家最近的杂货店这样的全民性设施内买到任何数量的酒精饮料是否违法。我要说，事情真的没有比这更糟糕的了。在积极努力试行地方选择的情况下，英国某些地方的事态会轻松得到改善；来自公众舆论的压力、相关委员会委员的压力、以及最后的尚方宝剑——议会的压力，将最终迫使那些玩忽职守的地方向"地方选择计划"执行得最成功的榜样学习。

　　大家都应当明白，我从不曾认为上面提出的一些建议里面有很多新鲜内容，即使会有也是一星半点。几乎所有的建议，或许某个监管委员会的建议除外，都或在这个地方或在那个地方作了讨论。议会上院委员会自己提出建议，"应当向立法机构提供地方采纳哥德堡计划以及张伯伦先生计划，或者采纳两种计划的某种修正版的信息。"而且议会上院委员会自己承认了社会"实验"在对酒吧产生的相反吸引力方面所具有的价值。在议会上院委员会去年3月17日的最后报告[*]中，他们评论说：

---

　　[*]　参见英国议会上院委员会1879年3月17日报告，第44页。——原作者注

"这些实验距离现在都太近，而且尽管实验的增长速度都很快，但都太局部，太有限，不足以使本委员会能够怀有信心地宣布这些实验取得了最后成功，或者宣布这些实验对于减少纵欲行为可以施加多大规模的影响。但是这些实验想要表达出它们的这样一种强烈意见，即倘若普遍地展开并在实行中对人民的需求和慰藉要求给予应有的考虑，那么这些实验注定会在引人向善方面产生重要影响。在这些有需求和慰藉要求的人民当中，教育正在逐步地将一种有品位的享乐传播开来，这种有品位的享乐比较过去要少了许多粗野和低俗。显而易见，所有阶级的人都同样感受到了对于消遣的渴望。"

然而这句不过是议会上院明确承认对于人民的娱乐和消遣活动有必要进行实验的话究竟是什么意思呢？我看不出来此类实验活动如何能够或者理应被限制在慈善家中间。倘若我们环顾一下四周，并注意到伦敦众多的新餐馆、遍布全国各地的数不清的闪闪发亮的铁路酒吧、各种档次和各种类型的音乐厅、某些省城（譬如说诺丁汉市）的跳舞和饮酒沙龙、经营诸如曼彻斯特的波蒙娜和贝尔维尤花园一类消遣场所的大型企业，我们就会看到社会实验并非仅限于禁酒主义者。不起作用的颁发营业执照法律，按照其目前的管理办法，对酒吧老板推动自己的实验几乎构不成障碍，这一点的确并不难证明。但是这些法律却确实阻碍着社会改革者在平等的基础上去干预，或者建立反实验项目。我们说营业执照法律是一些向酒馆老板和杂货店商贩颁发允许他们随意扩大酒精类烈性酒销售范围的营业执照的法律。这样讲并不算过分。

虽然烈性酒非法贸易问题为社会实验展现了极其广阔、极其重要的范围，但仍然还存在着许多其他必须要运用实验的办法予以解决的问题。细致入微的思考一定要表明，试探性的方法在每一个案例中是否适当的方法。不过，要列举出十有八九仍应以实验的方式着手处理的其他改革都有哪些并非什么难事。例如，农民的所有权问题改革当然应该在爱尔兰试行，因为这项改革按计划要根据《爱尔兰土地法》(*Irish Land Act*)的大有希望的条款试行。对于绝大多数从经济方面反对本联合王国内农民所有权改革的意见我是熟悉的，而且我已读过相当多有关这主题的大部头文献，这足以让我了解，赞成和反对这样一种土地使用期限的证据之间存在极大的分歧并令人费解。那么解决问题的恰当办法就是**去试一试**——不要像已故的米尔先生所提议的那样，在爱尔兰的土地所有权问题上进行范围广泛的革命，米尔先生建议采用的措施，首先永远不会被议会通过，而且即使通过，也将为之耗费巨额资金，然后可能得到失败的结果——而要采用小规模累进式的实验方法。"土地饥荒"是一种非常猛烈的激情，而我则认为爱尔兰人民真正患的疾病就是这种激情。面包和培根腊肉并非爱尔兰农民所渴望的唯一好东西；拥有一块可以称之为自己的地方，一份自己土生土长的岛上的空气和阳光，以及一个能够将自己一锹一镐创造出来的果实储存起来的土地银行，可能会制作出精神上的奇迹。要预测人的动机会导致什么样的行动是件没有把握的事情；不过，至少要试一试，虽然为这样的尝试所要付出的代价可能会是一两艘一流铁甲舰，或者是一次打败黑人君主的新胜利。当然，爱尔兰的局势，乃是对英国威望的无以复加的严重伤害。

　　还有，在强制执行小额债务偿还的问题上是否有必要使用监禁的手段，对此许多人还存在着疑惑。倘若不需要，那当然是令人苦恼的。但从县法院法官的角度讲，倘若放弃了施用监禁的权力，那就真的会毁掉较贫穷阶级在与其进行贸易的商人心目中的信用，这样一类的一般性措施将是危险的，也是难以撤销的。我看不出这个问题除了采取在一定数量的县法院辖区内试验一下效果并看一看结果的办法外，还能怎样解决。

　　我们很值得不避麻烦地去试一试极其完美的卫生规定对一部分居民会产生怎样的影响，试行的方式应多少像 B.W. 里查德森博士在其著作《许革亚之城》①中所预示的那样。我想看到这一实验能够在某个新落成的矿泉疗养地的中产阶级中间试行，试行的卫生法规要具有议会所授予的充分和专门的权力，要大张旗鼓地宣布这是一次实验。与此同时，理应建设几个大型工人住宅街区，并将它们划归实验性卫生法律的治辖之下。我相信，立法活动一定会一点点地向着这个方面推进，比目前的情况要更深入得多，不过这一行动理应试探性地进行。

　　当前的一个棘手问题是，如何能够给伦敦供应水？倘若允许把用于饮用和做饭的纯净水供给与用于其他目的的需求量大得多的水供给分开，工程上的困难并不会有多少。人们会不会饮用不纯净的水？除了通过中等规模的实验外，有谁能令人满意地回答这个问题？一方面，城市花费数百万英镑去购买单独的纯净饮用水供给

---

　　①　《许革亚之城》(City of Hygeia) 即卫生之城。许革亚是希腊神话中的健康女神，其形象为一个年轻女子，手持装有蛇的碗，她的名字就是医学名词"卫生学"的来源。——译者注

渠道以供应伦敦居民，另一方面却发现伦敦居民还在饮用不纯净的水，还有什么会比这种情况更荒唐的呢？还有许多其他类似的问题必须要采取试行的办法去解决，但本篇文章的目的并不在于开列一份实验性改革的项目目录，或者在提出论点之后尽可能地展开一切细节。

我很清楚，社会实验时常会不得不受到各种各样困难的制约，譬如居民的迁移，或者甚至是一些利益相关方故意对实验进行的阻挠。我听到有人说，禁止烈性酒非法贸易的实验无法在小范围内试行，因为酒馆老板一定会合起伙来把烈性酒弄进实验区域。倘若他们这样做，这个事实就很容易被放入证据之中，而如果他们能够在细节上击败禁酒主义者，那么我十分肯定他们将在任何非常大并且非常普遍的措施上，就像顺从性法案一类的问题上击败禁酒主义者。至于说居民的迁移问题，我们要么必须通过适当扩大实验性立法的试行区域的方式避免这个问题发生，要么必须通过收集有关居民迁移的数量和可能产生的影响的信息来避免这个问题发生。但我这个话题的主要观点在于证明，基于理论上的理由我们不可能真正制订出社会改革的计划。各种各样的一般性论点和信息，可以在设计和选择最佳实验方案时恰当地加以利用，但是从有限规模的实验以及在极其近似的条件下得到的具体经验，却是解决错综复杂的社会科学问题的唯一确定的指南。我们的方法必须要用这样一句极富哲理的文字命名："对一切事物求证，牢牢抓住好的东西不放。"

关于联合王国的邮政局、电报公司以及其他传递系统的相似性

——从政府管控角度着手 [*]

　　近年来有人随意地暗示说，巨大的公共优势会因政府收购并重组联合王国的电报及铁路企业而释放出来。的确，由罗兰·希尔爵士施行改革的邮政局，给社会上的所有阶级都带来了好处。这个好处大得无可估量，以致为数众多的居民倾向于渴望把类似的改革和国有组织应用到其他传递系统中去。讨论过这个主题的人中间绝大多数都假定邮政局、电报公司、铁路公司之间存在着相似性，在其中的一个企业里找到的有效解决办法，将在其他平行的企业中产生类似的结果。我没有接受上述任何结论，因为我渴望在这篇短文里作一番调查，看一看这种假定的相似性是否存在，作这种假定的理由是否存在，并且对传递系统内每一个分支的环境和必备条件进行一个总的比较，以便我们能够有把握地作出判断：每一案例中的国家管控是否属于权宜之计？

　　显而易见，在我能够支配的时间内，我除了就这一主题谈一点简单的、无法展开的看法外，并不能做更多事情。一方面，我无法

---

　　* 1867年4月10日，作者在曼彻斯特统计学会上宣读本文。——原作者注

考虑因目前私人公司所拥有的部分垄断地位而产生的一切困难；另一方面，我也无法把与政府管理职能的延伸部分相联系的一切社会或者政治结果考虑进来。

即使纯粹从省钱的观点来看，在关于国家干预的限度的问题上所引起的意见分歧也是很大的。我的坚定看法是，没有抽象的原则，也没有绝对的规则，能够为我们确定哪些种类的工业企业应当由国家负责经办，哪些不应由国家负责经办。国家管理和国家垄断具有不容否认的优势；私人商业企业和私人责任心依然具有无可挑剔的优势。两者是直接对抗的。在绝大多数情况下，除了经验和从经验中得来的论据，没有任何东西能够帮助我们确定社会所得到的最好服务是由自己集体主义的国家行动提供的，还是由值得信赖的利己主义的私人提供的。

一方面，再确定不过的事情是，一些国营的制造业企业，尤其是造船厂，形成了不称职、浪费政府开支的典型形象。那些企业成了英国的脓包，耗尽了英国的财力。同样显然的是，议会下院目前完全不能控制造船厂的开销。因为这些企业从来不受商业偿债能力的考验，也因为它们不提供明白易懂的经常支出账目和已完成工作的报告，更少向我们提供任何资本开支账目或者资本开支准备金账目，所以我们对工作是否以节俭的方式完成没有丝毫把握。而且最糟糕的问题在于，即使这类政府企业在新落成时或者当公众的注意力集中到它们身上时其运行是有效率的，我们对这种状态是否可以继续下去也是没有把握的。

然而，与其他政府企业相对照，邮政局却呈现出一个第一眼看去令人无法解释的非常奇特的形象。它一反狄更斯笔下所刻画的那种说话兜圈子的办公室形象，而在我们的眼前呈现出这样一幅画面：一群书记员和邮政局长生机勃勃地应对每一起公众舆论或者私人抱怨；官员们不厌其烦地纠正着寄信人的疏忽，将粗心大意的寄信人的财产退还他们；而办事员、分拣员以及邮递员则竭尽全力让公众可以得到他们的快捷服务。没有任何人曾指控邮政局花钱大手大脚，办事效率不高。

于是，办事效率极高与办事效率极低这两种极端的情况似乎在这个公共服务领域内交会了，而我们在承办任何一个国营工业的新分支之前，一定要弄清楚这个分支很可能归入哪一类企业，是高效率企业，还是低效率企业，这一点已经变的非常重要。在将注意力集中于国营电报公司和国营铁路公司两个系统之前，我们应当严密调查一下电报公司和铁路公司是与邮政局更相似一些，还是与造船厂更相似一些。所谓的"改革者们"有这样一个论据，他们极力主张倘若我们像罗兰·希尔爵士对待邮政局那样对待电报公司和铁路公司，把电报费和车票价格降低并实现统一费用，我们就会收获同样令人满意的结果。但是，这将取决于这个类比是否正确，即电报公司和铁路公司是否具备那些使邮政局能够在政府的掌控之中变得极为成功，并且能够使其接受低廉的统一资费的条件，在这些条件方面前者是否与后者相似。如下几句评论就是针对这一点讲的。

在我看来，国家管理要在具备如下条件的情况下才会拥有优势：

1. 不计其数、分布广泛的经营活动只能以高效的方式，在一个单一的、范围极其广泛的政府系统之内相互连接，形成一体，并协调有序。

2. 经营活动须具有千篇一律的、每日重复相同程序的例行特点。

3. 企业须在公众的监督之下，或者为了服务于个人而开展工作，企业的任何失败或者松懈行为，都能立即被公众和个人所察觉并被揭露出来。

4. 几乎没有资本支出，因此每年的收支账目应能足够准确地反映出该部门的真实商业条件。

显而易见，所有这些条件都极其完美地聚在了邮政局内。那是一个庞大的、协调有序的系统，没有任何一个私人资本家能够维持这样的系统，的确，除非他们能够凭借政府的垄断无可争议地拥有那样的地位。邮递信件是一项纯粹例行的、稳定的操作。任何一封信都不可以投错，否则某个人就会知道，并且通过张榜公布的邮件收发告示，公众能够精准地检查邮政系统的表现情况。

邮政局的资本开支与其经常项目的开支相比也是微不足道的。的确，与其他政府部门一样，邮政局也不向我们提供任何有关其办公大楼、设备器材等物资的资本价值的报告。不过，在邮政局的账目上，我们看到了关于其每年用于办公大楼和大楼修缮以及租金、缴费、税金、燃料、照明等费用的报告。在过去的 10 年里（1856—1865），这项支出的数额各年都有所不同，从 1864 年的 39,730 英镑，到 1859 年的 106,478 英镑，每年的平均支出为 72,486 英镑，与邮政局全体职工在同一时期的平均成本 1,303,064 英镑相比较，这只是一个可以忽略不计的比率。与邮政局在过去 10 年间的全部开支平均值 2,871,729 英镑相比，邮政局的固定资产成本几乎可以忽略不计。这种非常有利的事态要归因于这样一个事实，即邮政局系统的一切传递服务都是按照合同提供的，只有大型的中心办公室才由政府所拥有。

在进而考虑其他传递系统之前，我必须请各位注意，邮政局实际上既不是一个商业机构，也不是一个慈善机构，而是政府的税收部门之一。邮政局非常正确地坚持认为，除非流经乡村的通信量可以证明增加开支建立乡村邮政局确有必要，否则一个都不能建。而且，邮政局还维持一种与传递服务成本完全不符的邮资水平。重量在 4 盎司以下的书籍、报纸甚至包括不用封装的手稿，都可以只花一个便士便能邮寄；相反，倘若是一封重量刚刚超过 $\frac{1}{2}$ 盎司的封口信件，其邮资就要 2 个便士。显而易见，邮政局的资费规定在绝大多数情况下都纯粹是随心所欲的税收制度做法，是为维持邮政局获取大量净税收收入而设计的，这一税收收入目前达到了 150 万英镑。

因此，显而易见，罗兰·希尔爵士的邮政资费计划，就在于他是用一种随心所欲的收费制度去取代另一种更加随心所欲和更加繁重的收费制度。他的目的通过这样一种牺牲得以实现，即在当时牺牲了约 100 万英镑的财政收入。不过，一定要清楚地记住，被牺牲掉的只是财政净收入，而不是所产生的商业亏损。

在我看来，一家电报公司系统所具有的有利于其实行联合和国家管理的特征几乎与邮政局一样强。倘若情况正是如此，那么在邮政部门的指导下，国家通过收购电报公司及其工会就能毫无疑问地取得巨大优势。

首先，显而易见，公众要能够并且事实上有义务对拟议建立的政府电报公司的效率进行持久的检验，就像公众现在检验邮政局的效率一样。无延误或者无错情地发送电报的情况要向公众报告，并使之成为公众投诉的根据。接收、发送以及投递电报的工作，在绝大多数情况下，就像邮政局的情况一样，也完全具备例行程序的性质。这里唯一的例外或许就在于，电报公司需要有一些特殊的安排，以便向报纸发送情报和报告。

其次，几乎无须指出，单一的政府电报系统将因其统一、节省经费以及无所不包的特性而具有巨大的优势。我们将拥有一整套单一体制的收发报站，而不是平行地竖着几根天线的两三家电报公司以及制式不同、成本昂贵的城市收发报站。当同样一些电台被集合到一个机构内时，它们就可以接受更加便利的收发报安排，并会得到更为经济的利用。通过某一指定电报局发送的电报数量愈多，一般来说，电报发送和投递工作就会做得愈正规、愈省钱。

此外，电报公司与邮政局之间的亲密联系也将带来巨大的优势。在乡村地区，电报局可以非常便捷地设在邮政局内，适当增加一些报酬就可以吸引邮政局长去充当电报业务员，就像目前一些小型火车站充当电报局，火车站站长或者业务员充当报务员一样。如此，为数众多的新电报局就可以开张，但却不必为租用办公室或者安排职工上班增加开支。简而言之，政府可以将其电报业务扩展至任何相互竞争的电报公司都不会有兴趣的地方，却仍能有利可图。

在所有较大的城市里，专门投递电报的费用或许可以通过把电报纳入普通的邮政递送渠道的方式而节省下来。人们明白，邮政局当局已经制订出详细的将电报和邮政两个系统合并的计划，该计划部分地参考了比利时服务公司的样板。有人断言，合并计划会把某种定期投递的服务包括在内。至少在大型商务中心，定期投递服务有可能会非常频繁地发生。对于提供一种专门的信差服务，服务的提供者可能会收取一种额外的费用。采用邮票的方式解决一切普通资费的预付问题，将会大大地便利整个的安排。有人建议，在那些没有电报局的地方，用户可以将一张预付了费用的电报稿投到最近的邮政局或者信箱里，然后通过邮政服务将电报稿送交最近的电报局，比利时采取的就是这种做法。显然，通过联合起来的邮政和电报系统，电报递送的设施会更大，因此电报的数量也将会增加。

低廉的、或许还有统一的资费标准将使这样一种系统的优势变得完满。的确，有人提示说，一开始就试图采用较低廉的统一资费标准而不实行每 20 个单词收费一个先令的资费标准是不慎重的。不过很难看明白，这么高的统一资费标准怎么可能执行得下去，伦敦地区电报公司每发一封电报收费 6 个便士，甚或 4 个便士，这一收费标准已经实行许多年了。

在这里，问题出现了，从应当决定资费标准的金融原理角度讲，电报公司与邮政局的相似程度有多高？写一封 20 个单词的电报所付出的辛劳如此微小，以致把电报稿传递给电报局所付出的辛劳和发送电报的费用就成了影响这一通信手段的使用量大幅增长的障碍。传递电报稿的辛劳，在绝大多数地区都将因政府计划的实施而毫无疑问地大大减少，而倘若拍电报的资费也降低了，那我们就可以预期通信的增长规模与邮政局在类似条件下的增长规模几乎是不分伯仲的。即使一个先令的资费标准对所有人的通信（商用通信和必要的通信除外）都会产生阻碍作用，但对那些紧迫性并非迫在眉睫的通信来说，邮政局的资源也还是足以应对的。所以，我们发现降低通信资费会使电报的使用率大大增加。在巴黎电报公司，电报通信资费从一个法郎降低到半个法郎之后，这项业务增大了九倍。

1865 年 12 月 1 日，比利时电报资费下调，从这里面所获得的经验对于上述观点也是非常重要的。1865 年当统一的资费标准为每 20 个单词 1 法郎时，国内电报的件数为 332,721 件，产生收益（包括对 20 个单词以上电报的加倍收费）345,289 法郎。1866 年，国内电报的件数为 692,536 件，或者说是上一年电报件数的两倍多，产生收益 407,532 法郎，收入增长了 18%。确实，与此同时营业费用出现了相当大的增长，因此整个事业单位的净利润由 204,940 法郎下跌至 122,112 法郎。这一净收入上出现的亏损要部分地归因于把电报业务扩展到了偏远的乡村。所以在未来的几年里，净利润有可能得到某种程度的恢复。

不过，一定要承认，电报的营业费用乃此行业的弱点。伦敦地区电报公司没能实现股份分红，虽然该公司的低廉资费政策为其带来了大量业务。法兰西线路公司是在给政府造成了相当大亏损的情况下运营的。比利时是一个地域面积非常小的国家，这一特点减少了电报业务的开支，然而，降低资费还是给净收入造成了牺牲，减少了的净收入只能通过过路的国际电报所获得的更高利润得到部分的弥补。

十分明显，从发送成本上看，电报公司的处境要比邮政局糟糕。两封信在一间房子内从取信到递送与投递一封信一样轻而易举，所以可以肯定，邮政局的支出完全不会与其工作量以同样的比率增长。因此，当邮政局的全部收入由 1856 年的 3,035,954 英镑增长到

1865 年的 4,423,608 英镑，或者说增长了 46% 时，这表明邮政局完成的工作量出现了巨大的增长，而邮政服务的全部成本仅由 1856 年的 2,438,732 英镑上升至 1865 年的 2,941,086 英镑，或者说仅增加了 21%。然而，从电报公司的案例中看，两封电报由专门信差投递，所造成的辛劳恰恰是投递一份电报所付出辛劳的两倍。邮政局通过定期地投递邮件，可以根据其自身的规律将成本降低，但这些规律却不能应用于电报业务的实际运营。电报公司做不到以同样的成本发送 100 封电报，也做不到以发送一封电报的同样时间发送 100 封电报，不像邮政局那样可以把 100 封信放在一个袋子里，投递 100 封信几乎与投递一封信一样轻而易举。确实，通过发报机发送信息的速度可以因使用贝恩发报机，或者无数采用穿孔纸带产生信号的工具中的任何一种，再或者一套事先准备好的铅字，而大大提高。但是，这些发明仅仅使发电报的费用更节省了，却没有节省报务员的劳动，因为把电报内容用铅字排好，或者输入穿孔纸带所花费的时间和劳动与直接使用普通工具发送电报是一样的。人们发现的节省效应来自于像音波发报机一类的直接发送电报的简单快速的工具，而并非来自于任何精密复杂的机械信号发生方法。就我们目前所能够看到的情况而言，人们没有任何理由可以推测某个政府部门会在实际的电报发送业务中实现任何非凡的规模经济效益。电报收发工具的数量以及报务员的数量，一定会以与电报的数量大致相同的比率增长。而且，鉴于铺设和养护维修每一英里的电报电缆也要产生一定数目的费用，所以可以推断，从严格意义上讲，发送每份电报的成本中要包括某种统一的终端费用，即要包括与距离远近成比例的为电报电缆和用电所支付的第二笔少量收费。

显然,出于这样一些考虑,我们一定不要急于将罗兰·希尔爵士在其关于邮政局的著名小册子中提出的原则应用于电报行业。当电报公司的财务条件在许多方面与邮政局的财务条件还存在如此大的差异的时候,我们不能企望电报行业的降费幅度会达到罗兰·希尔爵士在邮政局的案例中所建议的那么大。无论人们发现可行的电报资费降幅是多少,这笔减少的费用都只能来自电报企业与邮政局合并计划中的外生条件,即办公用房更加节省、在电报投递方面得到邮政局的帮助以及其他一些优势。

在这样一些条件下,毫无疑问,慎重的做法应该是一开始就不要去尝试将电报资费大幅削减。而且,倘若我们最终可能期待的目标是每 20 个单词 6 个便士的资费标准,那么这当然是我们目前有理由预想到的最低资费标准。虽然电报收费标准整齐划一,会让人感到非常方便,但必须要弄明白,整齐划一的基础只有方便,而且在我看来,整齐划一的做法很容易受到这样的质疑:完全的整齐划一是否电报公司案例中的权宜之计?

截至目前,总的来看,我们已经发现电报行业高度适合由政府来组织。更进一步的必要条件只剩下一条,那就是如同邮政局的情况一样,没有极大数量的财产需要交由政府官员照料。倘若经验要为我们提供指南,那就必须承认任何大型的政府财产都将是管理不善的,而且政府提供不出有关那些财产的利息、修缮以及折旧等费用支出的合适商业账簿。可取的做法应当是这样:一个政府部门完全不应要求为该部门的股本建立资本账户,这或是因为数额微不足道,或是因为它们已经脱离了政府官员的掌握和照料。注意,我们很幸运能够在电报行业系统里观察到这一必要条件。在目前现存

的电报公司里，其全部固定资本只是一个很小的数目。我发现五家
有关公司的实缴资本情况如下：

电动和国际公司	⋯	⋯	⋯	1,084,925 英镑
不列颠和爱尔兰磁力公司	⋯	⋯	⋯	621,456 英镑
联合王国公司	⋯	⋯	⋯	143,755 英镑
私人电报公司				95,822 英镑
伦敦地区公司				53,700 英镑
		实缴资本合计		1,999,658 英镑

我相信，上面的表中囊括了联合王国内所有实际运营的公共电
报公司，只有伦敦、布赖顿和南海岸公司，以及东南铁路公司除外，
这些公司在其运营的铁道线上依然还在提供公共电报服务。对于
这些数字我并不熟悉。

我把私营电报公司略掉了，因为那些公司不大可能被包括在政
府的收购计划内。考虑到电动和国际公司的股票在市场上所取得
的溢价，以及其他公司股票所发生的或大或小的缩水，我设想收购
现有电报公司的全部资金需要量不会超过 250 万英镑。

为了让现有的电报公司改善工作条件，将电报业务扩展到目前
还没有设立电报局的许多村庄去，一笔数额相同的 250 万英镑可能
足以作为完成目前工作的补充资金。收购电报公司的全部资本费
用的确将超过实际掌握在邮政局手中的财产价值的许多倍，不过我
们一定要记住，邮政局的财产价值只是其开展邮政业务所用资本中
的极小部分。铁路、蒸汽轮船、邮车以及不计其数的租赁来的车辆，
组成了邮政传递业务的大机器。这项业务全部都按合同进行，1865
年的总成本为 1,516,142 英镑。事实上，与邮政局的服务业务相关

的财产也是非常庞大的，不过这些财产已经恰当地摆脱了政府的照料和所有权关系。注意，很幸运，这个条件我们在政府办的电报公司里也能够观察到。

建设和维护电报线路以及收发报工具的工作，尤其适合通过签订合同的方式来执行。担任建设和维修电报线路以及收发报工具的员工，与那些使用这些设备的员工区别十分显著，两者之间不需要直接沟通，或者统一组织。就像铁路公司每天按指定时间为邮政局提供一列邮政列车一样，所以让一个承包商来提供和维护任意指定两点间的电报线路会很容易。而且显而易见，电报线路和收发报工具的成本，甚至于电力供应的费用，都能够轻而易举地确定，极少可能被人更改，从而使诈骗或者管理不善的行为几乎没有任何机会露头。

电报建设和维修公司的主要工作是从事海底电报电缆的敷设，那是一项具有极高风险的工作，不过该公司经营得很成功并获得了利润。可以肯定，倘若该公司被认为是符合社会需要的，那么人们就会找到某个已做好了准备的资本家团体，让他们以固定的和适度的收费标准去建设、持有并且维修整个这架为政府的电报服务事业所需要的大机器。如此，那些让邮政局取得了极大成功的条件才会被完整地保存下来。

因此，几乎毋庸置疑的是，倘若我们联合王国的电报公司被政府所收购，并被置于邮政部门某个分支机构的手上，与信件邮寄部门结成部分的联盟，处于同样的高效率和具有规模经济优势的条件下，那么该电报公司就会取得非常令人满意的结果，而不会发生亏损。但是由于电报公司与邮政局在一个非常重要的方面即电报发送费用上并不相似，所以我们应当警惕，不要对政府接管电报公司抱有过高的期望。我们不应迫切要求实行任何这一类的降费措施，因为那样做会使我们陷入财务亏损之中，而这样的亏损也不能用任何节约开支的原理为之辩解。

　　人们期待邮政部门能够将其电报业务扩展到众多的目前还未提供电报服务的通邮城市或者通邮乡村去，这些城市和乡村没有足够的吸引力，尚不足以把目前的电报公司吸引过去提供服务。怀有这样一种期待可以说是合理的。1865 年，联合王国内的电报局数目为 1,882 个，而就在同年，由邮政局负责照看的汇款办事处有 3,454 个，信函接收站多达 16,246 个。1865 年，私人的电报信函件数为 4,650,231 件，与同年的信件数目即 720,467,007 封相比，电报仅占一个很小的比率(1：155)。据报告，在比利时，电报与信函的比率为 1：73；在瑞士，这个比率为 1：69。当我们考虑到电报服务在我们国家只有那些居住在大城市里或者火车站附近的人才能享受到时，这种电报和信函比例失衡的现象就没有什么可惊奇的了。据说居住人口在 2,000 人以上的城市中有不少于 89 座城市没有设立电报局。而在这 89 座城市中间，克里克莱德市有居民 37,000 人，盖茨黑德 33,000 人，奥尔德伯里 16,000 人，彭布罗克 15,000 人，达金菲尔德 15,000 人。我发现在联合王国全境内，平均每 16,500 人有一所电报局；而在比利时，据报告称是平均每 15,000 人有一所电报局；瑞士是平均每 10,000 人有一所。众所周知，尤其是在美国，电报普及程度要比我们国家高许多。这些事实似乎表明，现有电报公司的政策并没有引导人们去广泛地使用电报服务，而在这个领域内我们理应处于世界最前沿。这些电报公司只要能为有限数额的资本支付颇丰厚的红利就会感到心满意足，它们不想让经营规模有相当可观的扩张。它们已经停止相互间的竞争，但却能够阻挡一切要把新资本带入这个领域的企图。在这样的条件下，不容置疑，政府应当立即实行我们已经分析过的收购和重组电报公司的计划。

某些人可能会反对这种扩大政府干预和政府资助的做法，他们倒不是认为收购和重组电报公司本身是不可取的做法，而是担心这样做很可能会导致政府要冒更大的风险去收购和重组一个更大的企业——铁路公司。

众所周知，人们已经自由地表达和讨论过赞成政府将其管理范围延伸到涵盖联合王国全部铁路财产的意见。我不想说此事永远都不要做，而且毫无疑问，我国铁路系统目前的状态是反常和艰难的，要求立法机构对之找到补救办法。但是，在研究了高尔特先生关于铁路改革的著作，并听取了许多有关这一主题的流行看法之后，我又倾向于认为由政府部门实际运营英国铁路的意见完全是不值得讨论的，与此同时，我们的英国政府服务还要保持原有样子。

通过一个联合在一起的单一行政机构来管理所有的铁路，由此而可能产生的优势毫无疑问与我们从邮政局身上找出来的那些优势多少是有些相似性的，不过在绝大多数其他方面，两者完全不相似，而且具有致命的差异。铁路交通不能像邮递工作那样以纯粹常规的方式来管理。铁路交通是波动的，不确定的，一年当中会随着季节的变化而变化，随某个地方的需求变化而变化，或者随某些偶然事件而变化。对于一个铁路交通经理来说，他须一刻不停地保持警惕，反应敏捷，摆脱例行公事的态度，他须永远做好准备以满足公众的要求。

当我们一想到与铁路相关的庞大资本，以及调度铁路交通所需要的错综复杂的机制和安排时，我们一定会看出让英国政府的一个部门去管理铁路将会有多么危险。联合王国铁路的实缴资本，包括尚未偿清的公司债券，在 1865 年时数额达到了 455,478,143 英镑，而当年的本期营业费用却只有 17,149,073 英镑，或者说是资本成本的 $3\frac{3}{4}$ %。一多半的公司收入，或者说 52% 的公司收入被用于对所涉及的巨大资本支付约 $4\frac{1}{2}$ % 的水平非常一般的红利（1865 年的红利收益率为 4.46%）。所以，铁路的情况与邮政局正好完全相反，邮政局的资本支出与经常支出相比微不足道。而且我认为我有理由说，在英国政府还没有恢复商业化管理的机制之前，即还没有让造船厂以及其他国营制造业企业拿出可靠的、能够反映出其商业成果的账目，没有表明那些国营企业在按照经济节俭的原则组织生产之前，庞大的、五花八门的铁路财产不可以托付给英国政府。

的确，有人建议说，某一政府部门可以通过承包的方式来指挥铁路交通；然而我却看不出来这一目标如何才能安全地实现。因此，铁路或许需要得到永久性的关照，虽然关照铁路并不可能像关照电报电缆那样轻而易举。不过，铁路服务行业的其他分支部门为数众多，相互间的依赖关系紧密，所以必须把它们都置于一个行政管理部门管辖之下。至于说把铁路分成若干段，将每一段铁路责成一个承包商去管理的提议，在我看来就是要把铁路统一管理的大部分优势摧毁，要把英国大型公司的令人羡慕的现代组织方法牺牲掉。我认为我们现在的铁路系统还远没有达到完美的程度，不过铁路的环境和必备条件在我看来与邮政局的环境和必备条件截然相反，以致我必须把迄今为止引证来支持实行国家管理的绝大多数论据看作是有误导作用的。

　　我想作点补充，如果政府的电报系统能够证明自己是成功的，如果公众企望把实行国家管理的范围进一步扩展，那么有一个极其重要、有利可图的领域可以利用，即包裹和轻型货物的传递。普鲁士拥有一套完整的包裹邮递系统。斯堪的纳维亚的各个王国、瑞士，可能还有其他一些欧洲大陆的国家，它们都有某种类似的系统。在英国，铁路以高昂和随意的收费价格，完成包裹的集散、传输、往往还有投递的任务，一些包裹公司与铁路公司相竞争，也在它们之间相互竞争。几乎数不清的当地运输公司，通过郊区和乡间道路，以一种全然没有组织的方式担负着包裹的流转。货运组织工作的稀缺，因将包裹由一家运输公司转交另一家运输公司的做法而得到少许弥补，这样的弥补行为是以无计划的方式进行的，不过包裹每转手一次，就会引起一次新的、不确定的而且通常都会很大的收费加价。造成效率上极大损失的原因一方面来自每一城市内数家传递公司平行投递的问题，另一方面来自私人运输公司之间互不衔接的服务问题。一个按照邮政局的包裹和轻型货物集散、传输以及分送模式组建起来的政府传递系统，通过一个联合起来的、四通八达的广泛系统，以固定并且众所周知的收费标准，遵照合同与铁路以及市内和国内所有地方的运输车辆的所有者一同完成传递工作，将会给社会带来巨大的利益，并能与此同时给财政收入带来可观的补充。这也将会给联合王国的零售贸易注入巨大的规模经济效益和效率，使最偏远乡村的居民能够与最好的城市商店相沟通。这个政府传递系统通过接收邮政局的获利较少又比较沉重的书籍包裹的传递业务，将会减轻邮政局的工作负担，并且还会在很多方面成为英国电报、邮政、汇票单系统的天然补充。不过，这一类的计划当然都是完全属于未来的，在我看来，政府和议会目前只要考虑一下全国各地各式各样的个人和公共团体所提出的赞成组建一个由政府经营的电报通信系统的建议是否有道理，这样的道理是否足以让政府和议会立即着手实施该计划就可以了。

本 文 后 记

1867 年 6 月 11 日

在向统计学会宣读的本篇论文原文中，我对一份赞成建立一个政府包裹邮递公司的计划作了更为充分的考虑和辩解，不过鉴于人们当时讨论的这样一份计划似乎短期并无前景，所以在本论文付梓之前其所包含的部分内容被作了缩减处理。然而，现在的情况看来是这样，铁路委员会在其近来发表的报告中 * 提议，铁路应当在票据交换所的帮助之下合力组建一个统一的包裹传递系统。另一方面，罗兰·希尔爵士在他的单独报告中也倡议建立一个小包裹邮递公司，实行统一的收费标准，由目前的邮政局这部大机器调度指挥，似乎就像 E.J. 佩奇先生在其证词中所建议的那样。在我看来，情况比以往任何时候都更加明朗，无论这样一些小打小闹的计划会有多么大的优势，人们都应当把它们仅仅看作是整个联合王国轻型货物 **

---

　*　铁路委员会的报告于 1867 年 5 月 7 日发表。——原作者注

　**　譬如说将重量在 100 磅以下的货物视作轻型货物。——原作者注

传递总体组织的一个雏形；事实上，它们也是一个几乎与现存的信函邮递公司相同规模的包裹邮递系统的雏形。我认为，在目前就要构想出从这样一个系统中我们所能够得到的运价低廉、简便易行以及传递结果确定的优势有多大那几乎是不可能的。

邮政局的电报业务及其财务结果[*]

　　1870年2月，由公众买单，电报公司事实上转移到了邮政部门的麾下，开始了它们的重组和业务扩展。对于导致上述变化的事件发展过程我们没有必要进行描述。公众实际上已经知道这样一个事实，即在每一个邮政汇款局内很方便地设立了一个电报局，在那里他们可以花上一个先令，把一封电报发到联合王国的任何一座城市，或者几乎任何一个村庄。总的来看，电报似乎可以得到快速的、中规中矩的处理和投递，而且据我猜测，绝大多数人都是满意的。

　　在一个收养电报公司的政府部门的精心照料下，电报的收发量的确出现了巨大的增长，一年内发送的普通电报数量现在已经达到约20,000,000封，而在移交之前一年的电报数量则是6,000,000封。为新闻报纸发送的情报信息量增长了一百多倍，由2,000,000个单词，增长到了22,000,000个单词。^①根据一个在报纸业流传的说法，电报局的数量已经由大约2,000家增长到略少于5,600家。现在的

---

　　* 本文载于《双周评论》杂志，1875年12月，第18卷，第826—835页。——原作者注

　　① 为新闻报纸发送的情报信息量增长了100多倍，应该是由200万个单词，增长到2.2亿个单词，而不是目前书中给出的22,000,000个单词。估计此处是作者或者原书编辑弄错了，落掉了一个0。——译者注

电报线路长度又延伸了 24,000 多英里，使电报线路的总长度达到了 108,000 英里，而过去的电报线路延伸长度为 5,600 英里，总长度为 49,000 英里；而且一封电报的平均收费水平已由 2 个先令 2 个便士降低到了 1 个先令 2 个便士。据说，电报的收发报工具数量已经出现非凡的增长，邮政局使用的电报工具数量达到了 11,600 套，而所有电报公司所拥有的电报工具数量则是 1,900 套，两者的比例发生了非同寻常的变化。我不清楚是谁最先发布了这些数字，不过我在斯丘达莫尔先生的正式报告 * 中发现，实际上，电报公司在 1865 年时拥有长度为 16,066 $\frac{1}{4}$ 英里的延伸线路，总电报线路长度为 77,440 $\frac{1}{2}$ 英里，而在 1863 年时，电报公司的电报收发报工具数量为 6,196 套，这些数字与邮政局的数字相比存在很大的差异。

尽管如此，人们还是同意说邮政局下辖的电报部门现在的实际运行情况是令人满意的，但是近来某些绅士受到财政部的委托，要就邮政局下辖的电报部门的财务状况作出报告，关于这些绅士所提交的声明，情况似乎是电报业务移交的结果只是值得庆贺罢了。然而，这份报告显示，该部门的营业费用一直在持续上升，直至营业费用占到了营业收入的 96 $\frac{2}{3}$ %，使该部门几乎没有任何剩余以用来对注入电报系统的约 10,000,000 英镑巨资支付利息，或者用来支付临时费用和偿还临时债务。当我们看到营业费用在营业收入中的百分比持续攀升的情况后，仍希冀邮政局下辖的电报部门在现

---

* 参见斯丘达莫尔先生的报告，第 73 页。——原作者注

行的电报资费水平和管理规定下，有一天会偿还自己的真实费用，那是不可能的。在截至 1871 年 3 月 31 日前的 14 个月里，电报部门的营业费用在营业收入中所占比重在 57% 以上，在 1871—1872 年间，达到了 $78\frac{3}{4}$%，在 1872—1873 年间，达到了 $89\frac{1}{2}$%，而在 1873—1874 年间则达到了 $91\frac{1}{2}$%。

我将毫不犹豫地说，从财务的角度看问题，政府收购电报公司的举动是一个失误，而且代表们在议会以及国人面前所作的陈述在许多细节方面被证明与事实刚好相反。我几乎不需要讲目前电报业务的资本成本至少是人们估计数字的四倍。斯丘达莫尔先生在他的第一份报告[*]中清晰并且满怀信心地断言，所有被列入公司名录中的企业的全部财产和版权，可能都被以不到 2,400,000 英镑的一笔款项收购了。已经支付的金额约为收购价的二到三倍之间，而且仍旧还有数额不明的临时补偿主张需要满足。然而，这个差额与重组该系统的费用相比就是微不足道的了。斯丘达莫尔先生估计，所有要求完成的线路延伸费用为 100,000 英镑。虽然这个数额似乎小得有些荒谬，但他还是在议会下院特别委员会上详细地解释说，[**]这些费用足以负担移交和线路延伸所需的成本。我们现在知道了，且不说真正的收购费用为多少，就连约略说明的收购费用数额也在数百万英镑上下，而不是 100,000 英镑。我在 1867 年 4 月向曼彻斯

---

[*]　参见斯丘达莫尔先生的报告，第 37 页。——原作者注

[**]　参见英国议会下院特别委员会的报告，问题部分，第 1,922 个问题。——原作者注

特统计学会宣读的一篇关于电报业务主题的论文中估计，抛开收购企业的费用不计，移交和重组电报系统的费用为 2,500,000 英镑。这样看来，用不着装模作样，表现得对这一主题有某种专门的了解，我至少要比那位受命负责此项工作的政府官员正确。

有人向我们许诺，每年的净收入将达到 200,000 至 360,000 英镑，而且还告诉我们可以"几乎完全确定地"* 相信这一承诺，即使电报的数量只达到中等水平的 11,000,000 封。与此同时，有人还貌似合理地断言，随着业务量的增加，支出也会以低得多的比率增长。** 为了验证斯丘达莫尔先生的预测，我作了一个计算，我们现在理应从电报业务中取得 600,000 英镑的净收入，而非在 1875 年 3 月 31 日前截止的这一年里所取得的区区 36,725 英镑的净收入。当我们对目前的庞大开支展开细节调查时，我们遇到了类似于预测与结果不一致的问题。人们有理由预计，应邮政局的要求，一支由官员和工程师组成的集中化管理的职工队伍，会比四家或者更多家公司分别保持的职工队伍总和，人数更少，费用更低。因此，斯丘达莫尔先生一再断言，情况就是如此。他说："在它们那种情况下，平均支出因下列成本而膨胀，即分散管理所产生的费用，许多单独企业分别缴付的租金，四家公司中的每一家都要分别维持一支由工程师、检查员以及上级官员组成的职工队伍的费用。而在一个联合管理体制下，只要一支这样的职工队伍就足够了。"在他接受特别委员

---

* 参见英国议会下院特别委员会的报告，问题部分，第 1,900 个问题。——原作者注

** 同上，问题部分，第 1,867 和第 2,441 个问题。——原作者注

会询问的不同阶段 *，他也发表过类似的陈述。我们甚至被告知，在较高级别的办事员中，邮政局的薪金水平要比公司的薪金水平低。**我们把这样一些陈述与财政专员在其报告的第 8 页上所说的话作个比较，***在那个报告里我们被告知，"电报公司所有官员的薪酬在他们进入政府服务部门后都极大幅度地提高了，"而且事实上，"政府付给做辅助性工作的政府工作人员的薪酬要远高于私营雇主付给履行同类职责的员工的报酬。"公司的合并似乎也完全没有产生任何规模经济的效应；因为通过同一权威渠道，我们被告知"为了督导部长办公室、总工程师办公室、分部工程师办公室以及会计分部等部门的统一服务事务而雇用的员工数目，相对来讲已经大大超出了各电报公司在实行分散管理的情况下被认为是必要的范围。"至于说会计分部，我要点出斯丘达莫尔先生所作的断言 ****，他宣称邮政局先前已有的雇员只要每年稍许增加一点开支，即 1,000 英镑左右，就可以承担电报公司的全部会计工作。他在经过计算后发现，各个电报公司必须每年至少花费 12,000 英镑来做会计工作，于是他说："我可以毫不担心地保证，在我们已经为会计工作付出的费用基础上，新增的会计工作费用不会超过 1,000 英镑。"他还强调说，"我确信，1,000 英镑是对此项费用作出的留有最大余地的估计数。"

---

* 参见英国议会下院特别委员会的报告，问题部分，第 2,152 个问题，以及其他问题。——原作者注

** 同上，第 3,296—3,298 个问题。——原作者注

*** 参见财政专员的报告第 8 页。——原作者注

**** 参见英国议会下院特别委员会的报告，问题部分，第 2,438 个问题。——原作者注

现在，我们通过最可信的渠道被告知，邮政局电报部门会计分部的雇员人数相对而言已经超过了各老的电报公司会计人员的人数总和，更确切地说，我猜想就是相对于所完成的电报业务量而言已经超过了老电报公司的会计人数。

不要忘记，这些提交给特别委员会的初步报告和会议记录，通篇都是文字清晰的声明和保证，它们信誓旦旦地说邮政局不需要甚或并不企望电报行业成为一个法定的垄断组织。事实上，斯丘达莫尔先生明确地讲："我从来没有企望要得到那样的保护。"* 尽管如此，电报行业刚刚迈出一步，一项禁止一切在内陆电报行业内竞争的条款便立即被塞进了议会法令之中。

人们提出了各种各样为电报部门辩解的请愿，听上去最合情理的或许是这样一种说法，即其结果与邮政局在实行了1便士邮政改革之后所取得的结果完全一致。然而，情况却是没有比这更不符合事实的了。真实的情况是邮政资费的大幅下调，造成了1,159,000英镑的财政净收入亏损，而且在24年之后才重又实现了相同数额的财政净收入。仅这一项事实就应成为让那些常常鲁莽地断言"低资费，高回报"的人们保持清醒头脑的警钟。但是，邮政改革与电报改革之间存在着这样一个巨大的差别，邮政的财政净收入从来没有少于50万英镑，更何况邮政的财政收入很快就开始恢复了，到1847年时，邮政的财政净收入已达到近100万英镑。为了更清楚地说明这个问题，我把电报部门的财政净收入与1便士邮政改革之前和之后相对应时期的邮政局的财政净收入作了一个对比。对比

---

* 参见英国议会下院特别委员会的报告，问题部分，第294个问题。——原作者注

结果见下表：

	财政净收入及利润	
	邮政局	电报部门
改革前一年	1,659,087 英镑	—
改革后第一年	500,789 英镑	303,456 英镑
改革后第二年	561,249 英镑	159,834 英镑
改革后第三年	600,641 英镑	103,120 英镑
改革后第四年	640,217 英镑	90,033 英镑
改革后第五年	719,957 英镑	36,725 英镑

没有比快速进步的邮政财政净收入与不断减少的电报财政净收入两者间更强烈的反差了。这个对比完全证明了财政专员所作的声明，"电报分部并没有达到邮政部门在引入 1 便士邮资的做法之后所具有的状态。"这个对比还提醒人们想起了亚当·斯密曾说过的那句话，"邮政局是唯一一种政府总能成功经营的生意。"[1]

我认为，在我发表于曼彻斯特统计学会上的论文《关于联合王国的邮政局、电报公司以及其他传递系统的相似性》一文中，我已经解释了为什么会存在这种差别的原因，也就是说，邮政局能够在成本小幅增加的情况下实现邮递业务量的巨大增长，是因为它处于一种完全独特的地位。罗兰·希尔爵士的改革是合理的和成功的，因为他确实真的表明实行一个便士的统一邮资可以带来邮递业务量的巨大增长。让我们把这里面的原理说得尽可能地简单一些，一个邮差能够做到携带 100 封信与携带一封信一样地轻松自如，通过

---

[1] 亚当·斯密（Adam Smith）生于 1723 年 6 月 16 日，卒于 1790 年 7 月 17 日，英国古典政治经济学的开山鼻祖。他最著名的经济学著作就是《国民财富的性质和原因的研究》（简称《国富论》）。——译者注

铁路,传递 1 吨重的邮包几乎与传递单独一件邮包一样地轻松自如。但是电报行业的情况则与此截然相反,在电报行业内,每一封电报都不得不由报务员单个地接收、发送、转发、抄译,并且最后由一名专门的电报投递员送交收报人。在这种情况下,电报业务量每增长一点,就会涉及费用的增长,其增长比率从许多件电报的情况看与业务量的增长比率近乎相同。

有人想象我们能够像处理邮政局事务那样处理电报或者铁路事务,从这样的荒谬想法中滋生出了上述种种错误的判断。无论我们可能怎样看待邮政当局与各电报公司之间所达成的交易,或者怎样看待邮政当局未经授权就把储蓄银行的钱花掉的做法,他们毫无疑问是这样认为的,即当能够表明他们取得了大量的财政净收入之时,他们所做的一切就都会被证明是合理的。斯丘达莫尔先生向特别委员会陈述了他的看法,*"估算出来的财政净收入将足以支付可能出现的任何资本短缺"。我还清楚地记得,新闻报纸普遍鼓励他继续大力采取一种无所畏惧的政策,理由是只要电报被送到每个人的家门口,而且电报收费被降得足够低,电报肯定会获利。

让人感到好奇的是,想一想,倘若像许多人所企望的那样,一个统一的 6 便士资费标准而不是 1 先令的资费标准被采纳,其后果将会怎样。特别委员会的某些人似乎赞成那样一种资费标准,而斯丘达莫尔先生则几乎明确表示支持该资费标准,他说,"我非常倾向于这样的看法,即 6 便士的资费标准将最终获利",**而且"倘若

---

* 参见英国议会下院特别委员会的报告,问题部分,第 2,252 个问题。——原作者注

** 同上,第 2,105 个问题。——原作者注

我们没能在几年之内实行 6 便士的资费标准，那我会感到非常地惊讶"。* 一位特别委员会的成员实际上还辩解说，电报业务在 6 便士资费标准下所产生的财政净收入会大于在 1 先令资费标准下所产生的净收入，理由是每日的报纸现在卖 1 个便士 1 份，比原来卖 6 个便士 1 份时更赚钱。看来他完全忽略了这样一个事实，即报纸在某种程度上指望的是从广告业务中取得收入，而且在很多情况下，即使这样的印刷品被免费送人，报纸也会继续获得丰厚利益。

在低资费的电报业务问题上，有那么多人都落入了这个陷阱，出现了失误。这种失误是不可原谅的，因为有大量的证据表明其结果将会是什么。联合王国电报公司曾在所有主要大城市之间实行过 1 先令的统一资费标准，这一做法产生了报酬极其丰厚的电报业务量，但却发现这样做不可能带来合理的利润。伦敦地区公司曾试行过 6 便士和 4 便士的资费标准，但抵消不了他们的营业费用。电动和国际电报公司董事长格里姆斯顿先生写过一篇关于查德威克和斯丘达莫尔两先生计划的评论，他在评论中出示了各种各样很有说服力的理由来说明他为什么不相信低资费电报可以获利。随后，在一本标题为《政府与电报业务：关于电动和国际电报公司案例的陈述》的才华横溢的小册子里，他以较长的篇幅陈述了他的那些论据，并展示了在我看来令人信服的理由，这些理由让我相信，在比利时和瑞士的国家电报公司内，低资费做法从来没能真正抵消营业费用，收费较高的国际电报业务才是利润的真正来源。斯丘达莫尔先生、特别委员会以及该行业的所有相关人士都对这些警示非常清

---

　　*　参见英国议会下院特别委员会的报告，问题部分，第 2,508 个问题，第 2,541—2,546 个问题。——原作者注

楚，而且斯丘达莫尔先生还企图证明那些警示都是毫无根据的。然而那些警示却都已被证实了。我想作点补充，特别委员会的一位成员，确切地说就是戈申先生，似乎完全了解提交给他们的计划具有什么样的真正财务特征；他显然预见到了谈判会产生什么样的结果，所以他成了一个人组成的少数派，抗议特别委员会通过的某些主要决议。

我现在要来调查一下，在这样的条件下什么事情是必须做的。我遗憾地观察到在公众当中以及新闻报刊上有这样一种严重的倾向，他们对此问题并不在意，理由是25万英镑对于英国政府来说算不上问题，况且我们花钱换回了方便。暂且让我们假定亏损只有25万英镑（对此我非常怀疑），我可以评论说这些钱可以花在更值当的地方，而不是用来给不必要的电报业务付账。譬如说，花在科学调查和人民的高等教育上面，这样花钱所得到回报将会是不可比拟的更重要的结果，而且会使我们的国家处在世界文明和世界智慧的领头地位。不过钱是否应当或者不应当以其他方式花掉，我坚持认为，从原则上讲，一项工作如果不用费什么气力就能使它足以支付自己的费用但却发生了亏损，那这项工作就是失败了。倘若一个国家不在乎每年25万英镑的开支，那是因为该国的财政在根据合理的原则接受调控，但如果我们手上有许多类似于邮政局电报部门那样棘手的事情，那我们的立场就会有很大的不同了。

许多人可能会跃跃欲试要与埃德温·查德威克先生争辩说，真的完全不存在什么亏损，因为发电报的每一个人可能都节省了时间，得到了更多的方便，以这种方式省下来的钱，要大于发电报的费用。不过倘若情况真是如此，那么我要问，为什么要让其他人去缴税来为这种因节省了时间所得到的好处和方便买单呢？倘若随时都能发电报具有如此大的优势，那么为什么不能让发电报的人去支付这项工作的实际营业费用，就像我们按照全部的成本去支付买面包和羊腿的费用呢？我们最终一定要以这样或者那样的方式付账，所以我看不出有什么特别的理由要让我们为促进拍电报的行为而不是为促进100个其他有意义的事情去缴税。毋庸置疑，许多电报会给发报人带来巨大的利润；那么他们为什么不从利润里拿出一小部分去支付发电报的全部费用呢？另一方面，政府电报部门增加了的业务量中有很大一部分属于恭贺性质的电报或者其他琐细小事，对于这类电报我们不可能找到足够的理由去给予促进。我们听说过有的男人为了得到一张干净的小手帕而拍电报。我甚至要斗胆提出疑问，现在有大量的新闻通信稿是通过电报系统发出的，它们给政府的电报部门造成了巨大的亏损，这样的新闻稿是否真的有必要通过电报系统来发呢？这种电报的业务量已经达到了8年前或者10年前业务量的100倍。当然，倘若一家报纸大量利用电报系统来发消息，其他报纸为了自卫也一定会如此去做。不过，倘若其中的许多事情是通过邮递的方式发出的，那么它们是否还一样有意义呢？这个说法成立与否，一定要由其他人来断定；不过我在原则上是完全反对政府向新闻报纸提供补贴的，而政府目前实际上正是这样做的。破坏性极大的报纸杂志低流通量乃邮政局计划中最严酷的特点之一。

这个问题依然存在，需要做些什么呢？许多人都不会赞成任何退化性运动（人们这样称呼这种现象），理由是船到桥头自然直。但是公众应当消除自己头脑里的这种错误观念。那位财政专员在完成了一次全面调查之后说:"从这些数字中,人们不难得出这样的结论,除非对该支出施行某种限制,或者设计出某种增加收入的手段,否则对电报部门的管理就将成为对英国财政的一种永久性收费。"[*]我的看法是,电报部门理应不仅仅是支付债务的利息,还要设立一个偿债基金以偿还债务或者赎回债券,或者满足增长了的维修费用的需要。在过去的7年里,邮政局已经为新的邮政和电报业务花费了数额巨大的钱财,这两项业务平均来讲每15年要更新一次,所以再过8年之后这笔费用还要再次发生。邮政局准备从其目前的财政收入中拿出钱来支付这笔费用,还是准备将此事留待梦魇时刻到来时再说呢?请记住,据财政专员讲,即便是电报分部所需的办公用品费用也被低估了,年复一年,其被低估的程度已达到了全部费用的一半。很难让我相信电报部门有能力支付它的营业费用,更不要说支付一些诸如养老金、铁路索赔、暴风雪造成的意想不到的损失以及最终偿还资本本金等临时费用了。斯丘达莫尔先生原来以为电报部门的财政收入预计有可能在几年时间里还清资本成本。[**]我个人的印象是,倘若我们能够对电报部门的账目进行一次真正商业化的审计,我们会发现其目前的年亏损规模,包括对资本支付的利息,接近于50万英镑而不是25万英镑。

我确信,一些人将鼓动政府把电报资费标准进一步降低。他们会说:"1个先令的资费标准不能赢利吗?那么实行6个便士的资费标准,这样电报业务量很快就会达到足以赢利的水平。"我完全

---

[*]　参见财政专员的报告,第11页。——原作者注

[**]　参见英国议会下院特别委员会的报告,第148页。——原作者注

同意下面这样一种说法，即在目前资费标准一半的水平上，我们应当能够看到电报的数量出现巨大增长，而且我还认为很有可能电报部门每年会不得不收发电报5,000万封，而不是2,000万封。不过倘若我们能够根据过去的营业费用增长趋势对其未来的增长趋势作个判断，那么我们所得到的采用6便士资费标准所产生的财务结果就会是125万英镑而不是25万英镑的资金缺口。这一资金缺口十有八九不会少于每年100万英镑。

根据电动和国际电报公司的经验，的确，营业费用只要增加33%，电报业务量就能实现翻番（增长105%）；而斯丘达莫尔先生假定，同样的情况也会发生在政府经营的服务行业里。他说："理所当然，每封电报的平均费用会随着电报数量的增长而减少。"*不幸的是，政府官员并没有能够证明此种说法属实，1871年至1874年期间，电报的业务量增长了81%，而当期的营业费用（不包括资本支出）则增长了110%。在这样的情况下，电报部门想要合理地预期他们能够通过降低资费的办法恢复自己的健康财务状况，那就好像一个做生意的人预期自己可以通过高价买低价卖能够赚钱一样。当我们考虑到营业费用甚至从双工电报机被引入使用时起就一直在增长的情况后，这个案例就显得更加前途无望了。双工电报机是一项奇妙的发明，通过双工电报机，电报的发送能力可以一下子翻一番，而增加的费用却很少。

为了使电报部门的财政收入能够上升至一个适当的水平，财政

---

* 参见英国议会下院特别委员会的报告，问题部分，第1,888个问题。——原作者注

委员会提出了若干套关于增加财政收入方式的建议。他们先后建议电报部门把地址也包括在 20 个单词之内，实行每 10 个单词 6 个便士的资费标准，以及实行每个单词 1 个便士的资费标准。在我看来，这些建议中第三套建议会使电报资费变得高昂；第二套建议可能会导致得不偿失，并给电报部门的财政收入造成不可救药的损失。可以肯定，第一套建议是正确的方向。目前，人们发现发报人的地址，平均来讲，含有四个单词，而实际上二至三个单词就足够了。收报人的地址，平均来讲，占了 8 个单词。报务员的私人服务指令需要不少于 14 个单词，而一封电报的平均单词数量为 17 个，这样平均来讲，每一先令发送的单词总数为 43 个。目前，一个没有多少话要说的人会被诱使去把他的电报单词数量限制用尽，以便凑够 20 个单词，而电报的付费不会更多。倘若把地址也包括在计费的 20 个单词当中，地址就会被简写成全部只有譬如说 9 或者 10 个单词，把剩下的 10 或者 11 个单词空间留给电报正文。这样的单词数量对于相当大比例的电报来说是足够的，只要发电报的人恰当地浓缩自己的电报语言，而且绝大多数的电报都可以制止废话的问题。每一先令发送的平均电报单词数量或许可以减少 10 个单词，或将近 25%，而发报的成本于是也在某种程度上减少了。与此同时，对于较长电报所收取的附加费，或是像现在这样，每超出 5 个单词加收 3 个便士，或是如我所建议的那样，每超出 1 个单词加收 $\frac{1}{2}$ 便士，如此一来便可以使收入有显著的增加。然而，令人十分怀疑的是，作出这样一些改变而不大幅提高报纸的电报资费标准，是否就会使资产负债表变得平衡了。

前不久，有人宣布邮政部门有意采纳对短篇电报适用 6 便士资费的建议。总的来说，为了能够一劳永逸地让公众相信，高额利润并非总是跟随在低廉价格的后面，试行这样一项实验是可取的。任何手段也不如一次彻底的崩溃能够让人们把邮递信件的财务条件与发送电报的财务条件区分开来。然而，情况还是很明显的，每一封电报，无论内容是长还是短，相当大的一部分费用是近乎相同的。在任何一封电报里，电报局报务员接收电报所花费的时间、通过发报机发送的服务指令、办公用品的费用、邮递员投递电报所花费的时间以及某些其他项目，都是大体上相同的。因此，倘若公众每发一封普通电报仅仅花费 6 个便士而不是 1 个先令，那么所发生的差额就不可能被因电报单词数减少了 25% 而降低的发报费用给弥补回来。

在邮政局信函分部，其工作的规模经济条件是全然不同的。这个部门的很大一部分费用在信函业务量增大时几乎维持不变，只有一小部分实际上会随着携带信函数量的增减而成比例地变化。所以，在邮政局里降低资费标准，往往会导致信函业务量在增大的同时，也能使财政净收入最终增加，即使邮寄费用降低了。不过，这种令人愉快的结果只能在营业费用没有实质性增加的情况下取得。注意，在电报分部，正如我们所看到的，也已被经验所证实，电报业务量的增长导致了营业费用的大幅增加，由此几乎不可避免地得出这样的结论，任何降低电报最低资费标准的做法都将造成电报行业账户上的进一步赤字。

电报部门在财务上的失败一定会令人感到深深的遗憾，因为这个失败已经在政府产业进一步扩展的道路上设置了一道几乎无法逾越的障碍，当前，这道障碍是清除不掉的。有人提议，政府应当收购联合王国的全部铁路。确实，这项提案从来就不是一个切实可行的提案，甚至连明智的提案也算不上，正如我在《欧文斯学院论文集》(*Owens College Essays*)中发表的一篇论文里曾竭尽全力要说明的那样。有这样一种观念，认为政府可以任命一位经验丰富的官员去谈判收购铁路财产的事情，然后再根据电报部门的风格对收购来的铁路进行重组。这种观念简直是太滑稽可笑了。但是对于一个已经浏览过有关该电报行业的文件的人来说，他一定能够完全理解为什么会有如下这样一个判决：这样一种行动几乎不可以再次重演，哪怕只是一次小规模的重演也不行。曾记否？持续仅 10 年的赢利企业是如何被以赢利 20 年的企业的售价收购的？拥有一根自重新敷设时起就破烂不堪的电报电缆的所有者为什么能够收到比他们花在那根电报电缆上的全部资金还要多的钱？电报线路的分支线为什么会在被收购时耗去政府的巨额资金，收购价格比该公司先前为发明和引进整个系统所花费的资金总额还要高出许多？当我们记起了上述案例，我们就一定会看出那是一系列已经树立起来的灾难性先例。

目前，英国最大的需要之一就是建立一个政府经营的包裹传递系统，该系统会把邮政局从较大书籍以及其他无利可图的繁重业务中解脱出来，而与此同时，该系统还可以把为数众多的运输公司、包裹投递公司以及现存的乡村搬运者组织在一起，形成一个系统。目前，在把包裹投递到消费者家门口的业务中，浪费力量的问题极其巨大而且大得荒谬，并且在许多情况下收费过高。一个组织严密的包裹邮递系统可以带来完全能够与 1 便士邮政改革所带来的利润相媲美的好处，并且可以极大地改进现在正为零售贸易所利用的方法，改善将商品分送给消费者的方法。但是，倘若我们一定要首先按照收购电报公司的风格去收购一切目前从事包裹传递生意的公司的版权和利润，那么这个计划就会变得不切实可行了。

　　不幸的是，电报部门的账目展示了我们之前所担心的问题，也就是说，一个政府部门不可以在经济中与一个受竞争制约的普通商业公司相竞争。所做的工作确实是伟大的，而且总的来讲几乎已经完成，一些人认为该部门的成就是了不起的。然而他们却忘记了，那项工作是在大手大脚、几乎没有节制地花费国家金钱的情况下完成的，而采用同样的方式许多奇迹都可以创造出来。倘若英国人民喜欢把自己的公共财政收入花费在价格低廉的电报上面，他们当然能够这样做，虽然人们对于这钱花得是否明智持有两种看法。不过无论如何，对于我们来说忘记了电报部门所承诺的东西与已经实现了的东西之间存在着南辕北辙的差异是不明智的。

邮政汇票、汇款单及银行支票 *

公众已经感觉到有必要寻找一些更加方便的汇钱办法,通过邮政把小额钱财汇回家去,这是几乎没有什么疑问的。随着英国不同地域之间通信往来的增多,小额债务的发生件数也在持续地成倍增长,这种债务不可能以手递手的当面交接硬币的方式来偿还。人们从坐落在少数较大城市里的名声远扬的公司订购窗帘布料、茶叶、书籍以及不胜枚举的其他商品,这样的做法正在快速发展。正如我在《当代评论》杂志上发表的那篇文章《国有包裹邮递公司》中所指出的那样,** 大力发展这种交易方式所需要的只是建立一个井井有条的包裹邮递系统。然而,即使对小商品贸易如何收费目前还是个很让人伤脑筋的问题,但所分发的包裹数量依然非常巨大,而且一般来说,每件包裹都需要用邮寄的方法进行一次支付。铁路旅行的便利,还导致人们住在距离朋友比从前更远的地方;还有众多的家务仆人、远离家乡去寻找工作的工人、商务旅行者以及外出旅游的游客,他们都要求要么能够收到别人寄来的小额钱款,要么给别人汇出小额现金。

---

* 参见《当代评论》杂志,1880 年 7 月,第 18 卷,第 150—161 页。——原作者注
** 同上,1879 年 1 月,第 34 卷,第 209 页。——原作者注

　　邮政汇款单制度的年龄要比人们普遍推测的更老一些，自1792年起该制度就以这样或者那样的形式存在于世了。然而，其以目前的形式问世，却是从1859年开始的，人们常常听到该制度扩展和改进的消息。为了安全和最终确定债务已经还清，汇款单不能给人留下多少可作非分之想的空间。交款人只能乖乖地走进最近的汇款处；等待五至十分钟，让先来的其他顾客得到服务；填好一份申请表；经过与邮政局局长交换意见和周密的思考，并且参考了一份私密的正式清单，认定某汇款处是对收款人最方便的地方；然后一直等到填好汇款单，汇款单存根被撕下来，盖上印章，等等；最后把自己的钱递过去，他所要办的事情便做完了，只剩下一件事，那就是把汇款单封装在一个已恰当地写好了地址的信封里。收款人也同样确信，倘若一切顺利，他一定会收到自己的钱。他只需要走进指定的汇款处；在汇款单上签字；说出汇款人的名字；然后倘若一切均无问题，令邮政局长感到满意，并有一份来自汇款方的不可或缺的留言，邮政局长就会马上把现金递给收款人。不过，有时汇款方的留言尚未寄到，收款人就只能再跑一趟。常见的情况是，用意良好的汇款人让收款人凭汇款单在一个遥远的汇款处取钱，譬如，汇款人猜想汉普斯特德路邮政局对于一个居住在汉普斯特德的人来说一定非常方便。后来，那位收款人不得不长途跋涉去寻找指定的汇款处。确实，除非收款人或者收款人的朋友刚好有一个银行账户，那么转瞬间一切事情就都顺利办成了；银行家马上就能使收款人摆脱领取七先令六便士或者其他小数额汇款的麻烦，那笔小额汇款将由邮政大臣代收款人保管。不过认真地讲，时间宝贵，不允许我们与太多的汇款单打交道。如果不是银行家伸手救驾，同意兑付汇款单，而且邮政局的人立刻发现银行才是最安全、最简便易用的汇款单承兑中介，生意人一定在很早以前就要求对汇款制度来一次彻底的改革了。

然而在过去的六至七年里，一个很有趣的事情是有人试图用银行支票取代汇款单。曾经有过这样一个传统，开一张金额小于 20 先令的支票属于非法，而且许多人依旧对于开一张由伦巴第街兑付的半个畿尼的支票感到心情忐忑。但是由已故詹姆斯·赫茨先生建立的支票银行帮助改变了所有这一切。人们现在不仅在自己个人的支票簿上开金额很小的支票，而且，倘若他们恰巧没有支票，还可以走进邻近的文具店或者布商店，向店家索要一张银行支票。这种支票只要填好，递过去，不用啰嗦，就能换到钱。这种支票可以邮寄到世界上几乎任何有人居住的地方，而且能够值支票上所填写的价值，绝大多数银行家、旅馆管家以及其他生意人都会用现金兑付这种支票而不用顾及是否有汇款人的留言和兑付地点的要求。大约六年前，当我在为"国际科学系列丛书"准备我关于货币的书时，[①] 我详细地研究了赫茨先生的计划所产生的效果。赫茨先生的计划似乎向下形成了完整的银行业系统。集随后六年来的经验，我没有看出有任何理由需要改变我那时表述的关于这种新型银行的看法。在支票银行已经为政府赚了大笔财政收入，而汇款制度则偶尔会损失财政收入的情况下，支票银行所碰到的真正制约只有一个，那就是 1 个便士的印花税。

---

① 参见威廉·斯坦利·杰文斯著《货币与交换机制》(*Money and the Mechanism of Exchange*)，商务印书馆 2017 年版。——译者注

邮政局当局并非勉强地为这样的事态所触动，于是制订出了一项发行邮政汇票的计划。这项计划倘若能够成功，它的意图毫无疑问是要取代汇款单以及支票银行的支票。要求设立这项计划的法案现在已经上呈议会，该法案上署有现任邮政大臣福西特教授以及弗雷德里克·卡文迪什勋爵两人的名字。随该法案一道上呈的相当令人惊讶的法规草案声称要成为亨利·福西特阁下的汇款单。不过，必须要确定地弄明白，这位显赫的经济学家不应为该计划的细节问题负责任，除非是负有纯粹的领导责任。该法案虽然在细节问题上作过改动，但现在却并非第一次被提交给议会，该法案要么应归属于已故的邮政大臣约翰·曼纳斯勋爵，要么应归属于那个含义模糊的实体——"部门"。不过，无论这个法案起源于何方，它都是一份有趣的文件，对该法案的条款不能不给予考虑。

建立这个制度的想法，是要发行固定的整数金额的汇款单，从最低金额 1 个先令起逐步升高，到半个克朗 [①] 为 1 档，5 个先令为下 1 档，7 个先令 6 个便士、10 个先令、12 个先令 6 个便士、17 个先令 6 个便士，直至最高金额 1 个英镑。如果某个人想要汇寄 19 个先令，他就必须申请一张低一档次的邮政汇票，即 17 个先令 6 个便士的邮政汇票，再加上一张 1 个先令的邮政汇票，然后再买 6 张 1 个便士的邮票，最后把所有这一切都装入信封寄给收款人。显然，这些邮政汇票在发行时要留出两处空白，一处用于填写收款人的姓名，另一处用于填写出售邮政汇票的邮政局的名称。在这种情

---

① 半个克朗（half-a-crown）是英国旧币中的一种硬币，价值为 2 先令 6 便士。1 个克朗等于 5 个先令。早期的英国货币体制并非采取十进制的货币单位，所以从英镑、先令到便士的货币单位换算关系并非整 10 整 100 的关系。——译者注

况下，邮政汇票可以像纸币一样四处传递，而且根据我对该法案和规定的理解，这种汇票具有绝对意义上的流通性。如同一枚硬币一样，邮政汇票乍一看去显然是其持有者的财产，而它的真正主人则不会因邮政汇票先前的历史而受到影响。然而，任何一位邮政汇票的持有者都有可能把邮政汇票的空白处填上一处或者两处都填上，于是这张邮政汇票就变成了只有某个特定人或者在某个指定的邮政局才能收款的凭证了。然而看起来，倘若汇票上填写了名字的收款人在收到汇票之后于汇票的背面签上字，这张邮政汇票便再次变成了实际上可由持有者收取汇款的凭证，就像一张背书支票一样。该规定的第 8 条款规定，倘若邮政汇票上面的签字据称是收款人的签字，"则没有必要证明所收到的汇票是由收款人签的字，还是经收款人授权签的字。"对于在这些邮政支票上如何一般地划线和专门地划线，该规定中都有详细的条款说明，如此看来，即使某个地处遥远的汇款处的名称被填写在了邮政汇票的空白处，某家银行也可以根据第 10 条款很保险地将邮政汇票兑换成现金。该规定清楚地表明，邮政部门企望能够通过联合王国的银行系统尽快回笼他们在流通中的邮政汇票。

该规定的第 11 条款多少有些限制了这些邮政汇票的流通性，因为这一条款规定，开出时间在三个月以上的邮政汇票将只能在扣除了一笔金额相当于最初手续费的新佣金之后兑付，而且随后的每三个月为一期，或者在每一期的部分时间里，还要进一步扣除类似于佣金的金额。根据下一项条款，在邮政汇票带有被篡改或者被伪造痕迹的情况下所汇款项可能被拒付。接下来是这样一条重要规定，"邮政局长可以拒绝或者推迟兑付一张邮政汇票，但必须立即将此次推迟或者拒付的情况连同自己这样做的理由报告给邮政大臣。"然而，鉴于提交这种报告的用意似乎是为了让该部门私下里感到满意，而且并没有条款要求邮政局长或者邮政大臣向邮政汇票的持有者作出解释，所以这项规定使该部门可以**随意地根据自己的意愿**将邮政汇票转换成硬币。拒绝兑付邮政汇票既不属于倒闭行为，也不算违反约定。地方邮政局长只要简单地给出自己中止付款的理由，譬如说没有资金了，然后该部门会毫无疑问地认为邮政局长的理由非常充分。

或许该规定中最奇特的条款是第 16 条，该条款规定，倘若一张邮政汇票被邮政局的任何一位官员兑付，则无论是邮政大臣还是其所管辖的一切官员都将被解除对该笔汇款的进一步责任，"即使可能存在任何伪造、欺诈、错误的行为，或者即使对于该汇款单，对于它的获取，对于它取得兑付可能已经造成或者已经带来了损失，即使可能存在任何无视这些规定的行为，以及即使可能存在无论什么样的任何情况。"福西特教授就这样，仅仅因为自己的一道命令（因为这项条款仅在那个号称是邮政大臣的法令的规定中出现过），就把一部有关他所钟爱王国的全部共有的法律法规束之高阁了。即使在这同一部法令中建造的他自己的规定，对于这位统治者来说也不会具有约束力，他不会受到任何质疑，"即使可能存在无论什么样的情况"。这几句话的确是该部门的神来之笔。官僚习气对于约束外部的公众来说是有效的，但是在该部门内部，万一出现了差错，"即使可能存在无论什么样的情况"，则没有任何法律或者公正裁决的约束会被承认。

我在研究这项计划的时候是带有很大偏见的，我赞成这项计划，因为有人荒谬地反对英国人民使用一个英镑的纸币，而该计划则有可能成为打破那种荒谬反对意见的手段。在严密的管控下发行这样的纸币，会给每一个人带来方便，而且还有可能使财政收入大量增加却绝对不会诱发金融风险。但是，发行这种货币必须要依照银行章程法的原则，并且在严格定义的法律法规条件下运作。这种货币一定要能按照其真正持有者的意愿绝对的可兑换，并且一定不能像发行 1 个先令或者 2 个先令 6 个便士那样把发行量限制得太小。在挪威和瑞典，价值大约相当于 5 个先令的纸币构成了一种十全十美、非常成功并且很方便的通用货币。但是作为一种首次进行的实验，倡导发行任何面值小于 10 个先令的纸币的做法都是不明智的。甚至发行相当于半个金索夫林①的代币 1 个英镑的纸币通用货币也是满足一切真正所需的。然而，在考虑了这份邮政局计划的细节问题之后，我发现 1 个英镑的纸币本身也是一种"在黑暗中跳跃"的通用货币。

　　首先，令人感到十分疑惑的是，邮政汇票能否真正实现其表面意义上的目的，即能够让邮政汇款变得简便易行、安全可靠。毫无疑问，倘若邮政汇票可以成捆购买并且保存在现金柜里，再倘若邮政汇票在过多的情况下可以被清除，可以用来支付出租车费、小额账单等，那么这件事的准备工作就完成了。届时，人们几乎不再需要跑邮政局了，因为邮政汇票已经通用了。但是，安全性怎么样呢？在这个制度里，几乎每一笔邮政汇款都将不仅包括可以在任何汇款处向邮政汇票的持有者兑付的纸币，而且也包括构成零钱主体的邮票。一个聪明的邮递员或许很快就能学会如何查明信封里的

　　① 　索夫林（Sovereigns）是英国旧时的一种金币，面值为 1 个英镑。——译者注

邮政汇票，而且即使这个邮递员把邮政汇票本身给毁掉了，一个惯于投机取巧的人也还是可以在任何时间用邮票给自己弄一份相当不错的日平均工资。解读信封内所装东西的本事也并非是不可缺少的，因为许多报社、大型商店、书店以及其他一些机构经常会收到许许多多的小额汇款，以致一个大胆精明的邮局服务员可能会依赖概率理论，非常审慎地向少数他最喜爱公司的来往信件伸出魔爪。邮政系统貌似完全忽略了银行系统为银行支票，尤其是支票银行的支票所设置的那些严密的安保措施，也就是说那些支票是银行，尤其是支票银行为了人们对零用钱的需要而制作出来的；银行很少或者从来不把那些支票与邮票放在一起；那些银行支票会为了核实的目的而被退回，然后在几天之内就被兑付；当那些银行支票被划了线之后，它们就只能通过银行，更确切地说，也就是只能通过名扬天下并负责任的银行之手才可以兑付。倘若邮政汇票被立即退回，要求兑付，人们可能会看到邮政汇票遇到的麻烦甚至比汇款单遇到的麻烦还要多；倘若邮政汇票要像小额纸质流通货币那样流通起来，它们几乎无法保证不被人家私自侵吞，尤其还要考虑到这些邮政汇票往往会被与邮票放在一起的情况。确实，《统计学者》杂志*似乎想当然地认为，这些与邮票放在一起的邮政汇票需要通过挂号信来汇寄。不过，倘若如此操作，那么总的麻烦和运营成本就几乎会比目前的汇款单所遇到的情况还要大，而这些崭新的邮政汇票的"**存在理由**"就全部荡然无存了。

---

　　*　参见《统计学者》(*The Statist*)杂志 1880 年 6 月 5 日一期中一篇关于这一计划的才华横溢的文章。这篇文章应当与同一杂志 1880 年 3 月 13 日一篇同样才华横溢的文章结合起来读。——原作者注

正如《经济学家》《统计学者》以及若干其他重要权威机构所指出的那样，反对这一计划的根本理由毫无疑问就在于：这一计划使邮政部门有能力创造出相当大的纸币流通规模，却不必像金属货币储备那样提供任何相应的保证。该计划是一部**去掉了**由皮尔在《银行特许条例》(*Bank Charter Act*)这部伟大的法令中所体现出的合理原则而为圣马丁勒格兰德街准备的《银行特许条例》。在一位像福西特教授这样的明智、通情达理的经济学家思想中，有某种滑稽可笑的东西，这东西作为他官方生活的第一步，被他所领导的部门弄成一个抛弃了货币理论中的一切缜密考虑的计划。在剑桥大学的讲座大厅里，在伯灵顿花园的考场上，或者在政治经济学俱乐部的餐桌四周，人们会提出数十个深奥难解的问题，譬如物价为什么会上涨，黄金为什么会流失，小额纸币的购买力为什么会出现季节性波动，政府经营的产业为什么需要有适当的限制等诸如此类的问题。不过，作为邮政大臣，福西特教授却忽视了所有的理论，要求对一切责任免责，"即使可能存在无论什么样的任何情况"。虽然很难让他对他还仅仅是一个教授时就已经设计好了的一个计划的细节问题负责任，但倘若他拥护议会通过该法案，或者倘若他批准这项计划在此后的议会会议上再次冒出来，那他就要对计划中的细节负责任。

该法案最糟糕的问题就在于，倘若公众看上了邮政汇票，而该法案却没有对将要支付给该部门的大量金钱如何保管或者处理制定规定，他们将怎么做呢？无论参考了什么样的理论或者事实，人们都无法估算出邮政汇票所带来的资金结余会有多么巨大。十有八九，这个结余不会少于200万至300万英镑，而且很有可能会增加一倍。倘若邮政汇票被证明很受民众欢迎，被他们当作纸币使用，那么它的流通量有可能会达到 2,000 万英镑。的确，任何一个普通人都无法自称他知道邮政局的人们如何能够在将近 6,000 个汇款处的每一处内都保持一定的现金储备。市场、集市、赛马、如潮的游客、贸易活动的波动，这些情况都会给邮政汇票的需求造成巨大而且往往意想不到的变动，要把现金储备分割成 6,000 个碎片，这在金融上是荒谬的、办不到的，也是违反一切银行业原则的！的确，对于如何监管金属货币的储备，或者对于如何监管任何一种储备，也都没有做出任何规定。毫无疑问，邮政部门很想将数百万英镑置于自己的手中，任由他们不受约束地处置。不过可以肯定，一部避而不谈如何进行现金储备只有精心策划的关于无论何时只要感到方便就可以中止兑付条款的邮政储蓄《银行特许条例》，是一种丑陋的异常现象，而且我几乎可以说，是对英国金融常识的一种侮辱。

我猜想我们理应感激邮政当局屈尊为我们提供了当前这部法案及规定草案中所包含的相当充分的细节。这项计划的最早形式，体现在该法案 1877 年 6 月的那个版本之中。关于邮政局，该计划最早版本的主要要求就在于，仅仅中止一切限制发行承诺性汇票的法律，允许该部门凭借一份简单的**签了字的白纸**就可以发行纸币。而承诺性汇票要承诺对汇票的持有者兑付现金。在该法案随后的每一个版本中，邮政当局屈尊为我们提供了越来越直言不讳的计划。现在，规则草案为我们提供了一切我们想知道的东西，不过有这样一个困难，邮政大臣只要下道命令，便可以在该法令的权限内将这些规则撤销或者作出改动，条件是须得到财政部的同意，并在议会复会后的 14 天之内将邮政大臣的决定提交给议会，由议会作多少有些虚幻的审核。倘若我们准备让一英镑的纸币和小额辅币以不受数量限制的方式进入流通领域，那么这种流通货币就必须在法律法规清晰并一丝不苟地规定的条件下发行，当我这样说时，我感觉很确定我是在表达每一位明智的经济学家的意见。然而，仔细检查一下这份法案，人们会发现，就绝大部分而言，这是一份授权法案；这里的限制性措施，虽然意义不大，但绝大多数都包含在了规则之中，而且政府不需要进一步向议会恳求便可将其废除。事实上，在我看来，已经体现在新法案中的 1848 年《邮政局汇款法》（*Post Office Money Orde Act*）的第二条款[*]就已授权财政部，在他们

---

   * 国家应当了解本国未来辅币的发行基础是什么。鉴于这一点似乎是绝对必要的，所以我把《邮政局汇款法》的第二条款誊写于此。很值得询问，《规则草案》的第 16 条究竟能够在多大程度上与它声称是自己基础的《邮政局汇款法》协调一致起来。

   "而且，该法一经颁布，邮政大臣便可以在女王陛下的财政委员许可下，在此后的任何时刻，合法地制定与汇款单相关的规定或者限制措施，无论汇款单是在此之前批准的或者发行的，还是在此之后批准的或者发行的；合法地制订与汇款单兑付相关的规定或者限制措施；合法地制订与同一汇款单的付款人或者收款人相关的规定或者限制措施；合法地制定与同一汇款单的兑付时间和兑付方式相关的规定或者限制措施；在前述财政委员的许可下，上述邮政大臣可在其认为适当的情况下，时常在前述财政委员的许可下，对任何此类规定或者限制措施进行修改或者撤销，并且制定和建立任何新的或者其他规定或者限制措施以作替代；并且所有此类规定和限制措施也都必须对此类汇款单的申请人以及汇款单的收款人，以及一切利益相关的人或者根据汇款单可以提出主张的人，以及一切其他人等包括邮政局的一切官员，具有约束力和决定性；并且一切此类规定和限制措施都须在一切方面具有同样的强度和效力，一如本法令所包含和批准的规定和限制措施一样；并且不得以制定任何此类规定或者限制措施为由，或者因其后果，而对邮政大臣，或者对邮政局的任何官员，或者对任何其他人等采取法律或者公理上的任何行动，不得因此向任何法院，或者任何法官，或者司法部门提出任何诉讼，或者要求其着手开始实行任何其他法律行动；不得因遵守此类规定和限制措施，或者因与任何此类规定或者限制措施的关系，或者因任何事故、疏忽、遗漏以及因邮政局任何官员的错误而造成的汇款单被拒付或者延误而引起的后果，而对前述任何人采取法律或者

感觉有必要的任何时候完全中止支付，禁止行使债权，中止"任何法律、法规，或者无论如何仍然反其道而行之的行为!"

当我们把这个法案中的建议与类似的新《储蓄银行法案》(*Post Office Money Order Act*)联系起来考虑时，这些建议呈现出一种更为不祥的征兆。制订这个新《储蓄银行法案》的用意，除了其他事情外，就是要提高对存款限额的规定，将邮政储蓄银行在任何一年内的存款限额由 30 英镑提高到 100 英镑，将利息以外的全部容许存款限额由 150 英镑提高到 250 英镑。把这两个法案放在一起，就暴露了一个固定不变的企图，从邮政局的角度讲，就是让邮政局变成一个巨大的银行公司，进入与联合王国的银行直接竞争的赛场。人们不可能不同意曼彻斯特 10 家主要银行的经理所提出的抗议，那些经理认为，这样的变化会牵涉邮政局货币部**存在理由**的彻底改变。正如曼彻斯特银行家正确评论的那样，邮政储蓄银行准备像慈善机构那样行事——事实上，就是像节俭的公立学校那样行事。从最初计划的全部条件看，邮政储蓄银行的目标是吸引劳工、女佣、儿童以及其他收入很少的人，把自己不多的几个先令或者半个克朗存起来。在某种程度上，邮政储蓄银行实现了那个目标。从这个方面看，邮政局是一个出手解围的机构——它是朱庇特，从上苍呼叫，帮助一个不知节俭的渣滓摆脱贫困的泥沼。目前的存款限额对于满足这一阶层的人来说是绰绰有余的。允许一个人在一年之内把多达 100 英镑的钱存入一家国营的银行，这是一种越线的行为，它

公理的行动；不得因欺诈或者故意实施的不当行为之外的任何其他原因对邮政局的任何官员提出法律诉讼，尽管有任何法律、法规或者无论如何仍然反其道而行之的行为的支持。"——原作者注

跨入了一个完全不同阶级的操作范围。事实上，邮政储蓄银行的状况从金融的角度来讲很糟糕，是无法为之辩解的。这一事实使该行要求提高存款限额的问题如同雪上加霜。正如威廉·兰顿先生十分清楚地表明的那样，接受一种随时准备提取的存款，然后将之用于投资价值可变的政府基金，这样做总是在将风险甩给政府。当政府基金价格下跌的时候，提取存款的现象总是会成为主流，而且存款的增多往往会与邮政部门付出的高价不期而遇。因此，古老储蓄银行的投资已经出现了巨额赤字，其数额接近 400 万英镑。对于这一赤字，格拉德斯通先生现在很恰当地提出建议，要用一种有期限的养老金年金给补上。迄今为止，邮政储蓄银行一直在通过仅支付 $2\frac{1}{2}$% 的利息并把投资量限定在中等水平的做法来避免类似赤字的发生。但是这决不意味着因此可以断定，迄今为止在小规模的基础上已经相当好地解决了问题的应对方法，也总是能够应对现在所建议的在更大胆规模基础上出现的问题。由政府所掌握的、建立在完全虚假基础之上的人民存款，数额已经达到约 7,500 万英镑。如果把为储蓄银行所建议的提高存款限额因素考虑进来，再加上邮政汇票存款账户上可能增加的投资，我们的人民存款将很快达到一亿英镑，或者说全部国债的 $\frac{1}{8}$。一旦发生了严重的危机，譬如说一场大规模海战，（我们怎么能够预言我们永远不会有危险呢？）挤提存款的现象将会毫无疑问地发生，而政府则会不得不强行出售其有价证券，致使其信誉下降，并在政府最需要资金的当口引发赤字问题。毫无疑问，在这样的形势下，政府将不得不在公开市场上筹集大量的贷款，但这样做就真的意味着当政府被迫兑现承诺的时候，它却不得不转而去依赖那些与它相竞争的银行，而在形势好的时候，政府曾在极不公平的条件下与那些银行相竞争。邮政局的货币计划，从本质上讲，就是晴朗天气的计划，而一旦出现短时风暴和恶劣天气，那些计划一定会失败，就像欧律狄刻和阿塔兰忒一样。

倘若英国政府真的适合搞银行业，那它为什么不从开立自己的账户开始呢？为什么要把国债、国债利息、反向支付以及各式各样大的公共账户和大的半公共账户交到英格兰银行的手上，由该银行在一个银行业组织的总体协助下来打理呢？事实当然是这样，不是从亚当·斯密的时代开始，而是从一个更早得多的时期起，人们总是认为政府并不真的适合参与银行业的事务。就在1880年，我们一定很遗憾地看到像格斯德斯通先生这样伟大的金融家的名字，以及像福西特教授这样如此明智的经济学家的名字竟被用在了极其恶毒并且有违经济科学学说和经济学经验的计划上面。

如果篇幅允许，我还可以继续说明邮政局所企望的、能让他们的货币经营活动取得成功的重要条件已经被一种不道德的政治风气所玷污。在结构复杂的法令法规和不成文法下面，每一个普通的运输公司和每一家银行都要对每一个过失行为负责，并且对不少不存在过失问题的事故负责。但是邮政局，虽然它准备进入与英国的产业部门相竞争的场地，却把自己放在了法律之上。即使是一封挂号信，倘若被自己的员工丢失、盗走，或者销毁，邮政部门也不必担负任何责任，只有在投递耽搁并小心遵守某些规定的情况下，才会作出少得可怜的2个英镑的让步。注意，同一个部门竟然厚颜无耻地提议要发行不受数量限制的纸质流通货币，要在类似的不负责任的考虑下做英国银行业应当做的大部分事情。福西特教授、约翰·曼纳斯勋爵或者无论哪位恰巧身居邮政大臣地位的其他值得一提的政客，是想组织实行一个规模庞大的货币生意，却又想在自己与英国公众进行的所有交易中，不顾法院的存在，做仲裁人。

倘若我们对这个问题进行一番调查，我们会发现这些计划除了能够夸大提出这些计划的"那个部门"的影响力外，似乎也并不存在任何对这些计划的真正需要。倘若本联合王国的银行系统尚处于一种原始的状态，就像斐济岛那样的状态，那政府要尝试着教育本国国民达到银行业的文明阶段可能还有某种理由。不过，倘若有哪个人不怕费事要仔细查看一下银行业的历书，要研究一下银行票据交换所系统的某些账户，那他就能够领会我们国家有多么需要接受有关银行业知识的教育。邮政局，尽管它的系统很伟大，但与那个地处伦巴第街，每周结算交易金额在一亿英镑上下却不使用哪怕一枚硬币的奇妙组织相比较，它只是一个小儿科的机构。由纽马奇先生草拟并已载入今年的银行业历书中的非常出色的统计表说明，分行银行系统正以一种奇妙的方式扩展，并且甚至有希望在增加的数目上把邮政局汇款处远远甩在后面。根据这些统计表，有别于独家银行或者银行总行的分行银行的家数，1866 年时为 1,226 家；1872 年时为 1,386 家；1878 年时为 1,801 家。在 1866 年至 1872 年，分行银行家数的增长率约为 13%，在 1872 年至 1878 年，增长率约为 30%！邮政局汇款处的家数 1866 年时为 3,454 家；1872 年时为 4,300 家；1878 年时为 5,719 家；虽然增长速度相当可观，在 1866 年至 1872 年，汇款处的家数增长比率为 $24\frac{1}{2}$ %；在 1872 年至 1878 年，增长率为 33%；但却并未显示出我们在分行银行系统中注意到的连续增多的同样趋势。几乎没有什么疑问，倘若不受干扰，英格兰和苏格兰的银行将在下一个 10 到 15 年里把银行的办事处建到只要有业务可做的联合王国的每一个角落；它们的竞争结果将是，为小额储蓄和小额支付提供服务设施，如此，它们一定会把任何一家政府部门的经营活动彻底甩在身后。*不偏不倚地重新审查整个问题，只能引导我们得出这样一个结论：银行家对政府喊出的"别管我们!"是正确的。这是那句老的经济学格言"自由放任，即通行证"的一个新阶段。这件事中唯一新鲜的东西就在于，那句呐喊现在是冲着一位伟大的部长 ① 和名声显赫的经济学家喊出来的。作为经济学家，他在他的著作中一直提倡作为部长的他已经在很大程度上付诸实施了的东西。

　　不过，为了再回到我们更为直接的话题——邮政汇票上面来，我现在将要指出，正是因为政府的干预才阻碍了银行去组织建立一种小额支付的制度，银行通过支票完成小额支付的制度要比邮政局

---

　　*　据报道，格拉德斯通先生在其关于《储蓄银行法》的演讲(1880 年 6 月 18 日)中说："倘若他们在这个国家里拥有一个如此广泛发达的银行系统，以致这个系统已经深入至每一个城镇和相当规模的教区，那么人们当然要对企望把 200 英镑的上限提高的必要性真的表示非常怀疑。……三个王国所拥有的邮政储蓄银行数目已经超过了 6,000 家，而且还在以每年增加 300 家的速度增多；不过其他银行，尽管它们已经经历了卓越的发展阶段，但把银行和分行数目全部放在一起，也才勉强达到 2,000 家。"

　　这里一定存在某种误差，因为纽马奇先生的数字显示联合王国内的银行以及分行办事处的总数为 3,554 家，或者说比据报道格拉德斯通先生所说过的数字多了 78%。此外，如上面所显示的，分行的数目正以几何指数倍增! 很清楚，据格拉德斯通先生自己承认，他理应放弃该法案中要求提高存款限额的部分。——原作者注

　　① "一位伟大的部长"，在这里指的是格拉德斯通先生(William Gladstone)。他生于 1809 年，卒于 1898 年，曾四次出任英国首相。"一位伟大的部长"应为"一位伟大的首相"。——译者注

所能做到的任何事情都完美、保险得多，也方便得多。支票银行已经做得比邮政部门更多了；支票银行在小额支付方面已经做大了生意，却几乎完全没有诈骗的事情发生，而且与此同时还通过1便士支票印花税给政府提供了大量的财政收入。不过，这种1便士的税，虽然在较大额的支付中无足轻重，但在少于1至2英镑的较大额支付情况下，却变得无可容忍的压抑。邮政局可能在汇款单制度下的小额交易中发生了亏损，而它似乎想要从中得到的财政收入在较大额的汇款单业务中得到了，至少《统计学者》是这么认为的。对于我来说，我看不出我们如何能够肯定这里面有任何收益，因为这项业务是由同样一些人，在同一幢办公楼内，作为总的邮政业务来进行的，因此我们无法确定一个邮政局长所肩负的各个职能是否以解决问题所需的精力分配到各项工作上面。尽管如此，根据支票银行的前一次报告，该行现在几乎做到了收支相抵，此外还给君主缴上了相当可观的财政收入。

只需再作一处修改就能把整个事情都理顺了，而这处修改就是要把对小额支票征收的印花税降低，譬如说，将5或3英镑以下小额支票的印花税降至半个便士。正如人人都知道的，当收款人所收到的钱款不足2英镑时，1便士的印花税对于收款人来说是不需要付的，理由很显然，对于收到的小额钱款课税太荒唐、太压抑。不过完全相同的理由对降低（倘若不是废除）小额支票的税赋也是适用的。这样做并不存在实践上的困难；因为只要一项仅有一两个条款的议会法令就可以作出这样的规定，即任何银行的任何支票单据，只要在其正面印有不可涂抹的穿孔注意事项，告知本支票只能兑取某个金额（比如说）5英镑及其以下金额的钱款，都可在印花税局加盖一枚半个便士的印花税章，然后这些支票将被视作印花税已及时付讫，尽管根据此前的一切法令，并根据1870的《印花税法》，倘若支票上已经印有1便士的印花税章，但还将按上述同样办法处理，仅加盖半便士的印花税章便可视作印花税已及时付讫。在该项法律中作这样一处修改并不会造成支票银行的垄断地位；因为倘若这家银行所取得的成功变得相当大，竞争对手就会迅速发展起来，而且不会有任何障碍能够阻止任何银行向自己的顾客提供半个便士印花税的小额汇票支票。毫无疑问，因为其所处的利益相关方的地位，支票银行是从一个虚弱的地位上来极力主张降低1便士印花税的；不过其他人也可以从纯粹公众和利益无关方的观点出发倡导采用同一种措施。

在使用这种小额支票的过程中，并不存在任何规模经济学意义上的不合理性。支票银行的经验已经表明，它们的支票并不会流通太长时间。因为要承兑零钱，因为需要在支票上背书，因为所有支票都要划线，所以这些支票不大可能流通起来。这种支票用邮递的方式传送是极其保险的；任何办公室扒手也不可能甘冒风险去议价出售支票，因为我相信，这些支票会照例被当作"笨蛋"，或者危险的钱财对待。的确，对于银行来说，如何应对因小额支票的急剧增多而引发的麻烦是个严重的问题。不过，无论如何我都看不出银行怎么可能回避这些小额交易，即使它们企望做到这一点。我猜想，支票银行的支票要比邮政局的汇款单麻烦少一些，银行已经为自己的客户承兑了为数众多的邮政汇款单。至于说拟议中的1个先令和半个克朗的小额邮政汇票，在我看来，它们将给银行带来无穷无尽的麻烦，因为银行不仅必须把它们当成最小单位的辅币一样对待，进行分类和点数，还必须审核日期，以确保这些邮政汇票没有逾越三个月的免费流通期。邮政局的意图很清楚，从有关支票划线的规则中判断，倘若可能，就要强迫银行接收这些小额邮政汇票。的确，倘若各个银行都万众一心地拒绝接收这样的邮政汇票，那么我认为即使议会批准了那个计划，它也一定会坍塌下来。

因此，我被迫得出这样一个总的结论：这项关于邮政汇票的计划是一项错误的计划，它决不应该获准以福西特先生的名义出笼。它是一个不伦不类的东西，既不属于监管严密的纸质流通货币，也非一个安全可靠的银行支付系统。这是由一个锲而不舍、进取精神很强的机构拟订出来的计划，它意在不惜出低价与支票银行相竞争，并通过忽视货币交易中一切常见风险的做法来确保邮政局对大额基金的支配权，而同时却将大部分的麻烦和费用甩给了银行业社会。正如我已经费力证明的那样，在传递包裹和小商品方面，邮政局尚有许多事情要做；但是在银行业务方面，邮政局已经达到了一个极限，出于安全的考虑，不能允许邮政局逾越这个极限。

后　记

自从上面的文字付梓以来，一直有人声称政府将要提议对该法案进行修订，将邮政汇票的流通期限限定在一个月。这样做会有损于该计划的完美和成功。在随后的议会会议期内，这种情况不可避免，倘若不能像邮政部门最初建议的那样给邮政汇票以12个月的流通期，那也要使这个流通期延长至三个月。这使人不由想起了若干朴实无华的谚语："得寸进尺""针鼻儿大的窟窿，斗大的风。"就邮政储蓄银行的存款来说，这根针现在刚刚扎进去一点点。邮政电报部门的促进者否认了一切要在电报业务领域确立法定垄断地位的想法，此人说，"我从来没有企望过要得到那样的保护。"现在，在法院内有一项悬而未决的行动，通过这一行动，邮政电报部门就能将电话公司牢牢地置于本部门的管控之下。各个部建立，各个部撤销，邮政部门依然故我。

——1880 年 6 月 19 日

国有包裹邮递公司 *

目前是一个一年当中许多人都在焦虑地期待着自己的圣诞节礼品盒和新年礼物的季节。在这样的季节里，让我们来考虑一下传递圣诞节礼物的社会安排是否也能够设计得尽如人意，那是很恰当的。面对每天一摞的信件，面对这些比早餐桌上的银水壶更让人心里亮堂，比糖罐更让人感到甜蜜的信件，我们所有人现在都感到我们需要感激罗兰·希尔爵士。在这样一类事情上，伟大的效果都是从很小的起因中发源的，多花几个便士的钱，多走几码路，或者多等上几个小时，这样一些小事总能决定我们是否值得把一件小礼物寄出去，是否值得订购那种舒适的服务，或者是否值得把这包图书馆的书籍交换出去。愉悦的生活在很大程度上取决于人们所收到的一系列在恰当的时候出现的小东西。财富本身不过是放对了地方的东西，它刚好在质量、时间和空间上都被安排得很得当。所以，在最隐蔽的社会改革方法中找到一个组织严密的国有包裹邮递公司是有可能的。这至少是一种引导我现在要对该主题展开调查的思路。

的确，可以这样说，从某种意义上讲我们已经拥有了一家国营

---

* 参见《当代评论》杂志，1879 年 1 月，第 34 卷，第 209—229 页。——原作者注

的包裹邮递公司，因为邮政局当局并没有对信封里什么东西可以装，什么东西不能装施加任何限制，只要信封里装的东西不会伤害

325 到其他信件，或者不具有危险的性质。对一封发往内地的信件的长度要求是不超过 18 英寸，宽度不超过 9 英寸，厚度不超过 6 英寸，在这么大的空间里人们可以把铸铁块或者铂块装进去，只要寄件人愿意，然后还是通过邮政寄走，截至目前《英国邮政指南》(*British Postal Guide*) 中所作出的规定就是这样说明的。不过，除了邮寄很小的轻质物品外，没有什么人利用上面的特权，因为对大型信件收取的邮寄费是每盎司 1 便士，这样算下来，每一磅重的邮件就要收 1 先令 4 便士，这样的收费标准对于任何重量相当大的物件都具有禁止作用。倘若我没有记错的话，几年前，人们可以按邮寄书籍的收费标准寄送包裹，书籍的邮寄费用为每磅仅 4 便士，但是这在邮政局与铁路公司之间引起了摩擦，于是这一相对适中的收费标准现在已严格地限定在邮寄文献类物品范围内。

不少作者时常指出如果建立一个总的、安排得当的廉价包裹邮寄公司，从中将会产生什么样的巨大优势。据最权威的人士声称＊，建立这样一个邮寄公司，是罗兰·希尔爵士上呈给公众的那份计划中的部分内容；而卢因斯先生则在他的那本描述《女王陛下的邮政》(*Her Majesty's Mails*)＊＊的书中，指出了 1 便士邮政之父所提出的这个建议如果得以恰当地执行，将会带来多么大的便利。我要遗憾地说，从罗兰·希尔爵士的原版小册子中我未能发现任何有关

＊　参见《皇家铁路委员会 1865 年听证会纪要》，问题部分，第 15,010 条。——原作者注

＊＊　参见卢因斯先生《女王陛下的邮政》，第 247 页。——原作者注

这样一个计划的明确说明。罗兰·希尔爵士的那些小册子,是我个人藏书中最为珍爱的书之一。因此,他的那份建议一定是在我还没有看到过的其他文件中提出的。

在随后的几年里,艺术学会接受了这个思想,并且指定了一个委员会,该委员会于1858年就这一主题发表了一篇详尽且周密的报告。他们建议,包裹应当由邮政局按照适中的、无论远近的统一资费标准传递。我们听说,这项计划已得到邮政当局的仔细考虑;在后来的几年里,正如我们可以从E.J.佩奇先生在1865年铁路委员会的证词中推断出来的那样,邮政局已经在考虑这个想法了。

此外,那位经验丰富的社会改革家埃德温·查德威克先生提倡与铁路改革联系起来,建立一个包裹邮递公司以及一个廉价电报邮递公司。他的论文在社会科学协会的贝尔法斯特会议上宣读,并刊载在艺术学会1867年10月的杂志中。*在我的心目中,人们不幸把这个主题与具有前瞻性的收购联合王国全部铁路的建议混淆在了一起。于是,再自然不过的是,在那个方向上的讨论没有产生任何有实际意义的结果。我本人对这个主题的研究大约是在同一年开始的,当时我在为曼彻斯特统计学会准备一篇论文,题目是《关于联合王国的邮政局、电报公司以及其他传递系统的相似性——从政府管控角度着手》。国家在什么条件下才能承担起运营的职能呢?我在对这些条件进行了一番一般性的调查之后,得出这样一个理由充分的结论:一家包裹邮递公司最适合于实行国家管理。但在论文付梓之前,遵照统计学会的建议我对这一部分作了很大的压缩,以

---

* 参见《艺术学会杂志》(*Journal of the Social Science Association*) 1867年10月号,第15卷,第720页。——原作者注

便论文能够就支持政府经营电报系统的论据作更充分的讨论。

1867 年，皇家铁路委员会发表了自己的报告，委员会在报告中坚决支持建立一个包裹邮递公司。委员会评论说^{*}，铁路公司并不一定要运送包裹，议会关于铁路的法令中也没有任何关于运送包裹的收费标准，只是限定了收货和投递的收费标准。因此公众只能任由铁路公司摆布。委员会考虑，应当另行制订一个资费标准，并将资费标准公布出去，以便把传送与接收包裹和包裹投递区分管理，从而使个人能够借用铁路发挥运输公司的作用，并通过这些个人的自由行动将收费水平压低。然后，委员会补充道：

"然而，显而易见，就货物交换而言，面向公众的包裹服务，在铁路公司通过交换站的形式参与合作以改善它们对包裹交通运输的安排之前，决不可能高效率地完成。看一看铁路系统现在所达到的范围，我们考虑铁路公司联合起来，携手发明某种快捷高效的包裹投递系统的时机已经到来。我们并不觉得我们应当就如何实现这一目标的确切方式提出建议；不过，在包裹运输上利用一种统一的粘贴标签系统，即与现在某些北方铁路运输线路上正使用的传递报纸的系统有些相似的系统，乃是方便付款和核算的最明显的方法之一。

"倘若铁路公司不肯自愿地联合起来，那么在未来的某个时刻议会有必要进行干预，将强制运输包裹，按法律规定的收费标准收费变成一种义务。"

---

*　参见《皇家铁路委员会 1867 年报告》，第 63 页。——原作者注

　　身为该委员会成员的罗兰·希尔爵士另行准备了一份报告，他在报告中倡导按照他最初的想法实行。他说[*]：

　　　　"这样的情况看来是极其可取的，即随着铁路快速地成为国家财产，在租赁方面应当制订出规定，让那些看法得以实行；与此同时，还要充分相信该计划会证明它不仅有利于铁路的利益，而且也有利于公众；希望（能够像爱德华·佩奇先生所建议的那样）为达到这个目的作出安排，与现有的铁路公司一道达成同一目标。"[**]

　　关于一个四通八达、组织有序、收费适中廉价的包裹邮递公司会给社会带来哪些优势，人们怎样估计几乎都不会过分。人们可能

---

　　[*]　参见罗兰·希尔《邮政局改革：其重要意义及切实可行性》，伦敦1837年版，第117页。——原作者注

　　[**]　就我所了解的情况而言，铁路公司对这位委员的善意忠告和多少有些虚弱的建议所作出的反应是，它们最近普遍提高了本已沉重的铁路包裹运输资费标准。1867年11月，这一恣意强加的税费在那些最有可能感受到铁路收费涨价的直接影响的生意人中间引发了某种愤怒，而且伯明翰商会还召集了一种典型的发泄愤怒的会议。但是我不清楚他们的告诫是否产生了任何作用，而且我担心甚至连以张伯伦先生为首的名流绅士们也无法撼动有议会法令撑腰的一个董事会。因此，一方面铁路公司从未停止过用抗议施行铁路旅客税的方式对我们进行指责（铁路旅客税最糟糕的时候占到了总收入的5%），另一方面它们却厚颜无耻地把它们的税加到了所有小商品的交通运输上面，对于这种税的占比人们有各种各样的估计，从占公平传送费用的100%，到300%、400%，或者500%。让如此明显的异常现象得以存在的唯一原因，就是公众苟且偷安的态度。将英国的铁路系统看作一个整体，我们是那样地赞叹它的总体效率和用途，然而似乎很难让人理解，像铁路公司经理那样既通情达理又现实的人们，怎么能够一方面企望把国家对他们征收的税分毫不留地免除，另一方面还要保留他们几乎没有限制的权力，随意对人民课税。倘若铁路税将要免除的话，那么就必须是以一种相互补偿的方式来完成，譬如作为对国家收购包裹传递权的部分补偿。——原作者注

会说，现在已经可以做到把礼品盒或者包裹从联合王国的任何一个地方寄到另一个地方，而且全面地考虑后，所花的邮寄费并不算太多。但是这并不够，毕竟费用在这一类事情上仅仅是问题的一部分。麻烦、担忧、不确定性、风险，这些因素都会一直影响包裹的交通运输量，而对其影响程度人们的估计是不足的。邮政局当局发现，他们每设立一个新邮筒，就会使通信量增加若干；走几百码的距离去邮寄一封信的麻烦，使许多人不愿意写信。所以，倘若我们知道花上一点小钱，我们就能将包裹存放在邻近的店铺里，或者把包裹交给每天定点路过的某一辆车，然后非常安心地期待这件包裹会被安全送达，运转速度几乎像邮政局一样快捷，那么我们发送和收到的包裹数量就将是无穷无尽的了。由此而最终创造出来的包裹交通运输量，将会多得让目前的人们想起来就会头晕目眩。在我们的社会制度中会逐渐地发生深远并总是有益的变化。人们会发现这家包裹邮递公司真的会成为社会改革的一个方法。让我们尝试着想一想，一家包裹邮递公司会有什么样的优势。

　　首先，遍布联合王国各地的商贩和店铺老板可以以低廉的价格和很快的速度从批发仓库得到他们的货物供应。通过信函下订单，货物可以在48小时内运回来；通过电报下订单，倘若有必要订单会在24小时内处理完毕。于是，手中的库存可以压低到最低程度，从而能以最小的投资赚到最大的利润。其次，通过零售商店甚至批发仓库直接分销给英国各地消费者的商品会大幅度地增长。人们通过包裹邮寄方式，从某个知名的茶叶经销商那里买到茶叶，从大的窗帘布经销商那里买到印花布和亚麻布，从伦敦、爱丁堡或者雷丁的种子商人那里买到种子和花园必需品，从这里购买一些小商品，从那里购买一些铁器类的东西，再从其他什么地方买到饼干和糕点，这些都已经是司空见惯的事情了。为了培育自己的远方客户，那些大型批发商时常许诺"包邮费"寄送包裹，但却小心翼翼地提出条件说"运送至联合王国内的任意一个火车站"。这些大批发商对投递的费用和不确定性都太熟悉了，所以不愿意给自己背上这么一个包袱。至于说铁路的运送资费，这些大批发商很少会进一步支付过高的资费，但是极有可能会与某家铁路公司订立一种专门的合同。

对于这种零售贸易方式来说，其未来是非常远大的，唯一能够拖延其发展的因素只能是缺少包裹邮递能力。一点一点地，所有更加普通家庭的供给也都可以通过包裹直接从港口或者产地得到。在贸易的许多分支领域内，中间人的中介费用或许几乎可以完全省下来。每周甚或每日的黄油、面包、糕点、德文郡奶油以及各种各样精美食物的包裹都可能有望得到。富人会尤其受益，因为他们往往会想方设法利用能够使他们受益的方式。他们乡下房子里的葡萄园、温室以及花园，会好像搬到了城里的房子旁边一样。铁路交通运输经理已经显示出了通常具有的聪明过人之处，他们为运送蔬菜、猎物等物品的包裹提供了专门的低价优惠条件，因此那些东西可以定期传递到富人的宅邸。甚至连每日一瓶的新鲜牛奶，也可以按照美国的新发明密封好，从而完美地保存起来，不受会使人发烧的细菌的影响，然后再以明显低于贝尔格莱维亚区 [①] 乳制品价格的

---

① 贝尔格莱维亚（Belgravia）是伦敦上流阶级居住的地区，位于伦敦海德公园附近。于是这个地名也就成了上流社会、时髦物品以及高物价的代名词。——译者注

运费从乡下送到城里的宅邸。

　　文献书籍会从中受益极大。最为遥远的乡间住房也可以像伦敦书籍学会的会员或者居住在史密斯书摊附近的居民一样收到米迪的书籍。[①]人们对诸如伦敦图书馆、伦敦学院、若干音乐外借图书馆等外借图书馆的利用程度会被开发到极致。杂志、周刊、省里的报纸会或多或少地体验到发行量的增长；虽然在很多情况下铁路或者邮政的分销手段已经达到了极其完美的高度。

　　此外，还有许许多多我们现在认为不值得考虑的五花八门的细节领域，而当我们一旦拿到或者寄出了包裹之后，那些领域的重要性就会显现出来。送给孩子们的新玩具、送给遥远的需要依赖他人的穷人的一捆旧衣服、送给医院的一篮子猎物、送给新人的结婚礼物、圣诞节的礼品盒、新年的礼物，这些东西几乎都可以像圣诞贺卡一样成倍地增多，从而带来贸易的巨大增长，而且它们也永远是接收者的享受和欢乐。一般来讲，东西的流通和使用会加快。

　　的确可以这样说，目前我们并不缺少运输公司和包裹公司；从某种意义上讲，情况完全如此。任何事物只要太多了，其结果就是这些事物只能靠高收费和重复收费来支撑。让我们来考虑一下传送和分发小商品的现有手段都有哪些。首先，几乎所有的铁路公司都在自己的车站接收包裹，这些包裹将由铁路公司要么用旅客列车，要么用货运列车传送到本公司的任意另一个车站去。在大型城市里，每一家铁路公司都有自己的投递车服务，这种投递车在一定

----

　　① 米迪（Charles Edward Mudie）生于1818年10月18日，卒于1890年10月28日，是英国著名的出版商，也是米迪外借图书馆的创始人。——译者注

的距离限度内免收额外费用投送包裹。在收货人住址超出一定距离的情况下，包裹往往会被转交给某个当地的运输公司，该公司会按自己的意愿收取新的投递费；或者由铁路公司派自己的投递车专送一趟，并对所提供的帮助另外收取高额费用，或许从派一辆车单独送一件包裹所产生的费用角度看这个收费并不算过高，但是从该费用在所提供服务中占的比例看这个收费是过高的。铁路公司也按照联运运费标准安排包裹交通运输的交换业务，于是便产生了数不胜数的小额借方账目和小额贷方账目，这些账目必须通过票据交换所来进行清算。这些无可胜数细致入微的账目已经变得如此的压抑，以致各家铁路公司在几年以前采取了一种即刻了结的结算方式，即在一个月内收入不超过五先令的车站即刻分割收入。

其次，相当大的一批包裹传递公司已经组成了规模或大或小的包裹分发系统。作为这些公司当中的样板，我们可以提及如下公司的名字：全球包裹快递公司、克劳奇环球包裹传递公司、曼包裹快递公司、萨顿公司。这些公司在某种程度上与出色的美国快递公司可以比拟。它们当中的一些公司从事着把包裹传递到全球几乎任何一个有人居住的地方的工作；不过它们必须依赖当地的传递机构来执行合同。在联合王国，它们当然要利用铁路来进行长距离的传递。倘若我的记忆无误的话，铁路公司一度发起了要消灭包裹快递公司的战争，要求取得这样一项权利，即对每一件由包裹快递公司托运的包裹按包裹资费标准收费，虽然那些包裹是整批包装的。但是法院并没有支持铁路公司的这一过分要求，而且快递公司似乎仍在继续经营着欣欣向荣的生意。

第三，联合王国内存在着许多地方性的包裹投递公司，每一家公司都拥有许多马车和马匹，不过它们都把自己的经营活动限制在一个城镇的区域范围内，或者限制在其他人口密集的地区。作为这样一些公司的样板，我们可以提及如下一些公司的名字：伦敦包裹投递公司、卡特-帕特森公司、萨顿公司伦敦分部，等等。这些公司的服务范围涵盖整个都市区域。其他大型城市一般也都有类似的公司，公司的规模与所在城市的规模成比例。尤其是利物浦、格拉斯哥以及爱丁堡，它们拥有广泛的分发系统。

最后，联合王国内存在着几乎不计其数的互不相关的小运输公司，这些公司的服务范围是某个村庄和某些线路的道路。它们往往由几个拥有一辆、二辆或者最多几辆车和几匹马的男人组成，这些人每天都把车赶到某个乡村小镇里，并且在一家他们最喜欢去的酒馆落脚。这家酒馆的作用是充当他们的仓库，接收留下来让他们运走的包裹和信件。运货人在他通常走的道路沿线和沿线之外要时不时地停下来或是取货，或是递交小件商品，走哪条线，在哪里停下，要听从老板指示。它们的收费标准五花八门，差异很大，不受规则的管控，除非是在伦敦，在这个问题上的唯一法律似乎就是收费一定要**合理**，无论它意味着什么。不过它们对每件包裹的收费很少有低于 4 便士的情况。这些赶马车的人往往不识字，在一切事情上都显得迟钝。这些人的数目时常非常大。1876 年的《伦敦人名地址录》，详细列出的这类运输公司大约有 216 家；几年以前，在格拉斯哥，这类公司有 147 家；在许多大城市里，当地的运输公司数目会达到每座城市 100 家或者更多。

要记住，在所有这类为数众多的传递公司之外还有数目巨大的、由生意人雇用的私人投递马车。可以这么说，诸如斯库布雷德公司、马歇尔和斯内尔格罗夫公司、怀特利公司、梅普尔公司、伯顿公司等等伟大的实业公司每家都拥有本公司自己的包裹投递公司。在大都市的热闹区域，一些批发仓库甚至每天发送两拨货物。雇用如此多的投递员工所耗费的巨大成本，在很大程度上可以因建立一家包裹邮递公司而节省下来，不过，当然不要认为寻常生意人发送的肉、蔬菜等货物会受到很大影响。

第一眼看去，如此众多的货运安排似乎是杂乱无章的，不过需要是发明之母，而需要已经在强制这些互不联系的而且往往相互敌对的团体在一定程度上一道工作。当一家运输公司走到自己领地的边缘时，它会担负起把自己运送的包裹转交任意其他运输公司的权利，接收包裹的运输公司会向前一家运输公司"支付"已经发生的运费，再加上它自己随意确定的运费，然后从束手无策的收货人那里把全部包裹投递费用收回来。我无法说这样的做法是否合法，因为事先没有签定任何明确的合同。不过无论如何，这样的做法是得到了习惯和需要的力量批准的。当然，较大的包裹公司相互之间会作安排，并且会以最低的收费标准承担将货物送往远距离城市的投递任务，把包裹由一家公司转交另一家公司。

这种因运输公司多样化而产生的一个结果便是，人们往往无法确知传送一件包裹将会花多少钱。的确，对于大城市间的包裹投递资费标准有快递公司公布的、确定的价目表，不过这些文件并不容易得到。譬如，在曼彻斯特和伦敦之间，一件重量在 1 磅以下的包裹，通过邮政列车寄送，可能（或者近来可能）要花费 4 便士；12 磅以下的包裹，要花费 2 先令。从格拉斯哥到伦敦，1 磅以下包裹的费用为 8 便士；12 磅以下包裹的费用为 2 先令 6 便士。但是，这些费用仅包括了城市界限之内的投递，至于城市界限划在哪里，那就全凭投递员的解释和看他方便了。那些现在居住在城市郊区的众多人口几乎完全要听凭运输公司的摆布，那些运输公司要么专门派车投递包裹，并且收取高额额外费用，要么把包裹转交当地的运输公司，当地的运输公司再将自己新的收费加进总的收费之中。不久前，一本重量不足 2 磅的书送到了我在汉普斯特德的房门口，上面标着投递费 1 先令。看起来这本书是从舰队街发送出来的，但是不管这本书是从哪里发出来的，如果通过邮政局来寄，从联合王国的任何一个地方送到我这里邮寄费都是 7 便士或者 8 便士。对于这种不作解释而明显带有敲诈性质的高收费我拒绝付款，那本书很快便被拿走了，而且从那之后我再也没有见过那本书。铁路公司的情况几乎更为糟糕。正如我们将会看到的那样，铁路公司不仅维持着一种普遍的带有欺诈性质的高资费标准，而且还把免费投递区域的界限划得很窄，从而让它们能够对在那些界限之外区域的投递任意收费。当我在曼彻斯特郊区居住的时候，我所在的居民人数众多的地区距离曼彻斯特市中心只有四英里远，我常常体验到前述那个实际情况。有一个例子，一件寄书的包裹，重量为 $\frac{1}{2}$ 盎司，不到 3 磅重，**发件方已经付过运费**，铁路公司又向我收取了 1 先令 2 便士的投递费。大约是在同一时期，另一本书，重量刚刚超过 3 磅，我是通过邮政局收到的，邮资已付，邮费为 1 先令 $\frac{1}{2}$ 便士，这个费用为寄书的全部收费，而且递资速度要远比包裹投递车快得多。还有一次，一件装有七本书的包裹，总重量为 $5\frac{1}{2}$ 磅，虽然在伦敦包裹的运费已达到了 1 先令 6 便士的水平，但我在曼彻斯特收货时被要求支付 1 先令 2 便士，所以这些书的全部邮资为 2 先令 8 便士；然而如果将这些书在伦敦分装成两件或者更多件包裹，然后通过邮政局寄出，这些书就会以总共 1 先令 10 便士的资费寄到我这里。然而，事情的高潮却是在另一个寄书案例中出现的，有一件装有 40 份同一本书的包裹通过铁路寄给了我，铁路公司向我收取的费用竟如此高，与如果将 40 本书分别包装成 40 件单独的包裹，交由邮政局邮寄，发往联合王国各个地方的 40 个不同地址的收费相仿。收货人也无法保护自己不受如此极端收费行为的伤害。发货人知道并且完全不在乎投递的资费标准，依然按部就班地将包裹送到最近一个接收站点。我不厌其烦地反复发给发货人的指示往往被置之不理，而任何试图找回被多收的钱款的做法都会被看作是荒诞可笑的。

当然，我所引用的案例都只不过是沧海一粟而已，这样的事情一定每天都在几十万件甚或在上百万件包裹身上发生。一个便士或者一个先令本身可能无足挂齿，但是用这个数乘以数百万，则问题就会变成一个具有全国意义的重要问题了。一切金额巨大的总数都是由很小的单位组成的，邮政局在罗兰·希尔爵士改革之前的那段历史表明，小小的压抑性过高收费怎样将邮政局的业务量弄窒息的。

让我们现在来看一看主要铁路公司对通常界限之内的传送和投递是怎样收费的。这样的收费决非是统一的，每一家铁路公司通常都会有针对一定地区的独特资费标准。然而，下面从伦敦和西北铁路公司的价目表中提取出来的图表，却包含了最近已被在伦敦以北地区运营的主要铁路公司所接受的统一资费标准，这些公司包括：西北铁路公司、米德兰铁路公司、大北铁路公司。因此，这份图表将可以被用作一个很能说明问题的样本。

个别例外情况除外，抵达或发自伦敦及西北铁路车站的收费表
（预订费用不包括在内）如下：

计价距离	英里	不超过距离 英里	1磅		2磅		3磅		3磅至7磅			7磅至		超过	每磅
			先令	便士	先令	便士	先令	便士	先令	便士	磅	先令	便士	磅	便士
	1	30	0	6	0	6	0	6	0	6	24	0	6	24	$\frac{1}{4}$
超过	30	50	0	6	0	6	0	6	0	8	16	0	8	16	$\frac{1}{2}$
超过	50	100	0	6	0	6	0	8	0	10	16	1	0	16	$\frac{3}{4}$
超过	100	150	0	6	0	9	1	0	1	3	15	1	3	15	1
超过	150	200	0	8	1	0	1	3	1	6	14	1	6	14	$1\frac{1}{4}$
超过	200	250	0	9	1	0	1	6	1	6	16	2	0	16	$1\frac{1}{2}$
超过	250	300	0	9	1	0	1	6	1	9	16	2	4	16	$1\frac{3}{4}$
超过	300	400	0	9	1	0	1	6	2	0	15	2	6	15	2
超过	400	500	1	0	1	3	1	9	2	6	18	3	0	18	2
超过	500	600	1	3	1	6	2	0	2	9	16	3	0	16	$2\frac{1}{4}$
		600 以上	1	6	1	9	2	3	3	0	16	3	4	16	$2\frac{1}{2}$

一份专门的收费表已在兰开夏郡和约克夏郡的地区内，以及泰晤士河以南铁路线路上生效。这份铁路包裹运送资费表制订得

妙极了。看了该表梯次向右手方向的几列数字,我心中的迷惑全部都消失了。该表证实了我对为什么重量限制要根据不同的距离而改变,从 14 磅变为 15 磅,再变为 16 磅、18 磅的理解。我研究过归纳逻辑学,但是任何逻辑似乎都不大可能揭示这里面的原因或者方法。至于说 7 磅以下的各个重量档次,那里面至少看上去还有些道理,而这道理就是竭尽全力让不幸的包裹主人能够受到诱惑去付钱。诚然,短距离的运费,不包括预订费用,也并非完全不合理。花费 6 个便士,就可以把一件重量为 7 磅的包裹送到 30 英里之外,把一件重量为 2 磅的包裹送到 100 英里之外,如此等等,这样设计毫无疑问是为了防止道路运输公司的竞争;但是在较长距离运输领域,用马来传送包裹那是无稽之谈,公众变得聪明了。一件 1 磅重的包裹,传送 500 至 600 英里须付费 1 先令 3 便士,预订费用不包括在内;通过邮政局按寄书的资费标准计算是每磅 4 便士,或者不会超过 $4\frac{1}{4}$ 便士。按照邮政局的资费标准,一封重量超过 12 盎司的信,重量每超过 1 盎司,费用增加 1 便士。因此寄包裹的资费仅比一封信的邮寄费用少了 1 便士!这样的资费标准最奇特之处就在于来自距离的重要意义。我假定有一件 1 磅重的包裹从伦敦发往格拉斯哥,包裹可以在尤斯顿被装进拉货的马车,然后一路不受打扰地送到格拉斯哥;然而一路不停地走让发件人比短距离运送多花了 6 便士。注意,我们一定要假定那 6 便士包含了一切终点的费用,以及取货和投递的费用,因为这是运输公司对短距离运送的包裹所收取的一切费用,预订费用不包括在内,无论这可能是什么费用。所以至少有 6 便士是用来支付马车拉货、车辆磨损、资本的利息等等费用；但是一吨等于 2,240 磅，1 磅一件总计 1 吨重的包裹对于马车来说不算是重载。因此，仅仅靠运载 1 吨重的货物行驶 400 或者 500 英里所收的费用就可以达到 56 英镑，再加上收货和投递所收的费用总共可以达到 112 英镑。1 吨载重量的三等车厢乘客能让铁路公司总共只赚到 25 英镑。

诚然，这些过高的收费只能施加在极小的包裹上；再审查一下图表中其他列的数字，人们会发现对较重的包裹所收取的费用会低很多，这可能是为了压低价格与道路运输、运河运输或者蒸汽轮船运输相竞争。不过从整体上看，这样的资费标准可以被形容成毫无章法可言。这个收费价目表似乎就是一个纯粹随意排列的几组数字，或许这些数字就是铁路大亨在某次北方铁路公司董事的会议上为安排某种妥协而从他们的大脑中演化而来的。

然而，为了表明如何把对于包裹的收费与铁路公司收取的各种各样其他费用相比较，我利用真实的数据制作了如下这张图表，真实的数据来自铁路时刻表、铁路委员会的报告等。这张图表并未针对任何具体的铁路公司，而且数据也几乎是随机选择的。

	货币单位：便士
小型包裹	200
中型包裹	100
大型包裹	40
报纸包裹	100
乘客的超重行李	66
商务旅行乘客的行李	33
头等车厢乘客票价	175
二等车厢乘客票价	125

三等车厢乘客票价	75
活禽	100
西洋菜	33
牛奶	12
高档商品	32
中档商品	13
低档商品	4
煤炭运输（最低运费）	$1\frac{2}{3}$

这是一张奇特的图表，它显示出铁路交通运输经理允许自己有多大的回旋余地来对各种各样的行业课税，或者向它们提供援助。如同主张贸易保护主义的国务活动家一样，铁路交通运输经理认为，铁路交通运输不可能继续，除非他们的警惕性能够使负担减轻或者加重。英国古老的税收、政府奖金还有退税体制，及其阶级、例外、豁免、专门资费标准，以及数不胜数、细致入微的差异在我们的铁路交通运输资费标准中被完美地复制了出来。

对这张图表进行一番审查将会让人们极其清楚地看到，铁路公司在蓄意将小件包裹运输当作一个封闭的垄断领域，在这个领域内它们可以任由自己喜好随意收费。如此过度的收费是不可能找到任何借口的。的确，有人可能会解释说，报纸包裹作为一种每日有规律的、统一的包裹货运交通，适用这样的收费标准能够比较容易一些；但是我们怎么用同样的解释来说明商务旅行者的行李呢？按照表中所列的收费标准付费后，许多铁路公司允许商务旅行者愿意带多少件行李就带多少件，当天携带行李愿意上下列车多少次就上下多少次，不需要额外交费。有时搬运这些行李需要若干个搬运工，而且列车也偶尔会因此被误点。不过，虽然铁路公司坚持声称它们这样做是为了促进本地区的贸易，但它们为什么不也去促进小件包裹的贸易呢？倘若开发得当，这种小件包裹的货运交通将会给小生意人带来为数众多的订单，而且通过大量地使用货运过来的样品，还可以部分地避免商务旅行系统中所涉及的大量劳动和金钱上的损失。我有时会突然想到，坐在尤斯顿广场或者帕丁顿会议室里的少数几个铁路公司的董事们把自己当成了法官，英国商务活动和货运交通的运行方式都要由他们来判定，人们还会允许这样的状况持续多久，是一个非常值得怀疑的问题。这些人能够促进这种形式的货运交通，压制另一种形式的货运交通，并把第三种形式的货运交通完全清除，他们做的事情就连议会也不敢冒险去做。

不过，让我们现在转向这个主题的另一面，试图确定包裹传送是否是一个有可能让政府来妥善运营并取得规模经济效益的产业。正如我在前两篇论文中指出的那样，*我们一定不要假定无论政府部门管理哪一种类型的产业，都会像海军上将管理自己铁甲舰上的锅炉一样糟糕，另一方面，也不会像邮政局管理信函分送那样一目了然。推测永远是于政府不利的；不过在某些具体种类的工作中可能会存在一些让政府管控下的统一调度和垄断变成可取和有利可图之事的特殊条件。关于这一点，我要擅自从曼彻斯特统计学会发表

---

* 参见威廉·斯坦利·杰文斯教授的论文《关于联合王国的邮政局、电报公司以及其他传递系统的相似性——从政府管控角度着眼》，载于《曼彻斯特统计学会会议事录》，1867年4月，第89—104页；参见威廉·斯坦利·杰文斯教授的论文《铁路与国家》，载于《曼彻斯特欧文斯学院教授及讲师论文和演讲集》，麦克米兰出版公司1874年版，第465—505页。——原作者注

的我的论文中引几段话：*

"在我们将注意力集中于国营电报公司和国营铁路公司两个系统之前，我们应当严密调查一下电报公司和铁路公司是与邮政局更相似一些，还是与造船厂更相似一些。所谓的"改革者们"有这样一个论据，他们极力主张倘若我们像罗兰·希尔爵士对待邮政局那样对待电报公司和铁路公司，把电报费和车票价格降低并实现统一费用，我们就会收获同样令人满意的结果。但是，这将取决于这个类比是否正确，即电报公司和铁路公司是否具备那些使邮政局能够在政府的掌控之中变得极为成功，并且能够使其接受低廉的统一资费的条件，在这些条件方面前者是否与后者相似。如下几句评论就是针对这一点讲的。

"在我看来，国家管理要在具备如下条件的情况下才会拥有优势：

"1. 不计其数、分布广泛的经营活动只能以高效的方式，在一个单一的、范围极其广泛的政府系统之内相互连接，形成一体，并协调有序。

"2. 经营活动须具有千篇一律的、每日重复相同程序的例行特点。

---

* 参见威廉·斯坦利·杰文斯教授的论文《关于联合王国的邮政局、电报公司以及其他传递系统的相似性——从政府管控角度着眼》，载于《曼彻斯特统计学会议事录》，1867年4月，第91页。——原作者注

　　"3.企业须在公众的监督之下,或者为了服务于个人而开展工作,公众和个人能够立即察觉并揭露所发现的企业的任何失败或者松懈行为。

　　"4.几乎没有资本支出,因此每年的收支账目应能足够准确地反映出该部门的真实商业条件。"

　　我认为,毫无疑问,依据上面列出的所有四项条件,包裹的交通运输极其适合实行国家管理。如同我们已经看到的,目前,包裹的交通运输是由几乎数不胜数、互不相干或者相互敌对的铁路公司以及私人运输公司在运营,虽然它们在各自的范围内并非特别效率低下,但作为一个系统它们极其浪费资源,效率极端低下。此外,包裹邮递公司的经营活动也几乎像邮政局的经营活动一样一成不变、例行公事。那里面不存在任何一点建造铁甲舰或者制作鱼雷工作中会涉及的微妙科学技术问题。运送包裹的工作丝毫也不比给信件盖戳、分拣信件和投递信件更神秘。当然包裹的交通运输量会有一些变化,尤其是在圣诞节前后,包裹运输需要争分夺秒;不过这种情况与邮政局所承受的圣诞贺卡或者情人节压力相比也并不糟糕到哪里去。倘若有必要,在圣诞节的那一周里可以采用临时提高包裹邮递收费的办法来应对这种情况。关于第三个条件,包裹邮递所处的地位与信函邮递是一样有利的。没有人知道,也没有人在意当女王陛下的船只"无袖连衣裙号"巡游在土耳其水域时,船上的锅炉怎么样了;但是每个人都想知道,也都在意(根据每个人自己的情况)米迪外借图书馆寄出的装有小说的包裹是否能够准时送到,或者新的衣裙包裹是否弄丢了,或者一罐子德文郡奶油是否变质了，或者作者一生的劳动心血——他最珍爱的手稿是否无法挽回地丢失了。损毁和丢失包裹处理部门的官员需要有坚强的神经及平和的性情，才能忍受倾泻在他们身上的无尽愤怒。在包裹传递部门，任何懈怠行为都不可能不被察觉。

然而，关于第四项条件国营管理问题，人们可能会有表示更多怀疑的余地。邮政局所取得的巨大成功在很大程度上有赖于这样一个事实：在信函方面，邮政大臣的手下几乎没有资本开支。铁路公司很幸运，拥有并且管理着所有的比较复杂的交通运输工具，并且按照合同做着邮政局的工作。整个的马拉邮件传递也是按照合同，或者至少是理应按照合同来完成的。一切不重要的邮政局也是一样，被放在了私人的建筑物内。只有建在圣马丁勒格朗的大型建筑，以及在伦敦一些地区和一些较大省级城市的主要邮政局才实际上为政府所拥有，并用于邮政的目的。除了这些房地产，他们所拥有的只不过是装信件的邮递袋、邮票、邮筒，以及诸如此类的东西——从价值上看，这些财产是微不足道的。把电报分支算进来，邮政局的情况就不同了；无论是明智的，还是不明智的（而我则倾向于认为是后者），邮政局实际上拥有邮政和电报两种工具，以及其他生产电报机的固定工厂。这些工厂制作并且维修电报机，而且更糟糕的是，这些工厂发现它们有必要找来皇家工程师提供帮助，因为皇家工程师制作和维修电报机效率更高，更具规模经济。我几乎毫不怀疑地认为，这一切工作都理应采用承包的办法去做。不过，无论这可能是怎样一种情况，在建立国有包裹邮递公司的问题上，困难都不会很急迫；因为建立国有包裹邮递公司并不要求广泛的、复杂的、一系列的科学工具来运营包裹邮递。各个铁路公司当然会经营长途传送；采集和分发包裹当然也要由租用的马车来做；而且除了少数称重量的器械、搬运工人的搬运车、包装箱以及一些类似的简单器械外，很难看出包裹部门还需要拥有什么样的固定资本。收货和分发办事处往往要在一个相当大的规模上才会有必要；不过这样的办事处可以通过租赁的方式获得，或者在发现有规模经济效益的情况下建造这样的办事处。因此，我感觉可以肯定，在资本开支的问题上，国有包裹邮递公司要比电报部门的优势大得多，而且与信函邮递非常相似。

此外，国有包裹邮递公司的垄断地位对于发明的进步也不会产生任何可以察觉的干扰，不会像电报垄断所表现出来的那样。尽管 W.H. 普里斯先生下定决心，企图表明相反的情况，[*] 但是我要担心的是，电力电报机的诞生地在电力发明的竞赛中已不再处于第一的位置。五六项固定资本发明，譬如双工电报机、四路多工电报机、电话、碳粒送话器电话机等等，都是在政府收购了电报公司之后发明出来的。这些发明当中又有多少是在英国的土地上搞出来的呢？我相信，电话的使用对于美国来说已经非常熟悉；然而在英国哪个地方实际上在使用电话呢？官僚习气和兜圈子的语言犹如寒风，吹熄了发明的热情，这种热情最害怕官僚主义的惰性，以及财政部老爷们的冷漠。倘若一个更为发达时代的未来历史学想要考察一下19 世纪的新文明是怎样崛起的，让他们好奇的一定莫过于英国政府待发明家的态度。此种态度的恶劣和无知程度，堪与囚禁罗杰·培

---

[*] 参见《英国协会：都柏林会议》，载于《艺术学会杂志》，1878 年 8 月 23 日，第26 卷，第 862 页，同样参见该杂志第 890 页。——原作者注

根或者给伽利略定罪比肩。遭遇怠慢，蒙受轻侮，东西被没收，这些便是处于英国政府手中的英国发明家的遭遇。

因此，我坚持认为，小件商品传递是一种政府部门可以以最大的优势和最小的金融风险，或者对科学和产业的进步产生最小干预的方式从事的行业。在某些方面，把小件包裹传递的工作留给多家铁路公司的联合体去关照会更好一些；不过我担心，那些铁路公司永远也不会有兴趣让这一系统变得完整。因此，重量在30磅至50磅之间的包裹，其全部运输活动都应由一个非常近似于信函邮递，但又与之有明显区别的政府管理的组织来经营；在需要的时候两个组织平行运营并相互合作，但不能干扰或者阻碍信件的快速分送。政府经营的这个部门可以把铁路公司的包裹运输业务拿过来，也可以收购信誉好的包裹快递公司。这个部门可以通过报酬丰厚的合同，以雇用的方式，利用运输公司的全部车辆、马匹、办公室等等；因此，这个部门可以把现有的传递手段组织在一起，而不是取代它们，从而引入一种能够让目前的传递手段的效率取得很大提高的系统。每一辆包裹投递车仅负责为一组房屋服务，而不再是让大量的包裹运输车辆，时常仅仅为了投递单独一件包裹而横穿很远的距离，专门负责为一组房屋服务的投递车可以满载一车包裹直接从包裹投递处前往收货人的房屋。当包裹的传递量得到了应有的开发之后，几乎每一幢房屋都可以每天收到一件，甚至若干件包裹，而这些包裹的投递速度将是现在除1便士邮政以外任何其他投递方式所不能比拟的。随着店铺老板几乎仅愿意通过包裹邮递方式发送货物，城市里的街道将不会再被众多店家运货的车辆给塞满，而消费者最终也会省去一大笔开支，这些开支就是一些实业部门为了维持大量的经管投递车辆的职工而必须承受的巨大开支。当然，长远地看，消费者必须承担一切这类费用。至于说目前的铁路公司雇员们将会作为企业的一部分"被接管"，而且将会像电报公司的情况那样，他们的工资毫无疑问会立即提高。

　　与我所倡导的这项计划相关联的一个最重要而且也是最难确定的问题是，如何为未来的包裹传送系统选择传送资费标准。必须以什么样的原则为基础来确定包裹传送资费标准，这需要进行细致入微的调查。正如我们已经看到的，邮政局的爱德华·J.佩奇先生接受了实行统一的包裹收费标准的思想，如同先前坚持这一想法的艺术学会一样；佩奇先生想让收费的多少取决于距离的远近，并且只根据包裹的重量变化而使收费发生变化。此种资费标准倘若能够被接受，其便利之处是显而易见的。采用一对天平秤，我们就能够绝对可靠地弄清楚我们要发送的包裹重量是多少，然后就可以计算出应付的费用是多少钱。倘若要把距离加进来，我们就不得不搞清楚我们所要托运的包裹将发到哪里去，距离有多远。为达到这一目的，我们一定得查包裹货运里程表，而这样的表很难得到。相当多的人会避开麻烦，直接向收包裹的办事员询问要付多少钱；这种办法不仅会耽误事，而且还存在不确定性，并且会因此给诈骗造成可乘之机；简而言之，与邮政局为我们提供的固定资费标准相比，上述问题都处于劣势。因此，毫无疑问，无论距离远近实行统一的收费标准具有出色的优点，倘若这种资费标准能够被接受的话。

　　不过在细心地审查了佩奇先生的建议之后，人们会发现他提出这项建议的意图，一定是仅仅对非常小的包裹传递适用统一收费标准，否则就泄露了他对所处理问题的理解存在不足。我猜想，他一定是根据统一资费标准在邮政局能够很好地应对问题，因此在包裹传递中也一定能够很好地应对问题的推断而选择了统一资费标准的。按照这样一种推理，人们可能会推论因为一点点剂量的氢氰酸能够缓解胃痛并有利于胃病，所以极大剂量的氢氰酸将会对胃有更大的益处。像许多其他草率的理论家一样，佩奇先生忘记了一个装满信件的邮袋只能算是一件适中的包裹。以每封信的平均重量为半盎司为例，要 32 封信才能达到 1 磅的重量，或者说要 960 封信才能构成一个 30 磅重的包裹。因此，在包裹的运输中，相比信函运输，我们更应关注重量的影响。罗兰·希尔爵士关于统一邮政资费标准的令人钦佩的计划，是基于这样一个小心展示的事实而提出来的，即一封寄往遥远地方的信其纯粹的过路费用不会超过一封寄往附近地方的信的纯粹过路费用的 $\frac{1}{36}$，也就是说，1 个便士的 $\frac{1}{36}$。我国没有足够小的硬币能够表示出因为距离上的差异而导致的费用差别，所以罗兰·希尔爵士能够将统一的资费标准系统揽入怀中。不过，稍作一点计算便能显示包裹的情况与之相比有多么大的不同。

铁路公司对货物按里程收费的资费标准变动极大，而且极其随意。最低资费标准通常是每吨每英里约 1 个便士，而最高资费标准大约是在每吨每英里 7 个便士上下。注意，每吨每英里 1 个便士等于每 100 磅每 100 英里 4.464 个便士，因此，倘若我们要假定只能按每吨每英里 3 便士的中间资费标准收费，那么一件 100 磅重的包裹要运送到 500 英里的地方，仅仅过路费就须缴约 5 先令 7 便士。如果把一件重量为 100 磅的包装箱运送到几英里以外的地方也要缴这么多的钱，人们会认为这样的想法是拒绝短途运输，是荒谬的。

但是由我作过计算的收费标准仅仅是针对由货运列车运送的普通货物的收费标准。对于包裹的交通运输，我们应当要求要么采用专门的快速包裹列车，要么用旅客列车搭载包裹，这样做一定会费用昂贵。留意一下上面给出的图表，我们几乎不可能指望铁路公司会接受每 100 磅每 100 英里 25 便士（每吨每英里 5.6 便士）以下的收费标准，更确切地说，这是铁路公司现在对包裹所收费用的 $\frac{1}{4}$。按照这一资费标准计算，不计任何车站使用费和落货费，将如下重量的货物运送 500 英里须缴的费用，这个费用值得注意：

	先令	便士
100 磅重包裹	10	5
10 磅重包裹	1	$\frac{1}{2}$
1 磅重包裹	0	$1\frac{1}{4}$
$\frac{1}{2}$ 盎司重信函	0	$\frac{1}{2}$

显而易见，包裹邮寄与信函邮寄的相似性被完全打破了。即使是一件 1 磅重的包裹，距离对于资费的影响也是可以察觉的；对于一件 10 磅重的包裹，距离对于资费的影响就变得不可忽视了；对于一件 100 磅重的包裹，距离几乎构成了全部的收费内容。因此，在采用统一资费标准的问题上，我们把以上讨论的内容归纳为三个相互替代的选择。要么（1）我们必须限制包裹的重量，以便使包裹邮递在传送商品方面几乎不可能比目前的信函邮寄更可利用；要么（2）我们对于短距离的包裹传送必须强制实行一种很高的资费标准，

使之高得不可容忍，对短距离包裹传送造成压制；要么（3）我们必须强制实行一种很低的资费标准，从而使铁路公司对于长距离运输的普通货物的收费受到包裹邮递公司的低价竞争。实行第三种选择的结果显见易见会是这样一种情况，即所有的货物都会被人们尽可能地划分到包裹一类，然后以牺牲国家利益为代价来传递货物。这样的结果将是极其不可容忍的。

于是，因为所有这些选择都是不可接受的，由此得出结论，不考虑距离的资费标准是不切实际的，所以我们必须回到按里程收费的做法上去。对包裹收取的费用应当由两个部分组成：（1）固定的车站使用费和落货费，譬如说是 2 便士，它涵盖了预订费用、投递费用等；（2）按里程收取的费用，这部分费用由重量和距离的复合比例来确定。然而，一个非常重要的问题就在于如何正确地制定对非常轻的包裹所收取的最低资费。注意，包裹公司已经从 1 便士的最低资费标准开始工作了；伦敦一度有过一个 1 便士包裹公司，而且类似的公司在格拉斯哥以及其他地方也都建立过。我知道格拉斯哥有轨机车公司现在以每件 1 个便士的收费标准传送并投递最多 3 磅重的报纸包裹，不过，对其他类包裹最低资费为 2 便士，重量最多为 7 磅。事不凑巧，我不知道目前是否还有任何收费低至 1 个便士，甚至还经营短途业务，做普通包裹生意的公司存在。不过，即使如此低的收费标准在一些个别的区域里是切实可行的，我们也不可能推荐在一个总的包裹邮递系统里采用这样的资费标准。目前在英国切实存在的最低资费标准为 3 便士或者 4 便士，因此一开张便试图采用低于 3 便士的资费标准是不明智的。以每吨每英里 5.6 便士，或者每 100 磅每 100 英里 25 便士的里程资费标准作例子；

加上总计 2 便士的每一单货物的车站使用费和落货费；然后将结果提升至高一位的整数便士，我们就得到了下列标准的资费水平：*

低于 磅数	50 英里		100 英里		200 英里		400 英里		600 英里	
	先令	便士	先令	便士	先令	便士	先令	便士	先令	便士
5	0	3	0	4	0	5	0	7	0	10
10	0	4	0	5	0	7	1	0	1	5
15	0	4	0	6	0	10	1	5	2	1
20	0	5	0	7	1	0	1	10	2	8
30	0	6	0	10	1	5	2	8	3	11
50	0	9	1	3	2	5	4	4	6	5
100	1	3	2	3	4	4	8	6	12	8

我给出的运价表一直排列到 100 磅重的包裹，但这里并没有暗含包裹邮递的业务一定要以这个重量为其运营上限的意思。

我认为制作一张与此表一样的资费标准表并不会有任何严重的困难。城市和市郊的包裹交通运输量，在全部包裹交通运输量中占了非常大的部分，这一部分交通运输量完全都可以被列入 50 英里的范围之内，而且距离的问题几乎不需要考虑。我要提议通过参考资费地图的办法来确定较长距离的包裹传送的资费标准，就像法国邮政局原先做过的那样，当时信函是按照距离资费标准支付邮费的。在总的传送系统内细小的差异是不具有价值的，所以我们可

---

    * 在对这个运价表进行了计算之后，我发现这个表与四年之前在前布里斯托尔和埃克塞特铁路公司存在过的一个运价表近乎一致，该公司对运输 112 磅货物，最多跑 100 多英里路，收费 3 先令。不过，我应当把这个运价表作为第一步的、慎重的运价表提出来，并且希望在该系统处于完全正常运转状态之后可以作一些细微的削减。——原作者注

以轻而易举地用直线距离来代替陆路或者铁路所实际走过的距离。在法国的邮政局内，距离似乎都已经用应用在官方地图上的圆规给测量过了；不过，一个小小的设备却可以免除测量上的一切麻烦。

我想让邮政当局来发行资费标准地图，这种地图有些像《全英火车时刻表指南》前面加缀的廉价而有用的地图，不过更大一些，更详细一些，而且还要显示地名，而不是铁路或者其他特色。在这种地图的封面应当印上浅色的标志出距离的同心圆圈，同心圆圈的圆心要坐落在本地图意欲标出资费为多少的城镇或者村庄。在任意同心圆圈所标出的任意同一区域内的所有地方其包裹运送至同心圆圆心地方的资费都是相同的；而且还可以把适用于该区域的资费标准用彩色实际地印刷在地图上的这一区域内。可以给英国的每一座城市和村庄都制作一些这样的地图，不用额外收费；因为采用一种适当改装后的印刷机，菱形彩块和条形彩块就可以交替着使用，从而把圆心印在任何一个地方，并且按所需份数印制地图供某一具体地区使用，之后再把同心圆移到下一个地方。

要建立一家国营的包裹邮递公司，当然会有大量的细节问题需要考虑，不过在这里我们既没有篇幅也没有必要来讨论那些细节问题。譬如，是否所有包裹都要挂号邮递并且仅凭收据投送？我倾向于认为挂号邮寄包裹对于防止偷窃包裹是必不可少的手段；不过通过使用某种作过编号的邮票以及带有穿孔的通票，我们有可能为挂号邮寄包裹所需付出的劳动提供极大的便利。把票据的一部分粘贴在包裹上面，或许也可以将之用作包裹的地址标签，这样存根就可以作为收据使用了，或者把存根归档以省去预订的麻烦。我时常会用这样一些活动来为自己寻找消遣，譬如规划这样一项车票登记计划的细节问题，以取代累赘的账簿和运单登记方法；但在这里就一些细节问题提出建议是没有必要的。我敢肯定像这样的某种系统总有一天会被采用，并会变得像使用邮票和火车票一样的重要，而且还将在全世界范围内使用。在苏格兰的一些地方，采用 1 便士和半便士的复制品标签已经是人们实际在做的事情了，人们把 1 便士或者半便士的复制品标签贴在每一件送往铁路终点站行李存放处的包裹上面，与此同时将存根交由包裹所有者保管；因此在包裹所有者晚上乘火车离开这座城市时，他能够认出自己的包裹。在报纸包裹上使用邮票现在已经非常普及了，而且至少有一家铁路公司，即布里斯托尔和埃克塞特铁路公司已经在它们的包裹交通运输中普遍使用了邮票。格拉斯哥有轨机车公司也采用了把作过编号的通票当作包裹邮票的做法，将这种通票当作运单使用，然后由投递包裹的人把通票撕下来。随着这种简便易行的系统的发展，它将很快取代麻烦的预计方法。

任何一个严肃倡导建立一家总的包裹邮递公司的人，毫无疑问都会对该公司可能产生的费用作出某种估算。然而，要作出一种可靠的估算就需要掌握大量详尽的信息，而这样的信息却只有议会才有权力得到。在电报公司的问题上，关于一个重要的条款，我比信息灵通的斯丘达莫尔先生要正确 25 倍，[*] 这一事实的确让我受到了鼓舞，激励我试图对国有包裹邮递公司可能产生的费用进行某些计算。当然，在电报公司的问题上，无论是我，还是任何其他有理性

---

* 参见《曼彻斯特统计学会议事录》，1867 年，第 98 页；参见《双周评论》杂志，第 18 卷，第 827 页。——原作者注

的人，事先都没有能够想象到斯丘达莫尔先生会同意出多大价钱来收购电报公司的股权。不过在包裹交通运输量这个问题上，我们不掌握任何准确的信息，不像在电报公司的案例中，我们掌握了有关电报公司、公司的资本和股息的准确信息。当然，我们有记录铁路交通运输量的官方账目，不过议会法令允许，或者更不如说是指定了，我们可以搜集的某种形式的账目，在这样的账目中铁路交通运输的收据，以及超重行李、车厢、马匹以及狗的账目被发现了！收集这些信息和账目要有议会法令的许可。不过在我拥有的由铁路公司印发给本公司股东的任何报告中都没有将上述项目区分开来。然而，以吉芬先生有关 1876 年铁路交通运输量的汇总表为例，我们发现了他们提供的上述项目的总数，情况如下：

英格兰及威尔士	2,076,400 英镑
苏格兰	237,115 英镑
爱尔兰	104,452 英镑
联合王国	2,418,057 英镑

这个金额代表着从铁路交通运输业务中获取的全部毛收入。鉴于营业费用和资本费用几乎无法从如此偶然的收入来源中区分开来，所以毫无疑问，让铁路公司比较精准地确定从包裹交通运输中获取的净收入为多少那是困难的。议会当局不能不搜集大量的信息，之后才有可能对建立一套总的包裹邮递系统将牵涉多大金额的资金作出某种估算。不过，一开始时就进行任何财务方面的估算是没有很大必要的，因为我坚持认为倘若资费标准设计得正确并很审慎，那么国有包裹邮递运营部门的工作就一定会有很大的规模经济效益空间，规模经济效益会确保该部门所获得的收入足以使其承

担一切可能发生的费用。正如我已经指出过的那样，包裹邮递系统
与电报系统不同，但与信函邮递系统相似；引进统一的 1 先令电报
政策，或者如一些乐观的人们所祈愿的那样引进统一的 6 便士电报
政策所蕴含的亏损风险，在包裹业务中并不存在，或者并不存在同
样的亏损风险。在目前杂乱无章的包裹传递安排体制下，马力上的
浪费、人力工时上的浪费以及铁路运力上的浪费都是巨大的，以致
只要将系统性组织工作中的混乱现象减少一些，社会作为一个整体
就一定会得到巨大的好处。对于拟议的建立国有包裹邮递部门将
会涉及多大规模的财务影响这个问题，就我所能够斗胆作出的估算
而言，我应当说此事的费用当然不会超过建立邮政电报部门所耗费
资金的两至三倍。的确，这并不是一个小数目，不过，那些对这一
金额眉头紧蹙的人们一定都还记得，这个数额仅仅是国家如若收购
整个铁路系统可能要花掉资金的大约 $\frac{1}{20}$。我斗胆把这个我最喜爱
的建议看作是纯粹的预言性建议，其原因我已经在欧文斯学院的论
文集中谈到过了；所能够带来的优势令人难以预测，将要付出的代
价和所冒的风险巨大。但是，收购包裹分支的交通运输量，其代价
和风险相对会比较小，而优势和利润会非常巨大，而且这个结果几
乎是可以确定的。

务实的人在得知普鲁士、瑞士、丹麦，可能还有其他一些欧洲
大陆国家很早以前便实施了包裹邮递的做法之后，毫无疑问会更加
相信建立一家国有包裹邮递公司能够给他们带来好处。由英国的
领事机构弄清楚这些国家邮政系统的细节问题，并在他们通常提交
的报告中作出描述，似乎是可取的。不过，我很高兴能够提供如下

这份关于柏林政府包裹邮递部门的详细描述，这篇引文是我从一篇关于柏林邮政服务的有趣文章中翻译过来的，该文章发表在伯尔尼一份叫做《邮政联盟》(*L'Union Postale*)的期刊上面，并被法国财政部的刊物《统计公报与立法比较》(*Bulletin de Statistique et de Législation Comparée*)转载，我有幸从法国财政部收到了一本刊物。

"所有目的地为柏林及其郊区的普通包裹都被送到坐落在北区的包裹局，包裹局负责将包裹直接投递到收件人的住处，假定收件人居住在本市市区，或者某个盖松德布鲁恩的郊区，或者莫阿比特。为了让人们对这种服务的重要意义以及这种服务需要多少资源有所了解，我们只要说明如下几点就足够了：在1876年期间，这项服务处理了3,003,131件包裹，将每件最重不超过5公斤(11磅)的包裹资费，无论距离远近，降低至50芬尼(约6便士)，这一做法必然产生了使每日的包裹流通量获得增长的效果。而且邻近的一系列建筑物都被划拨给了这项服务，从事这项服务的有72名雇员，214名下属代理，但未包括包裹多时临时雇来的19名男孩。

"在一处分开的建筑物内设立了两个专门的办公室，这两个办公室是为处理收件的个人或者当局(其数目实际上有375个)给出过指示，他们的包裹不要投递到他们的住处，但写有他们的住址的包裹而预设的。这里还设有另外一个类似的办公室，负责处理目的地为柏林卫戍区的包裹。一切其他包裹都要用投递车运送到住处，交给收货人，收货人按照规定支付搬运费作为回报。搬运工存放并分拣包裹的地方有75米(246英尺)长,11.60米(38英尺)宽,这个地方被分割为72个隔断。由于包裹服务机构考虑周到的组织工作,以及非常聪明的劳动分工,人们发现在上一次装运的货物抵达之后一个小时,投递人员就能够开始一次包裹的分送工作了,上一次运抵的货物构成了全部货物的一部分。

"在冬季,每天进行三次投递(分别在8点、12点和下午3点);在夏季,每天进行四次投递(分别在8点、12点、下午3点和5点);星期日的包裹服务次数减少至前两次投递时间。每次投递时利用的推车数目会根据需要而变化;目前,在第一次投递时利用的推车数目为62辆,第二次为36辆,第三次为27辆,第四次为25辆。但是在冬季的几个月里,当包裹的数量极大的时候,第一次投递时需要的推车数量为72辆,更不要说在圣诞节包裹大潮到来的时候,那个时候需要雇用的推车不计其数。

"至于说意在送往柏林郊区的包裹(盖松德布鲁恩郊区和莫阿比特两个地方永远不在柏林郊区的分类之内),包裹局用专门的马车,由包裹局的下属代理押车,将包裹分别送到各自的当地邮政局,并收取投递费。"

这是一幅有趣的画面,它勾勒出一个广泛的、成功的、政府经营的包裹邮递公司,该公司做的是一项一年300万件包裹的大生意。由于不了解每件重量为11磅以下的包裹收费6便士的资费标准是仅适用于柏林,还是同样适用于将包裹传送到更远距离,所以我无法判断这个政府经营的包裹邮递公司面临的压力有多大;不过这个最低资费标准要比我们考虑向一家英国国有包裹邮递公司建议的资费标准高一些。

　　斯堪的纳维亚也有一家安排得当的政府经营的包裹邮递公司。J.E.H. 斯金纳先生告诉我们，在丹麦，重量不超过 200 磅的包裹可以通过费尔德邮政，以每磅 1 便士的费用在 16 英里范围内递送。这个资费标准要远高于在我们这个国家所能想到的收费水平；不过，这个资费标准在绝大多数情况下适用于陆路传送。

　　我们对小件商品在联合王国内的分送安排已经够糟糕的了，而对发往外国的小件商品安排那就更糟糕得多了。即使是像伦敦和巴黎，或者像伦敦和布鲁塞尔这样两个伟大的、比较而言相距近一些的首都之间，重量不足 1 磅的最小件包裹如果不花够 2 先令或者 2 先令 2 便士，包裹公司也不给传送。尽管如此，邮政公约却使我们能够以每盎司 1 便士的资费标准寄送重量在 2 磅以下的书籍类物品出国。因此，一件重量恰在 1 磅以下的书籍包裹用 8 便士就可以寄到像罗马那么远的地方，而任何其他种类的相同重量的包裹则要花费 3 倍的价钱才能寄到巴黎。这便是我们能够熟视无睹任其存在的异常现象。至于说美国，情况更为糟糕。一两年之前，我要往纽约寄送一本重量不足 $2\frac{1}{2}$ 磅的书，但是在邮政局我的书籍包裹立即便被退了回来，理由是超出了重量限制。于是我便把包裹拿到两家不同的美国包裹邮送处，它们对传递这么一个小件包裹的要价分别是 7 先令和 8 先令。对于这样一个非同寻常的要求我不得不顺从，因为我知道找不到更为便宜的传递方式了。注意，这本书在英国的原价是 10 先令 6 便士。

如果是通过蒸汽轮船传送小件包裹，里程费用一定是一个几乎可以忽略不计的很小分数。事实上，大约花费每磅 1 个便士就足够运送到美洲的单纯运费了；再加上两边的譬如说 4 便士的收件和投递费用，我的书就应当可以以 1 个先令的价格寄送出去了；或者说大约是我实际寄送费用的 $\frac{1}{8}$。事实上，所有这一类的包裹交通运输，在没有实行国家监管的时候，都被当成是一种会对公众造成极大伤害的封闭式垄断，而从长远的观点来看，我确信这样的垄断也会对运输公司自身造成伤害。

因此，在这个方面，也如同在许多其他方面一样，显而易见地存在着一个世界一般大的改进空间。但是罗兰·希尔要改进的方面在哪里呢？几乎没有人能够像他一样心满意足地回顾他通过单枪匹马的努力而完成的一项伟大的社会改革。年轻一代的人们几乎想象不出罗兰·希尔是怎样一步一步地与邮政局的官僚主义作斗争的。这个现在在为本部门所取得的绝妙成就而庆贺唱赞歌的邮政局，永远都不应当忘记那些大得难以估量的改进，是像缔结城下之盟一样让它被迫作出的。我可能会在未来有机会指出英国邮政局或者至少是财政部在拒绝将伯尔尼邮政联盟所能提供的好处扩展至全世界的过程中起了多么大的阻碍作用，因为英国政府本可以独自一家就为全世界提供好处。但是，一次做一件事情足矣。我们在本篇论文里所要处理的问题是，各个铁路公司在小件包裹传递问题上表现出来的不可救药的盲目、自私以及从中作梗的态度。我几乎无法理解在铁路公司如此大显能力地开发其他部分的货运之时，它们为什么要联起手来，共同压制并扼杀小件包裹这一部分的货物运输。在谈及采集并传送牛奶，或者鱼，或者乌蛤，或者西洋菜这类东西的问题时，没有一种运输方式能够与铁路公司的安排比效率，比总的规模经济效益。至于说铁路在英国大地的四面八方分送伦敦早间报纸的能力，更是任何其他方式所不能比拟的，没有比铁路更奇妙、更令人满意的分送方式了。但是在小件包裹传送的问题上，我已经表明，盲目、垄断、人力浪费、因缺乏统一调度系统而出现的混乱局面却依然还占上风。所以，虽然包裹似乎只是一个很小的事情，然而我却坚持认为，朝着这个方向有一项真正伟大的社会改革工作要去完成。没有任何理由可以解释，我们，无论是在不列颠王国，还是在大不列颠王国，为什么要像现在这样各走各的路。当我们学会如何合理地使用英国奇妙的铁路系统，并学会如何利用蒸汽航运近来所取得的巨大进步带来的优势之时，我们就没有理由不把整个世界当作自己的亲属了。友谊、文献、科学、艺术、文明，在这些领域的一切发展阶段，没有任何东西能够像思想交流和货物交换那样肯定地对之起到促进的作用。一个万国的包裹邮递组织将预示着万国自由贸易的到来。

铁 路 与 国 家 *

　　一点点经验抵得上很多的论据；几件事实胜过任何一种理论；政府管理的邮政局取得了成功；通过大幅度降低资费，邮政局开创了一个巨大的生意，赚得了令人满意的财政收入；政府收购了电报公司并成功地对其进行了重组，现在正在使电报公司获利；因此，政府理应收购铁路，然后我们就能够将铁路的票价降低至其目前水平的 $\frac{1}{3}$ ，并使列车更能正常行驶，各种事故更少发生或者不再发生。这些就是删繁就简总结出来的一些人们的想法，这样的想法引导着许多人加入了一种近来不断高涨的喧嚣鼓噪活动，此活动的目的是要诱使政府承担起收购、重组，甚至运营联合王国整个铁路传送系统的浩繁重任。对于这个受到许多人拥护的变革，虽然人们还给出了许多其他分量或重或轻的理由，但我认为，人们所依赖的，无论是有意识地还是无意识地依赖的主要论据就是，**因为**国营的邮政局和国营的电报部门获得了成功，**所以**国营的铁路部门也会成功。

　　事实上，能够屡屡打动人心的论据还是来自邮政局。阿瑟·阿诺德先生去年 7 月在《当代评论》杂志上就这个主题发表了一篇文

---

　　*　参见《曼彻斯特欧文斯学院教授及讲师的论文和演讲集》（*Essays and Address, by Professors and Lectures of Owens College, Manchester*），1874 年。——原作者注

章，他在文章中说，"我把铁路公司的工作仅看作是放大了的邮政系统；载着男人和女人的车厢，运输箱子和包裹的车厢，与装运信函和邮袋的车厢之间只有程度上的差别；至于说国家做的生意，显而易见，如果国家做这件事情合法，那么它做另一件事情也一样合法。"*此外他还说："我想象有一天乘坐火车旅行的乘客和商品能够像通过邮政被寄往各处的信函和包裹一样，按照一个统一的资费标准被运送到各地——无论他们乘火车走 30 英里，还是走 300 英里，票价一样。"**高尔特先生于 1865 年发表了一篇关于"铁路改革"的冗长文章，他在那篇文章的前言中对罗兰·希尔爵士的邮政计划所取得的结果作了一番描述，然后态度鲜明地断言："同样的原则以同等的力度应用于通过铁路传送的乘客和商品，就像应用于通过邮车传送的信函一样。"***高尔特先生最近在 11 月号的《双周评论》杂志上发表了一篇论文，他在文章中重复了同样的看法："积过去 30 年之经验，让我们看到了英国的邮政局改革以及在关税和国内货物税方面实行的降税给我们带来了什么样的成果，我们的经验再清楚不过地表明，我们可以从降低旅客票价之举中预期会取得什么样的成果。两个案例从各个方面看都是类似的。"****

同样的想法也充斥在比达尔夫·马丁先生的论文之中，他是去年 6 月在统计学会上宣读的这篇论文。在随后举行的重要讨论会上，马丁先生的支持者发表了演讲，其中也充满了类似的思想。就

---

* 参见《当代评论》杂志 1873 年 7 月，第 248 页。——原作者注

** 同上，第 254 页。——原作者注

*** 参见高尔特先生《铁路改革》（*Railway Reform*），1865 年，第 18 页。——原作者注

**** 参见《双周评论》杂志 1873 年 11 月，第 576 页。——原作者注

连知识如此渊博、有经验的一位统计学家，作为统计学会会长的法尔博士也受到了误导（我是这样认为的），他断言，"铁路系统可以像邮政局那样，使每一个火车站都能轻而易举地与每一个其他火车站进行沟通；而且，某位未来的罗兰·希尔可能会说服议会对国营铁路的火车票价采取像议会对信函邮资所采取过的那种措施。"

我几乎无需等待就可以表明，事实只有在被一种正确的理论联系起来并作了解释之后，才不是毫无价值的；类比只有建立在相似条件的基础之上，才不会成为极其危险的推理依据；而且，经验倘若被作了错误的解读，它就会造成误导。正是一群沉迷于论据、理论以及推测的人们在倡导实行国家管理；而我在本篇论文中所要实现的目的就是表明，他们的论据是无根据的，是伪理论，他们的推测是异想天开的。他们对经验进行了错误的解读，假定了一些靠不住的事实，又忽略了另一些无可挑剔的事实；他们鼓吹实行一种措施，而这种措施近乎不切实际，所以才没有一丝可以捕捉得到的机会去实行，不过倘若这种措施真的被付诸实施，那就有可能置我们于巨大的金融亏损和非常窘迫的境地。

毫无疑问，一切推理就在于一个案例一个案例地找出理由来证明：我们有过一次试验的经验，然后我们想要推论在这一案例中发生的情况也将会在类似的其他案例中发生。不过在作出这样的推论之前，我们一定要小心翼翼地让我们自己能够确定这些案例是否真的相似。倘若从国家管控的角度看，铁路与邮政局在经济条件和机械条件上是相似的，我们就可以预期某个政府部门能够成功地对它们实行管理；但是倘若，我是这样认为的，它们处于完全不同的条件下，那么这个推论就是一个伪推论，于是我们就必须得依靠截然不同的经验来告诉我们可能会出现什么样的结果。

1867 年 4 月，我在曼彻斯特统计学会上宣读了一篇论文，1868年我在议会下院电力电报法案特别委员会上作证时也讲过同样的意思，我拥护由政府收购电报公司的倡议，但须具备这样一个前提条件，即电报公司和邮政局之间在运营条件方面具有实质上的相似性。国家对于任何一个产业分支的管理能否取得成功，似乎取决于国家是否在如下四项主要条件下施行的管理：

"1. 经营活动须具有千篇一律的、每日重复相同程序的例行特点，从而能够根据固定的规则从事工作。

"2. 经营活动须在公众的监督之下，或者为了服务于个人而进行，公众和个人能够立即察觉并揭露所发现的经营活动的任何失败或者松懈行为。

"3. 必须只有很少的资本开支，因此每年的收支账目应能近乎于准确地反映出该部门的真实商业业绩。

"4. 经营活动须属于这样一种类型，即它们在一个分布广泛的政府垄断的控制下结成联盟，这一联盟将会带来巨大的优势和规模经济效益。"

我几乎无须详细地指出，邮政系统几乎完美地满足了上述四项条件。公众时常会把邮政局看作是精通行政管理技巧的奇才；他们想象那些指挥这样一个部门的官员们一定被赋予了超人一般的力量，因此才能够创造出如此奇妙的成果。那些官员中的许多人毫无疑问是才干卓著、精力充沛的人；尽管如此，我们这样讲才更加准

确，即邮政局的伟大公共服务和令人满意的财政净收入不能归功于
那个部门的官员，而要归因于邮政通信的性质。正如亚当·斯密所
讲，"邮政局或许是无论哪一类政府都已成功管理过的唯一一个重
商主义的项目"。尽管所有的政府管理都有与生俱来的缺陷，但邮
政局却能够带来财政收入，因为在这个特殊的案例中，从单一、系
统性的垄断组织中产生出了巨大无比的规模经济效益。

　　我必须把注意力放在一个被鼓吹国营铁路的人们给完全忽略
了的问题上面来，那就是邮政的行政管理，确切地说，就是邮政部
门总是在避免拥有任何范围广泛的财产。英国邮政局拥有坐落在
圣马丁勒格朗的若干幢建筑物以及在其他一些大城市中的主要办
公楼；但是在所有的较小城镇和村庄，邮政局只能在租赁办公场
所办公，或者仅仅把租金放在邮政局长的总报酬当中。为了把邮
件传送得快捷和有规律，邮政局要完全依赖在很大程度上已被滥
用了的铁路系统，的确，没有铁路系统，我们现在所拥有的这种邮
递就是不可能的。甚至连当地为了采集和分送邮袋而利用的马匹
和运输工具也不是政府的财产，我认为，那些东西全部都是通过合
同来配备的。从邮政大臣的最新报告中，我们得知 1872 年邮政和
汇款部门的全部开支为 3,685,000 英镑，其中 1,682,000 英镑用于
支付薪水、工资以及养老金；928,000 英镑用于邮包和私人容器传
送；619,000 英镑用于铁路邮件传送；145,000 英镑用于租赁传送邮
件使用的四轮大马车、两轮马车以及公共交通车；与此同时，只有
164,000 英镑花费在了邮政局所拥有的建筑物，以及这些建筑物所
需要缴纳的税收、燃料、照明等等费用上面。还有，1872 年期间这
最后的一项开支大得有些非同寻常，原因是邮政局为新建筑物例外

支出了 48,000 英镑。从 1858 至 1872 年的 15 年间，每年用于建筑物、修缮以及其他必需品上的全部开支平均不超过 120,000 英镑，此外还有每年用于邮袋上面的开支 22,000 至 23,000 英镑。近年来，用于建筑物上的开支中很大部分花在了邮政部门的汇款单和储蓄银行业务上面。

电报部门的状况有些不同；因为虽然电报工作所处的地位按照第一项、第二项以及第四项条件来衡量是非常有利的，但电报部门所涉及的资本开支数额是相当巨大的。邮政大臣属下的电报部门的费用已经达到了 900 万至 1,000 万英镑，而且这个费用可能还会时常增长。毫无疑问，在 10 年的过程中，该部门的运行情况会给我们提供宝贵的经验，让我们能够正确地判定国家对于交通通信的其他分支实行干预是否切实可行；不过我坚持认为，国家收购电报公司之后的短短几年时间，尚不足以使我们有能力对什么是真正的成果作出估算。毫不吝惜的资本开支依然还在继续，该部门所欠下的大量债务依然还没有偿还。倘若我们一定要作出推断的话，我的看法是，这个时候作出来的推断将是不利于实行国家管理的。我们得知，即使是对四五家比较弱小的铁路公司实行强制收购，公众也必须要支付大约 100% 的贴水。人们不但对铁路公司在收购土地时所给出的价格已经表示了极大的愤怒；而且在收购电报公司的谈判中也会发现有同等糟糕的情况。倘若报纸上所报道的东西可信的话，马恩岛电报公司因为出售其业务和财产而收获了 16,100 英镑，从而使该公司向其股东分配了 11,774 英镑，这些股东在购买公司股票时的花费是 5,000 英镑；然而，该公司先前的经营前景非常惨淡，以致若在此前几年购买该公司的股票，每20英镑一股的股票只需要花费5先令，或者说与从政府那里所得到的收购金额相比连$\frac{1}{160}$都不到。一般来讲，电报公司股票的持有者所收到的股票商业价值是这些股票先前价值的两倍。

1868年2月，在电报公司股票的价格有了一些上涨之后，斯丘达莫尔先生在其关于收购计划的正式报告中作出估算，认为收购电报公司的财产和业务最多需要耗资300万英镑，再加上100,000英镑用于意向性的线路延伸，他指出邮政部门在开始时所需要的收购资本为3,100,000英镑。1867年4月，在电报公司的股票涨价之前，我曾作过一个估算，认为收购所需资本不大可能超过250万英镑，在这个数额的基础上，我又加上了一笔数额相等的资本，用于扩大财产规模。到目前为止，收购计划的实际费用不可能少于斯丘达莫尔先生估算数字的三倍，或者说是我自己估算数字的两倍。

倘若我们忽略了邮政部门在收购电报公司过程中所出现的巨大失误，而仅仅把注意力放在随后对电报部门的财务管理上面，我们就几乎找不到什么能够给我们信心的东西。邮政部门曾经两次公然违反财政部和议会下院的意见，未经批准便擅自花钱：第一次花了610,000多英镑，第二次花了893,000多英镑；这些巨额资金都是从邮政部门手中掌握的一般余额中提取出来的，涉及储蓄银行明显违反信托约定的问题。我几乎无需提及这些非同寻常交易中的细节问题，我的许多读者对那些情况都是熟悉的。公众对于这样一个他们很难作出解释的机构的这些不正常行为似乎采取了宽宥的态度，或者给予了默许。报纸上说，倘若我们准备要国营的电报部门，我们就一定要找那些大胆的、精力充沛的官员来管理，这些官员将为了公众的利益而独立地管理电报部门，并且不会允许哪怕微小的困难去妨碍电报部门的工作。让邮政部门对其反常做法作出解释，就是对国家管控产业做法的全盘谴责。倘若政府办公室的关系中所固有的讲话兜圈子的习气以及议会政府的行动迟缓的作风是这样一种状况，以致一个产业部门的官员如若不违抗其上级，不违反他们在管控自己手中的基金时所须遵守的法律，便不能成功地经营该部门业务，那么这就是反对国家管理产业的最有说服力的理由。这一类的困难在邮政部门的工作中从来没有出现过，因为，如我已经说过的，在邮政部门，资本开支的规模非常微不足道，而经常性开支的数额也非常有规律，所以无论是估算还是控制都易如反掌。注意，倘若一个政府部门，在其尚未达到 1,000 万英镑的资本总量中，要想方设法在未得到批准的情况下动用 150 万英镑，那么如果几个精力充沛的官员，手中掌握了一笔最低估值为 6 亿英镑，而极大可能的情况是那是一笔估值为 10 亿英镑的财产，我们又当预期会有什么样的情况发生呢？财政部甚至连自己的国债都不去管理，而将这项工作交由英格兰银行打理。我不寒而栗地想到，倘若有一笔名义价值超过国债，而其每一个部分都在不断地要求维修、更新以及扩展的财产掌握在了一位议会部长的手中，这位部长可能会在某一天发现他在自己下属的恳请之下非法地、浑然不知地签发了一笔巨款，那么如此行为可能会带来什么样的财务后果呢？

现在让我们转到铁路这个主题上来。必须承认，铁路交通展现出某些有利于实行国家管控的条件。大部分的交通运输都可以根据预先安排好并且已经公布了的时间表来进行，所以公众，无论是在旅行的还是在传送货物的，都显然与在邮政局的案例中一样，具备了仔细监查铁路部门的工作是否有效率和揭露一切工作懈怠问题的良好手段。把所有的铁路联合在一起，形成一个完整的系统，就会在监管、机车车辆的使用、避免列车相互竞争等方面产生出很大的规模经济效益。公众将不会再遇到极其令人懊恼的情况，不会再发生在从一家铁路公司的线路上转往另一家铁路公司的线路时错过车次的问题。还有，人们常常讲，当我们在制定火车票票价和货物运输的资费标准时，考虑的是人民的利益而不是铁路公司股东的利益时，这一举动就会给我们的国家带来巨大的优势。分门别类的货物运输资费标准这一错综复杂的系统可能会被废除，所有的货物都将按略高于铁路运输成本的两到三种简单的资费标准承运。我将不得不对已经提出的五花八门的建议进行讨论，而现在我只想评论说，邮政局之所以能够取得成功，就在于它的管理原则常常与人们所建议的政府应当运用于铁路的那些管理原则是截然相反的。高尔特先生以及其他一些人坚决反对在运输成本不会有很大区别的情况下，对一种货物实行与另一种货物不同的收费标准；但是，邮政局却对重量最轻的信函收取 1 便士的邮资，而对其邮递的 2 盎司重的印刷品只收取半便士。事实上，邮政局对邮递书籍、报纸、信函以及明信片，实行了非常不同的资费标准，对邮政资费标准进行小心翼翼的分类，目的是为了产生财政净收入；如果不维持对封装起来的信函收取高一些的邮资的做法，那么这项财政收入就会很快消失。邮政局并未自称它是在考虑到所提供服务的成本之后制订的邮政资费标准。

　　当我们更加仔细地研究了铁路管理的问题之后，我们发现铁路与邮政局的所有相似之处都消失了。1871年时，铁路的资本总价值为551,682,000英镑，其资本不仅数额庞大，而且还是一种性质极其多样化并且极其复杂的财产。这里面不仅有附设了桥梁、高架桥、隧道、路堤以及其他工程等一切设施的永久性铁路，还有大小不同的上千座火车站站房、仓库、车棚、维修车间、工厂、办公室、货运码头、码头等等。火车头部门掌管着大约10,500台机车，这些机车需要不停地进行保养和维修；机车车辆部门拥有大约23,000节客运车厢，至少276,000节各式各样的货运车皮以及其他车辆，管理着除火车车头之外的共计312,000多节车辆。毫无疑问，联合王国的铁路形成了现存最为复杂、最为广泛的产业财产系统，而令人不可思议的是，这样一个庞大的系统全部都是由天才的英国工程师以及具有进取精神的英国生意人在过去40年里创造出来的。尤其值得注意的是，一家铁路公司的财产构成了一个相互联系的整体，为了确保安全和效率，公司内的各个部门和每一个人都必须与每一个其他部门以及其他人和谐一致地工作。

注意，倘若我们想要知道政府官员会怎样去管理这样一种庞大的财产，那我们就不应当指望并不拥有任何重要财产的邮政局的经验，而应指望手中掌握着造船厂并保持着庞大舰队的英国海军的经验，或者公共建设部的经验。除非这些部门都遭到了别人的诽谤，否则它们在规模经济效益的管理方面不会没有引人注目的业绩。在那些部门里，浪费和假公济私的行为依然还在继续，这成了议会议员们在与自己的选民会见并发表义愤填膺的演讲时所讲的通常话题之一。议员梅勒先生是那个近来正在调查政府经营的商店被以什么样的方式收购和出售问题的议会委员会的成员，他婉言拒绝透露任何他所知道的事实，不过还是引用了一些此前已经公开了的案例。譬如，不久以前，有 10 至 12 吨从未开过包的军装纽扣被当作废金属卖掉。在出售旧船舶的过程中，买家通过归还船上的剩余物资而收到了大大高于其购船资金的收入，这样的案例多得不胜枚举。排水量 1,768 吨的"梅德韦号"船在百慕大群岛被以 2,180 英镑售出，不过英国政府却返还给幸运的买主 4,211 英镑，因为买主归还了船上的备用品库存；简而言之，英国政府不仅将该船的其余部分免费送人，还搭上了 2,031 英镑。[①]许多类似的故事表明，一些政府部门极其缺乏经济头脑，而这样的故事仍在时时流传，而且我们所听到的这些故事可能在实际发生的事情中只占一个很小的比重。

让我们现在转过来考虑一下人们实际提出的有关重组铁路系统的建议，业已提出的主要计划有如下两类：

一、国家应当把铁路整体收购下来，并且应当承担一切新建工程和新的延伸工程的建设，不过应当把交通运输的运营工作责成给承包公司来完成，承包公司应当大范围地租赁铁路线路，并在铁道大臣的监督之下管理铁路交通运输。

二、国家不仅应当收购全部的铁路财产，还应当以电报部门在邮政大臣的监管之下工作的同样方式去亲自经营铁路的交通运输。

值得注意的是，在铁路委员会审查铁路收购计划的听证会上，那些对铁路交通运输业务了如指掌的证人（他们在出席听证会的证

---

① 本书原文中的数字为 2,041 英镑，结合上下文计算，估计是原作者或者原书编辑计算错误，因此在将英文翻译成中文时，将这一数字作了订正。——译者注

人中占绝大多数）竟没有一个想要推荐实施第二类计划的，虽然他
们当中有若干人坚持认为分组租赁铁路线路的计划能够带来巨大
的优势。尤其值得注意的是，一项详尽周密属于第一类型的计划，
是由邮政部的弗雷德里克·希尔先生在铁路委员会作证时提出来
的。他的哥哥罗兰·希尔爵士作为铁路委员会的一名成员，在一份
单独的报告中对其弟弟的计划进行了仔细的分析并表示支持。弗
雷德里克·希尔先生的观点在社会科学协会在泰因河畔纽卡斯尔
举行的会议上得到了充分的讨论，他在一篇有关会议的文章中进一
步阐述了自己的看法。该计划的细节太错综复杂因而不便在这里
描述，但一定可以在铁路委员会的报告以及在社会科学协会的报告
中找到。* 虽然在这些绅士的建议中有很多宝贵之处，但是在他们的
主要建议中却几乎找不到大家一致赞同的东西，而铁路委员会的其
他成员则拒绝接受那些建议。他们的意见中给我留下深刻印象的
东西是，罗兰·希尔爵士和他的弟弟以截然不同的方式拒绝建议政
府应当亲自管理铁路交通运输，他们兄弟二人都对邮政系统的运作
情况了如指掌。罗兰爵士说："我的意思并不是建议任何一个政府
董事会应当大体上把现在由铁路公司的经理所行使的职责揽到自
己身上来。我提议以租赁的方式，遵循分组方便的原则，将直接管
理铁路线路的职责租给铁路公司、合作伙伴或者个人，具体由谁承
租将根据情况而定。"弗雷德里克·希尔先生毫不含糊地断言："国
家收购铁路公司是一种权宜之计，但是承担铁路公司的管理责任却

---

* 参见《社会科学协会报告》，第450页。——原作者注

不是权宜之计。"虽然我全盘地接受了他们二人反对由政府进行管理的意见，但我却理解不了他们自己的计划如何才能得以实施。他们的计划里面涉及与收购、所有权、庞大的铁路财产的扩大等问题紧密相连的一切困难，而且即使是在最乐观的情况下也只能保证从一个实行得更为彻底的计划中取得预设的部分优势。因此，我倾向于默认马丁先生的意见，他评论说，租赁的计划看起来像是"一个由心灵手巧的人发明出来的四不像，它把两种系统的劣势都混合在了一起，却没有哪怕一个具有补偿意义的优势"。

很难看出这些承租了铁路线路的公司与目前的庞大铁路公司会有什么样的不同，只有一点除外，那就是承租公司在把自己的财产以能够赚得利润的价格出售给国家之后，它们还可以继续运营铁路交通运输，但相对来讲，却对于旅行安全和自己的财务结果不用太在意了。还有，尤其要注意的是，这样一种建议却是与我们从邮政局那里所获得的所有经验完全背道而驰的。正如我们已经说明过的，邮政局的所有经验就是把自己限定在运营信函的传递范围之内，而依赖承包商，尤其是铁路公司以及蒸汽轮船的船主，去使用一切固定的财产。尽管如此，还是有人在铁路的问题上认真地提议，国家应当收购、建设、拥有并且维修固定财产，而应当将运营交通运输的事务交由个人通过竞争取得。米尔先生的意见是，国家乃地主中最糟糕的一个；他的意见或许是政治经济学中最受信赖的经验归纳，尽管与我们这里的看法是截然相反的。现在有人在认认真真地建议，要让国家变成整个铁路系统的地主。当然，还有一个合情合理的建议，那就是主张政府应当成为一个承租人，而将永久性铁路以及其他固定财产留在目前的铁路公司手上，在需要的时候令其按照合同对这些财产进行保养和维修，国家应当把自己的工作限定在运营铁路交通运输的范围之内，就像邮政系统那样。然而，即便对这样一种安排，仍然还有不可调和的反对意见，尤其是对于致命的权力划分以及因这种权力划分而产生的职责问题。在一个像铁路传送这样错综复杂的系统内，统一的管理是效率和安全的首要条件。

我来详细地讨论一下那些反对第二类计划的意见。第二类计划主张政府应当既收购又运营铁路。我把那些归咎于第二类计划的罪名给抛在了一边，譬如，第二类计划会使政府内阁手中握有巨大的任人唯亲的权力和政治影响力，因为这样的指责并不可取。我反对这一计划的理由是，该计划不会像人们所预期的那样带来众多的巨大优势，所能实现的目标只是很少的几个，而且该计划可能会变成一个灾难性的金融行动。在这篇论文里我不可能找到篇幅去充分解释为什么要反对这一计划；我必须将自己的阐述主要限定在这样一个范围之内，即说明人们所期待的将从这项计划中生长出来的巨大优势都是虚幻的，都是建立在虚假类比基础之上的，而且一般来说它们之间也是自相矛盾的。政府要向我们提供低廉的票价、更舒适的车厢、准点的列车、通过预订普遍可得的服务；政府要以象征性的收费每天运送工人去上下班，要以成本价传送货物，要免费分送邮件，要废除一切差别收费，使某些公司无法通过差别收费赚取相当高的红利，而与此同时，政府还要从铁路交通运输中收获财政净收入，此外还要以目前的平均红利去支付贷款利息，并及时地还清国债。

我们暂且假定，英国政府收购并运营整个铁路的想法是能够实

现的，那么关于这个想法所能够带来的结果，我所预见到的画面则
会与计划中承诺的有很大的区别。首先，政府要支付高于铁路财产
的商业价值 50% 到 100% 的收购费；从对铁路系统的统一和集中管
理中产生出来的规模经济效益，不仅会被收购、使用以及拍卖铁路
库存过程中所缺少的勤俭节约作风完全抵消，而且也变得缺少规模
经济效益了；政府要么必须管理庞大的工厂，生产并维修机车、车
厢以及永久性铁路上的一切错综复杂的机器，要么必须按照合同规
定不断地购买设备并不断地再次出售浪费掉的库存，我们通过海军
部的案例对这样的花钱大手大脚的优势应该是熟悉的。在进行铁
路扩展规划时，政府一定会将各种各样的当地利益、激烈的煽动鼓
噪行为以及竞争搅动起来，而议会会议室内的五花八门的斗争就会
以另外一种或许是更为腐败的形式重复上演。在核算补偿主张的
过程中，国家会遇到巨大的困难，无论这些补偿主张是因为铁路扩
展征用了土地而起，还是因为专利权被盗用而起，抑或是因为个人
受到伤害而起；根据在以前类似事情上所取得的经验判断，极有可
能发生的情况是这样：土地所有者会一如既往地获得高得离谱的土
地征用补偿费，而专利持有人和没有钱的人则会破产。邮政局**从来**
不曾支付过补偿款，即使是在丢失了挂号信的情况下，而电报部门
所遵循的也是同一原则，对在工作中因疏忽或者事故而引起的金钱
上的责任电报部门会要求予以免责处理。公众虽然无法强制实行
私人的补偿主张，但他们可以期待得到各种各样的税费豁免，正如
现在人们正积极推动的、要求电报部门把每封电报的发报收费降至
6 便士一样。铁道大臣会是财政大臣的重要对手，铁道大臣如若不
大声叫嚷要求豁免对铁路的税收，便不可能提出一个带有令人满意

的盈余的预算。就账目的复杂程度而言，铁路的预算会远远超过通常的收入和支出预算，而且将要处理更大数额的金钱。除非以完全不同于迄今为止任何政府部门的管账方式来管理这些账目，否则有关资本和经常性开支的难题就会一点一点地渗透进来，于是，人们对于这笔被置于个人管理之下的有史以来最大的财产的真正金融状况就会产生疑虑。各个皇家委员会以及特别委员会要经常召开会议，竭尽全力弄清真相，不过除非这些委员会所取得的成果要比已经对其他分支机构的公共账目及开支情况作过调查的其他类似机构所取得的结果大得多，否则这些委员会也不可能使铁路的金融状况免于出现混乱。我相信，任何一个英国政府的部门也不曾提供过一份真实的资产负债表，不曾显示过一年工作所带来的实际商业业绩以及对所投资本给予的补贴，只有邮政局除外，正如我已经说过的，该部门只有很少或者没有需要说明的资本开支。

根据我们从最近似的其他行政管理分支所取得的经验判断，上述情况就是人们从国家收购铁路一事中可以预想到的结果的特性。当然，要想分毫不差地说出每一种具体的祸害将会以多大的规模让自己现身那是做不到的，而且毫无疑问，某些相当大的全国性优势会部分地抵消那些祸害的影响。然而，在本篇论文的剩余部分我尤其想要说明的问题是，人们所期待的因政府的管理而产生的巨大优势，具有不可实现的妄想特性。争论说人和衣箱都可以像信件一样被邮寄到四面八方，与那种时常会导致人们从自家的房顶上跳下去的想法是如出一辙的，因为两者之间的差别只是一个程度不同的问题，从房顶上跳下去的人，如若使用适当的工具，就理应能够像鸟一样飞翔。

按照高尔特先生的想法，因国家收购铁路而获得的一个主要优势就在于火车票价大幅下降，或许能够降至目前票价的 $\frac{1}{3}$。鉴于这样的降幅会导致铁路交通运输量的大幅增加，可能会是目前现有交通运输量的三倍，因此列车的上座率会大大好转；高尔特先生甚至还坚持认为，在政府部门将会采取具有规模经济效益的安排的情况下，这个为过去三倍的交通运输量可以由**绝对数量少于目前水平**的列车来完成。这项计划中唯一一处承认存在严重争议的地方，就是关于现在一列火车所运载的乘客平均人数为多少。若干年以来，在《时代》杂志上展开了一场关于火车重量的有趣讨论，伦敦和西北铁路公司的工程人员 B.霍顿先生表明，一列火车中每装载一吨重的乘客就会有 20 吨重的静负载和无效负载；即使是在货物运输的情况下，列车的重量也比其传送的货物重量重一倍还多。因此，人们所提出的这个问题一部分是机械问题，一部分是交通运输量的管理问题。倘若我们能够建造重量较轻但又安全耐用的火车车厢，那么毫无疑问就能带来极大的节省；但是我看不出我们有任何理由认为，一个单一的政府部门有可能实现所有与其竞争、以赚取红利为目的、拥有富有天赋的工程师的铁路公司所不能实现的机械制造进步。

于是，剩下的唯一一个待解的问题就是如何让目前的列车装载更多的乘客。目前，一列火车所装载乘客的平均人数毫无疑问是相当少的。1865 年，高尔特先生指出，每列火车运载的乘客平均为 71 人，或者将季票持有者包括进来约为 74 人。然而，如果将夏季游玩乘客的人数刨去在外，他认为在通常的交通运输情况下，每列火车的真正平均乘客人数为不超过 50 人，他所有规划的主要基础就是建议一列火车不是每次只装载 50 名乘客，而是平均载客 150 人，要做到这一点易如反掌，不会产生任何可察觉的额外费用。

鼓吹低廉票价的人们似乎完全忘记了，一列火车必须要按最高乘客装载人数而不是按最低乘客装载人数做准备。客运交通运输量是一个波动极大并且很不确定的事情：天气状况、一年之中的四季变化、一周之内的星期几变化、市场是否开放、集市是否开市、是否有赛马比赛、是否有公共集会、是否是节假日、有没有远足活动，各种各样的事件都会影响到乘坐任何一列火车出行的人数。因此要每天将列车的载客能力调整到总是有足够的座位来接待乘客，又几乎不留空座，这是人类的智慧力所不及的。难度更大的事情在于：铁路部门有必要通过提供三个等级的车厢、明确分开的吸烟和不吸烟包厢，尤其是重要城市之间的直达车厢，来满足乘客的舒适要求。所以，一列火车装载了譬如说 5 至 12 种不同类型的乘客，他们对于自己的座位都有明确的要求，而且，倘若他们在与他们所付票价相对应的那一种类车厢内找不到座位，或者倘若有另一等级车厢的乘客闯入了他们的车厢，任何乘客都有理由抱怨。

倘若铁路公司的习惯做法就是以把火车装满为目标，那么乘客就不得不几乎无差别地完全混合在一起；吸烟乘客和不吸烟乘客不得不相互妥协，直达车厢不得不取消，而且事实上一切使乘火车旅行变得可以接受的条件都不得不放弃。此外，当任何一种意外的情况引起了交通运输压力增大，许多乘客都不可避免地会被落在路边的火车站上。注意，乘客与货物不一样，货物可以堆放在一边，等上几个小时或者一两天，直至交通运输压力解除。乘客在被耽搁了几个小时之后，会变得极为生气，会感到非常的不便，而且，倘若是在一次很早以前便安排好了的旅行之中，或是准备参加生意约会，那么因为没有火车座位而滞留下来这样的事情就会变得不可容忍。在公共交通运输的情况下，公交车常常被塞得满满的，因为乘车的距离很短，而且被落下的乘客可以选择再等待几分钟去乘坐下一班公交车，或者叫一辆出租车，或者，万一出现了最坏的情况，步行去目的地。跑短途的公交列车，譬如说那些在都市铁路线上跑的列车，可以在同一系统内装载得满一些，而且乘客不得不等待下一班车的现象也并非不常见。目前，人们的合理抱怨矛头指向的是火车旅行不准点以及偶尔因为列车与列车之间的通信不畅导致的滞留；但是这些情况都完全不能与火车车厢被塞满，或者平均来讲，达到了 $\frac{3}{4}$ 客满的程度之后可能会发生的情况相提并论。廉价旅行并不是铁路传送所带来的主要好处；我们从铁路运输的快捷、安全、确定性、规律性、频次高以及舒适性中还能够得到更多的好处。在都市铁路公司的列车上，人们已经作过几百万次的旅行了，尽管车内空气污浊，票价 4 便士，或者 6 便士，再或者 8 便士，而人们没有花费 2 便士，或者 3 便士再或者 4 便士去乘坐公交车，原因很简单，就是为了节省时间和减少麻烦。

为了能够最大限度地降低票价而又不至于引发破产，每一种倒推性措施都不得不采用。我们不得不采用少量个头大、速度慢、乘客拥挤、在许多站都要停车的列车来取代上座率时常仅为一半的快车，就像欧洲大陆上的许多铁路那样。那些旅行距离极其漫长的乘客会不得不在铁路交通的交会处频繁地换车，而他们损失的时间、遇到的麻烦以及频发的脾气，都会大大地抵消他们在票价上所赚到便宜。廉价并不代表一切。

　　人们所提出的建议中有一个最为疯狂的，即认为应当对任何距离的旅行都实行统一的票价。我相信，这是一位绅士在社会科学协会的会议上提出来的。他建议，乘客只要花上 1 先令的名义费用就应当可以乘坐头等车厢，花上 6 便士就应当可以乘坐二等车厢，花上 3 便士就应当可以乘坐三等车厢，随意旅行，不分距离远近。他做了一个计算，结果是铁路交通流量适中增长，他的这个计划就能使铁路部门每年净增加财政收入若干百万英镑。为什么不再向前迈出一小步，让乘客也像信函一样，贴上 1 便士的邮票便寄到哪里都行呢？许多人看起来似乎产生了这样一种观念，即认为低廉的统一资费标准里面有某种神奇的功效，所以这种资费标准肯定可以带来巨大的净财政收入。我无法想象这种观念会有任何产生的理由，只有罗兰·希尔爵士的 1 便士邮资所带来的巨大成功是个例外。我认为这还是从类比中找到的伪论据，即因为邮政局实行低廉的统一资费标准而获利，所以电报和铁路根据类似的规程也一定会获利。有趣得很，当今许多敬佩并讨论罗兰·希尔爵士的改革成果的人们，有谁曾经不怕费事深入地研究过罗兰·希尔爵士的那本原版小册子，他在小册子中阐明了统一的 1 便士资费标准的切实可行性。他们会在小册子里发现罗兰·希尔爵士的计划是建立在这样一个基础之上的，即他对采集、传送以及分送信件的费用进行了极其小心翼翼和科学的调查。他表明即便是使用马车来传送信函，那么一封信由伦敦送到爱丁堡的平均费用也只要 1 便士的 $\frac{1}{36}$。他得出结论：*"所以，倘若要根据采集、传递以及投递这封信所产生的全部费用按比例地把邮寄信函应收的资费计算出来，并且出于收取这笔邮资的考虑，那么资费的标准就一定要统一，从联合王国内的每一座邮政城市到每一座其他邮政城市的资费必须是相同的，除非有人能够表明我们怎样才能把像 1 便士的 —— 这样小的金额收上来。"他之所以倡导一种统一的资费标准，其主要理由是这样一种资费标准要比任何其他可以课缴的资费都更接近于与**成本价格**的比例，因为信函的采集、分拣、投递、监管等等事项的成本，是截至目前邮政局最重要的开销项目，而且信函的采集地点与投递地点之间的距离无论有多大，邮寄费用都是相同的。同样的考虑也适用于电报部门，虽然适用的程度要低一些。电报部门发送一封电报，距离远的要比距离近的即使需要花费更多一点时间的话，也多不了多少时间。电报采集、报务员花费的时间以及电报投递员的费用等终端收费依然构成了电报全部成本中的一大部分；不过，电报机利用程度的不同，以及一封电报的转发次数的多少也会在不同电报的成本之间造成某些差异。

　　在铁路传送中存在的条件是完全不同的。铁路传送的成本中很大一部分与火车行驶的距离成正比，产生于消耗的燃料、机车车辆和永久性铁路的磨损、火车司机、司炉、警卫以及其他时间被占用人员的工资，再加上对所利用的财产投入的资本应支付的利息。只有火车站的旅客接待能力以及办事员、搬运工、监理人员等等终

---

* 参见罗兰·希尔《邮政局改革：重要意义及切实可行性》(*Post Office Reform, Its Importance and Practicability*)，伦敦 1837 年版，第 10 页。——原作者注

端费用才是无论旅行行程的远近都相同的，不过倘若进行长途旅行的乘客不得不经常改变乘坐的车厢，需要更大的车站旅客接待能力、重新预订服务、搬运工的帮助等等，那么即使是终端费用也会不一样。所以，把建立在邮政局的规模经济效益基础之上的任何论据拿过来用在铁路乘客身上，是十分荒谬可笑的，因为每位火车乘客的体重，平均而言，或许是一封信重量的五千倍。

无论是将一票制的做法广泛应用于整个联合王国，还是仅限定在明确的某个距离之内，实行统一资费的各种计划几乎都是一样的不切实际。在前一种情况下，统一的资费标准要么一定是定得太高，以致变成了对短距离旅行的高税收，要么一定是定得太低，以致形成了对远距离旅行的巨大补贴，从而造成广泛的财务亏损，而财务亏损又不得不通过总的税收由人民来负担。倘若资费标准仅仅在两个界限之间是统一的，譬如对10英里以下的任何距离实行一种收费标准，50英里以下的所有距离实行另一种收费标准，然后依此类推，那么这种建议的荒谬程度已经很不明显了，不过在实行的过程中，人们会发现不可克服的困难。随意确定的边界会不得不围绕着每一座大城市而划，超越了这个边界，票价就会大幅度上涨。远比收费站的栏杆更糟糕的路障于是就会在城市与乡村之间，在这一地区与那一地区之间竖立起来。

支持将铁路转让给国家的一个听上去非常合理的论据是，国家可以利用公共信誉制造出由铁路所代表的利润。财政大臣能够以大约 $3\frac{1}{4}$ % 的年利率借到钱，而一家铁路公司则不可能以4%以下的年利率借到钱，但是铁路投资的平均回报率却是大约 $4\frac{1}{2}$ %。于是, 情况似乎会这样发展, 按照 $3\frac{1}{4}$ % 的年利率借钱, 然后将借来的钱用于从事一项即使管理不善也能够赚到 $4\frac{1}{2}$ % 的回报率的生意, 这样就会产生 $1\frac{1}{4}$ % 的明明白白的利润, 一笔价值 5 亿英镑的财产获得 $1\frac{1}{4}$ % 的利润, 就是每年 625 万英镑的明明白白的财政收入。然而, 无论从哪方面讲, 都不会有比这样的建议更加不靠谱、更无根据的东西了。

英国财政部的良好信誉仅仅意味着其所作的一切约定都会带来报酬。铁路公司不得不以较苛刻的条件举债, 那是因为人们不能肯定铁路公司是否能够如期申报股息或者支付公司债券利息, 许多人就是在付出了代价之后才发现了这一点。注意, 倘若一个政府部门从事管理铁路的工作, 它就一定要支付股息, 不过除非政府部门的管理工作做得比铁路公司更好, 否则政府部门很有可能会在这项生意的某个部分蒙受亏损, 而那些亏损一定得由总财政收入来负担。显而易见的 625 万英镑的财政收入, 大致近似于预计将会出现的亏损金额。倘若国家能够用恰好与铁路公司一样程度的技巧来管理铁路并取得同样程度的成功, 则国家既不会盈利也不会亏损; 倘若国家的管理工作做得更好一些, 则国家会实现盈利; 倘若国家的管理工作做得更糟一些, 则国家会发生一定的亏损。因此, 从理论上讲, 运用国家信誉肯定是一种彻头彻尾的谬论, 倘若不是这样, 那就没有任何理由能够解释为什么财政部不在铁路和电报之外着手把钱投资在其他许多门类的产业企业上面。

　　当我们深入地考察了实现铁路财产转让所需采取的金融行动的细节之后，人们将会发现，除了股东之外，所有人对于亏损几乎都是心知肚明的。不要以为有哪个股东会同意在出售他的财产时让收入减少。因此，一个持有价值 10,000 英镑铁路公司债券，或者能够支付譬如说 $4\frac{1}{4}$ %，即 450 英镑股息的良好优惠股股票的人，会要求至少得到能够带来同样金额年收入的英国政府发行的统一公债，确切地说，就是价值 15,000 英镑的统一公债，这个数额的统一公债，按照目前的市场价格，将会值 13,800 英镑。这样的金融行动一定真的会给国家带来巨大的亏损，因为该行动能够带来确定的收入而并非不安全的收入。事实上，我们几乎不可以认真地以为铁路的财产能够按照目前的市场价格被收购下来。所有的普通股票持有者都会根据预期的收益要求得到补偿，因此在讨论这个项目的期间股票的价值会大幅上涨。有人鼓动由国家来收购爱尔兰铁路。在最近流产了的喧嚣煽动过程中，一家铁路公司的股票市场价格从 8 英镑上涨到了 37 英镑，而在其他的案例中，股票市值的上涨幅度则是由 $13\frac{1}{2}$ 英镑涨到了 $37\frac{1}{2}$ 英镑，从 33 英镑涨到了 84 英镑，从 46 英镑涨到了 65 英镑，从 66 英镑涨到了 93 英镑，从 99 英镑涨到了 112 英镑，如此等等，不一而足。

　　现在，联合王国的铁路公司股东几乎都成了富人及有影响力阶级的代名词。那些实际上并非铁路公司董事的议会议员无一例外都是铁路公司的股东，所以人们不可以料想那些议会议员会同意牺牲他们的任何一点合法利益。像整个铁路系统这样一种财产的实际价值到底为多少，这乃是一个投机的问题，不过无论是何人在铁路财产的转让过程中蒙受了损失，我们都可以肯定铁路股东或者铁路公司债券的持有者不会蒙受损失。倘若我们可以凭借电报公司财产转让案例提供给我们的经验来作任何判断的话，那么对铁路财产有兴趣的每一个人都应当积极参与煽动鼓噪行动，推动国家收购铁路财产，因为这是使自己财富增值的最有保证的方式。

鼓吹国家收购的人还散布了另外一种谬论。他们假定因为政府已经按照 $3\frac{1}{4}$ % 的利率借到了若干亿英镑的钱，所以政府仍旧能够按照同样的利率再借到 6 亿或者 10 亿英镑的钱。这样一种假定完全是没有根据的，也是违背供给和需求这一不容置疑的规律的。因为当英国政府统一公债的价格在 92 英镑时，市场对该公债的需求量为 7 亿或者 8 亿英镑，所以几乎不可避免地能够断定，在同样的价位上，市场对该公债的需求量不会翻番。总会有一定数量的投资人喜欢或者要求十全十美的安全。在很大的程度上这些投资人是被法律人为地塑造出来的，因为法律强制受托人以及许多公共机构将他们的财产投资到基金里面。另外还有一部分基金暂时由银行、保险公司或者拥有剩余流动资金的其他公司及个人所持有。另有大部分基金掌握在对"3%"的收益率带有传统依恋情结的，或者那些总愿意将自己的财产以这样的方式进行投资，他们的财产就是以这样的形式传承给他们的私人个体者手上。注意，我们不可以认为，倘若再发行一批数额等同于现有国债规模的公债，同一档次的投资者会把它们都买下来。普通的铁路公司股东要比那些领取政府年金的人更有进取心。他们一旦通过支付等同于或者高于年收入的价格，收到自己的那一份资本价值等于其老的股票价值两倍的新发行的英国政府统一公债，他们就会立刻开始谋划如何能够让自己的钱带来 5% 的而不是 $3\frac{1}{4}$% 的收益。他们会寻求与自己老的股票具有差不多同样等级的风险和利润的国内或者外国的投资机会，而且除非该基金已经发生了相当大幅度的价格下跌，否则他们会推波助澜，通过出售基金推动其沿着下滑的方向继续跌落。老的基金持有者除非已经预见到事情发展的方向，适时地售出了自己的基金，否则无论何时当他们不得不出售自己的基金时，就会因此而使自己财产的市场价值蒙受严重的贬值，而且与此同时他们根本就谈不上能够取得任何给予他们补偿的权利，因为给予他们这样的权利，会使政府在未来需要寻找贷款并因此而使基金价格下跌的任何时候都须确立一项补偿权利。在我看来，国家收购于是就会逐渐变成一项巨大的工程，股东们通过这项巨大的工程，以牺牲基金持有者、基金工作人员以及其他穷人的利益为代价使自己发财致富。

现在让我们转到或许是整个讨论中最重要的问题上来。我一定要提醒读者记住前面陈述过的这样一个事实，政府在管理铁路的过程中或者会盈利，或者会亏损，这取决于政府对铁路的管理工作做得比目前铁路公司更好一些，或者更糟一些。组织工作上的统一具有一些如此不容置疑的优势，以致倘若这些优势不被人们在关照政府的财产时一般都会表现出来的懒怠习气和缺乏节俭的毛病所抵消，那就会每年带来数百万英镑的利润。但是为了让任何这样一种利润能够继续存在，政府必须得使铁路以能产生最佳效益的方式工作。政府必须要把铁路打造成一个像邮政局那样不以成本价格提供本部门服务，而能够带来财政收入的部门。但恰恰是那些鼓吹国家收购铁路，并且用一幅光彩夺目、想象国家收购铁路能够带来丰厚利润的美丽画面来引诱公众的作者，也在用火车票价将降至目前水平的 $\frac{1}{3}$ 的承诺来引诱公众，这些收购计划的作者闭口不提最终还是要偿还国债的问题。注意，这些事情是根本不相容的。倘若火车票价降幅太大，那么公众要么必须得忍受旅行中的极大不便和不适，要么必须得牺牲全部的财政净收入，而且旅行的人甚至必须得在一定程度上以牺牲那些留在家里的人的利益为代价去旅行。我们被告知，交通运输量会极大地增加，所以利润也会极大地增加；但是这个论据完全是一个不合逻辑的推论，大概是从与邮政业务的虚假类比中推演出来的。在物价高企的这些日子里，那些以低于自己所卖商品的成本价格推销的屠夫或者贩煤的人，毫无疑问会把自己的生意做得很大，只要他们的资本能够维持下去。铁路所处的境况与之毫无二致，只有一点除外，那就是铁路可以通过利用总的财政收入来弥补赤字的办法无限期地将赔本生意做下去。似乎从来就没有什么人考虑过，邮政通信所处的境地是一种非常奇特的财务状况，因此用邮政的案例来证明其他种类的生意，就是在犯由特殊推论一般的荒谬逻辑错误。邮政案例的主要奇特之处就在于，工作完成量的增大并不会引起费用成比例地增长。倘若信函的采集和投递数量翻了一番，为盖邮戳和分拣信件所付出的劳动也会近乎于翻一番，但是几乎所有其他的费用都只会增加很少一点。信函的重量一般来讲都很轻，信函的传送费用就算有也只有很少一点；至少就信函的情况来讲，这是实情，虽然就报纸和书籍来讲并非完全如此，截至目前，报纸和书籍的邮递构成了邮政交通运输量中盈利最少的一部分。最后，分送信件的费用与分送信件的数量决非成比例地增长，因为新增的信件往往要投递到邮递员无论如何也会去投递信件的房子，所以很难说投递10封信就会比投递一封信更劳累。当新增的信函被投递到此前一封信也没有收到过的房子时，这些房子往往就会被邮递员划入他的投递路线图之中，因此他分送信件所花费的劳动和时间就不会增加许多。还有，通信的数量增加愈多，通过这一渠道所节省的费用就变得愈加明显。倘若联合王国内的每一幢房子每天都收到一封信，而且邮递员的邮包内没有任何沉重的书籍或者其他东西让他们过分劳累，那么不考虑分拣，仅就分送邮件而言，同一位邮递员在几乎不增加任何费用的情况下就能多投递一倍数量的信件。

从铁路客运数量的情况来看，几乎每一方面都是不同的。除非把旅客传送的舒适性和确定性降低，否则乘客人数增加一倍，就必须要增加几乎一倍数量的车厢、火车头、火车司机、警务人员等等。火车站的旅客接待能力一定要大大增加，并且一定要雇用更多的搬运工、办事员以及通用型服务人员。有时可能会发生火车站旅客接待能力增大了一倍而成本增加了一倍多的情况，因为在大城市和其他环境狭窄的地方，要扩大空间可能就需要进行耗资很大的工程项目。毫无疑问，当一条铁路线路只要利用了一点点，它就可以成倍地发挥作用，因此就几乎能够成倍地带来利润。然而，联合王国内许多主要铁路线路的交通运输负担已经过于繁重，以致必须要采取花费很大的预防措施才能保证安全和效率，而且要增大这样的交通运输能力就涉及要不断地既增加资本，又增加经常性支出。在目前这个时期，这是铁路经济中的主要困难，而且这种情况还将继续存在。

注意，与此同时，铁路改革者在猛烈地抨击目前的铁路公司过度增加资本支出以及收费标准过高的现象。他们似乎没有看到，降低收费就会使进一步大量增加资本支出变得更有必要。目前的铁路交通运输经理需要竭尽全力，施展一切技能去为铁路交通运输操心，这样方能应对本公司铁路线路上运输能力紧张的局面，他们的那些线路已经被不断进步的铁路交通运输的自然增长所占据。倘若把所有的铁路都交由身在伦敦的少数几个伟大官员来管理，那么这些官员的确需要具备超乎自然的技能，才有可能在同样的线路上，以同等的速度和普遍效率，运载譬如说两倍或者三倍重量的乘客和货物。然而，这正是铁路改革者实际上盘算并且承诺的东西。

关于主张由政府来收购铁路的计划，我所得出的一般结论是，那些计划毫无切实可行性可言，而花费在讨论这一问题上的时间、劳动、印刷工作以及纸张，全部都被浪费掉了。然而，在我完成这篇论文之前，我想简要地审视一下那些反对我国目前铁路系统的意见是建立在什么样的理由之上的。我感觉可以肯定，那些反对意见在很大程度上是错误的，而且在许多方面，所提出的计划会使那些目前业已存在的祸害大大加剧。

举例来说，毫无疑问，在过去的两三年里，客运服务的准点率已经逐步变得愈来愈令人不满意，而且人们已经把很大一部分注意力集中到了明显过多的铁路交通事故上面。我想看到有关这些事故的完整准确的统计数字，并将事故的统计数字与铁路交通运输量作个比较，然后再来确定是否应该像近来报纸所做的那样将铁路交通事故的增多归因于交通运输量增大。但是为了辩论方便，我们不妨从最坏的方面来看待问题——这样一些不利的结果是由什么原因造成的？绝对没有任何证据能够证明铁路的管理正在变得愈来愈松弛；正相反，众所周知，铁路的闭塞系统和已经改善了的信号发送方法，正在逐步应用到联合王国的所有铁路线路上去；在某些案例中，主要的铁路干线正在变成复线；铁路公司正付出极大代价扩建火车站以及其他的必要工程；在许多案例中，铁路员工的工资已经提高，工作时间已经缩短；至少从趋势上看，情况总是在朝着改善的方向发展。那么结果怎么会变得愈来愈糟糕？按照我的想法，很简单，就是因为不断增长的铁路交通运输量超过了铁路线路和工程的承受能力。这些年里，人们已经感受到了其影响，部分的原因在于，贸易活动的普遍增多使所有分支部门的交通运输量增长，并且使人民口袋里的钱增多，使人民有能力更自由地把钱用于旅行；另一部分的原因在于，在近乎所有的列车上都加挂了三等车厢，这一措施等于大幅降低了火车票票价并扩大了列车接纳乘客的能力。一个简单的事实是：铁路系统的许多部分已经在超出其安全能力之外运行。有不少火车站24小时内经过的列车已经达到300列或者更多。当我在某些宏伟的铁路枢纽站譬如克鲁、切斯特、威尔斯登等等车站短暂停留候车的时候，我时常会为铁路的管理系统感到惊奇，一列列火车通过这个管理系统每隔几分钟就能成功完成装载并且发车，极其错综复杂的铁路交通运输几乎不出微小故障地实现了调度。不过，倘若铁路交通运输量继续增大，火车站的接纳能力、铁路的侧线、备用铁路线路以及其他避免火车相互间发生干扰的避让手段也一定要不断地增多。遗憾的是，重建宏伟的火车站是一项代价极高的工作。把火车站建在城市之外，公众不会满意。绝大多数的新火车站都坐落在贸易和城市交通的最核心地带，那里的土地极其昂贵。伦敦和西北铁路公司最近花费了 50 万英镑来扩建利物浦的利梅街火车站，而且不久之后，他们将不得不花费差不多同样数目的钱彻底重建曼彻斯特的维多利亚火车站。在这两座城市内，其他的大型和中央火车站也都在建设之中。关于用于建设不胜枚举的大都市火车站的巨大开支，我们几乎没有必要再谈下去。须承认，我们国家用于旅行上面的费用要比欧洲大陆国家多一些，因此我坚持认为，一般说来，花多少钱，办多少事，我们国家的铁路服务质量是无与伦比的。

在我看来，要令人信服地确定我国铁路是否管理得很差，很不利于铁路的发展，就要去作一番调查，看看事实上人民是否因为受到费用和危险的影响而不敢乘坐火车旅行。每一种机制的好坏都一定要接受其自身结果的审判，所以倘若我国铁路的运营要比其他国家铁路运营的情况糟很多，那么我们就理应在铁路交通运输量很小的现象中找到证明。我发现没有任何一位抱怨英国铁路的改革计划作者曾不怕费事地去弄清不同国家铁路旅行者的比较人数。在准备本篇论文的可支配时间内，我未能发现乘坐备受人们称赞的比利时铁路系统的铁路乘客人数，不过仅从我们能够看到的法国的数字判断，我国铁路的优势要远大于法国。我发现 1869 年乘坐法国铁路进行单次旅行的人次为 111,164,284，将这一数字与大约 3,800 万人口比较，得出的数字显示平均每人每年乘坐火车旅行的次数不到三次。注意，在联合王国，1867 年的铁路乘客人数为

287,807,904 人次，将这一数字与当年估算的英国人口 30,335,000 人比较，其结果显示每一位联合王国的居民平均每年乘坐火车旅行的次数几乎为 $9\frac{1}{2}$ 次，或者说比一位法国居民的平均旅行次数高两倍还多。还有，在英国，铁路的利用情况似乎也进步得非常迅速；因为 1870 年联合王国的每一位居民利用铁路旅行的平均次数为 10.8 次，而在 1871 年则达到了不少于 11.8 次。此外，在上述计算数字当中并未考虑持季节票和定期票旅行的人数不详的旅行者。无论我们怎样估算这一数字，英国铁路乘客的交通运输状况也是令人非常满意的。

人们喜欢把邮政局当作样板，用以表明政府完全是为了促进公共利益而施行的行政管理所带来好处；但是在 1858 年至 1870 年，联合王国内的信函投递总数仅从 5.45 亿封增长到了 8.63 亿封，或者说增幅不到 59%，而铁路乘客的人数则由 1858 年的 1.39 亿跃升至 3.36 亿，增长了 141%，比信函投递量的增长速度快了一倍还多。倘若把后来报告的数字也计算进来，那么比较的结果就会更加引人注目，因为近来三等车厢的乘客人数大幅增长。还有，邮政大臣近来也发现他大大高估了信函的投递件数，1871 年的信函投递件数现在报告为 8.70 亿封，而不是像前一次报告中所说的 9.15 亿封。这是我所听说过的最大错情报告之一，误差达到了 45,000,000 封信之巨。承认这种巨大的错误并不能增强我们对邮政局统计数字的信任，因为没有人告诉我们受类似错误影响的年份还有哪些。无论如何，比较的结果都一定会表明，这些滥用职权的铁路公司迄今为止其业务都发展得比备受人们赞誉的邮政局好得多，虽然人们说铁路公司仅仅是在为股东的利益做事。

将所有的情况全部考虑在内，毫无疑问，英格兰和威尔士拥有比世界任何其他国家都更密集的铁路网。国家与国家之间在人口密度上差异很大，将这个事实纳入铁路系统好坏的比较，会使这种比较变得错综复杂。正如达德利·巴克斯特评论的那样，设想在威尔士、苏格兰、英格兰北部以及爱尔兰多山和人口稀少的地区也建设像国土面积小、地势平坦、人口密度高的比利时王国那样稠密的铁路网是荒唐可笑的。现在把欧洲主要国家的面积、人口以及铁路长度作一个比较，其结果如下：

	每平方英里人口	每一直线长度一英里的铁路所对应的国土面积（单位：平方英里）
比利时	451	6
英格兰和威尔士	389	5
荷兰	291	13
联合王国	265	8
意大利	237	27
普鲁士	180	19
爱尔兰	169	15
法国	150	19

于是，我们发现英格兰和威尔士所拥有的铁路与比利时相比密度更高，比例为 6∶5，虽然英格兰和威尔士的人口密度与比利时相比更低，比率为 389∶451。把这两项比率合在一起，并且既考虑了人口的多少，又考虑了国土面积的大小，我们发现英国这里的铁路长度超过欧洲大陆铁路密度最高的王国所拥有的铁路长度 39%。这一比较只考虑了铁路的长度；倘若我们留意两国铁路系统的比较

成本(这种比较可以更准确地衡量出所遭遇的困难有多大,所提供的旅客接待条件有多好),那么两者之间的反差就会更加引人注目得多。英国铁路的成本每英里大约是比利时这个小王国的铁路成本的两倍半。

对目前铁路传送状况所提出的一个主要抱怨是,英国铁路无论对旅客传送还是对货物传送都收取高额费用。高尔特先生在1866年指出,一个人在比利时花费6先令6便士可以乘坐头等车厢,旅行100英里,在普鲁士要花费13先令,而在联合王国则要花费18先令9便士。皇家铁路问题委员会对这个问题进行了仔细的调查,他们得出的结论只是部分地证实了高尔特先生的说法。皇家铁路问题委员会发现,欧洲主要国家的平均收费水平如同下面图表所列出的情况一样,表中的数字单位为便士及1便士的分数,表中的旅行费用为每英里的费用:

	英国	法国	普鲁士	奥地利	比利时
头等车厢	2.11	1.73	1.57	1.87	1.23
二等车厢	1.51	1.30	1.17	1.41	0.93
三等车厢	0.92	0.95	0.80	0.94	0.62

所以,毫无疑问,英国这里的铁路票价高于任何一个欧洲大陆国家,而且与比利时相比超过的部分更是相当大。不过皇家铁路委员会的委员指出,在我们得出任何站得住脚的结论之前,还必须将其他一些情况考虑进来。在英国的铁路上,对随身携带的行李收取任何费用都是非同寻常的,而在欧洲大陆的铁路上这样的收费常常发生而且收费很高。在英国,人们购买往返车票和季节票可以享受相当大的折扣,而在国外则很少允许这样的事情发生。还要注意的

是，低廉的头等车厢票价时常被发现具有欺骗性，因为长途旅行几乎必须得乘坐票价较高的快车。

我们还应当将这样一些情况考虑在内，即英国列车的平均速度要快得多，而且英国铁路的火车站能够提供好得多的旅客接待条件（总是如此，只有茶点除外）。三等车厢的乘客现在可以乘坐快车，以每小时50英里的速度，以每英里不足1便士的费用旅行。然而，从车厢舒适度的角度比较，外国的铁路领先于我们。

我们还不能不把英国的一般生活费用与其他国家的一般生活费用进行比较，之后，我们才真的能够判定英国的旅行费用是否真正过高。铁路票价真的很高吗？的确，要表明那不过是一句常常听到的牢骚话也是易如反掌的事情，就像人们常常抱怨体力劳动者的工资太高，抱怨食品饮料的价格太高，尤其是抱怨土地的费用太高一样。有可能除了不幸的农业劳动力以外，英国其他一切阶级的报酬都比其他欧洲国家的高，生活费用也高于其他欧洲国家，而在这样的条件下，人们完全能够预料到旅行费用也会高一些。注意，倘若那些鼓吹国家购买铁路的人企望彻底地证实他们的说法，他们就理应表明尽管英国的各种东西费用都很高，但是英国政府仍在想方设法以低于其他国家的支出来完成对其他分支部门的管理。不过，倘若我们去调查一下英国养一个士兵或者一个水手的费用是多少，那么人们就会发现英国政府在这方面花的钱要比任何一个其他欧洲国家都多。慷慨大方、不知节俭地将财政开支用于陆军和舰队，这是人们在议会内外表达不满的永不干涸的源泉。这些过高的开支中有一些可以用这样的理由来解释，譬如那是因为我们国家所处的特殊地位，但是很多过高的开支是由于英国的薪金、工资以及物价水平太高造成的。因此，已故上校赛克斯在 1865 年对英国和法国海军的规模及开支情况进行对比的时候指出，*英国海军给予军官和士兵的报酬及津贴大大高于法国海军，食品和饮料以及服装费用高于法国海军。然而那个总是把钱浪费在本国陆军和海军上面的同一个政府，正准备创造规模经济效益方面的奇迹，对更广泛、复杂并且微妙的铁路传送系统施行国家管理！

在结束本篇论文的时候，我必须得说我完全了解在英国目前的铁路系统中存在着许多的恶习。有许多的案例表明，货物传送的收费看起来过高，而且引人注目的是货物交通运输量并没有以旅客或者矿物交通运输量的同样比率增长。还有，毫无疑问，铁路公司在自己能够保证交通运输量稳定的领域随意强制施行高收费，而在需要吸引交通运输订单的领域又随意降低收费标准，他们的这种恣意妄为的做法引起了极大的不满。一个近乎于不负责任的董事会竟能对一座城市或者一个地区课税，做了连英国财政大臣也从来不敢做的事情，这当然是不可容忍的。还有，运输包裹的收费标准也非常过分，非常随意；的确，英国小件商品传送的整个安排都处于一种混乱的、完全荒谬的状态。我认为，政府管理的下一个重要措施理应向着这个方向扭转。

我从来就不曾认为，任何一家铁路公司都有权利成为一个垄断组织，从而可以继续永无休止地向公众收取过高的费用。我也不认为允许一家铁路公司利用其铁路线路的某些地段赚取超额利润去抵消另一些地段所蒙受的亏损的做法是正确的。我的论点大致是

---

* 参见《统计学会杂志》，1866 年 3 月号，第 29 卷，第 61 页。——原作者注

这样一个意思：目前的铁路公司，从总体上讲，为公众提供了比较好的服务，把任何其他国家的铁路系统拿来与英国的铁路系统作比较，英国的服务都更胜一筹；而当我们把所有的情况都考虑进来之后，我们的铁路服务收费也是与其他地方现有的铁路服务收费持平或者略低，这一事实业已得到为数众多的通过铁路去旅行的人的证明。但是无论从哪一个方面讲，在这种有利的局面之外，人们还是能够看到例外的情况存在，因此，议会理应动用强有力的补救手段。议会通过最近颁布的一项法令任命了一些铁路委员会委员，这是朝着正确的方向迈出的一步。倘若人们发现，那些委员的权力仍不足以使他们控制住铁路公司，仍不足以使他们能够制止铁路公司强行实施不公正的手段，那就一定要扩大铁路委员的权力，直至他们能够高效地实现被任命为铁路委员的目的为止。我们要致力于发明和创造一种详细的、有见地的控制和改革体系，而不是致力于提出鼓吹政府收购的虚幻计划，如此我们才可能真正企望联合王国内的铁路交通能够得到改善并变得更加便宜。

图书在版编目(CIP)数据

社会改革方法/(英)威廉·斯坦利·杰文斯著;佟宪国
译.—北京:商务印书馆,2022
(经济学名著译丛)
ISBN 978 - 7 - 100 - 21109 - 3

Ⅰ.①社… Ⅱ.①威… ②佟… Ⅲ.①社会管理—
体制改革—英国—文集 Ⅳ.①D756.1 - 53

中国版本图书馆 CIP 数据核字(2022)第 090885 号

经济学名著译丛
社会改革方法
〔英〕威廉·斯坦利·杰文斯 著
佟宪国 译

商 务 印 书 馆 出 版
(北京王府井大街 36 号 邮政编码 100710)
商 务 印 书 馆 发 行
北京艺辉伊航图文有限公司印刷
ISBN 978 - 7 - 100 - 21109 - 3

2022 年 9 月第 1 版 开本 850×1168 1/32
2022 年 9 月北京第 1 次印刷 印张 15⅝
定价:80.00 元